기독교 신앙을 가진 과학자로서 내게 과학과 신앙의 대화는 늘 마음 한구석에 갈급함을 지니면서도 막상 선뜻 다가서기 어렵게 만드는 것이었다. 물론 내 과학 지식이 극히 기술적인 데다 신앙이나 신학의 지식은 미약하기 짝이 없기 때문이리라. 그렇더라도 과학자로서 내 경력이 다하기 전에 언젠가는 그 둘 사이의 치열하고 진지한 대화에 임해보리라고 막연히 꿈꾸기만 하고 있었다. 물론 내가 존경하는 존 폴킹혼, 프랜시스 콜린스 등의 책을 읽으며 기독교 신앙을 가진 과학자들이 어떻게 이 주제에 접근하는지를 그냥 얕은맛만 보고 있었다. 이번에 새물결플러스에서 번역·출간된 『케노시스 창조이론』을 읽으면서 둘 사이의 모종의 대화의 가능성에 관한 희망을 느꼈다고 하면 지나친 말일까? 하나님의 창조 사역을 하나님 스스로 자기를 비우신 사건(kenosis)으로 간주하는 관점에서 물리학, 생물학, 신학 등 과학과 종교의 접점에 있는 석학들의 논문을 모은 이 책은—비록 "과정 신학" 등 신학에 문외한인 내게는 어렵고 생소한 개념들의 이해가 이 책을 쉽고 편안하게만 읽을 수 있게 하진 않았지만—읽는 내내 비움이라는 주제어 안에서 이뤄지는 과학과 신앙 혹은 과학과 종교의 대화를 흥미진진하게 지켜보게 했다. 무엇보다 책을 읽는 내내 정확한 우리말 표현을 위해 애쓴 흔적이 역력한 옮긴이와 편집진의 노고가 드러나 있는 것이 고맙고 즐거웠다. 끝으로 존 폴킹혼이 이 책에서 고백한 대로 "우리가 하나님의 신비에 직면해서 우리의 한계와 무지를 고백할 때, 모든 신학은 실제로 '겸손의 신학'(humility theology)"이라는 구절에 깊이 공감하며 나와 같은 고민과 갈급함을 지닌 분들에게 일독을 권한다.

**권영준**
연세대학교 물리학과 교수

인류의 미래를 위해 가장 중요한 담론 중 하나인 종교와 과학 간의 대화를 이끌고 있는 세계과학종교학술원(International Society of Science and Religion)을 설립하고 초대 회장을 역임했던 존 폴킹혼 교수가 엮은 『케노시스 창조이론』이 역시 창립회원이었던 필립 클레이턴 교수의 제자인 박동식 박사에 의해 번역되고 새물결플러스를 통해 출간된 것을 진심으로 환영하며 축하한다. 이 책은 폴킹혼을 비롯해 이언 바버, 아서 피콕 등 주요 과학자들과 위르겐 몰트만, 키스 워드, 미하엘 벨커 등 주요 신학자들이 사랑과 비움이라는 주제를 중심으로 논의한 귀한 자료다. 독자들은 이 분야를 개척한 제1세대 학자들이 과학적 사실과 기독교 교리를 연결하고자 깊이 고심한 흔적과 영성을 발견할 수 있을 것이다. 특히 하나님의 창조를 인정하면서도 그것을 비움으로 이해하는 데서 신학과 과학의 접촉점을 찾아 진화론 및 신정론 등 신학과 과학이 충돌하는 여러 문제를 극복하려는 노력이 돋보인다. 우리 교계와 학계에서도 이제 종교와 과학, 특히 신학과 과학 간 대화의 중요성이 인식되고 관심이 차츰 확대되고 있지만, 이 분야가 가진 많은 가능성에도 불구하고 아직까지 주요 자료들이 번역되고 소개되지 않아서 세계적 담론의 수준에는 많이 뒤처져 있는 실정이다. 이런 때에 『케노시스 창조이론』이 출간되었다는 것은 이 분야에 초석을 놓은 기둥이라고 할 수 있는 석학들의 기본적인 영성과 사상을 소개함으로써 우리 독자들이 단지 대중적인 관심의 수준을 넘어서 신학과 과학의 본격적인 학술 담론을 접하고 익히는 데 큰 보탬이 되리라 생각한다. 앞으로 계속해서 이 책과 같은 이 분야의 필수적인 업적들이 번역·소개되고 연구가 활성화되어 우리 종교계, 신학계, 과학계가 종교와 과학의 세계적 대화에 참여하게 되는 수준에 하루빨리 이르게 되기를 바란다. 또한 이 책은 비단 학자들뿐 아니라 이 분야에 관심을 가진 일반 독자들에게도 신앙과 영성의 증진에 많은 도움을 줄 수 있을 것이다(예컨대 폴킹혼과 피콕은 세계적인 과학자인 동시에 성공회 신부다). 그들에게는 기독교 신앙과 현대 과학의 관계가 학술적인 주제만이 아닌, 삶의 가장 근본적이고 실존적인 실천의 문제였다.

**김흡영**
강남대학교 신학과 교수

글을 읽는 내내 요한복음 3장 16절이 머릿속에 떠올랐다. "하나님께서 세상을 이처럼 사랑하사…"로 시작하는 그 말씀. 하나님의 창조를 그분의 비우심(*Kenosis*, 예수님의 성육신 사건을 통해 드러나는 하나님의 신성 포기)으로 설명하려는 저자들의 다양한 이야기가 내게는 이 요한복음의 말씀을 잘 이해해보려는 눈물겨운 노력으로 느껴졌다. 이 책에 등장하는 "계속되는 창조"(*creatio continua*) 개념, 하나님의 겸손과 창조를 연결시키는 시도들, 그리고 "하나님은 사랑으로부터 창조하신다"는 사상을 뒷받침하는 견해 등등…. 내게는 이 책에 실린 글들이 겸손의 왕으로 오신 예수님을 한 번 더 생각하고 마음속으로 깊이 맛보게 하는 도구로 작용했다. 다양한 저자들이 풀어주는 역사 속 신학과 과학의 관점들에 "내가 경험해서 안다고 생각하는 하나님"을 투사해보고 싶은 분이나 하나님에 대한 앎을 확장해보고 싶은 분에게라면 꼭 "한번 읽어보라"고 이야기해주고 싶다.

**노진숙**
템플 대학교 운동 신경과학 교수

신학의 전통적인 주제였던 인간의 자유와 신의 전능함, 신정론의 문제, 초월과 내재의 신비는 빅뱅우주론과 생물진화론으로 대변되는 현대 과학의 내용을 배경으로 하나님과 창조 사역에 대한 근원적인 질문들을 던진다. 고전 신학과 범재신론, 그리고 과정 신학의 경계를 종횡무진 넘나들며 과학자, 철학자, 신학자들이 이 책에 담아내는 굵직한 담론은 현대 신학의 중요한 주제인 비움에 대한 치열한 논의의 현장을 그대로 보여준다. 비움은 창조의 과정 안에 담겨 있으며 창조와 구속을 연결하는 『케노시스 창조이론』의 내용을 통해 우리는 과학이 밝히는 자연의 역사에 반영된 하나님의 창조 사역을 새롭게 이해하는 풍성한 영감과 지혜를 배우게 될 것이다.

**우종학**
서울대학교 물리천문학부 교수

존 폴킹혼 박사가 편집한 *The Work of Love*가 사랑하는 제자이자 동역자인 박동식 박사에 의해 번역되어 『케노시스 창조이론』이란 제목으로 출판된 것을 축하한다. 이 책에서는 오늘날 신학과 과학의 대화를 주도하는 대표적인 11명의 석학들이 창조 세계와의 관계에서 나타나는 하나님의 행동을 "자기 비움"(kenosis)의 관점에서 다양한 방식으로 설명하고 있다. 자기 비움은 하나님의 사랑의 행동에 대한 다른 표현이다. 독자들은 이 책을 통해서 오늘날 과학 시대에 사랑의 자기 비움 안에서의 하나님의 행동이 창조 세계의 자연법칙과 인간의 자유의지를 손상시킴 없이 어떻게 이해 가능한 방식으로 새롭게 설명되고 이해될 수 있을지를 배울 수 있을 것이다.

**윤철호**
장로회신학대학교 조직신학 교수

창조주 하나님은 사랑이시다(요일 4:8). 사랑은 성서가 증언하는 하나님의 본질이며, 사랑하는 삶은 그리스도를 따라가는 우리들의 간절한 소망이다. 하나님은 사랑이시므로, 인간이 사랑하지 않는 것은 하나님을 모르는 것이며 우리에게 그것은 죄다. 실로 그리스도교는 사랑의 활동을 힘과 권력이 아니라 자기 비움에서 드러나는 사건으로 고백하고 있다. 이에 사랑은 비움인 동시에 십자가이다. 사랑은 믿음의 시작인 동시에 믿음의 완성이다. 인류의 영원한 화두인 사랑, 그러나 여전히 인간은 그 사랑 앞에서 끊임없이 실패하고 좌절한다. 이 책은 현대의 탁월한 11명의 신학자들과 과학자들이 모여 사랑, 창조, 비움의 의미를 다양한 각도에서 간학문적으로 조명한 매우 수준 높은 저서다. 이 책은 우리를 둘러싼 사랑과 그 사랑의 원천인 하나님에 대한 민감한 성찰이자 고민의 유산들이다. 특히 자기 비움(kenosis)인 사랑이 바로 세상을 창조하고 구원하고 보존하는 하나님의 고양된 존재 방식임을 이 책은 매우 세련되고 다양하게 조명하고 있다. 이 조명은 조직신학과 신경 심리학에 이르기까지 매우 다양하게 본문 안에서 이루어지고 있다. 십여 년 전 미하엘 벨커 교수와 존 폴킹혼 교수와 함께한 "사랑"과 "창조"에 관한 하이델베르크 대학교의 신학 세미나에서 나는 이 책을 알게 되었다. 사랑에 대한 갈망이 깊었던 지난 20세기 말 우리는 에리히 프롬의 『사랑의 기술』을 만났다. 이제 하나님의 사랑과 창조의 본성을 더욱 폭넓고 신선한 관점으로 통찰하기 위해 우리는 『케노시스 창조이론』을 만난다. 나는 이 책이 오늘날 우리의 자연, 문화, 생명, 삶의 자리에서 사랑의 현존과 하나님의 의미를 갈망하는 현대 지성인들에게 그의 다양한 창조 사역을 구체적으로 제시하리라 확신한다. 특히 신학과 자연 과학 간 대화의 관점에서 "사랑의 실재론"에 대한 본격적인 신학적 토론과 다양한 쟁점의 무대로 우리를 흥미롭게 인도하리라 확신한다.

**전 철**
한신대학교 신학과 교수

# The Work of Love
Creation as Kenosis

Edited by
John Polkinghorne

Copyright © 2001 by Wm. B. Eerdmans Publishing Co.
Originally published in English under the title
*The Work of Love* ed by John Polkinghorne
Published by Wm. B. Eerdmans Publishing Co.
2140 Oak Industrial Drive NE, Grand Rapids, Michigan 49505, U.S.A.
All rights reserved.

This Korean edition is translated and used by permission of Wm. B. Eerdmans Publishing Co.
through arrangement of rMaeng2, Seoul, Republic of Korea.

This Korean edition Copyright © 2015 by Holy Wave Plus Publishing Company, Seoul, Republic of Korea.

이 한국어판의 저작권은 알맹2 에이전시를 통해 미국 Eerdmans과 독점 계약한 새물결플러스에 있습니다.
신 저작권법에 의해 한국 내에서 보호받는 저작물이므로 무단 전재와 무단 복제를 금합니다.

# 케노시스 창조이론
## 신은 어떻게 사랑으로 세상을 만드셨는가?

존 폴킹혼 엮음 | 박동식 옮김

## 차례

역자 서문 ······· 13

감사의 글 ······· 17

서론 _존 폴킹혼 ······· 19


**1장** 하나님의 능력: 과정 신학 관점 ······· 26
이언 바버

**2장** 새로운 삶의 비용 ······· 58
아서 피콕

**3장** 비움과 자연 ······· 92
홈스 롤스턴 3세

**4장** 인격의 본성과 비움 행위의 창발 ······· 128
말콤 지브스

**5장** 비움을 통한 창조와 하나님의 행동 ······· 164
존 폴킹혼

**6장** 비움: 삶과 우주론을 통합하는 주제 ······· 190
조지 엘리스

**7장** 낭만적 사랑, 언약적 사랑, 비움의 사랑 ········· 220
　　미하엘 벨커

**8장** 세계의 창조와 완성 안에서 나타나는 하나님의 비움 ········· 234
　　위르겐 몰트만

**9장** 우주와 비움 ········· 256
　　키스 워드

**10장** 사랑으로부터의 창조 ········· 280
　　폴 피디스

**11장** 비움: 신학적 의미와 젠더적 함의 ········· 318
　　새라 코클리

역자 후기: 왜 세상에는 "무"가 아닌 "어떤 것"이 존재하는가? ········· 345

고故 빌 밴스톤 W. H. Vanstone 신부를

기억하며

**역자** 서문

"여호와 하나님이 땅의 흙으로 사람을 지으시고 생기를 그 코에 불어넣으시니 사람이 생령이 되니라." (창 2:7)

사람은 아래로부터 그리고 위로부터 온 존재다. 아래로부터 왔다 함은 사람이 자연을 떠나 존재할 수 없으며 그의 근본이 땅으로부터 왔다는 말이다. 그러나 여기에 위로부터 생기가 덧붙여졌으니 사람은 위로부터 온 존재이기도 하다. 자연 없이 인간을 설명할 수 없고 하나님 없이 인간을 설명할 수 없다. 그러니 인간은 자연을 무시할 수 없는 동시에 하나님을 외면할 수도 없다. 하나님을 외면하면 자연주의적 환원주의에 빠지고, 자연을 외면하면 천상만을 그리워하는 영지주의적 환원주의에 빠진다. 그러므로 인간은 땅과 하나님이 함께 만들어낸 위대한 작품임이 틀림없다.

종교와 과학, 이보다 더 대립하는 두 각이 어디 있을까? 이 둘은 영원히 대립하는가? 종교가 과학적 사실을 수용하면 이는 무신론을 주장하는 것인가? 과학이 종교적 신앙을 가지면 과학의 근본이 무너지는가? 그 둘은 창조와 진화가 어우러져 만들어낸 세계라는 평원에서 고개 들어 하늘의 별을 노래하며, 고개 숙여 땅의 생명에 입 맞추고, 서로 살포시 두 손을 부여잡고 춤출 수는 없을까?

옮긴이는 박사 과정을 끝낸 뒤 지도 교수였던 필립 클레이턴(Philip Clayton)의 수업을 청강하며 이 책을 읽었다. 이 책은 과학자이자 신학자인 존 폴킹혼(John Polkinghorne)이 세계적인 석학 11명의 글을 한데 엮은 결과물로서 천문학, 물리학, 화학, 생물학, 신경과학, 심리학, 윤리학, 페미니즘, 조직신학 등 다양한 학문을 통해, 창조 이후 우주의 전 역사를 걸쳐 내려오는 하나님의 행동(divine action)을 비움(kenosis)이라는 관점에서 일관성 있게 해석한다. 모든 것을 하실 수 있지만 스스로 자신을 제한하셔서 세상으로 하여금 활동할 수 있는 공간을 만들어주신 하나님, 그가 창조하신 세계 속에서 하나님과 세계가 함께 연주하는 환상의 하모니를 듣는 일 자체가 은혜임이 틀림없다. 그러므로 한국 교회와 신학이 이 책을 통해 하나님과 세계의 관계성을 동시에 볼 수 있는 눈을 가질 수 있기를 바란다.

책 뒤에 옮긴이의 글을 하나 보탰다. "왜 세상에는 '무'가 아닌 '어떤 것'이 존재하는가?" 왜 우리는 존재하는가? 어릴 적 한번쯤은 밤하늘의 별을 바라보며 던졌던 이 질문에 누군가는 하나님이라는 창조주를 떠올리지 않을 수 없었을 것이다. 나는 나의 존재를 설명할 수 없으며 너 또한 너의 존재를 설명할 수 없다면, 우리는 나와 너를 존재하게 한 그 누군가(하나님)를 생각하지 않을 수 없을 것 같다. 이것은 누군가에게는 적어도 말로 다할 수 없는 은혜임이 틀림없다. 그 은혜를 나누고자 하는 마음에서 쓴 글이니, 부디 너그럽게 읽어주시길 바란다.

번역을 하면서 느낀 것은, 번역은 메아리와 유사하다는 점이다. 메아리는 1차 소리에 대한 반응으로 나오는 2차 소리다. 1차 소리 없는 메아리는 없다. 그렇다고 1차 소리와 2차 소리가 같은 것도 아니다. 그러기에 2차 소리인 메아리는 허구가 아니다. 그것 또한 하나의 소리다. 원문이 없는 번역본은 없다. 원문이 있어야 번역본이 나온다. 하지만 메아리가 얼마만큼 충실하게 1차 소리를 잘 드러냈는지 모르기에 두려운 마음이 앞선다.

이 책은 옮긴이의 첫 번역물이다. 그럼에도 번역의 기회를 주시고 하나님 나라를 위해 한결같이 문서 선교의 길을 걸어가시는 새물결플러스 김요한 목사님께 특별히 감사드리며, 수고해주신 편집부에게도 감사드린다. 그리고 번역하면서 도움을 받은 페이스북 페이지인 "번역이네 집"에도 감사드린다. 무엇보다 이 땅을 창조하시고 지금도 세상과 함께 이끌어가시는 하나님, 나라는 존재를 이 땅에 존재하게 해주신 내 아버지와 어머니, 그리고 사랑하는 아내를 존재하게 해주신 장인 장모님께 감사드린다. 끝으로 이 책이 나오도록 끝까지 기다려준 사랑하는 아내 지영, 그리고 함께 자주 놀아주지도 못하지만 잘 자라준 은유, 은철에게도 사랑의 말을 전한다.

2014년 3월 어느 날<br>
LA에서 박동식

**감사의 글**

이 책의 공동 저자인 우리는, 연구를 수행하는 과정에서 실제적인 지원을 제공하고 우리의 공동 연구가 결실을 맺을 수 있도록 넉넉한 재정 지원을 아끼지 않은 존 템플턴 재단(John Templeton Foundation)에 깊은 감사를 표한다. 아울러 행정 절차상의 문제를 효율적으로 처리해주고 우리의 연구에 세밀한 관심을 보여준 메리 앤 마이어스 박사(Dr. Mary Ann Meyers)에게도 특별히 감사의 인사를 전하고 싶다.

## 서론

1998년 10월, 신학자들과 과학자들로 구성된 모임이 존 템플턴 재단의 후원으로 케임브리지에 있는 퀸스 칼리지(Queens' College)에서 열렸다. 모임의 목적은 사랑의 하나님이 하신 일의 결과인 창조를 비움(*kenosis*)으로 간주하는 관점이 제시하는 통찰을 논의하기 위해서였다. 그 모임은 위르겐 몰트만(Jürgen Moltmann)과 밴스톤(W. H. Vanstone)의 저술들이 기폭제가 되어 시작되었으며, 두 학자 모두 이 토론에 참여했다. 우리는 일련의 논문을 작성하여 그 주제를 한층 더 발전시키자는 데 모두 동의했으며, 이 책은 그 결과물로 구성되었다. 1999년 11월 뉴욕에서 가진 한 차례 모임에서 제출된 초안들을 심도 있게 토론했다. 그러나 슬프게도 두 번의 모임을 갖는 동안 밴스톤 신부는 돌아가셨다. 저자들은 모두 그를 기억하며 이 책을 기꺼이 그에게 헌정하기 원했다. 이 책의 각 장은 밴스톤 신부의 주저인 『사랑의 노력, 사랑의 비용』(*Love's Endeavour, Love's Expense*)을 인용하면서 시작한다.

이 모임에 참여한 구성원들은 조직신학에서 신경심리학(neuropsychology)에 이르기까지 매우 다양한 배경을 갖고 있다. 이렇게 폭넓은 관점이 창조 교리를 탐구하는 데 도움이 되길 희망한다. 우리는 비움이라는 관점에서 창조 교리를 살펴볼 때, 이런 주제들에 관한 최근의 견해 가운데 가장 발전된 통찰을 제시할 수 있다고 생각한다.

이언 바버(Ian Barbour)는 하나님의 무한한 전능이라는 고전적 개념이 오늘날 문제를 일으키는 다섯 가지 이유를 제시한다. 자연 과정을 과학으로 온전히 분별할 수 있다는 점, 세계 내에 만연한 악과 고난의 현존, 인간이 가진 자유의 역할, 그리스도의 십자가에서 파생하는 기독교적 통찰, 그리고 가부장적 통제 모델들에 대한 페미니즘의 비판이 그것들이다. 바버는 과정 신학이 이런 비판에 대해 중요한 응답을 제시한다고 본다. 그에 따르면, 과정 신학은 신이 자신의 능력을 제한하는 행동을 가리켜 자신을 규제하는 비움의 행위가 아니라 신의 고유한 본성에서 연유한 행위로 이해한다. 하나님은 설득을 통해서 행동하시며, 그분의 설득은 충분한 변혁 능력의 근거를 제공한다. 바버는 우주적·종말론적 쟁점들에 대한 과정 신학의 몇몇 견해를 제시하면서 자기 글을 결론짓는다.

아서 피콕(Arthur Peacocke)은 새로운 형태의 생명체를 지속적으로 창발(創發, emergence)하는, 진화라는 역동적인 서사시를 우리에게 보여준다. 하나님은 그 과정에 내재하시며 따라서 이 과정은 창조주가 여기에 부여하신 자연적 능력들을 통해 밝혀질 수 있다. 피콕은 그가 "성향"(propensities)이라 부르는 것을 복잡성 같은 현상의 도래로 인식할 뿐 아니라, 암시적으로 고통과 고난의 도래로 인식한다. 진화의 세계는 포식 행위(predation)와 죽음을 반드시 수반한다. 마치 창조주가 생명체의 풍부한 다양성을 즐긴다고 믿듯이, 또한 우리는 하나님이 창조 세계의 고난과 수고에 함께하신다고 믿어야 한다. 예수 그리스도 안에 있는 인성을 통해 계시된 하나님은 이런 깊은 통찰들과 일치한다.

홈스 롤스턴(Holmes Rolston)은 주의 깊게 채택된 용어를 사용하여 자연 과정에 대한 묵상을 제시한다. "이기적 유전자"(selfish genes)에 관한 논의는 자기를 실현하는 유기체(self-actualizing organisms)에 관한 토론에 의해 다듬어져야 하고 수정되어야 한다. 혈통은 유전 정보의 공유에 의해 발생하며, 적응(adaptation)은 생태(ecology)와 관련된 단어일 뿐 유전과 관련된 단어가 아니다. 유성생식은 자신과 타인의 결합을 수반하면서 다음 세대를 생산한다. 롤스턴의 의견에 따르면 "구속을 위한 고난은 자연과 역사를 이해하는 하나의 모델이다." 그러나 참된 비움은 자연 안에서 발견되지 않는다. 왜냐하면 거기에는 자발성이 나타나지 않기 때문이다. 오직 인간만이 자기 자신을 희생하면서까지 이타적으로 타자의 이익을 보호하기로 선택할 수 있다.

말콤 지브스(Malcolm Jeeves)는 동물과 인간 세계에서 나타나는 자기를 내어주는 행위를 논의하기 위해 신경 과학적 접근법을 취한다. 그는 인간을 이원론적 용어로 이해할 것이 아니라 심신 단일체(psychosomatic unities)로 이해해야 한다고 주장하면서 이렇게 말한다. "나는 영혼을 **가지고 있지 않다**. 나는 살아 있는 한 존재거나 한 영혼**이다**." 그가 선호하는 접근법은 일종의 비환원적 물리주의(non-reductive physicalism)다. 지브스는 뇌손상이 도덕 행위에서 뚜렷한 변화를 초래할 수 있는 증거를 검토한다. 그는 인간이 아닌 유인원에게도 "영혼적인 어떤 것"(soulishness)에 상응하는 흔적이 있다고 간주하는 경향이 있다. 아울러 그는 유전을 통해 주어진 재능과 행동의 관계성에 대해 주의 깊은 논의를 제시하는데, 그 논의는 이타적 행동을 포함한다. 지브스는 상향식(bottom-up) 본능에 대한 고려는 의식적 선택으로 인한 하향식(top-down) 결과들에 의해 보완될 필요가 있음을 강조한다.

존 폴킹혼(John Polkinghorne)은 고전 신학과 과정 신학 사이에서 중도를 추구한다. 하나님은 창조 세계와 상호 작용하지만, 창조 세계가 스스로 존재하도록 자신이 부여한 자유를 억누르지는 않는다. 그런 계속되는 창조(continuous creation)라는 개념은 신정론 때문에 나타나는 당혹감을 대면하는 데 도움이 된다. 현대 과학의 사고 안에서 단순한 메커니즘이 사장되었다는 점은, 물리 과정이라는 희미한 예측 불가능성 안에 내포된 하나님의 행동이라는 적절한 개념이 가진 형이상학적 가능성을 보여준다. 신적 비움은 네 가지 차원을 가지는데, 그것은 신적 능력의 자기 제한, 신적 영원성의 자기 제한, 신적 지식의 자기 제한, 그리고 창조 세계의 인과 관계 집합체에 대한 신적 참여의 자기 제한과 관련된다. 이 마지막 가능성으로 인해 폴킹혼은 신의 섭리가 여러 원인 중 하나로 작용한다고 간주하는 것이 부적절하다는 신학 가설에 의문을 품는다.

조지 엘리스(George Ellis)는 비움을 하나의 통합적 주제로 본다. 비움은 하나님의 성품을 표현하고, 인간 삶의 윤리적 의무와 우주적 과정에 대한 의미 있는 해석 둘 다를 아우르는 중요한 이해를 일으킬 수 있다. 최고의 모범은 광야에서 받은 유혹에서 시작해서 십자가에서의 희생 죽음에 이르기까지 비움의 특징을 지닌 그리스도의 삶이다. 엘리스는 이러한 비움이 나타내는 사랑의 탁월함에 대한 증거를 고려하면서, 정권의 억압에 직면할 때 나타나는 정치적 행동을 포함하는 실천이 가진 함의에 대해 조심스런 논의를 제안한다.

미하엘 벨커(Michael Welker)는 서구 사회가 기대와 실망 사이의 긴장 속에 사로잡혀 있다고 본다. 이런 기대와 실망은 사랑을 일대일의 상호 관계성으로만 보려는 데서 기인하지만, 성서 자료에 의존함으로써 이러한 덫에서 해방될 수 있다. 성서 자료들을 이해할 때 사랑의 범위는 크게 확대된다. 그리고 그것의 초점은 하나님의 계명에 관심을 기울이는 데 있다. 하나님의 이름이 알려질 때—즉 하나님의 능력과 정체성이 계시될 때—언약적 관계성(covenantal relationship) 안에서 성장할 수 있다. 그리스도 안에서 드러난 하나님의 비움의 사랑은 창조 세계 전체를 아우르는 가장 넓은 범위를 지닌다.

위르겐 몰트만(Jürgen Moltmann)은 기독교와 유대교의 사고방식을 통해 비움과 관련된 개념들을 설명한다. 17세기와 19세기의 루터파 신학자들은 빌립보서 2:1-11을 그들의 성육신 사상에 적용했다. 20세기에 한스 우르스 폰 발타자르(Hans Urs von Balthasar)는 비움을 삼위일체의 내적 삶 가운데에 위치시켰다. 유대교적 사고는 쉐키나(Shekinah), 즉 추방당한 백성들과 함께하시는 하나님의 내주하는 영광에 초점을 맞춘다. 창조 세계와 관련된 비움 사상은 침춤(zimzum)이라는 카발라(kabbalah, 유대교 신비주의를 의미함—편집자 주) 개념을 통해 그 표현을 발견할 수 있는데, 침춤은 창조된 타자를 위해 길을 내시는 하나님의 수축 행위(divine contraction)를 의미한다. 몰트만은 "하나님의 능력이 전능한 것이 아니라, 하나님의 사랑이 전능하다"라고 말한다. 그는 미래의 역할을 강조하면서, 실재의 형이상학을 가능태의 형이상학으로 대체할 것을 주장한다.

키스 워드(Keith Ward)는 참된 우주적 범위의 비전을 보여준다. 그는 하나님이 창조 세계와 공감하는 지식이 있기 때문에 고난 받으신다고 믿는다. 창조 세계 안에서 하나님은 신으로서 자신의 존재 안에 영원히 현존하는 가능태들을 실현하고, 다른 방식으로는 현실태가 되지 않았을지도 모르는 새로운 가치 형태를 경험하게 된다. 워드에게 비움은 자기를 내어주는 행위일 뿐 아니라 자기실현을 수반하는 플레로마(pleroma, 충만함)다. 비움은 성육신뿐 아니라 하나님의 창조성에도 관련된다. "신의 본성 안에 필연성이 있다. 그것은 만약 자유롭고 창조적인 인격적 행위자들의 세계가 존재하려면, 하나님이 모든 것을 결정하는 능력과 무제한적인 지식을 지니는 순수한 지복의 상태로는 존재할 수 없음을 의미한다." 이것은 사랑이 능력을 발휘하는 방식이다. 따라서 "비움의 교훈은 도덕적 교훈이다." 성육신은 역사 가운데 계시되는 하나님의 본성에 관한 영원한 진리의 표현이다. 비움은 세 단계의 창조적 구속 과정 중 첫 번째 단계다. 두 번째 단계는 연합(enosis, 신격과 유한한 인격의 연합)이고, 마지막은 신성화(theosis, 하나님의 삶 안에서 구속된 우주를 궁극적으로 공유함)이다.

폴 피디스(Paul Fiddes)에게 "사랑이 우주의 중심에 있다는 주장은 문제가 되기도 하고 굉장한 통찰력을 주기도 한다." 그는 대담하게도 하나님에게는 창조 세계가 필요하다고 말한다. 그리고 이런 견해를 아가페와 에로스가 혼합된 인간의 사랑에 관한 유비를 통해 변호한다. 하나님의 완전성은 정적이지 않고 역동적이다. 신의 갈망은 피조물 안에서 충족된다. 그러나 이런 견해는 신의 사랑이 갖는 필연성이 피조물의 우연성을 제한하지 못할 수도 있기 때문에 인간의 자유와 신의 자유를 둘 다 위협하지는 않을까? 피디스는 특별한 창조 세계를 필요로 하는 하나님의 자유로운 선택에 그 답이 있다고 믿는다. 그 상황은 사랑을 엮어가는 삼위일체의 운동이다. 사랑의 하나님은 설득을 통해 행동할 것이다. 이것은 피조물의 공동 창조성이 가진 위험과 가능성을 모두 수반한다. 고난에도 불구하고 성취되는 것이 아니라, 고난을 통해서 성취된다. "피조물은 그들의 창조주를 관상함으로써 복을 알 수 있으나, 하나님은 그 피조물들이 존재했을 수도 있었던 모든 것은 아님을 아실 것이다"라는 점에서 비극과 승리는 서로 섞여 있다.

새라 코클리(Sarah Coakley)는 기독론, 삼위일체론, 하나님과 창조 세계와의 일반적인 관계성이라는 세 가지 넓은 범주를 사용해 동료 학자들이 비움 개념을 사용하는 다양한 방식에 관한 유용한 분석을 제공한다. 그녀는 서로 다른 범주의 방법론이 지닌 이런 차이점들을 신학 방법론과 관련짓는다. 코클리는 많은 논의가 인간의 자유라는 양립 불가능한 개념을 중심으로 하고 있음을 강조한다. 또한 그녀는 고전적인 신학 자료들을 너무 쉽게 버리지 말아야 한다고 권고한다. 마지막으로 그녀는 젠더와 관련된 세 가지 쟁점, 즉 양립 불가능주의의 남성적 특징, 자기희생의 역할, 그리고 "타자성"의 중요성을 다룬다.

존 폴킹혼

# 1장

## 하나님의 능력: 과정 신학 관점
_이언 바버

…창조를 사랑의 사역(work)으로 해석하는 것은 그것을 새로움으로, 지금까지 알려지지 않은 것의 등장으로, 그래서 어떤 선례도 어떤 계획도 있을 수 없는 것으로 해석하는 것이다.

『사랑의 노력, 사랑의 비용』, 66쪽

중세 및 종교개혁 사상은 하나님을 전능하시고 전지하시고 불변하시며, 세계로부터 영향을 받지 않으시는 분으로 생각했다. 이런 고전적 관점에 따르면, 하나님은 우주의 절대 통치자다. 모든 사건은 하나님의 영원한 뜻에 따라서 예정되었다. 하나님의 전능하심을 이렇게 이해하는 태도는 오늘날 다섯 가지 이유에서 널리 의문시되고 있다. 이 글의 전반부에서는 그 이유를 다룰 텐데, 그것들은 다음과 같다. (1) 과학과 신학에서 자연의 온전함, (2) 악과 고난의 문제, (3) 인간이 가진 자유의 실재, (4) 십자가에 대한 기독교의 이해, (5) 가부장적 하나님 모델에 대한 페미니스트의 비판들. 이런 연유로 다수의 현대 신학자는 하나님이 세계를 창조하실 때 스스로 자기를 제한(또는 비움)하셨다고 주장한다. 아울러 이들 대부분은 하나님이 세계의 고난 가운데 참여하신다고 주장한다. 그들은 하나님이 불변하시고 세계로부터 영향을 받지 않으신다는 고전적 믿음을 거부한다.

이 글의 후반부에서는 이 다섯 가지 주제를 각각 발전시킨 과정 신학의 기여를 구별하여 탐구한다. 과정 신학은 어떤 종교 전통의—비록 유대교 사상가들과 불교 사상가들도 비슷한 목적을 추구하겠지만, 이 경우는 특별히 기독교 전통을 가리킨다—믿음을 표현하고 재형성하기 위해 화이트헤드(Alfred North Whitehead)의 과정 철학을 사용하려는 신학자들의 시도다. 과정 신학자들은, 마치 전능을 하나님이 스스로 포기하기로 한 하나의 선택사항이었던 것처럼 받아들여서 하나님의 능력의 한계를 자발적인 자기 제한으로 생각하면 안 된다고 주장한다. (하나님을 포함한) 모든 존재의 사회적 특징에 대해 생각할 때, 나는 과정 신학이 하나님의 힘을 다른 존재들 위에 군림하는 힘이라기보다 오히려 그 존재들에게 힘을 부여하는 행위로 간주한다는 점을 제안하려 한다. 이것은 하나님의 힘이 미치는 보편적인 범위를 부인하지 않으면서도 그 힘의 본성을 재규정함으로써 하나님의 전능이나 무능에 대한 대안을 제시한다. 하나님이 이 세계 안에서 벌어지는 사건에 영향을 받는다는 과정 신학의 확신은 하나님이 세상의 고난에 참여한다는 생각을 강하게 지지한다. 나는 과정 신학에서 묘사된 하나님이야말로 고난을 구속적 변혁(redemptive transformation)으로 바꾸는 적절한 원천임을 보여주려 한다.

## 1. 비움: 하나님의 자기 제한

다음과 같은 다섯 가지 주제는 하나님의 전능하심에 관한 고전적 이해를 비판하는 최근 견해에서 두드러지게 나타난다.

### 1) 과학과 신학이 말하는 자연의 온전함

현대 과학이 등장하면서 자연은 점점 더 자기 충족적인 메커니즘으로 간주되기 시작했다. 따라서 하나님을 자연법칙을 위반한 경우에 한하여 외부에서 개입하셔서 활동하는 분으로 간주하게 되었다. 물론 만약 하나님이 자연법칙을 만들었다면, 하나님은 아마도 자유롭게 자연법칙을 폐기하거나 또는 더 높은 법을 이용할 수 있다. 더욱이 이제 많은 과학법칙은 개연성이 있거나 통계에 근거한 것으로 드러났다. 그리고 한 체계의 외부에서 어떤 부가적인 영향(자연적이든 초자연적이든)이 나타나지 않을 때, 이 과학법칙들은 그 체계가 일반적으로 작용하는 방식을 서술한다. 그럼에도 신뢰할 만한 규칙들은 대부분 자연계의 특성을 이루고 있다. 그리고 과학 자체는 그런 규칙들 없이는 불가능할지도 모른다. 길고 소모가 많은 진화의 역사는 하나님이 빈번하게 또는 강제로 개입하지 않음을 시사한다. 만약 하나님이 진화 과정 안에서 활동하신다면, 그것은 이미 현존하는 구조들과 활동들을 기반으로 더 정교한 방식을 통해 항상 쌓아가는 것이 틀림없다. 만약 하나님에게 어떤 역할이 있다면, 그것은 현존하는 피조물을 지배하기보다는 그들의 힘과 더불어 활동하는 것이 틀림없다.

이 책의 여러 저자는 이전에 쓴 글들을 통해 하나님의 행동에 대한 그들의 설명이 자연법칙의 위반이나 과학적 설명이 어려운 틈새(gap)에 대한 하나님의 개입을 수반하는 것은 아니라고 주장했다(개별 틈새로 후퇴하는 "틈새의 신"[God of the gaps]은 과학의 진보에 의해 그 틈이 막히면 갇히게 된다. 즉 과학이 설명하지 못하는 틈새를 하나님만이 설명할 수 있다는 의미에서 "틈새의 신"을 설정하지만, 과학이 발전함에 따라 그 틈새가 사라지면 자연히 하나님 또한 사라지게 되기에 치명적인 오류를 지닌 주장이다—역자 주). 대신에 그들은 어떻게 새로운 과학 개념들이 신의 행동을 허용하거나 그것에 대한 유비를 제안하는지를 보여주려 애썼다.[1] 조지 엘리스(George Ellis)는, 하나님이 양자 물리학 법칙에 의해 열린 채로 남아서 결정되지 않은 사항들을 결정한다고 주장한다. 존 폴킹혼(John Polkinghorne)은, 하나님이 에너지 보존 법칙을 위반하지 않으면서도 혼돈(chaos) 이론으로 묘사되는 정교하게 민감한 분기점에서 "순수한 정보"의 소통을 통해 행동한다고 주장한다. 아서 피콕(Arthur Peacocke)은, 하나님이(더 낮은 단계의 법칙을 위반하기

---

1) *Chaos and Complexity: Scientific Perspectives on Divine Action*, ed. Robert John Russell, Nancy Murphy, and Arthur R. Peacocke (Rome: Vatican Observatory and Berkeley: Center for Theology and the Natural Sciences, 1995)에 있는 George Ellis, John Polkinghorne, and Arthur Peacocke의 글을 보라. Ellis와 Peacocke의 논문이 *Evolution and Molecular Biology: Scientific Perspectives on Divine Action*, ed. Robert John Russell, William R. Stoeger, S.J., and Francisco Ayala (Rome: Vatican Observatory and Berkeley: Center for Theology and the Natural Sciences, 1998)에도 실려 있다.

보다 경계 조건과 제한 조건을 설정함으로써) 더 낮은 단계의 요소로 구성된 유기체 안에 있는 더 높은 단계의 하향식 영향력과 비슷한 "하향식 인과 관계"(top-down causality)에 의해 행동한다고 주장한다. 또한 그는 세계 내에서 나타나는 하나님의 행동을 가리켜 더 큰 전체가 유기체 안에 있는 부분들에서 나타나는 변화에 영향을 줄 수 있는 방식의 확장이라고 말한다. 이런 모든 경우, 하나님은 일방적으로 개입하기보다는 자연 구조와 협력하여 정교하게 활동하시는 분으로 간주할 수 있다.

이외에도 자연의 온전함을 확증하는 신학적 이유들이 더 있다. 자연의 명료함, 합리성, 그리고 신뢰성은 비록 결정적인 논의는 아닐지라도, 지적인 창조주가 존재한다는 증거로 해석될 수 있다. 만약 하나님이 자연을 자주 수정해야 한다면, 그것은 불충분한 설계일지도 모른다. 미하엘 벨커(Michael Welker)는 "물들은 생명을 번성하게 하라.…생육하고 번성하여…"(창 1:20-22)라는 창세기의 한 단락을 언급하면서, 종종 주장하듯 그런 구절들은 하나님에 대한 피조물의 "절대 의존"을 묘사하기보다 하나님의 창조성 안에 있는 피조물의 협력을 가리킨다고 말한다.[2]

토마스주의(Thomism) 전통의 저자들은 신의 전능과 자연의 온전함을 조화시키려 했다. 그들은 제1원인인 하나님이 자연이라는 제2원인을 통해 전능하게 역사한다고 말한다. 세계 내의 모든 사건은 하나님의 계획의 산물이며, 하나님의 계획 안에서 모든 것은 하나님의 뜻에 따라 예정되었다. 제1원인인 하나님은 일련의 제2원인들과 완전히 다른 단계에 있다. 그리고 이 제2원인들은 자체로는 완전하고 빈틈이 없다. 물론 하나님의 통제는 결코 절대적인 능력이 아니었다. 왜냐하면 그것은 항상 사랑의 능력이었기 때문이다. 단테는 하나님을 "태양과 다른 별들을 움직이는 사

---

2) Michael Welker, "What Is Creation? Rereading Genesis 1 and 2," *Theology Today* 47, no. 1 (April 1991): 56-70.

랑"³으로 그리면서 『신곡』(The Divine Comedy)을 끝맺는다. 장 칼뱅(Jean Calvin)과 함께 더욱 최근에는, 여러 사람 중 칼 바르트(Karl Barth)와 오스틴 파러(Austin Farrer)가 자연적 원인을 자연에 대한 하나님의 전적인 통치의 수단으로 간주하는 토마스주의의 관점을 지지했다.⁴ 이에 대해 비평가들은, 세상에 있는 악과 인간의 자유는 모든 사건이 하나님에 의해 궁극적으로 결정된다는 주장과 양립하지 않는다고 반론한다. 나는 과정 신학이 자연 결정론과 신의 결정을 둘 다 상세히 비판한다고 제안하려 한다. 과정 신학은 신의 전능에 대한 전통적 관념들을 거부하지만, 모든 사건에 내재하는 하나님의 역할과 자연적 원인의 역할을 분명하게 주장한다.

### 2) 악과 고난의 문제

고통과 고난은 인간 이외의 자연세계에 만연해 있다. 진화의 역사에서, 고통을 느끼는 능력의 향상은 분명히 감각의 발달로 인한 부산물이었다. 그리고 그것은 위험과 육체에 끼칠 해로움에 대해 경고하기 위한 적응 가치로 선택되었다. 동물의 행동은, 그들이 몹시 고통당하고 있으며, 심지어 무척추동물조차 스트레스를 받을 때는 인간의 뇌에 있는 것들과 비슷한 엔도르핀이나 고통을 억제하는 다른 화학물질들을 발산한다는 증거를 제시한다.⁵ 육식동물은 먹이를 통해 살아간다. 그리고 많은 유기체는 먹이 사슬에서 더 낮은 단계의 유기체를 소비하여 복잡한 유기체 분자를 구

---

3) Dante Alighieri, *The Divine Comedy; The Paradiso*, trans. John Ciardi (New York: New American Library, 1970), canto 33.
4) Karl Barth, *Church Dogmatics* (Edinburgh: T. & T. Clark, 1956-75), vol. 3, part 3, 49, 94, 106, 133, 148, etc.; Austin Farrer, *Faith and Speculation* (London: Adam and Charles Black, 1967), 4장과 10장.
5) Donald R. Griffin, *Animal Thinking* (Cambridge, Mass.: Harvard University Press, 1984).

성하는 원천으로 활용한다. 진화의 역사는 투쟁과 경쟁을 수반했으며, 따라서 대부분의 생물 종은 소멸하게 되었다. 홈스 롤스턴(Holmes Rolston)은 자연에서 비극적 차원의 예를 제시한다. 흰 사다새는 이틀 동안 따로 알을 낳는다. 뒤에 태어난 작은 새끼 새는 먼저 태어난 큰 새끼 새가 일찍 죽을 때에만 생존할 수 있다. 작은 새끼 새는 보통 큰 새끼 새의 공격을 받아 먹이가 되거나 둥지에서 쫓겨난다.[6]

물론 개체에게 해로운 상황이 집단이나 더 큰 계(system)에는 도움이 될 수 있다. 포식 동물의 먹이는 생태계에 기여하고, 뒤에 태어난 새끼 새는 사다새의 미래 세대에 기여한다. 죽음은 진화의 필수적인 특징이다. 죽음을 통해 세대들 사이에서 변화가 발생하고, 유한한 자원들은 단지 제한된 군집만을 지원할 수 있다. 심지어 비선형 열역학 체계(nonlinear thermodynamic systems)에서조차 무질서는 분류상 새로운 형태의 생명체가 등장하기 위한 조건이다. 롤스턴은 다른 글들과 이 책의 기고문을 통해, 고난이 더 큰 목적에 이바지하며 새로운 생명체가 이전 생명체로부터 나타날 때 자연은 "십자가형을 당한다"(cruciform)고 말한다. "더 높은 어떤 것을 거쳐가는 고난" 속에서 자연은 하나의 유형을 제공한다. 그 유형은 창조 세계와 함께, 그리고 창조 세계를 위해 고난을 겪는 구속자와 하나님의 고통 안에서 실현된다.[7]

진화의 역사에서 고등한 단계의 감각과 의식이 창발(創發, emergence)함에 따라, 더 큰 고난에 대한 수용력과 더 큰 즐거움을 향유하는 능력은 불가피하게 서로 맞물려 있다. 바울이 주장하듯, 인간의 삶에서 고난은 도덕적 성장에 기여한다(롬 5:3). 위험과 유혹이 없다면 용기는 불가능

---

6) Holmes Rolston, III, *Science and Religion: A Critical Survey* (Philadelphia: Temple University Press, 1987), 137-38.
7) Holmes Rolston, III, *Science and Religion*, 3장.

할지도 모른다. 타자의 고난은 우리의 공감과 긍휼을 불러일으킨다. 그리고 부당한 고난은 다른 사람들에게 구속의 효과를 미칠 수 있다. 더욱이 선에 대한 자유로운 선택은 악에 대한 대안적 선택 없이는 불가능할지도 모른다. 존 힉(John Hick)은 이레나이우스(Irenaeus)의 견해를 따라 세계를 도덕을 발전시키고 "영혼을 형성하는" 기회로 본다. 그는 부당한 고난의 불의함은 사후(afterlife)에 바로잡을 수 있다고 말한다. 힉은 악과 고난의 현존을 하나님이 자기를 제한하시는 증거로 본다. 또한 그는 하나님이 우리를 압도해 믿음을 갖도록 강요하기보다는 하나님의 사랑에 자유롭게 응답하도록 하는 "인식론적 거리"(epistemic distance)를 제공하기 위해 자신의 힘을 억제한다고 주장한다.[8]

최근 아우슈비츠를 방문하면서, 나는 도덕적 발전만이 인간의 삶에서 고난의 정도와 고난의 만연함 혹은 인간이 가진 악의 깊이를 정당화할 수 있는가 하는 문제를 새로이 뼈저리게 느끼게 되었다. 어떤 사람은 실로 고난에 직면해서 용기와 힘을 얻는다. 그러나 다른 사람은 고난으로 인해 깨지고 상처를 입는다. 자발적 자기 제한은 하나님을 악과 고난이라는 특정한 예들에 대한 직접적인 책임에서 면제한다. 그러나 아마도 하나님은 그런 예들에 대해 궁극적 책임을 질 것이다. 우리는 에이즈에 걸린 사람이나 아우슈비츠에 수용된 죄수의 오래된 고난을 막을 수도 있었던, 대책을 허락하지 않은 인간 아버지를 어떻게 생각해야 하는가? 인간 아버지는 물론 계속되는 삶을 위한 기본 원칙을 세우지 않는다. 그러나 이 유비는 우리로 하여금 자기 제한 뒤에 숨어 있는 신의 전능에 관해 주장하는 일을 잠시 멈추게 할 것이다. 이 점에서 과정 신학은, 하나님의 능력의 한계가 자발적 자기 제한이라기보다 형이상학적 필연의 산물이라고 주장함

---

8) John Hick, *Evil and the Love of God* (San Francisco: Harper and Row, 1966): 『신과 인간 그리고 악의 종교철학적 이해』(열린책들 역간).

으로써 대부분의 비움의 신학들과 구별된다.

### 3) 인간이 가진 자유의 실재

과학의 측면에서 보면, 인간의 자유는 생물학적 결정론에 의해 위협받는 것처럼 보인다. (일란성) 쌍둥이를 (유전자의 반을 공유하는) 쌍둥이가 아닌 형제자매 및 (공유된 유전자가 거의 없이) 함께 자란 입양된 아이들과 비교하면, 아이들의 행동이 나타내는 특징 중 많은 경우에 대략 50% 정도의 유사성이 유전된다는 점을 보여준다. 이것은 인간의 자유가 환상에 불과함을 입증하는 것이 아니라, 우리의 결정이 우리의 유전자에 의해 엄격하게 제한된다는 점을 시사한다. 우리는 제한된 가능성의 범위 안에서만 선택할 수 있다.[9] 다른 연구 분야를 살펴보면, 뇌의 특정 영역의 손상과 뇌에서 일어나는 화학물질 간 균형의 변화는 특별한 정신 능력에 엄청난 영향을 끼치는 것으로 드러났다. 정신적·영적 삶이 생물학적 과정에 의존한다는 사실은 몸과 영혼에 관한 전통적 이원론에 의문을 제기한다. 자유는 인간이 생물학적 유기체인 동시에 육체를 가진 자아이며, 아울러 책임을 지는 행위자임을 보여줄 때만 지켜질 수 있다.[10]

선택을 경험하는 것은 개인의 직접적인 경험이 가진 지울 수 없는 특징인 듯하다. 심지어 결정론을 옹호하는 철학자나 과학자조차 일상생활에서는 다른 사람들이 그들의 행동에 책임을 진다는 점을 가정한다. 그러나 이 글에서 우리는 생물학적 결정론보다는 하나님의 결정으로 인해 인간의 자유에 가해지는 위협에 주로 관심을 두려 한다. 이를테면 성서는

---

9) Ted Peters, *Playing God: Genetic Determinism or Human Freedom?* (New York and London: Routledge, 1997).

10) Ian G. Barbour, "Neuroscience, Artificial Intelligence, and Human Nature: Theological and Philosophical Reflections," *Zygon* 34 (1999): 361-98을 보라.

다음과 같은 도덕적 선택을 자주 요청한다. "너희가 섬길 자를 오늘 택하라"(수 24:15). 바울은 인간의 자유와 하나님의 은혜라는 역설과 씨름한다. "내가 모든 사도보다 더 많이 수고하였으나 내가 한 것이 아니요 오직 나와 함께하신 하나님의 은혜로라"(고전 15:10). "너희 구원을 이루라. 너희 안에서 행하시는 이는 하나님이시니"(빌 2:12-13). 바울은 참된 자유는 외적 제약이 없어야 할 뿐 아니라 내적 갈등도 해소되어야 함을 인식한다. "내가 원하는 바 선은 행하지 아니하고 도리어 원하지 아니하는 바 악을 행하는도다"(롬 7:19). 바울과 루터는 모두 인간의 죄가 "노예 의지"를 야기하며, 따라서 우리는 하나님의 사랑을 수용함으로써만 거기서 해방될 수 있다고 주장했다.

토마스주의 전통을 따르는 저자들은 인간의 자유를 하나님의 예지와 예정에 조화시키려 애써왔다. 인간의 자유는 시간을 따라 연속해서 일어나는 사건들의 영역 안에서 일어난다. 하나님은 강제적 복종이 아닌 우리의 자유로운 반응을 바라신다. 그러나 하나님은 시간을 초월하신다. 하나님의 지식은 영원하며 불변하다. 하나님은 미래를 아신다. 그 미래가 인간의 선택과 세계 내에서 발생하는 원인에 의해 예측할 수 없게 발생하기 때문이 아니라, 신적 법령에 의해 확정적으로 구체화되기 때문이다. 세계 내에서 하나의 행동은 그것이 발생하기 "전에는"(before) 불확실하다. 그러나 하나님에게는 어떤 "전에는"도 있을 수 없다. 하나님에게는 모든 시간이 동시에 현존한다.[11]

나는, 이 해결책이 시간이 하나님에게 비실제적(unreal)임을 의미한다고 답하고자 한다. 하나님이 인간의 삶과 상호 작용하는 것은 지속되

---

11) E. L. Mascall, *He Who Is: A Study in Traditional Theism* (London: Longmans Green and Co., 1945); Richard Creel, *Divine Impassibility: An Essay in Philosophical Theology* (Cambridge: Cambridge University Press, 1986).

는 관계 안에서 친숙하게 관여하는 행동이라기보다 미리 준비된 대본에 따라 연출된 공연과 더 흡사할 수 있다. 여기서 나는 하나님이 알려질 수 있는 모든 것을 안다는 차원에서 전지하다고 말하는 사람들과 뜻을 같이한다. 그러나 이것은 선택이 이루어질 때까지는 알 수 없는 그런 종류의 선택을 포함하지는 않는다. 신정론에서 "자유 의지 옹호"(free-will defense)를 주장하는 사람들은 인간이 가진 자유의 대가는 악을 선택할 가능성이라고 단언한다. 폴킹혼은 인간 이외의 영역에서 하나님의 자기 제한을 언급하기 위해 "자유 과정 옹호"(free-process defense)라는 용어를 사용해왔다.[12] 과정 신학자들은 만약 시간이 하나님의 경험 안에서 실재한다면, 인간의 자유는 미래에 대한 하나님의 지식에 한계가 있음을 의미한다고 주장한다.

### 4) 십자가에 대한 기독교적 이해

성서는 하나님에 관한 다양한 이미지를 보여준다. 히브리어 성서의 몇몇 장면에서 하나님은 선택된 백성을 전쟁에서 지키는 강력한 야웨로 나타난다. 이사야는 성전에서 환상을 통해 본 하나님의 위엄과 신비에 사로잡힌다(사 6장). 하지만 하나님은 슬퍼하는 남편으로도 비유되어, 신실하지 못한 아내를 강하게 심판하는 동시에 부드럽게 용서하는 모습을 보여준다(호 1-4장). 이사야서의 후반부 장들은 이스라엘을 하나님의 "고난 받는 종"(suffering servant)으로 묘사하는데, 그의 고난은 다른 나라들을 구속할 수 있다(사 53장). 이것은 초기 기독교인들이 믿은 역할로서, 그리스도의 인격을 통해 성취된 역할이었다.

바울은 그리스도가 "하나님과 동등됨을 취할 것으로 여기지 아니하시

---

12) John Polkinghorne, *The Faith of a Physicist* (Princeton: Princeton University Press, 1994), 83-85.

고 오히려 자기를 비워 종의 형체를 가지사…죽기까지 복종하셨으니 곧 십자가에 죽으심이라"라고 쓴다(빌 2:6-8). 기독교인들은 한편으로 십자가를 그리스도가 평생—그의 공생애 출발점에 광야에서 있었던 유혹으로부터 시작해서 겟세마네 동산에서 그가 택한 자유로운 결정과 신실한 응답에 이르기까지—내린 결정 가운데 자기희생적 사랑의 길을 택한 결과로 이해했다. 다른 한편으로 기독교인들은 성육신과 그리스도의 죽음을 통해 하나님이 인간의 고난에 참여했으며 구속적 사랑의 능력을 보여주셨다고 주장했다. 따라서 십자가는 전적으로 인간 그리스도의 결정일 뿐 아니라 하나님의 본성과 의지를 드러낸다. 그런 하나님은 성육신뿐 아니라 창조 때에도 비움을 통해 행동했을 것이다.

현대의 저자 가운데 빌 밴스톤(W. H. Vanstone)은, 진정한 사랑의 특징은 상처받기 쉽다는 점임을 보여주었다. 그는 이런 특징이 인간뿐 아니라 하나님에게도 참이라고 결론짓는다.

> 당신은 하나님이십니다.
> 다스리기 쉽도록 군림하는 군주가 아닙니다.
> 당신은 하나님이십니다.
> 사랑의 두 팔로 아프고 지친 세계를 지탱하십니다.[13]

폴 피디스(Paul Fiddes)는 『하나님의 창조적 고난』(The Creative Suffering of God)에서 하나님의 자기 충족성(self-sufficiency)과 불변성에 대한 전통적 관념을 비판한다. 피디스는 결국 하나님이 시간 속에 거하신다는 점(temporality)과 상처받기 쉽다는 특징(vulnerability)이 하나님의 삶

---

13) W. H. Vanstone, *Love's Endeavour, Love's Expense* (London: Darton, Longman and Todd, 1977), 120.

가운데 삼위일체의 상호 작용을 통해 더 잘 표현된다고 주장하긴 하지만, 과정 철학에 대해 호의적이다.[14] 그는 이 책에 실린 자신의 글에서 이런 몇가지 주제를 더 발전시킨다.

성서에서 성령은 자연 가운데, 예언자들과 예배 공동체의 경험 가운데, 그리고 그리스도의 삶 가운데 역사하는 하나님의 활동이다. 성령에 관한 언급은 기독교인의 삶과 사상에서 자주 분리되었던 창조와 구속 교리를 한데 묶는다. 제프리 람프(Geoffrey Lampe)는 세례 기사에 나타나듯 그리스도가 성령에 의해 영감 받았다고 주장한다.[15] 많은 성서 텍스트에서 성령은 새롭게 하고 영감과 힘을 주며 인도하기 위해 내부에서부터 사역하는 분으로 나타난다. 이 모든 행동은 비강제적이며, 그중에서도 그리스도가 세례 받을 때 나타난 비둘기는 이를 나타내는 적합한 상징이다. 성령에 대한 몇몇 이미지(예. 바람 또는 불)는 더 강한 영향을 암시하지만, 개인의 적극적 참여가 여전히 요구된다. 따라서 비움의 신학을 옹호하는 뚜렷한 성서적 근거가 존재한다.

### 5) 가부장적 하나님 모델에 대한 페미니스트의 비판들

페미니스트 신학자들은 우리 문화에서 "남성적"이라고 여겨지는 덕목(힘, 통제, 독립, 합리성과 같은 덕목)을 "여성적인" 덕목(양육, 협력, 상호 의존, 정서적 민감함 같은 덕목)보다 우월하다고 간주하는 경향을 우려한다. 일련의 남성적인 덕목이 갖는 문화적 우위는 서구 사회 구조에서 남성 지배에 대한 한 가지 원인과 결과로 간주할 수 있다. 기독교 사상에서 하나님을 가부장으로 간주하는 모델은 역사적 산물이며, 그 안에서 교회 지도자들과 신

---

14) Paul S. Fiddes, *The Creative Suffering of God* (Oxford: Clarendon Press, 1988).
15) Geoffrey Lampe, *God as Spirit* (Oxford: Clarendon Press, 1977).

학적 성찰은 남자들에 의해 거의 독점되었다.[16]

페미니스트 신학자들은 힘과 정의라는 특징보다 역사적으로 덜 존중받았던 양상, 즉 인간—그리고 하나님—의 본성에 속한 양상인 돌보고 양육하는 측면에 관심을 기울여왔다. 하나님에 관한 여성적 이미지들은 여성의 자기 존중을 지지할 뿐 아니라 하나님의 본성 중 무시된 측면들을 더욱 강력하게 제시해준다. 페미니스트 신학자들은 종종 성령을 삼위일체 중 유일하게 성적으로 규정할 수 없는 구성원으로 강조하거나 소피아(Sophia, 지혜)처럼 하나님에 관한 여성적 표현에 관심을 돌린다.[17] 그런 이미지들은 하나님의 능력을 약화시키는 것처럼 보일 수 있다. 그러나 그 이미지들은 다른 형태의 능력, 즉 다른 사람에 대한 통제를 가리키는 능력이 아닌 다른 사람에게 권한을 부여하는 능력을 가리키는 표현으로 이해하는 것이 더 적합하다. 창조적 권한의 부여는 "제로섬" 게임(zero-sum, 한 사람이 뭔가 얻을 때 다른 사람은 그것을 잃어버리는 상태)이 아니라 오히려 "포지티브섬" 게임(positive-sum, 양쪽이 모두 이득을 얻는 상태)이다.

하지만 페미니스트 신학자들은 그리스도의 자기희생적 죽음이 여성의 자기희생을 당연하게 여기는 데 사용될 위험성을 지적해왔다. 여성은 너무나 자주 "고난 받는 종"의 역할을 부여받았으며, 인내하고 학대를 견디면서 그들 스스로 이 역할을 수용했다. 엘리자베스 존슨(Elizabeth Johnson)은 사회 정의를 위한 시민 불복종으로 인해 투옥될 때처럼, 더욱 큰 선(good)을 위해 자발적으로 받는 고난은 실로 존경할 만하다고 말한다. 그러나 많은 여성은 성폭력과 가정 폭력이 낳은 강압의 희생자들이며

---

16) Rosemary Radford Ruether, *Sexism and God-Talk* (Boston: Beacon Press, 1983): 『성차별과 신학』(대한기독교서회 역간).

17) Sallie McFague, *Models of God for an Ecological, Nuclear Age* (Philadelphia: Fortress Press, 1987): 『어머니·연인·친구』(뜰밖 역간).

저항할 용기가 부족하다. 자긍심과 자기 확신은 타자에 대한 사랑과 양립 불가능하지 않으며 상호 성취적 관계성에 이바지할 수 있다. 정신 요법(psychotherapy)에 관한 문헌들은 타자를 돌보는 능력이 자기 부정이나 낮은 자존감보다 자아 수용과 더 자주 상관관계가 있다고 제안한다.[18]

조앤 브라운(Joanne Brown)과 레베카 파커(Rebecca Parker)는 그리스도의 죽음을 결코 고난을 정당화하는 데 이용하지 말아야 한다고 주장한다. 안셀무스(Anselm)에 의해 발전된 대속 속죄론에 따르면, 성자는 성부에게 순종하셨으며 우리가 받아야 할 벌을 받으시면서 "우리 죄를 위해 죽으셨다." 브라운과 파커는 하나님의 정의가 요구하는 보복을 대신 만족하게 한 대속적 희생(propitiatory sacrifice)이라는 관념을 비판한다. 그런 이론은 또한 복종을 지지하고 고난을 신성시하므로, 여성이 들어야 하는 메시지가 아니다. 브라운과 파커는 아벨라르(Abelard)를 따라 "도덕 감화설"(moral influence theory)에서 몇 가지 장점을 발견한다. 이 견해는 그리스도의 부당한 고난이 우리로 하여금 회개하고 용서를 받아들이게 한다고 주장한다. 이 해석은 정의보다 하나님의 사랑을 강조한다. 그러나 심지어 이 이론조차 그들을 억압하는 자들에게 저항하도록 희생자들을 격려하진 않는다. 브라운과 파커는 그리스도가 의도적으로 고난을 추구한 것은 아니라고 주장한다. 그리스도는 사랑이라는 그의 근본적인 메시지가 종교적·정치적 힘의 지배 구조에 도전했던 그때에 고난 받았다. 하나님과 인간의 사랑은 둘 다 고난을 긍정하는 데 적극적인 것이 아니라, 고난에 저항하며 그것을 극복하는 데 적극적이다.[19] 우리가 자기희생을 강조

---

18) Elizabeth A. Johnson, *She Who Is: The Mystery of God in Feminist Theological Discourse* (New York: Crossroad Press, 1992): 『하느님의 백한 번째 이름』(바오로딸 역간).

19) Joanne Carlson Brown and Rebecca Parker, "For God So Loved the World?" in *Christianity, Patriarchy, and Abuse: A Feminist Critique*, ed. Joanne Carlson Brown and Carole R. Bohn (New York: Pilgrim Press, 1989).

하는 어떤 형태의 비움의 신학을 형성하려면 페미니스트 신학자들이 제시하는 이런 경고들을 고려해야 한다.

몇몇 개신교 신학자는 어떤 대가도 바라지 않는 무조건적 사랑인 아가페(agape)의 이상을 주창하면서, 그것을 갈망을 표현하고 필요를 성취하는 사랑 즉 더 제한적 사랑인 에로스(eros)와 대조했다.[20] 스티븐 포프(Stephen Pope)는 토마스주의 전통이 훨씬 더 다양한 형태의 사랑을 옹호한다는 점을 지적하는데, 이때 그 사랑은 우정, 가족 유대, 그리고 공동체 내의 친교 안에서 표현된 것과 마찬가지로 상호성을 띠는 무언가를 포함하는 개념이다. 그는 어떤 상황에서는 근본적인 자기희생이 요청될 수도 있지만, 사랑은 더 전형적으로 주고받는 행위를 수반한다고 말한다.[21] 이와 유사하게 이스라엘을 위한 하나님의 사랑은 비움만이 아니라 주고받는 모든 행위를 수반한다. 그것은 여자에 대한 남자의 사랑과 비교되거나, 한 공동체를 묶고 있는 언약의 상호성과 비교된다.

## 2. 비움의 신학과 과정 신학

앞에서 요약한 비움의 신학의 다섯 가지 주제는 과정 신학자들의 저서에서 두드러지게 나타난다. 화이트헤드 자신은 "장엄한 통치자"(imperial ruler), 즉 군주이신 하나님 모델을 분명히 거부한다. 대신에 그는 하나님

---

20) Anders Nygren, *Agape and Eros* (London: SPCK, 1938):『아가페와 에로스』(크리스챤다이제스트 역간).
21) Stephen Pope, *The Evolution of Altruism and the Ordering of Love* (Washington, D.C.: Georgetown University Press, 1994). Stephen Pope, "The Inadequacy of Selflessness: God's Suffering and the Theory of Love," *Journal of the American Academy of Religion* 50 (1988): 213-28도 보라.

을 "공감하는 동료이자 고난 받는 자"(the fellow-sufferer who understands)로 언급한다.[22] 그는 "갈릴리인(예수)의 겸손의 비전"(the Galilean vision of humility)을 옹호하는데, 이 개념에 따르면 하나님은 "아무것도 잃어버리지 않는 부드러운 돌봄"을 제공한다. 하나님의 "원초적 본성"(primordial nature)이 모든 가능태의 원천이지만, 하나님의 "결과적 본성"(consequent nature)은 세계에 의해 영향을 받는다.[23] 화이트헤드의 분석을 확장한 찰스 하트숀(Charles Hartshorne)은 신의 무감정성과 불변성이라는 전통적 개념을 비판한다. 그는 하나님이 세계와의 상호 작용에서는 시간에 제한을 받으며 변화하지만, 성품과 목적에서는 영원하다는 "양극적 유신론"(dipolar theism)을 지지한다.[24] 화이트헤드와 하트숀에 따르면, 하나님은 세계에 참여하심으로 우리의 고난을 공유하신다. 그리고 이것은, 인생에서 다른 사람의 공감이 우리에게 영향을 미치듯, 결국 우리에게 영향을 미친다.

모든 사건의 전개를 서술하는 방식에 대해 화이트헤드는 과거 사건들이 끼치는 영향, 하나님이 가능태들의 질서를 세우는 행위, 그리고 새로움이라는 요소를 포함한다. 이것은 강요하시는 하나님보다 설득하시는 하나님을 가리킨다. 이때, 설득하시는 하나님 개념은 하나님의 사랑이 갖는 환기의 특성을 나타내는 데 특히 도움이 된다. 만약 세계가 결정론적 메커니즘으로 인식된다면, 설득하시는 하나님 개념은 무생물의 세계에는 적합하지 않을지도 모른다. 그러나 설득하시는 하나님 개념은, 하향적 인

---

22) Alfred North Whitehead, *Process and Reality* (New York: Macmillan, 1929), 352: 『과정과 실재』(민음사 역간).
23) 과정 신학의 개론적 설명에 대해서는 John B. Cobb, Jr., and David Ray Griffin, *Process Theology: An Introduction* (Philadelphia: Westminster Press, 1976): 『캅과 그리핀의 과정 신학』(이문출판사 역간)을 보라.
24) Charles Hartshorne, *The Divine Relativity* (New Haven: Yale University Press, 1948).

과 관계를 지닌 단계들의 계층 구조 및 높은 단계에서 낮은 단계로 정보가 소통되는 것으로 간주되는 자연에 적합하거나 과정 철학에서 드러난 자연관에 적합하다.

정신/물질 이원론이나 유물론(materialism) 대신에 과정 사상은 다원적인 두 측면을 지닌 일원론(monism)을 주장한다. 이것은 모든 사건이 주체적 혹은 객체적인 측면을 가지지만 다양한 단계의 유기체가 갖는 다원성을 의미한다. 이 관점은 **범심론**(panpsychism)이라기보다 **범경험론**(panexperientialism)이라 불러야 한다. 왜냐하면 경험이 (바위처럼 통합되지 않은 집합체나 또는 식물처럼 느슨하게 통합된 구조가 아니라) 통합된 사건 내에 있는 모든 단계에 가정되기 때문이다. 정신과 의식은 고등한 유기체에 있는 복잡한 과정의 마지막 단계에서만 일어난다고 말할 수 있다.[25] 분리된 세포나 분자에 가해지는 하나님의 영향력은 전적으로 부재하지는 않지만, 최소한으로 주어진다. 즉 그것은 고등 생물체가 나타나기 전에 오랜 시간에 걸쳐 느리게 진행된 진화 역사의 과정과 상응할 것이다. 그렇다면 하나님의 능력에 대한 과정 신학의 이해가 대다수 비움의 신학들과 어떻게 다른지 살펴보도록 하자.

## 1) 자발적 자기 제한인가, 형이상학적 필연인가?

과정 신학은 하나님의 지식과 능력의 한계가 자발적인 자기 제한에서 기인하기보다 형이상학적 필연에서 비롯된다고 명백히 주장한다. 전지(omniscience)를 분석하면서 과정 사상가들은, 만약 시간의 경과가 하나님에게 실재한다면, 그리고 만약 우연, 새로움, 인간의 자유가 세계의 특징이라면, 미래 사건의 세부사항이 실제로 발생하기 전까지는 심지어 하

---

25) David Griffin, *Unsnarling the World Knot: Consciousness, Freedom, and the Mind/Body Problem* (Berkeley and Los Angeles: University of California Press, 1998).

나님조차 그것들을 알 수 없다고 주장한다. 만약 하나님이 미래에 대한 지식을 가졌을지도 모르지만 그런 능력을 제쳐두셨다고 말한다면, 그것은 이치에 맞지 않는다. 이와 비슷하게 실재에 대한 과정 신학의 관점에 따르면, 하나님의 전능은 원칙적으로 불가능하다.

하트숀은 하나님을 포함한 모든 존재가 본질적으로 사회적·상호적이라는 형이상학을 상술한다. 모든 존재는 능동적이고 인과적으로 유효한 능력뿐 아니라 수동적·수용적 능력을 가진다. 어떤 존재도 능력을 독점하거나 일방적인 규제를 실행할 수 없다. 마치 세계의 현존이, 그렇게 하지 않았다면 제한하지 못했을 하나님의 무한한 능력을 제한하는 것처럼 보이는 것은 아니다. 왜냐하면 하나님에 관한 어떤 타당한 개념도 사회성과 관계성을 포함해야 하기 때문이다. 하트숀은 하나님은 어떤 면에서 시간에 한정되며 세계로부터 영향을 받지만, 다른 면에서 고전적인 신의 속성을 나타내는 전형이 된다고 말한다. 하나님만이 영원하고 편재(omnipresent)하며, (알려질 수 있는 모든 것을 안다는 점에서) 전지하다. 하나님은 사랑과 지혜의 측면에서 완전하시며 의도와 목적의 측면에서 변하지 않으신다. 하나님은 모든 존재에게 초기 목표를 제공하시며, 피조물의 자유를 제한하지만 배제하지는 않는 우주 법칙을 통해 세계 질서를 세우신다. 하나님의 능력은 범위의 측면에서는 보편적이다. 하나님의 능력은 "일어나는 모든 것에 영향을 끼치지만, 그것들이 갖는 구체적 특수성의 측면에서는 아무것도 확정하지 않는다."[26]

하나님의 능력에 대한 제한이 자발적 자기 제한이라기보다 형이상학적 필연이라고 말하는 것은, 하나님의 능력이 그분 외부의 어떤 것에 의해 제한된다는 의미가 아니다. 또한 이것은 세계에 존재하는 순수하고

---

26) Charles Hartshorne, *Omnipotence and Other Theological Mistakes* (Albany: State University of New York Press, 1984), 25: 『하나님은 어떤 분이신가?』(한들 역간).

영원한 형상을 구현하려는 하나님의 노력을 제한하는 다루기 힘든 질료(recalcitrant matter)가 존재한다고 주장하는 영지주의나 마니교에 기반을 둔 이원론도 아니다. 만약 하나님의 본성이 "사랑하는" 혹은 "창조적인"이란 말로 규정된다면, 하나님이 사랑하지 않기로 선택했다거나 창조적이지 않기로 선택했을지 모른다고 말하는 것은 일관성이 없다. 우리는 하나님이 한때 전능하셨으나 그런 능력을 잠시 제쳐놓기로 하셨다고 말할 수 없다. 만약 하나님의 비움의 행동 이면에 고통과 고난에 처한 희생자들을 구하지 않으시는 전능한 하나님이 있다면, 신정론의 문제는 앞에서 언급했듯이 훨씬 더 심각해질 수 있다. 하트숀은 형이상학적 근거뿐 아니라 도덕적 근거에서도 신의 전능을 반대한다. 실재에 관한 사회적 관점에서 볼 때, 설득은 비록 그것이 악과 고난이라는 더 큰 위험을 수반한다 할지라도 강제(coercion)보다 더 높은 도덕적 지위를 지닌다. 하트숀에 따르면, 비록 다른 존재들이 그들 자신을 위해 행하기에 유익한 모든 것을 하나님이 하시는 것은 아니지만, 그분은 어떤 궁극적 존재가 행하기에 유익한 모든 것을 하신다.[27]

### 2) 하나님의 능력의 타당성

과정 사상에서 하나님의 능력에 한계를 설정하는 것은 신정론 문제를 더욱 다루기 쉽게 만들 수 있다. 그러나 이런 한계는 하나님을 악을 정복하는 데 무력한 분으로 방치하게 만들지는 않을까? 하트숀은 구속을 통해 악을 변혁하며 악에 저항하도록 사람들에게 힘을 북돋우는 하나님의 능력을 묘사하는 측면에서 화이트헤드보다 더 나아간다. 대니얼 데이 윌리엄스(Daniel Day Williams)는 다음과 같이 말한다.

---

27) Charles Hartshorne, *Reality as Social Process* (Glencoe, Ill.: Free Press, 1953).

나는 하트숀 박사가 종교 경험의 강제적 측면들 역시 강조하는 것이 옳다고 생각한다. 하나님의 거룩함을 의지하여 그분을 예배하는 것은, 자아의 의식적 의도와 이해를 훨씬 넘어서서 자아를 변혁한다. 우리가 하나님을 반대할 때, 우리는 극명하게 거기에 있는 우리 행동의 경계선들과, 우리가 바라든지 바라지 않든지 상관없이 우리에게 주어지는 결과들을 발견한다. 세계를 다스리시는 하나님의 통치에는 큰 강제적 측면들이 존재한다.[28]

나아가 윌리엄스는 역사와 그리스도의 인격에서 하나님의 주도권을 옹호하는 데서 하트숀의 견해를 넘어선다. 그는 인간처럼 하나님에게도 "사랑한다는 것은 상처받기 쉬운 것"임을 주장한다. 그러나 그는 어떤 면에서 하나님은 상처받을 수 없다고 주장한다. "하나님의 사랑은 완전성의 측면에서 볼 때 영원히 절대적이다. 이런 의미에서 그 사랑은 상처받을 수 없다."[29] 세계에서 벌어지는 사건들이 하나님의 목적이 성취되는 것을 위협할 수 있을지 모르지만, 하나님의 존재를 위협할 수는 없다. 하나님은 창조 세계에 대해 여전히 신실하시다.

윌리엄스는 모든 것을 통제하고 악에 대한 승리를 보장하는 군주이신 하나님(the divine monarch) 개념을 받아들이지 않는다. 그러나 그는 화이트헤드가 어떤 구절들에서 제안하듯이, 비극적인 삶의 요소들을 더 크고 조화로운 그림 안에 억지로 집어넣으려 하는 아름다움을 추구하는 신(the

---

28) Daniel Day Williams, "How Does God Act? An Essay in Whitehead's Metaphysics," in *Process and Divinity*, ed. W. L. Reese and E. Freeman (LaSalle, Ill.: Open Court Press, 1964), 177.

29) Daniel Day Williams, *The Spirit and the Forms of Love* (New York: Harper and Row, 1968), 185. Daniel Day Williams, "The Vulnerable and the Invulnerable God," *Christianity and Crisis* 22 (March 1962): 27-30도 보라. Williams의 견해에 관해서는 Warren McWilliams, *The Passion of God: Divine Suffering in Contemporary Protestant Thought* (Macon, Ga.: Mercer University Press, 1985), 6장을 보라.

divine aesthete) 개념도 받아들이지 않는다. 이 두 극단 사이에서 윌리엄스는 변혁적·구속적 영향력을 가진 친구 같은 신(the divine companion)을 그려낸다.[30] 이를테면 그는 한 환자를 묘사하는데, 그 환자는 심리치료사가 자신의 이야기에 위축되지 않고 그것을 들어줄 수 있다는 점을 알고 있다. 그런 방식으로 고난을 나누는 행동이 수용과 소통의 한 형태다. 치유는 고난을 나누고 그것을 재해석할 때 일어날 수 있다. 그러기에 하나님이 그리스도의 고난과 우리의 고난에 참여하는 것 역시 "우리를 위한 하나님의 자기 동일시(self-identification) 행동이고, 그가 우리와 소통하는 방식이며, 우리 가운데 있는 그의 치유하는 능력이다."[31] 더욱이 그리스도 안에서 하나님의 행동은 우리에게 힘을 불어넣어서 타자의 고난을 완화시키는 데 협력하게 할 수 있다. 최고의 상태에 있는 인간의 사랑이 그러하듯, 윌리엄스에게 신의 사랑은 또한 타자 위에 군림하는 힘도 아니며 그렇다고 힘없음(powerlessness)도 아닌, 호혜주의이자 서로 힘을 북돋는 행위를 추구하는 것이다.

애나 케이스-윈터(Anna Case-Winter)는 과정 신학과 페미니스트 신학의 종합을 제안한다. 그녀에 따르면, 과정 신학의 강점은 그것이 가진 개념 틀과 고전적 관점의 지적 적절성에 대한 비판에 있다. 그녀는 이 점을 특별히 하나님의 능력에 대한 하트숀의 분석에서 이끌어낸다. 그녀에 따르면, 다른 한편으로 페미니스트 신학은 특별한 삶의 자리와 사회적 정황에 있는 사람들의 경험에 집중한다는 장점이 있다. 페미니스트

---

30) Daniel Day Williams, "Deity, Monarchy, and Metaphysics: Whitehead's Critique of the Theological Tradition," in *The Relevance of Whitehead*, ed. I. Leclerc (New York: Macmillan, 1961).

31) Daniel Day Williams, "Suffering and Being in Empirical Theology," in *The Future of Empirical Theology*, ed. Bernard Meland (Chicago: University of Chicago Press, 1969), 191.

들은 신학적 관념에 대한 사회적·정치적 결과들 및 하나님이라는 개념이 지배와 억압의 형태를 합법화하기 위해 사용됐던 방식을 더욱 인식하고 있다. 그러나 과정 사상가들과 페미니스트들은 경험에서 출발하여 실재에 대한 총체적·사회적·관계적·유기적 모델들을 사용하는 데 몰두한다는 점을 공유하고 있다. 두 집단은 모두 하나님의 능력을 압도하는(overpowering) 힘이 아니라 힘을 부여하는(empowering) 능력으로 이해한다. 그런 면에서 케이스-윈터는 하나님이 자궁 내에서 그리고 이어지는 삶에서 다른 능력들을 버리지 않고 그것들과 협력함으로써 아이에게 능력을 부여하는 어머니와 같다고 주장한다. 이렇게 하나님의 능력을 어머니에 비유하는 견해는 자유, 책임, 그리고 억압받는 자들과의 연대라는 윤리와 일치하는 형태의 인간 능력을 고무시킨다.[32] 다른 학자들 또한 페미니스트와 과정 신학 사이의 유사성에 주목했다.[33]

### 3) 시작과 끝

빅뱅 이론(혹은 대폭발 이론, Big Bang theory)에 대한 과학적 증거가 제시되기 이전부터, 화이트헤드는 하나님과 세계가 항상 공존했으며 하나님은 이미 존재하는 것과 함께 일하심으로써 창조하신다고 주장했다. 화이트헤드는 서로 현저하게 다른 "우주 시대"(cosmic epochs)가 무한히 이어져 있다고 가정했다.[34] 뒤이은 과정 사상가들은 시간상으로 무한한 과거를 옹호한다는 점에서 일반적으로 화이트헤드를 따랐다. 그리고 어떤 이

---

32) Anna Case-Winter, *God's Power: Traditional Understanding and Contemporary Challenges* (Louisville: Westminster/John Knox, 1990).
33) Sheila Devaney, ed., *Feminism and Process Thought* (New York and Toronto: Edwin Mellen Press, 1981).
34) Alfred North Whitehead, *Process and Reality*, corrected edition, ed. David Ray Griffin and Donald Sherborne (New York: Free Press, 1978), 91.

들은 이런 "우주 시대"들은 **일종의 진동하는 우주**(oscillating universe)가 계속 순환하는 현상과 같아서, 각각의 대폭발(Big Bang)이 일어나기 전에 대붕괴(Big Crunch)가 발생하면서 팽창과 수축을 반복한다고 주장했다. 과정 사상가들은 하나님이 혼돈으로부터 질서와 새로움을 일으키시는 분이며, 언제나 창조적이고 사회적인 하나님임을 주장했다. 그들은 신의 초월을 지나치게 강조하는 "무로부터의 창조"(creation ex nihilo) 교리를 비판하는 한편, 신의 내재를 훨씬 더 중요시하는 "계속되는 창조"(continuing creation) 교리를 옹호했다.[35] 그러나 최근의 증거는 우리 우주가 매우 빠르게 팽창하고 있어서 앞으로도 그 속도가 느려질 수 없으며 결국 수축할 수도 없음을 암시한다.

진동하는 우주론에 대한 하나의 대안은 **양자 진공 요동**(quantum vacuum fluctuations) 이론인데, 오늘날 우주론을 연구하는 많은 이들이 이 이론을 지지한다. 양자 이론(quantum theory)은 에너지 보존에 대한 매우 간단한 위반을 허용한다. 실험을 해보면, 진공은 실제로 활동의 바다이며, 진공 안에서 가상 입자(에너지-시간 불확정성 원리가 허용하는 짧은 기간에만 나타났다가 사라짐으로써 해당 물리 반응에 영향을 미치는 입자로서 장 이론, 입자/핵 물리 등에 사용되는 개념-편집자 주)들의 쌍이 나타난 뒤 거의 즉시 서로를 소멸시킨다. 현재 팽창 이론의 각본을 따른다면, 아마도 우리 우주는 빠르게 팽창한 엄청난 요동으로부터 시작되었을 것이다. 우리 우주는 서로 너무 빠르게 팽창해서 소통할 수 없었던 수많은 공존하는 우주 중 하나였을 것이다.[36] 이 이론에 따르면, 무로부터의 창조 전통에서처럼 우리의 우

---

35) Charles Hartshorne, *Man's Vision of God* (Chicago: Willet Clark, 1941), 230-34; John Cobb and David Griffin, *Process Theology: An Introduction*, 64-67; Lewis Ford, "An Alternative to Creatio Ex Nihilo," *Religious Studies* 19 (1983): 205-13.

36) Andre Linde, "The Self-Reproducing Inflationary Universe," *Scientific American* 271 (November 1994): 48-55; Alan Guth, *The Inflationary Universe* (Reading,

주는 이전 우주의 잔해들(remains)로부터 발생하지 않았다. 그러나 이 이론에 의하면, 우주는 전적으로 무에서 유래한 것이 아닌, 양자장(quantum fields)과 양자 법칙의 초공간(Superspace)에서 유래했다.

무신론에 기반을 둔 우주론자들은 **양자 요동 이론**(quantum fluctuation theory)이 그들로 하여금 전통적 유신론과 연계된 유일한 기원을 피하게 해주기 때문에 부분적으로 이 이론에 매력을 느낀다. 그러나 렘 에드워즈(Rem Edwards)는 이 이론이 우주의 시원(始原, initiation)에 발생한 각각 구별되는 사건과 각각의 우주 내에서 계속되는 하나님의 행동을 모두 포함하는 수정된 과정 신론과 양립할 수 있다고 주장한다. 하나님의 영원한 창조성과 사회성은 초공간 및 셀 수 없는 유한한 우주들 모두에서 표현될 수 있다. 에드워즈는 우리 우주의 공간과 시간은 유한하지만, 무한한 초공간 내에서 창조되었다고 주장한다. 즉 우연에 의해서가 아니라 우주가 될 잠재성을 지닌 것들 가운데 하나님이 선택하셔서 창조된 것이다. 그런 도식 내에서 하나님은 항상 어떤 우주와 관계를 맺으시지만, 우리의 특별한 우주 역사와 항상 관계를 맺으시는 것은 아니다.[37] 그러나 이것은 굉장히 사변적이다. 원칙적으로 우리 우주에서 다른 우주들을 직접 관측할 수 없기 때문이다.

가장 단순한 우주론적 선택은 **단일 빅뱅**(unique Big Bang) 이론이다. 이 관점은 관찰할 수 없는 주기들이나 관찰할 수 없는 우주들을 가정하지 않는다. 이 관점은 시간의 시작을 가정하며 무로부터의 창조 전통에 가장 가깝다. 화이트헤드 자신은 하나님의 원초적 본성이 우리의 우주 시대

---

Mass.: Addison-Wesley, 1997); John Gribbin, *In the Beginning* (Boston: Little, Brown, 1993).

37) Rem Edwards, "How Process Theology Can Affirm Creation *Ex Nihilo*," *Process Studies* 29 (2000).

를 초월한다고 말했다. 과정 사상이 우주 역사 안에서 발생하는 사건들을 지배하는 하나님의 능력을 제한하는 것은 하나님의 본성에서 연유할 뿐 아니라 뒤이어 나타나는 사건에 대한 과거 사건의 영향에서도 기인한다. 더욱이 우주의 역사 과정에서 유기체 가운데 높은 단계에 있는 존재들은 다른 존재보다 더 큰 자기 결정권을 가지고 있으며, 인간의 자유가 그 결정권의 정점에 놓여 있다. 그리고 그 존재들은 그들을 위한 하나님의 최초 목적을 거부할 더 큰 능력도 갖고 있다. 이런 제한 중 어떤 것도 심지어 쿼크(quarks)가 나타나기 전, 초기 우주에는 나타나지 않았다. 하나님의 원초적 본성 안에 있는 순수 가능태는 이후에 나타나는 역사에서보다 그런 초기 단계에서 더 쉽고 빠르게 실현될 수 있었을 것이며, 그것은 무로부터의 창조 전통이 확언하듯이 본질적으로 일방적인 하나님의 능력을 나타내었을지도 모른다. 하지만 화이트헤드는 하나님의 원초적 본성과 결과적 본성이 하나님의 단일성에서 추론된 특성이라고 주장했으며, 이런 점은 앞서 언급했던 다른 우주론들보다 그의 사상에서 더 철저한 수정을 요구하곤 했다.

우주의 장기적 미래에 관한 과학 이론들은 다소 어두운 전망을 내놓는 듯하다. 한 각본에 따르면, 우주의 팽창은 점차 느려질 것이며 마침내 상황이 뒤바뀔 것이다. 그 결과 우주는 붕괴하고 모든 생명체는 "열사"(heat death)하는 운명을 맞게 될 것이다. 천문학자들은 그런 "닫힌 우주"("closed universe") 개념을 입증하는 "미싱 매스"(missing mass, 아마도 중성미자[neutrinos] 안에 있거나 행성간 암흑 물질[interstellar dark matter] 내에 존재한다고 생각되는 물질)를 찾고 있다. 또 다른 각본에 따르면, 우주가 계속 영원히 팽창하므로(열린 우주, "open universe") 생명체가 존속하기에는 기온이 너무 낮아져서 생명체의 "동사"(cold death)가 일어나게 될 것이다. 우주가 이전에 가정했던 것보다 더 빠르게 팽창하고 있다는 최근 증거는 두 번째 각본을 선호한다. 그러나 이 둘 중 하나의 우주적 대재앙이 일어나기 전에 태양이 먼저 다 타서 없어질 것이며, 우리 행성에서 생존하는 것은 불가능할 것이다. 그보다 훨씬 전에 핵전쟁이나 생태학적 대재앙과 같은 인간의 어리석음이 우리의 삶을 끝낼지도 모른다.

성서는 미래에 대한 매우 다양한 기대를 담고 있다. 초기 예언자들은 국가를 위협하는 재앙 속에서 하나님의 심판을 보았다. 그러나 그들은 만약 이스라엘이 언약 신앙으로 되돌아간다면, 신이 정한 지도자의 인도 아래 평화, 정의, 그리고 번영의 새 시대로 들어갈 수 있다고 믿었다. 이후에 억압의 한복판에서 묵시 문학은 폭압을 일삼는 권력이 초자연적으로 패배함으로써 하나님 나라가 건설되기를 기다렸다. 신약에서는 하나님 나라가 겨자씨 한 알처럼 천천히 자라는 것으로 묘사되기도 했고(마 13장), 다른 구절에서는 (요한계시록의 경우처럼) 하나님의 극적인 개입으로 빠르게 오는 것처럼 묘사되기도 했다. 그리스도의 재림은 때때로 (막 13장처럼) 임박한 것으로 기대되었던 반면에, 다른 저자들은 그리스도를 따르는 이들과 함께하는 그리스도의 현존에서 재림이 이미 영적으로 일어났다고 주장했다(요한복음의 "실현된 종말론").[38]

오늘날 과정 신학자들을 포함해서 자유주의 진영은 종종 묵시적 종말론보다는 예언적 종말론을 선호한다. 그러나 지난 수십 년간 역사적 낙관론에 대한 반작용으로 그들은 하나님 나라가 인간의 노력만으로는 도래하지 않으리라는 것을 인식한다. 데이비드 그리핀(David Griffin)은 고전적 기독교가 전능한 하나님과 계속되는 악의 존재를 조화시키려는 문제에 직면했으며 종말론적 해결을 추구해왔다고 지적한다. 그는 과정 사상이 이 문제를 겪지 않는다고 주장한다. 과정 사상은 하나님이 우리로 하여금

---

38) Claus Westermann, *Beginning and End in the Bible* (Philadelphia: Fortress Press, 1972).

미래에 있을 하나님의 일방적인 행동을 기대하게 하기보다 지금 악을 거부하도록 능력을 불어넣어 주신다는 점을 믿게 한다. 과정 사상은 악에 대한 하나님의 승리를 희망하는 근거를 제공하지만, 전혀 위험이 없음을 보장하진 않는다.[39]

### 4) 불멸과 부활

대부분의 학자는 초기 수세기의 기독교 역사에서 발견되는 관념, 즉 죽을 수밖에 없는 몸에 일시적으로 거주하는 불멸하는 영혼에 대한 관념이 히브리 사상보다는 그리스 사상에 더 빚지고 있다고 주장한다. 히브리어 성서는 인간의 자아를 사고, 의지, 행동이 통합된 육체 활동으로 묘사했다. 바울은 몸에서 분리된 영혼만이 반드시 불멸한다고 주장하지 않는다. 그는 하나님의 행동에 의한 전 인격의 부활을 지지한다. 나는 다른 글을 통해 인간의 본성에 관한 역사적·현대적 해석들을 어느 정도 탐구했다.[40] 여기서는 다만 과정 사상가들이 두 가지 형태의 불멸성에 관해 상술했다는 점에 주목하고자 한다. 화이트헤드가 주장하는 객체적 불멸성(objective immortality)은 우리가 하나님에게 끼치는 영향과 하나님의 영원한 삶에 참여함을 언급한다. 우리의 삶은 의미가 있다. 왜냐하면 우리의 삶이 하나님의 경험 안에 영원히 보존되기 때문이다. 그 안에서 악은 변화되고, 선은 안전히 보존되어 더 큰 전체를 아우르는 조화 속에 엮이게 된다. 하나님의 목적은 정적인 최종 영역을 완전히 성취하는 것이 아니라 오히려 더 풍성하고 더 조화로운 관계성을 향해 계속 진보하는 것

---

39) David Ray Griffin, *God, Power, and Evil: A Process Theodicy* (Philadelphia: Westminster Press, 1976); 또한 그의 "Creation Out of Chaos and the Problem of Evil," in *Encountering Evil: Live Options in Theodicy*, ed. Stephen Davis (Atlanta: Jonn Knox Press, 1988).
40) Ian G. Barbour, "Neuroscience, Artificial Intelligence, and Human Nature."

이다.⁴¹

다른 과정 사상가들은 주체적 불멸성(subjective immortality)을 옹호한다. 인간의 자아는 주체적 불멸성으로 인해 근본적으로 다른 환경 안에서도 계속해서 경험의 중심으로 존재한다. 곧 영원히 변화하지 않는다기보다 지속해서 변화하고 있으며, 하나님과 계속 교제할 잠재성을 지닌다. 존 캅(John Cobb)은 우리가 미래의 삶을 하나님에게 흡수되거나 개별 인간으로 생존하는 방식이 아닌, 개별성을 초월하는 새로운 종류의 공동체로 상상할 수 있다고 추측한다.⁴² 마저리 수하키(Marjorie Suchocki)는 주체적 불멸성과 객체적 불멸성이 결합될 수 있다고 제안한다. 왜냐하면 하나님은 우리 삶의 매 순간을 외적으로는 완결된 사건으로 경험할 뿐 아니라 내적으로는 매 순간의 주체성을 경험하기 때문이다. 그 경우에 우리의 주체적 직접성(subjective immediacy)은 하나님 안에 보존될 수 있다. 왜냐하면 주체적 직접성은 세계 내 다른 인격들과 우리의 상호 작용 안에서는 결코 보존되지 않기 때문이다.⁴³

마지막으로 그리스도의 부활은 비움의 신학에 대한 하나의 도전이다. 만약 십자가상에서 그리스도의 죽음이 고난 받는 사랑인 하나님의 본성을 드러냈다면, 이것은 전능하신 통치자인 하나님의 참된 본성이 부활을 통해 계시될 때를 위한 임시 수단에 불과했는가? 종교 예술과 대중적 경건은 십자가형이 주는 고난과 영광 중에 다스리는 부활한 그리스도의 이미지 둘 다를 포함한다. 마르틴 루터(Martin Luther)는 "십자가의 신학"(theology of the cross)과 "영광의 신학"(theology of glory)을 함께 주창

---

41) Cobb and Griffin, *Process Theology*, 7장을 보라.
42) John B. Cobb, Jr., "What Is the Future? A Process Perspective," in *Hope and the Future*, ed. Ewart Cousins (Philadelphia: Fortress Press, 1972).
43) Marjorie Hewett Suchocki, *The End of Evil: Process Eschatology in Historical Context* (Albany: State University of New York Press, 1988), 5장.

했다. 그러나 하나님의 자발적 자기 제한을 주장하는 신학자들은 오늘날 부활의 메시지가 십자가의 메시지를 상쇄하지 않는다는 것을 입증해야 하는 과제를 안고 있다.

과정 신학자들은 다른 도전에 직면해 있다. 과정 사상은 부활절을 설명할 수 있는가? 단언컨대, 학자들은 부활 이야기들의 역사적 정확성에 의문을 던졌다. 부활 이야기들 사이에는 차이점이 있다. 그리고 복음서보다 먼저 기록된 바울 서신은 텅 빈 무덤을 전혀 언급하지 않는다. 그러나 명백히 제자들의 삶은 역사 과정을 바꿨던 극적인 방식으로 변모했다. 우리는 제자들이 고난 가운데 하나님이 현존하고 새로운 삶이 가능함을 인식하게 되었다는 점을 말함으로써 출발할 수 있다. 그들은 하나님의 사랑이 그리스도의 죽음으로 인해 패배하지 않았음을 깨달았다. 그러나 우리는 하나님이 새로운 방식으로 행동하셨으며, 그리스도는 하나님의 삶으로 들림을 받으셨고 제자들의 삶에 계속 영향을 미친다는 그들의 확신 또한 인식해야 한다. 수하키는 다음과 같은 언급을 통해 확증과 변혁을 모두 말한다. "부활은 예수가 그의 삶과 죽음을 통해 나타낸 계시를 확증하며, 제자들을 변혁하는 기폭제로서 교회의 기초를 세우는 힘을 발휘한다."[44] 과정 사상에 따르면, 하나님은 특별한 경우들과 관련된 최초의 목적을 주신다. 따라서 비록 하나님이 세계 내에서 유한한 존재들과 항상 협력 관계에 있을지라도 하나님으로서 매우 구체적인 주도권을 행사하는 것은 가능하다. 부활 사건들은 하나님의 그런 새로운 주도권으로 이해될 수 있는 것일 뿐, 제자들이 그리스도의 삶의 의미에 대해 새롭게 깨달은 것은 아니다.

요약하면, 나는 과정 사상이 하나님의 전능에 대해 비판하면서 비움의

---

44) Marjorie Hewett Suchocki, *God, Christ, Church: A Practical Guide to Process Theology* (New York: Crossroad Press, 1982).

신학에서 두드러지게 나타나는 다섯 가지 주제를 각각 분명하게 표현한다는 점을 제시했다. 그 다섯 가지란 자연의 온전함, 악과 고난의 문제, 인간이 가진 자유의 실재, 십자가에 대한 그리스도인의 이해, 가부장적 하나님 모델에 대한 페미니스트의 비판이었다. 나는 자발적 자기 제한보다 형이상학적 필연, 구속 행동에 적절한 하나님의 능력, 우주의 시작과 끝, 그리고 불멸과 부활에 관한 과정 신학의 견해에 대해 제기될 수 있는 몇 가지 비판에 대답하려 노력했다. 과정 사상은 하나님의 능력을 압도하는 통제력보다는 힘을 부여하는 행위로 재개념화함으로써 전능과 무능 사이에 하나의 대안을 제시한다.

# 2장

## 새로운 삶의 비용

_아서 피콕

> 창조 세계 안에서 하나님의 활동은 불확실함이 틀림없다. 그것은 어떤 확실한 프로그램에 의해서도 진행되지 않음이 틀림없다. 모든 사랑의 진보처럼, 하나님 활동의 진보는 모난 진보(angular progress)임이 틀림없다.
> 　　　　　　　　　　　　　　『사랑의 노력, 사랑의 비용』, 62쪽

하나님을 가리켜, 창조 활동에서 자신을 내어주시고(self-offering) 자신을 제한하시는(self-limiting) 분으로 생각할 수 있다는 인식, 즉 하나님이 어떤 방식을 통해 자신을 고난에 드러내시고 그로 말미암아 창조 질서의 역사에 영향 받으신다는 인식은, 실제 창조 과정에 대한 진화론적 특징을 언급하지 않고는 정당화될 수 없다. 우리는 창조를 하나의 과정으로만 말할 수 있다. 왜냐하면 요즘 우리가 종종 "진화의 서사시"(epic of evolution)라 부르는 증거 때문이다. 이때, 진화의 서사시는 과학 전반에서 드러나듯이 "뜨거운 대폭발"로 인한 우주의 기원으로부터 시작해서 지구상에 호모 사피엔스(*homo sapiens*)가 도래하기까지의 전체 과정을 의미한다. 19세기에 찰스 다윈(Charles Darwin)이 이 과정의 생물학적 단계를 발견하여 당대의 많은 사람으로 하여금 창조주 하나님의 본성과 존재에 관해 어떤 의심을 하게 했다는 것은 널리 알려진 사실이다. 왜냐하면 당대인들은 이 생물학적 단계에서 우연(偶然)의 역할을 인식했기 때문이었다. 더욱이 오늘날 신의 창조를 믿는 모든 믿음 체계는 인간을 포함하는 모든 생명체가 존재하게 된 방식과 관련된 이런 과학적 인식들을 받아들여야 하고, 더 분명히 말해 그런 인식들과 통합되어야 하며 그것들로부터 정보를 얻어야 한다. 이런 객관성을 추구하면서 나는 하나님이 자신을 내어주시고 자신을 제한하시는 분, 즉 자신을 "비우시는" 분으로서 세계와 관계를 맺으신다는 통찰력 있는 견해가 어떻게 조명되고 확장될 수 있는지를 보여주려 한다. 하나님이 세계와 관계를 맺으시며 상호 작용하신다는 견해에 대한 우리의 이해와 관련해서 과학이 보여주는 생물학적 진화 과정의 중요한 특징들은 다음과 같다.

## I. 하나님과 생물학적 진화

**1) 생물학적 진화는 계속되며, 새로운 형태의 생명체가 출현하고 있음을 보여준다**

이전에 무생물을 구성하던 요소들이 최초로 자기 증식을 통해 응집된 복합체에서 새로운 형태의 생명체가 계속 출현한다는 증거는 지금도 넘쳐난다. 일찍이 다윈과 앨프리드 월리스(Alfred Russel Wallace)는 이런 과정에 대해 일반적 추론을 제시한 바 있다. 그들의 추론에 따르면 이런 과정은, 과거와 현재에 존재하는 생명체의 변화가 복잡한 환경 요인 및 유전을 통해 생명체의 다양성이 후속적으로 강화(强化, reinforcement)된다는 점과 관련된다는 사실을 보여주는, 산발적이지만 광범위한 관찰 결과들을 가장 잘 설명한다. 그 이후로, 20세기 분자 생물학의 등장과 함께 진화에는 여러 증거 가운데 결정적인 증거들이 첨가되었다. 그중에서 특히 몇 가지 예를 들어 보면, 만약 진화하지 않았다면 임의의 유전자 코드(즉 DNA를 구성하는 트리플렛 뉴클레오티드[DNA nucleotide triplets]와 단백질을 구성하는 아미노산 사이에 존재하는 유전자 코드)를 가졌을 모든 생물에게 존재하는 보편성, 다양한 범위의 이종(異種)에 공통으로 존재하는 특수 단백질 안에 있는 아미노산 배열 계도(genealogy)와 고생물학(paleontology)·형태학(morphology)을 근거로 파생된 진화 계보와의 조합, 그리고 DNA를 구성하는 뉴클레오티드 배열의 변화 및 그와 같은 진화 계보와의 조합이 있다. 실로 이런 분자 감지 작업에 기초를 둔 계도들은 존속 가능한 뼈 구조를 가진 피조물의 화석 기록에 존재하는 많은 빈틈을 확대하거나 메우기도 했으며, 아울러 박테리아 같은 진화 유기체의 진화 관련성을 조명하기도 했다. 그렇게 발견된 분자 변화가 엄청나게 느리다는 사실은, 지구가 충분히 식어서 고분자 복합체가 생존할 수 있게 되고 그런 복합체 중 일부는 자기 복제(self-copying) 과정을 거쳐 "살아남게 된" 이래 대략

30여억 년 넘는 기간 동안 느리지만 실제로 연속해서 일어난 생물학적 진화 과정을 다시 한 번 강조한다.

이렇게 발생했던 진화 과정은 **창발**이라는 특징을 보여준다. 왜냐하면 물질의 새로운 형태와 이런 형태 자체가 갖는 유기체의 분류 단계가 시간의 흐름에 따라 나타나기 때문이다. 이런 새로운 형태는 그 형태를 서술하고 언급하기 위해 특정한 연구 방법뿐 아니라 인식론적으로 환원할 수 없는 새로운 개념의 발전을 요청하는 새로운 특성, 행위, 그리고 관계망을 지닌다. 오직 이런 새로운 물질로 된 유기체로 인해 "실재"라 불릴 수 있는 것이 새로운 층위를 얻는다. 즉 새로운 종류의 실재는 시간 안에서 "출현한다"고 볼 수 있다. 새로운 형태의 **살아 있는** 물질(즉 생명체)은 지표면에서 이 계속되는 과정-우리가 진화라고 부르는 과정-으로 인해 존재하게 된다.

끊임없이 계속되는 변화 및 멈추지 않고 계속되는 과정에 수반되는 생명체 구조의 세계라는 역동적인 그림은 우리에게 변함없는 감동을 선사한다. 그러므로 "하나님"이 존재하는 모든 것을 존재하게 하고, 존재 안에 있는 모든 것을 유지하고 지탱한다는 식의 어떤 정적(static) 개념화도 배제된다. 왜냐하면 세계 내에서 시간의 흐름에 따라 새로운 구조와 과정이 나타나기 때문이다. 따라서 창조주 하나님의 행동은 과거이면서도 현재다. 즉 하나님의 행동은 계속된다. 새로운 존재들이 출현하고 시간이 흐르면서 계속 발달함에 따라, 과학적 우주관과 특별히 생물학적 세계관은 하나님의 창조가 세계와 맺는 관련성에 대한 우리의 이해 속으로 어떤 역동적(dynamic) 요소를 재도입한다. 이 역동적 요소는 비록 "창조"를 과거 사건으로 간주함으로써 모호해지긴 했으나, "살아계신 하나님"이라는 히브리인들의 개념 안에 항상 내포되어 있다. 우리는 여기서 하나님을 자기 어깨 위에 세계를 짊어지고 있는 아틀라스 같은 인물로 간주하려는 어떤 정적인 모델도 분명히 멀리하고자 한다. 창조주이신 하나님에 관한 어떤 개념도 하나님이 계속 창조 행위를 수행하시며, 계속해서 새로운 대상을 존재하게 하신다는 점을 이제는 주장해야 한다. 즉 하나님은 **항상 창조하시는 창조주**(*semper Creator*)시고, 세계는 **계속 창조되고 있다**(*creatio continua*). 일반적인 질서와 구조 안에서 세계를 유지하시는 하나님이라는 전통적인 개념은 이제 역동적이고 창조적 차원을 지닌 하나님 개념으로 대체되어야 한다. 이런 하나님 모델은, 하나님에 의해 진화 과정 가운데 세워지고 하나님에 의해 존재하게 된 "시간" 자체 안에 드러난 내재적 창조성을 지닌 진화 과정에 계속 존재성을 부여한다. 프레더릭 템플(Frederick Temple)이 1885년 뱀턴 강연(Bampton Lectures)에서 말했듯이, "말하자면 하나님은 그것들을 만드시지 않았다. 오히려 그분은 그것들이 스스로 자신을 만들도록 하셨다."

생물학적 진화는 창조주이신 하나님의 내재라는 개념을 우리가 지금보다 더 진지하고 구체적으로 다루도록 강요한다. 이 개념에서 하나님은 자연 질서의 과정 가운데 그리고 그것을 통해 창조하시는 분, 즉 내재하시는 창조주다. 나는 이 모든 개념을 매우 유효한 개념으로 받아들여야 한다고 주장한다. 만약 누군가가 생물학적 진화의 과정 동안 창조주 하나님을 우리가 어디서 발견할 수 있는가라고 묻는다면, "생물학에 의해 드러나듯이, 과정들 그 자체가 창조주로서 행하시는 하나님(God-acting-as-Creator), 즉 **창조주이신** 하나님(God *qua* Creator)**이다**"라고 말해야 한다. 이것은 범신론(pantheism)이 아니다. 왜냐하면 자연의 창조 과정과 일치하는 것은 하나님 자신이 아닌 하나님의 **행동**이기 때문이다. 하나님은 그 자체로 새로운 존재들을 나타나게 하는 과정이 신적으로 창조된 시간 안에 존재하게 하신다. 하나님은 그런 방식으로 계속 창조하고 **계신다**.

### 2) 생물학적 진화는 "자연적으로" 일어난다

다시 말해 그것은 생물학과 다른 자연과학이 접근할 수 있고 이해할 만한 과정들에 의해 일어난다는 말이다. 이것은 비과학적으로 접근 가능한 일종의 **부가적** 요소(이 요소는 세계의 이런 창조 과정을 보충하는 요소로서 하나님에 **의해** 존재가 참으로 과정들에 주어져 있다)로서는 어떤 방식으로든 하나님을 찾을 필요가 없음을 의미한다. 만약 그렇다면 유신론자들이 보기에 진화 생물학을 통해 드러난 과정들은 그 과정 자체가 창조주로서 행하시는 하나님을 의미한다. 이것을 정당화하기 위해 우리는 과학이 생물학적 변화들과 진화의 전 분야를 **충실하게** 설명하는지 물어야만 한다.

모든 생물학자는 자연 선택(natural selection)이 생물학적 진화에서 주된 요소로 작용한다는 점에 동의할 것이며, 아마도 그들 대부분은 자연 선택이 단연코 가장 중요한 요소라고 말할지도 모른다. 리처드 도킨스(Richard Dawkins)[1] 같은 몇몇 사람에게 자연 선택은 그야말로 유일한 요소다. 자연 선택의 결과가 복잡한 구조의 생명체를 존재하게 하고 행동 패턴에 영향을 줄 수 있다는 것이 얼마나 미묘하며 종종 실로 반직관적인지가 입증될 수 있다는 점을 받아들여야만 한다. 자연 선택은 확실히 유전자 층위에서 그리고 집단 선택에서 작용한다. 그리고 그것은 한때 거부되었다가 최근에 다시 소개되었다.[2] 생물학자들 사이에서 많은 다른 요소들이 계속 주장되고 있으며[3] 그것들은 모두 자연주의에 근거한다. 다시

---

1) Richard Dawkins, *The Selfish Gene* (Oxford: Oxford University Press, 1976), 『이기적 유전자』(을유문화사 역간); *The Blind Watchmaker* (London: Longmans, 1986), 『눈 먼 시계공』(사이언스북스 역간).
2) D. S. Wilson and E. Sober, "Reintroducing Group Selection to the Human Behavioral Sciences," *Behavioral and Brain Sciences* 17 (1994): 585-654.
3) 예를 들면 "진화력(evolvability)의 진화"(S. A. Kaufmann), 유전적 유사성(C. H. Waddington), 유기체의 상태와 개별 행위의 결과(R. C. Lewontin and A. Hardy), "위로부터 아래로의 원인"(D. Campbell), "중립적" 돌연변이의 역할(M. Kimura), 다중 유전자를 가진 과(科

말해 그 요소들은 과학적 방법의 범위 안에 있으며 과학적 방법으로 탐구할 수 있다. 스튜어트 코프먼(Stuart Kauffman)[4]의 이론 연구는 어떻게 진화가 발생할 수 있는지에 관해 심혈을 기울인 가장 흥미로운 최근의 연구 중 하나로서, 어떻게 자신을 스스로 구성하는 원칙에 따라 초래된 제약과 선택이 구조를 정교하게 만들 가능성을 형성할 뿐 아니라 심지어 그 과정을 통제하기까지 하는지를 보여준다. 이언 스튜어트(Ian Stewart)[5]는 이 주제를 심도 있게 설명한다. 그는 어떻게 수학의 복잡성 이론이 생명체의 기원과 진화를 설명하는 데 도움이 될 수 있는지, 그리고 어떻게 수학 법칙이 성장하는 유기체가 자기 유전자의 명령에 대해 보이는 반응을 통제하는지를 보여주는데, 이때 이 유전자의 명령은 생명의 성장과 형태를 이해하는 열쇠가 된다.[6] 순수하게 과학적으로 말해서, 그 모든 것은 덜 환원적이며 더 총체적인 방식으로 생명체와 그들의 진화를 해석하도록 이끌 수도 있다.

이런 모든 제안은 내용상 완전히 자연주의적이며, 데우스 엑스 마키나(*deus ex machina*, 고대 그리스 연극에서 쓰인 무대 기법의 하나. 기중기와 같은 것을 이용하여 갑자기 신이 공중에서 나타나 위급하고 복잡한 사건을 해결하는 수법이다―편집자 주)나 특별한 힘 또는 신이 규제하는 사건들의 개입을 전혀 요구하지 않는다는 점을 강조해야 한다. 이런 제안들은 실험 및 이론 생물학 안에서 계속 탐구할 부분이며 불가피한 논쟁이 존재하는 영역이다. 그

---

, family)들이 갖는 "분자추진력"(G. A. Dover), 그리고 생물학적 존재의 분류 단계에 적응하는 변화의 상황(N. Eldredge).

4) Stuart A. Kauffman, *At Home in the Universe* (London: Penguin Books, 1995).

5) Ian Stewart, *Life's Other Secret: The New Mathematics of the Living World* (London: Penguin Books, 1998).

6) 이 맥락에서 Stewart는 초기 생물학의 선구자적 고전인 D'Arcy Wentworth Thompson의 *On Growth and Form* (Cambridge: Cambridege University Press, 1942)에 영감을 받았다.

리고 심지어 그 제안들은 진화의 속도와 그 원활한 정도에 동의하지 않을 때조차도 기본적으로 다윈주의적인 진화 과정이 작용하고 있다는 사실을 받아들인다. 그런 까닭에, 지상에서 생명의 역사는 다윈 이전에는 생각할 수 없었던 방식으로 우연을 수반함을 인식해야 한다. 자연 선택에 의한 생물의 진화에서 분명히 드러나는 "우연"과 법칙의 창조적 상호 작용은 존재한다. 왜냐하면 생물학적 진화는 변화들이 유전자 정보를 운반하는 물질, 즉 DNA에서 일어나는 과정에 의존하기 때문이다. 그리고 이 변화들은 DNA를 지닌 유기체들의 필요 및 그 생물학적 형태와 관련해 전적으로 물리화학적(physicochemical)이며 무작위적(random)이다. 즉 종이 생존하기 위해 후손을 생산하려는 필요와 관련해 자의적임을 의미한다. 우리가 우연이라고 부르는 것은 DNA 자체에서 일어나는 돌연변이 단계 및 인과 관계상 서로 관련이 없는 두 개의 연쇄 사건이 만나는 교차지점 모두에 관련된다. 다시 말해 DNA 내에서 일어나는 변화들과, DNA가 갖는 특정한 생물학적 지위(biological niche, 먹이 그물 내에서 각 생물이 갖는 지위를 의미함-편집자 주)에서 생존을 위해 일어나는 그런 변화가 가져오는 결과 모두와 관련되는 것이다. 그런 다음 유기체가 존재하는 생물학적 지위와 맺는 상호 작용은 우리가 전적으로 이해할 수 있는 방식으로 DNA 내에 있는 변화들을 걸러낸다. 그리고 이 변화들은 그런 변화들을 보유한 유기체들이 더 많은 후손을 생산하게 한다. 이것이 바로 "자연 선택"이다.

앞으로 제안하겠지만, DNA에 내재하는 돌연변이의 층위와 "우연"과의 관련성 자체는 이런 사건들이 고등한 단계의 유기체, 개체군, 그리고 생태계에 존재하는 규칙적인 경향(trend)들을 보여주고 내재하는 성향(propensity)[7]들을 드러내는 일을 방해하지 않는다. DNA의 돌연변이를

---

7) 이 용어에 관한 논의는 뒷부분을 보라.

"우연" 사건이라 부르는 것은 생물학적 결과들과 관련해서 DNA의 자의성을 강조하는 데 기여할 뿐이다. 내가 앞서 주장한 바에 따르면 그것은 다음과 같다(후에 다른 사람들이 이를 지지하고 확장했다[8]).

> 우주 안에 있는 비합리성의 분명한 징후로서 유전자 돌연변이에 있는 우연의 역할에 위축되지 않고, 생물체의 잠재성이 갖는 전 영역이 DNA의 분자 단계에서 빠르게 자주 나타나는 무작위성을 수행하는 행위자를 통해서만 탐구될 수 있다고 주장하는 것은 관찰의 문제에 대해 더 일리 있는 주장이다.[9]

이 "우연"의 역할 또는 오히려 미시 단계에서의 무작위성(또는 "자유도 실험")은, 우리에게 다음과 같은 것을 기대하게 한다. 즉 만약 우주가 그런 방식으로 구성되었다면, 우리는 우주가 담지하고 있는 물질(생물과 무생물 모두) 조직을 구성하는 가능한 형태의 범위를 철저히 탐구할 수 있게 될 것이다. 이 "탐구"는 역사적 과정을 되돌릴 수 없다는 한계 내에서, 그리고 어떤 잠재성들이 현실화될 때 일어날 몇몇 다른 가능성을 막음으로써 일어난다. 진화의 각 단계는 다음 단계를 위한 발판을 마련하는데, 그 과정에서 우연성의 요소를 수반한다. 각 단계는 우연과 법칙 간 상호 작용의 산물이며 시간 속에서 창조성을 띤다. 왜냐하면 우연과 법칙의 결합으로 인해 새로운 형태가 출현하고 진화하기 때문이다. 따라서 자연 선택은 우발적인 것으로 간주된다. 주사위를 던지는 것과 같은 게임이 그러하듯, 무작위적 사건의 결과는 게임의 규칙에 매우 많이 의존한다.[10] 점점 명백

---

8) David Bartholomew, *God of Chance* (London: SCM Press, 1984).
9) A. R. Peacocke, *Creation and the World of Science*[이후로 *CWS*] (Oxford: Clarendon Press, 1979), 94.
10) R. Winkler and M. Eigen, *Laws of the Game* (New York: Knopf, 1981; London: Allen Lane, 1982).

해지는 것은 법과 유사한 틀 안에서 작용하는 우연이다. 우연은 자연 질서가 가진 내재적 창조성의 기초이며, 새로운 형태들, 유형들, 그리고 물질과 에너지로 구성된 조직체들을 일으키는 능력이다. 만약 모든 것이 엄격한 법칙에 의해 통제되었다면, 반복적이고 비창조적인 질서가 만연했을 것이다. 만약 우연만이 지배했다면, 어떤 형태들, 유형들, 또는 조직들도 그들이 어떤 정체성이나 실제적인 존재성을 가질 만큼 충분히 오래 지속하지 못했을 것이다. 또한 우주는 결코 하나의 우주일 수 없었고 합리적 연구에 민감할 수 없었을 것이다. 다시 말해 그것은 정밀하게 반복되는 기계이거나 아니면 헤시오도스가 언급한 혼돈(Hesiodic chaos, 헤시오도스에 따르면, 혼돈은 만물이 태어나기 전 우주의 공허한 상태로서 신들과 만물이 발생한 근원을 의미한다―편집자 주)이었을 것이다. 우연과 법칙, 그 둘의 결합이 그 자체 안에서 새로운 존재 양태를 발전시킬 수 있는 질서 정연한 우주를 가능하게 한다. 진화라는 "게임"의 "규칙들"은 물리적 환경의 특성 때문에, 그리고 연구 중인 유기체와 서로 영향을 미치는 이미 진화된 다른 생명체 때문에 그런 규칙이 된다.

유신론자는 이런 특성들, 즉 "소여성"(givenness)을 하나님이 세계에 부여하신 특징 중 한 측면으로만 간주할 뿐이다. 우리가 "우연"이라 부르는 것이 새로운 구조들, 존재들, 그리고 과정을 생산하기 위해 이 틀 안에서 작용하는 방식은, 물리적 우주가 처음부터(ab initio) 지녔던 잠재성들을 창조주 하나님이 끌어내시는 것으로 간주하는 것이 적절하다. 유신론자는 그런 잠재성들이야말로 창조주가 의도와 목적을 가지고 창조 세계 안에 기록했으며, "우연"의 작용으로 인해 그것들이 점진적으로 실현된다는 점을 인식해야 한다.

유신론자는 하나님을 이제 우연을 수반하는 과정에 존재를 건넴으로써 세계 내에서 창조를 수행하시는 분으로 간주한다. 하나님은 "게임의 규칙"(법칙 또는 필연)과 "우연" 모두의 궁극적 근거이자 원천이다. 이때 창조주는 마치 우주에 부여한 신적 잠재성을 어떤 과정을 통해 드러내시는 분처럼 나타난다. 그 과정 안에서 이런 창조적인 잠재성들—하나님의 의도와 목적에 의해 우주의 근본적인 존재들과 그들의 상관관계 안에 내재한 잠재성들—은 창조된 시간의 진행을 통해 실현되는데, 이런 시간의 진행은 하나님이 부여하신 완전하게 똑같은 잠재성들에 의해 결정되고 형성된다. 그러나 수단은 무작위성을 수반하므로, 어떤 경우에도 과정들이 취할 수 있는 방향은 그 끝이 열려 있다. 그리고 끝이 열려 있다는 점은 돌이켜보면 인간 관찰자에게는 마치 단순한 우연성처럼 보인다. 더욱이 유신론자는, 무작위성에 근거한 DNA 돌연변이의 층위에 그리고 돌연변이를 거친 유기체의 생존성에 영향을 미치는 거시 사건들이 갖는 우연성에 기반을 둔 환경적 층위에 세워진 과정을 통해 하나님이 창조하신다고 말할 때, 그분이 "위험을 무릅쓴다"는 의미가 있다는 것을 받아들여야 한다.

### 3) 생물학적 진화는 중요한 경향들을 분명하게 드러낸다.

생물학적 진화 가운데 방향이나 적어도 경향에서 객관적이며 인간 중심적으로 치우치지 않은 어떤 증거가 있을까? 생물학자들은 이 질문에 확언하듯 답하지 않기 위해 특별한 주의를 기울여 왔다. 왜냐하면 진화는, 호모 사피엔스들이 마치 최고급 종려나무 왕관을 쓴 천사처럼 취급받는 위치를 차지하는 크리스마스트리가 아니라 일종의 숲으로 여겨질 때 생물학적으로 가장 잘 묘사되기 때문이다. 스티븐 제이 굴드(Stephen J. Gould)가 말하듯이 "생명은 예측할 수 있는 진보의 사다리가 아닌, 소멸이라는 큰 낫으로 계속 가지치기 당하지만 무성하게 가지가 뻗어 있는 숲이다." 이후에 굴드는 진화에서 인간 중심적인 방향성을 지닌 모든 종류의 관념에 다음과 같이 도전한다.

만약 인간이 무성한 나무에 달린 한 가지에 붙어 있는 하나의 잔가지로서 바로 어제 등장했다면, 어떤 면에서 참으로 생명은 우리를 위해 혹은 우리 때문에 존재하지 않는다고 할 수 있겠다. 아마도 우리는 단지 추가되는 한 부분일 것이고, 우주적 사건의 일부이며, 단지 진화라는 크리스마스트리에 달린 하나의 장식용 구슬에 불과할 것이다.[11]

그럼에도 G. G. 심프슨(G. G. Simpson)은 "생명의 진화라는 역사의 틀 안에 한 종류의 진보가 아닌 서로 다른 많은 종류의 진보가 있었다"라고 주장한다.[12] 어떤 이들은 그런 진보의 여러 갈래들이 진화라는 "숲"에서 추적될 수 있음을 받아들였으나, 다른 생물학자들은 당연히 그들을 "진보"라 부르길 매우 꺼려했다.

우리는 돌연변이의—유기체 내에서 DNA에 일어나는 일종의 손상 또는 변경으로 인해 이 지점 주변에 있는 암호화된 유전자가 변화되는 현상의—무작위성으로 인해 진화 과정에서 무엇이 드러나든지 그것에는 어떤 방향성도 없다고 생각하는 식으로 오해하지 말아야 한다. 왜냐하면 어떤 유기체의 DNA에서 나타나는 돌연변이의 결과는 전체 유기체가 처한 환경에 의존하기 때문이다. 이때 그 환경은 물리적 환경(음식 자원, 서식지 등

---

11) S. J. Gould, *Wonderful Life: The Burgess Shale and the Nature of History* (London and New York: Penguin Books, 1989), 35, 44: 『생명, 그 경이로움에 대하여』(경문사 역간).

12) G. G. Simpson, *The Meaning of Evolution* (New Haven: Bantam Books, Yale University Press, 1971), 236. 그는 다음과 같은 (어떤 규범적 함의를 고려하지 않는) "진보"의 종류들을 예로 든다. 생명체가 살기에 적합한 환경에서 모든 가능한 공간을 채우기 위해 확장하려는 경향, 새로운 환경과 적응 가능한 영역에 대한 유기체의 계속된 침입과 발전, 증진과 적응성의 필연적인 결과와 함께 증가하는 특수화, 일반 에너지의 증가 또는 생명 유지에 필수적인 과정의 충위가 유지됨, 새끼를 보호하는 방식으로서의 번식/돌봄, 개별화와 복잡성의 증진 등등.

등)뿐 아니라, 특히 육식 동물들과 공생자(symbiont)들의 존재 여부도 포함한다. 따라서 진화에서 지배적인 역할을 하는 자연 선택이라는 관점에서 볼 때 적절한 질문은 다음과 같다. "생물체의 DNA에서 돌연변이의 결과로 일어날 수 있었던, 그리고 그 생명체들이 돌연변이를 지닌 유기체를 (자손의 생존을 위해) 자연 선택하는 데 유리하기 때문에 그들 자체로 진화가 일어나는 데 도움이 된다고 말할 수 있었던, 생명체에 기인하는 어떤 특별한 특성과 기능이 있는가?"

이 지점에서 우리는 프레드 드레츠키(Fred Dretske)가 "구조화 원인들"(structuring causes)이라 불렀던 개념이 작용하는 상황에 직면한다. 즉 이것은 독립적으로 (그리고 아마도 무작위로) 진화를 유발하는 사건들이 (그 사건들이 나타나는) 자연계의 이후 형태와 상태에 미치는 영향을 의미한다.[13] 아울러 그것은 카를 포퍼(Karl Popper)가 어떤 정해진 특성들의 출현을 가리켜 본성적인 "성향"(propensity)이라 불렀던 것과도 일치한다. 포퍼는 특별한 종류의 사건이 더욱 자주 발생하는 빈도는, 불확실한 사건을 이해하려는 경향이나 성향이 (주사위를 던지는 것과 같은) 연속된 사건들 안에 내재하는지 아닌지를 시험하는 데 사용될 수 있다고 주장했다. 이것은 초기 사건에 있는 어떤 비무작위성이 아니라(예컨대 주사위를 던질 때 어느 한 면으로도 "기울어지지" 않은 상태를 의미한다), 그 초기 사건이 시작된 특정 상황 안에서 그 초기 사건이 가져온 결과들 내에 있는 어떤 비무작위성을 가리킨다. 성향은 쉽게 말해 상황이 무작위로 발생하는 사건들의 결과에 미치는 영향을 의미한다. 포퍼는 다음과 같이 지적한다. 무작위적일 수 있는 **가능태의 실현은 가능태가 현실화되는 전체 상황에 의존하고**, 따라서 "**단순한 가능태 이상의 높은 가능태가 존재한다. 하지만 실현되는 것**

---

13) F. Dretske, "Mental Events as Structuring Causes of Behavior," in *Mental Causation*, ed. J. Heil and A. Mele (Oxford: Clarendon Press, 1993), 121-36.

은 경향이나 성향이다."¹⁴ 이러한 "물리학에서의 경향들은 **전체 상황**의 특성들이며 때때로 심지어 상황이 바뀌는 특별한 방식의 특성들이다. 화학, 생화학, 그리고 생물학에서도 같은 경향은 계속 유지된다."¹⁵

이런 포퍼주의적 의미에서 볼 때, 나는 어떤 특징들을 소유하려는 성향이 진화에도 **있다**는 점을 제안하고자 한다. 이때 성향은, 생식에 가장 적합한 어버이 개체들의 자연 선택이 일반적으로 어떤 특징들을 습득하기를 선호하기 때문에 진화의 과정 안에서 만들어진 것을 의미한다. 왜냐하면 광범위하게 발생하는 어떤 특정한 환경 가운데 번식을 위해 생존을 **자연스럽게** 높이는 몇몇 특징이 있기 때문이다. 다시 말해 어떤 특징들을 소유하려는 성향들은 그 특징을 소유한 유기체의 자연 선택에 우호적이다. 생명체가 갖는 그런 수많은 특징 가운데 호모 사피엔스를 나타내는 다수의 특징이 있는데, 그것들은 우리의 폭넓은 관심사와 적절히 관련된다. 그것들은 다음과 같다.

a. **복잡성**. 인간의 뇌는 우리에게 알려진 가장 복잡한 자연 체계다. **생물학적** 진화 가운데 복잡성을 선호하는 경향이 있는가? 확실히 그런 것처럼 보인다. 그리고 "복잡성의 증가"는 생물학적 진화의 특징으로서 심프슨의 목록(각주 12번을 보라)에 포함되었다. 여기에 무슨 의미가 있는가? 생물학적 "진화는 복잡성을 증가하는 방향으로 향하는 변경할 수 없는 진보라기보다는 분기(divergence)와 방황(wandering)의 과정"¹⁶이므로 그것은 새로운 복잡성의 출현을 필연적으로 수반하지는 않고 단지 허용할 뿐¹⁷이

---

14) Karl Popper, *A World of Propensities* (Bristol: Thoemmes, 1990), 12.
15) Karl Popper, *A World of Propensities*, 18.
16) W. McCoy, "Complexity in Organic Evolution," *Journal of Theoretical Biology* 68 (1977): 457.
17) 그러나 S. Conway Morris(*The Crucible of Creation: The Burgess Shale and the Rise of Animals* [Oxford: Oxford University Press, 1998])의 판단에 주목하라. "…어떤 한계

라고 단순히 규정할 수 있는가? 진화가 환경 내에서 새로운 도전에 직면했다면, 새로운 환경에서 피조물이 더 많은 자손을 낳는 일을 가능하게 했던 어떤 새로운 구조, 그리고/혹은 기능의 습득을 허용했던 돌연변이들이 선택되었을 것이라고 가정하는 것이 합리적이다. 생물학적 진화 전체를 고려할 때 점차 복잡성이 증가하는 유기체가 **출현했었다는** 사실은 분명하다(비록 어떤 매우 안정된 진화 계보에서, 그리고 매우 정적인 지위에서 복잡성의 상실과 그로 인한 조직/구조의 상실이 있었을지라도 그러하다). 그러므로 앞에서 언급된 포퍼의 기준으로 보면, 생명체의 진화에서 복잡성이 증가하는 성향이 있다고 말하는 것이 옳을 것이다.

허버트 사이먼(Herbert A. Simon)[18]은 생존을 위한 **조직**의 필요성을 아름답게 설명하면서, 시계의 구조 같은 가장 단순한 모듈 조직(modular organization, 모듈은 전체를 구성하는 각 부분으로서 개별 단위를 형성한다—편집자 주)이 그 예라고 주장한다. 각각의 모듈은 제한된 안정성을 가지고 있었고, 무작위로 일어나는 파괴적 사건들에 직면하면서 일종의 제조 공정(manufacture)을 거치는 동안 생존 가능성의 엄청난 증대를 가져왔다. 그러므로 생태계 내에서 우리가 진화의 과정 동안 관찰할 수 있는 복잡성과 조직의 증가(지금부터 "복잡성"으로 포괄해서 부르기로 하자)는 자연 선택이 일어

---

내에서 진화 과정의 결과물은 오히려 예측 가능하다.…거의 모든 생물학자들은 수렴(convergence)이 생명체의 보편적 특징이라는 점에 동의한다.…수렴의 기저에 있는 근거는, 모든 유기체가 마치 자연 선택의 계속된 정밀 조사 아래 있는 것처럼 보인다는 점이다.…수렴은 실제 세계에서 모든 일이 가능한 것은 아님을 보여준다.…우리는 한 문제에 대해 같은 해결책을 놓고 씨름하는 생물 형태에 대한 증거를 수없이 갖고 있다.…대안적 역사의 세부사항이 많이 다르다고 해도 그것은 중요하지 않다. 왜냐하면 넓은 관점에서 진화적 수렴에 관한 연구는 세계가, 아마도 어떤 세계이든지[참조. R. Dawkins, 이후의 내용과 각주 20번을 보라], 대체로 비슷하게 보인다고 설명하기 때문이다"(201, 204, 205쪽).

18) H. A. Simon, "The Architecture of Complexity," *Proceedings of the American Philosophical Society* 106 (1962): 467-82.

나는 데 이바지하는 것으로 완전히 이해할 수 있으며, 자연에 근거하지 않는 어떤 설명이 필요하다는 의미에서 볼 때 전혀 신비한 일이 아니다.

b. **정보 처리 능력과 정보 저장 능력.** 어떤 유기체가 신호들을 더 잘 수신할 수 있고, 그 신호들을 더 잘 기록하고 분석할 수 있으며, 그 유기체가 속한 환경의 변화에 대응하여 생존하는 데 유용한 예측을 수행하기 위해 기록·분석된 정보를 더 잘 사용하면 할수록, 그 유기체는 폭넓고 다양한 서식지 내에 존재하는 자연 선택의 압박 아래에서도 생존할 기회를 더 많이 얻게 될 것이다. 달리 말하면 오늘날 우리가 신경계와 뇌를 통해 인식하는 기능들을 가진 체계들을 형성하는, 일종의 성향이 존재한다. 만약 충분조건이 아니라 해도, 정보를 처리하고 그것을 저장하는 능력은 의식의 창발을 위해 실로 필요한 조건이다.

c. **고통과 고난.** 주변 환경에 대한 유기체의 이런 민감성과 지각력은 고통을 경험하는 유기체의 능력을 불가피하게 증가시킨다. 그리고 그 고통은 위험과 질병에 대한 필수적인 생물학적 경고 신호에 해당한다. 주변 환경에 대한 유기체의 신호 체계의 민감성을 증가시키지 않고 정보 처리 능력이 향상되기를 기대하는 것은 불가능하다. 그러므로 자연 선택에서 민감성이 주는 이점과 더불어 "정보 처리" 능력의 향상은 지각력의 귀결로서 의식의 단계뿐 아니라 고통의 경험 역시 증가하게 한다.

유기체에서 진화가 진행됨에 따라 민감성이 각각 증가하고 그 결과로 마침내 의식의 증진이 나타나는 현상은, 그 유기체가 발견되는 세계 내에 존재하는 인식, 즉 유익하고 삶의 질을 고양시키는 요소들에 대한 인식뿐 아니라 해롭고 삶의 질을 축소시키는 요소들에 대한 인식 모두를 불가피하게 높이고 강조한다. 기쁨과 고통을 제공하는 요소들은 말하자면 계속 증가하고 있고, 생명체는 그것들 사이를 구별할 줄 알게 된다. 그래서 한편으로는 고통과 고난이, 다른 한편으로는 기쁨과 행복에 대한 의식이 세계에 창발한다. 그리고 그런 의식들에 대한 성향이 발생한다고 말할 수 있다. 순전히 자연주의적 관점에서 보면, 의식이 증가함에 따라 고통이 창발하고 그것이 고난과 혼합되는 것은 그런 환경으로부터 주어진 정보를 처리하고 저장하는 능력이 지속해서 증가하는 특징이 있는, 상상할 수 있는 모든 발달 과정이 갖는 불가피한 양상으로 보인다. 자연 선택의 상황에서, 고통은 활력을 제공하는 효과가 있으며 행동하게끔 만드는 자극제다. 고통과 고난은 모두 자신의 생존을 위협하는 새로운 문제 상황과 계속 직면하게 되는 피조물을 위한 생존 가치를 지닌다. 홈스 롤스턴(Holmes Rolston)은 생물학적 진화가 가진 이런 특징을 발전시키면서, 이것을 "십자가형 자연주의"(cruciform naturalism)라 부른다. 그에 따르면, 지각력은 "도움"을 세계의 "상처"로부터 분리하는 능력과 더불어 진화한다. 다시 말해 지각력과 함께 돌봄이 나타난다. "고통은 활기를 불어넣는 힘이다." 그래서 "통계적 평균에 따르면, 고통이 진화 이론에 들어맞는 부분에서 그것은 비생산적 고통을 위해 선택된 것들과 그런 고통에 저항해서 내린 선택과 더불어 높은 생존 가치를 지녀야만 한다.…고난은 본질적이지 않으며, 어떤 목적 자체로서가 아니라 그 고난의 반대 가치인 변혁 원리 전체에 이르는 열쇠다."[19]

어떤 신학적 성찰과 관련해서도, 고통과 고난은 인간이 등장하기 오래전부터 개체가 생존하기 위한 필수조건으로서 생물학적 진화에 현존함을 강조해야 한다. 따라서 비록 인간이 의심의 여지 없이 매우 민감하게 고통과 고난을 경험하고, 또 어떤 다른 피조물 이상으로 서로에게 그리고 다른 피조물에게 고통과 고난을 준다 할지라도, 고통과 고난이 존재하는 것은 어느 특정한 인간이 실패한 결과라고 할 수 없다.

---

19) Holmes Rolston, III, *Science and Religion: A Critical Survey* (New York: Random House, 1987), 287쪽 이하 및 이 책에 실린 그의 글을 보라.

d. **자기의식과 언어**. 만약 정보 처리와 정보 저장 체계가 어느 순간에든 체계 자체의 상태를 또한 감시할 수 있다면, 그 체계는 적어도 비슷하지만 다른 상태에 있는 체계에 무언가를 전달하기 위한 기초를 갖고 있는 것이다. 이런 이유로, 만일 소통을 위한 물리적 기관 역시 진화했다면, 언어 능력이 가능하게 되며 특별히 최고로 발달한 그런 체계들에서 가능하게 된다. 다시 말해 우리가 인간 이외의 생태계에 있는 많은 다른 생명체에서 발견할 수 있듯이, 언어 습득에 대해서도 내재적 성향이 있으며, 이는 **자기의식**을 위한 필수적 기초를 발달하게 하는 데도 그러하다. 내재적 성향은 자연 선택에서 이점이 될 수 있다. 왜냐하면 내재적 성향은 포식자에 대항해 그것이 주는 모든 이익과 먹이를 획득하는 능력뿐 아니라, 이를 소유한 피조물 사이에 있는 복잡한 사회적 협력의 기초이기 때문이다(지금까지는 호모 사피엔스에게서 가장 현저하게 나타나는 특징이다).

아울러 도킨스[20]가 "우주의 어느 곳, 어느 행성에서든 [일어나는] 생명의 폭발"이 갖는 "일반적인 연대기" 안에서 **자연적으로** 통과하는 관문(threshold) 곧 "어느 행성에서든 복제자 폭탄(replication bomb)이 통과하리라고 예상하는 관문들"에 다음과 같은 항목을 포함한다는 점을 주목한다면 흥미로울 것이다. 즉 신경계를 소유함으로써 얻게 되는 고속 정보 처리, (두뇌와 병발하는) 의식, 그리고 언어.

이 지점까지 수용하여 생물학적 진화 과정들 "안에, 함께, 그리고 아래에" 하나님이 현존하신다는 내재주의자의 이해를 고려하면, 하나님이 생물학적 진화 가운데서 어떤 목적을 수행한다고 말할 수 있는가? 나는 진

---

20) Richard Dawkins, *River Out of Eden* (London: Weidenfeld and Nicholson, 1995), 151쪽 이하;『에덴의 강』(사이언스북스 역간). 본문에서 언급된 "관문"은 그가 언급하는 항목 중 5-7번을 의미한다.

화 과정에서 어떤 특징들을 소유하고자 하는 성향들[21]이 있음을 가정하는 이유를 제시했다. 그것은 유기체와 환경의 상호 작용이 가진 자연 선택의 본질에서 연유한다. 우리는 이 용어의 사용이 어떤 식으로도 "주사위가 한쪽 면으로 기울어졌다"―즉 자연 선택에서 돌연변이의 기초는 어떤 면에서도 무작위적이지 않다―는 것을 의미하지 않음을 상기해야 한다. 오히려 이 용어는 어떤 종에 무작위적 돌연변이가 일어난 **결과**가 그 유기체의 환경에 의존하며, 이것은 어떤 요소를 다른 요소보다 더 선호할 수 있다는 뜻임을 상기해야 한다. 자연 선택에 기반을 둔 진화 과정 속에 내재적으로 자리 잡고 있는 그런 결과들 가운데 우리는 복잡성의 증가, 정보 처리와 정보 저장, 의식, 고통에 대한 민감성, 그리고 심지어 자기의식(사회 발전을 위한 필수 선결 조건과 문화를 통해 세대를 따라 전달되는 지식)까지도 인식해왔다. 연속되는 **어떤** 생명체는 진화 계통수상의 **어떤** 지류나 "잔가지"(굴드의 용어에 따르면)를 따라 이런 특징들을 점점 더 드러내는 뚜렷한 개연성을 가진다. 이런 특징들이 발생하는 유기체들이 갖는 현재의 물리적 형태는 서로 별개의 연속 사건들이 합류되는 역사에 달려 있으며, 이는 대량의 멸종 사태가 발생했던 시기에 있었던 그들의 생존을 포함한다. 그러나 진화 가운데 내재된 이런 성향에 대한 인식은, 만약 충분한 시간이 있었다면, 의식, 자기의식, 사회적·문화적 조직들을 지닌 복잡한 유기체(다시 말해 "인간"의 존재를 위한 기초)가 아마도 지구에서 (또는 생명체의 출현이 가능한 어떤 다른 행성에서) 진화되어 출현했을 것임을 시사한다. 물론 반드시 그럴 필요는 없다. 사실 인류의 역사 내에 있는 역사적 우연성의 관점에서 본다면 그렇지 않을 수도 있으며, 호모 사피엔스라는 현재의 물리적 형태를 보더라도 그렇다. 내가 보기에는 (굴드에게는 미안하지만)[22] 개인적 특질과 함

---

21) 66-67쪽의 정의를 보라.
22) Gould, *Wonderful Life*, 51쪽 및 그의 책 여기저기에서 나타난다.

게 마침내 출현하는 대상들이 갖는 모든 상세한 구조를 미리 확정하는 결정론적 계획 없이도, 법칙을 지키는 상황(환경) 안에서 작용하는 우연(돌연변이)을 통해 신이 목적하는 전반적인 방향과 실행이 있을 수 있다. 그러므로 우리는 하나님과 인격적인 관계를 맺을 수 있는 자기의식을 갖춘 인간의 출현을, 하나님이 한 존재에게—어떤 다른 종류의 생명체가 아닌, 우연을 통해 발전한 인간이라는 종류의 생명체에게—주셨던 과정을 통해 끊임없이 창조하시는 하나님의 의도로 여전히 간주할 수 있다.

나는 인간들이 우주, 특별히 지구에 창발한 사실을 확증하기 위해 어떤 **특별한** 하나님의 행동을—예를 들면 양자 단계(quantum level)에서 하나님이 돌연변이를 일부 사용해 조작했다든가 혹은 그 과정에서 하나님이 하신 어떤 특별한 "유인"(lure) 행위를—가정할 필요는 없다고 본다. 시쳇말로 "나는 그 가설에 대해 아무런 필요성도 느끼지 못한다!" 다시 말해 인간들이 출현하는 전 과정은 순전히 자연주의를 통해 만족스럽게 설명할 수 있으며, 따라서 그 과정은 세계에 내재하셔서 질서를 세우시는 하나님의 **일반** 섭리를 통해 실행되었다. 자의식을 가진 인간의 출현을 설명하기 위해, 유신론자의 관점에서 하나님의 **특별** 섭리에 따른 행동에 호소할 필요가 전혀 없다. 특히나 (양자적이든 "혼돈"이든) 하나님은 자연 과정에 전혀 개입하시지 않는다. 왜냐하면 이것은 과학이 발견한 대로, 자연 과정—하나님이 주신 과정, 그 과정 안에서 혹은 그 과정을 통해 하나님은 창조주로 활동하고 계신다—이 갖는 본질 자체에 내재하는 결과처럼 보이기 때문이다. 이런 과정들이 수학적 기초를 가진 전체적(holistic)·지향적(directional) 원칙들을 점차 구현하는 것처럼 보인다는 점은 흥미롭다. 따라서 우리는 진화를 더 고등한 방식의 복잡성으로 간주하게 했던 일종의 "유인"이나 "끌어당기기" 같은 이전의 추론을 낳았던 많은 현상을 이제는 자연주의적 방식으로 설명할 수 있다.

**4) 생물학적 진화는 고통, 고난, 포식 행위, 죽음을 수반하는 값비싼 대가를 요구한다**

나는 고통을 경험함으로써 환경을 인식하고 환경으로부터 정보를 얻을 수 있으며, 따라서 고통은 위험을 피할 수 있는 어느 피조물에게나 불가피하다고 제안했다. 일반 유기체에 나타날 수 있는 원인으로 인해 건강이 쇠약해져서 따라오는 고통은 단순히 외적 감각 기관뿐 아니라 내적 감각 기관을 포함하는, 복잡하게 조직화된 체계가 됨에 따른 부수적 효과인 듯하다. 의식을 가진 유기체가 고통을 경험할 때, "고난"의 속성은 더 적절하게 되고 자기의식과 더불어 타자의 고난에 공감하는 현상이 나타난다. 생태계에 고통과 고난이 편재하는 것은 피조물이 자연 선택을 통해 매우 이로운 형태의 정보 처리와 정보 저장 체계(후기 진화 단계에서 관찰되는 신경과 두뇌 같은 체계)를 획득하는 불가피한 결과 때문인 듯하다.

만약 복잡한 생명체들이 이를테면 **새롭게**(de novo) 그들의 기본적인 하부 단위로부터 구성되지 않고, 사이먼이 그의 고전적 글에서 입증했듯이 더 단순한 형태들 안에서 변화의 축적을 통해 진행되는 일종의 모듈 공법을 통해 나타난다면(각주 18번을 보라), 복잡한 생명체들은 단지 존재하는 상태의 유한한 우연만을 취할 수 있다. 복잡한 생명체들이 세계라는 무대에 등장한 후에는, 그들은 다른 생명체들의 물질을 흡수함으로써, 즉 미리 형성된 복잡한 화학 구조들을 그들의 섬유 조직 속에 형성함으로써만 살아남을 수 있다(그들의 수명이 유한하기 때문이다). 화학자와 생화학자가 덜 복잡한 물질 구조들로부터 오는 포식 관계를 고려하지 않는다면, 어떻게 복잡한 물질 구조들이, 특히 생명체의 복잡성이 획득하는 구조들이 중요도가 반드시 순서대로 적용되는 시기에 한데 결합할 수 있는지를 파악하는 것은 어려운 일이다. 따라서 불가피하게 서로를 먹이로 삼을 수밖에 없는 생명체들을 설명하기 위한 일종의 **구조적** 논리가 있다. 즉 이것은 수학자가 연산 법칙을 적용할 수 없는 우주를 상상하는 것이 불가능한 만큼이나 거의 "분석적"이다. 왜냐하면 우리는 (생물학적 진화에서처럼) 수정(modification)의 방식에 의해서든 또는 (먹이를 줄 때처럼) 협력의 방식에 의해서든, 이미 존재하는 구조들을 이용하는 것을 제외하고는 법칙을 따르며, 마법 같은 일이 일어나지 않는 우주 안에서 엄청나게 다양하게 발달하는 생물학적·구조적 복잡성이 한정된 시간 안에 나타날 수 있는 다른 방식을 전혀 상상할 수 없기 때문이다. 식물은 무기물을 먹고 살며, 동물은 식물을 먹어야 하고, 어떤 동물은 다른 동물을 먹어야 한다. 그 구조적 논리는 피할 수 없다. 즉 새로운 형태를 띠는 물질은 옛 형태를 띠는 물질을 받아들이고 흡수함으로써만 생성된다.

더욱이 만약 옛 유형이 새 유형에 자리를 물려주기 위해 흡수된다면, 새 유형은 유한한(질량-에너지 보존의 의미에서 "유한한") 우주에 나타날 수밖에 없다. 이것은 진화 과정의 창조성이 갖는 한 조건, 즉 새로운 생명체를 산출하는 능력의 조건이다. 생물학적 층위에서 옛 유형을 가진 생명체의 죽음을 통해서만 새로운 형태의 생명체가 나타나기 때문에 우리가 이 새로운 생명체를 관찰할 수 있는 것이다. 왜냐하면 개별 유기체의 죽음은 새로운 유기체들의 도래를 위한 음식 자원을 산출하는 데 필수적이며, 종(species)은 그들 안에서 살아남고 번식하는 일에 더 잘 적응하는 새로운 종에 의해 생물학적 "지위"에서 축출됨으로써 아주 사멸하기 때문이다. 그러므로 개체의 생물학적 죽음은 생물학적 질서의 창조성에 필요한 선결 조건이다. 즉 생물학적 질서의 창조성으로 인해 마침내 인간이 출현하게 된 것이다. 요약하면, "옛것의 죽음으로 얻는 새 생명"(파브르[J. H. Fabre]가 "숭고한 희생의 법칙"이라 불렀던 것)[23]은 규칙적인 특성들을 띠는 (원

---

23) C. E. Raven, *Natural Religion and Christian Theology*, 1951. Gifford Lectures, Series 1, *Science and Religion* (Cambridge: Cambridge University Press, 1953), vol. 1, 15에서 인용.

자, 분자, 고분자와 같은) 공통 "구성 요소들"로 구성된 유한한 세계에서 불가피한 양상이라고 말할 수 있을 것이다.

## 2. 진화로 인한 하나님의 기쁨, 그러나 자기 헌신과 고난?

하나님이 세상과 관계를 맺으신다는 오늘날의 어떤 사고방식도, 하나님이 인간의 창조를 포함해 생태계를 창조하셨으며 지금도 창조하고 계시는 것처럼 보이는 방식(진화를 가리킴—편집자 주)이 갖는 이런 특징들을 무시할 수는 없다. 창조 과정에 관한 이런 지식이 미치는 몇몇 효과는 앞에서 우리가 그 과정들을 서술하면서 이미 언급했다. 그러나 이제 우리는 한 걸음 물러서서 하나님에 대한 우리의 이해와 관련된 전체 파노라마를 보아야 한다.

우리는 먼저 이 관점에서 몇가지 새로운 긍정적 특징을 강조할 필요가 있다. 일찍이 시인 알프레드 테니슨(Alfred Tennyson)은 (사실은 다윈의 『종의 기원』 출간 이전에 「인 메모리엄」[*In Memoriam*]이라는 시를 통해) 자연 선택을 통한 생물학적 진화 과정을 "이빨과 발톱이 피로 물든 자연"으로 묘사했었다. 그 다음으로 무신론을 주장하는 생물학자들이 이를 넘겨받았다. 그러나 우리는 다윈이 이러한 진화의 측면과 우연의 역할 때문에 불가지론자가 되었음을 인식해야 한다. 그럼에도 그것은 풍자다. 심프슨이 지적하듯이,[24] 자연 선택은 비유적인 의미에서조차 투쟁의 결과 그 자체가 아니기 때문이다. 자연 선택은 그런 "투쟁"들이 실제로 발생할 때 더 잘 살아남는 능력뿐 아니라(이때 먹잇감이 종으로 생존 가능한가는 포식자의 흥

---

24) Simpson, *The Meaning of Evolution*, 201.

미 여부에 달려 있음을 기억해야 한다) 생태학적 환경과 더 잘 통합됨, 이용 가능한 음식을 더 효과적으로 사용함, 새끼들을 더 잘 돌봄, 보다 더 협력적인 사회조직을 포함하는 많은 요소를 수반한다.

우리는 자연계가 존재들, 구조들 및 과정들로 형성된 위계질서상의 층위들에서 다채로울 뿐 아니라 자연계의 "존재" 자체가 매우 다채로우며, 시간 안에서 "생성된" 자연계가 풍성한 번식력을 통해 수없이 많이 다양화되었다는 점을 또한 강조해야 한다. 지구의 생물학적 진화로 인해 다양하게 분화된 숲은 진화가 뒤따르는 방향에서 주로 우발적인 것처럼 보이며, 또한 그렇게 함으로써 지구상에 엄청난 생명체의 다양성을 생산한다. 만약 창조주가 있다면, 우리는 그 창조주가 이 풍성한 다양성 즉 씨줄과 날줄로 엮인 창조 질서라는 **전체** 직물(tapestry)을 의도했다고 결론 내릴 수밖에 없다. 그것은 단순히 호모 사피엔스로 나아가는 단계가 아니다.

언어를 사용하는 인간이 만약 우리가 하나님이 인류 안에서만이 아니라(사실 20세기의 역사를 고려할 때 아마도 인류 이상으로!) 창조 세계 안에서도 "즐거움"과 "기쁨"과 유사한 어떤 감정을 느끼신다고 말한다면, 우리는 단지 그 말을 있는 그대로 이해할 수밖에 없다. 우리는 창세기 1장에서 이에 대한 힌트를 얻는다. "하나님이 지으신 그 모든 것을 보시니 보시기에 심히 좋았더라."[25] 유대교[26]와 기독교 사상뿐 아니라 힌두교 사상(릴라, *lila*)과 관련해서도 볼 때 이 개념은 창조 시에 하나님이 "즐기셨다"는 개념[27]을 낳는다.

그러나 우리가 보듯이 창조적 진화 과정에는 더 어두운 측면 즉 고통,

---

25) 창 1:31.
26) 참조. 잠 8:27-31.
27) Q.v., A, R. Peacocke, *CWS*, 108-11.

포식, 고난, 그리고 죽음이 만연해 있다. 유신론자는 묻지 않을 수 없다. "만약 창조주가 생각하는 힘과 자유를 가진 구조물 즉 자기의식을 가진 자유로운 인격체를 낳음으로써 복잡한 우주가 도래하기를 원했다면, 더 적은 대가를 치르고 덜 고통스러운 다른 어떤 방식을 통해 이런 우주가 나오게 할 수는 없었던 것일까? 그것만이 가능한 유일한 방법이었을까?" 이것은 신정론 안에 있는 형이상학적 질문이자 대답할 수 없는 질문 중 하나다. 우리는 이런 질문에 대해 (이미 서술된) 생물학적 변수들에 관한 이해에 근거할 때에만 제대로 응답할 수 있다. 이때의 변수들은 과학의 관점에서 볼 때 진화에 작용하는 것으로 인식된다. 이것들은, 전능한 창조주조차 법칙과 유사한 틀을 갖춘 피조세계가 존재하게끔 하는 데 근본적인 제약이 있음을 시사한다. 이는 이 피조세계가 혼돈이 아니라 질서 정연한 우주, 즉 자기의식을 지니며 번식하는 복잡한 존재들의 자유로운 활동을 위한 영역이자, 창조주가 기뻐하는 살아있는 유기체들의 다양성이 풍성하게 나타나게 될 영역이 되어야 하기 때문이다. 이 모두를 설명하려면, 존재하는 모든 것의 존재 원인을 스스로 존재하는 한 궁극적 실재(a Ultimate Reality)에게 돌려야 한다. 그 실재는 "하나님"이라 불리며, 그의 내재적 본성은 다른 실재들에게 존재성을 부여하여 그들로 하여금 하나님 자신이 누리는 형언할 수 없는 삶을 결국에는 공유할 수 있게 하는 성격을 띤다. 다윈 이전 시대에는 그런 창조주 하나님이 모든 것을 존재하게 하시고 존재하는 모든 것을 유지하신다고 생각했다. 아울러 이제 우리는 그 창조주 하나님이 피조세계의 진화 과정 안에, 진화 과정과 함께, 그리고 진화 과정의 아래에서 깊이 관여하는 분이심을 인식해야 한다. 이 과정은 실로 창조주**로서** 행하신 하나님의 활동으로 간주된다.

그러나 만약 그렇다면, 생물학적 진화를 통한 창조 수단인 고통, 포식, 고난, 죽음이 만연하다는 사실로 인해, 하나님에 대한 어떤 개념도 도덕적으로 수용할 만하고 일관적이게 하려면, 우리는 세상의 창조 과정들이 큰 대가를 치르면서 시간 속에서 전개되는 동안 **하나님이** 진화 과정 안에서, 진화 과정과 함께, 진화 과정 아래서 고난을 받으신다는 점을 불확실하게나마 제안할 수밖에 없다. 다시 말해 창조 과정들은 **하나님께** 매우 값비싼 대가를 요구하며, 그것들은 인간 존재의 다중적 측면—예를 들면 생명의 출산, 미적 창조 활동, 혹은 인간 사회 구조들을 창조하고 유지하는 행위 안에 있는 측면—안에 있는 창조성이 요구하는 값비싼 대가를 일상에서 경험하는 데에 은밀하게 숨겨져 있다. 우리는 단순히 "신들의 장난감" 혹은 하나님의 장난감이 **아니다**. 우리는 함께 창조하는 피조물(co-creating creatures)로서 새 생명을 낳는 값비싼 과정이자 자신을 내어주시는 과정에 관여하시는 하나님의 고난에 동참한다.

나는 지금까지 하나님 **안에 있는** 고난을 유비적으로 다뤘다. 하나님의 고난은 세상의 고난과 동일시될 뿐 아니라, 하나님 자신이 그 고난에 참여한다. 다른 곳에서[28] 나는 하나님은 세계 그 "이상"이지만 세계는 "하나님 안에" 있는 존재라는 범재신론적(panentheistic) 용어에 대한 근거를 제시했을 뿐 아니라, 하나님에 의한 창조 및 "하나님 안에 있는" 세계에 대해 여성적 은유들을 사용하는 근거도 제시했다. 우리가 여기서 하나님과 세계의 관계에 대한 우리의 이해의 지평 속으로 통합하고자 하는 고난의 차원은 이제 이 페미니스트적인 범재신론 모델이 갖는 중요성을 강화한다. 더욱이 고난의 차원은 해산의 고통 가운데 있는 존재인 창조 세계에 대한 사

---

28) A. R. Peacocke, *CWS*, 141, 201-2, 207; *Theology for a Scientific Age* (London: SCM Press and Fortress Press, 2nd enlarged edition, 1993), 158-59, 370-72. 새롭지는 않지만, 이런 기독교적 인식을 다시금 부각시킨 경우로서 최근에 이뤄진 적절한 논의는 Philip Clayton "The Case for Christian Panentheism," *Dialog* 37 (1998): 201-8; 그리고 *God and Contemporary Science* (Edinburgh: Edinburgh University Press, 1997) 4장을 보라.

도 바울의 시적 비전에 새로우면서도 통렬한 관련성을 제시한다.

> 피조물이 고대하는 바는 하나님의 아들들이 나타나는 것이니 피조물이 허무한 데 굴복하는 것은 자기 뜻이 아니요 오직 굴복하게 하시는 이로 말미암음이라. 그 바라는 것은 피조물도 썩어짐의 종노릇한 데서 해방되어 하나님의 자녀들의 영광의 자유에 이르는 것이니라. 피조물이 다 이제까지 함께 탄식하며 함께 고통을 겪고 있는 것을 우리가 아느니라.[29]

기독교 신학은 오랫동안 하나님을 자기를 제한하는 분으로 간주해왔다. 자기 제한이라는 개념에서 볼 때 하나님은 어느 정도의 자율성을 부여받은 모종의 존재, 즉 하나님이 아닌 다른 존재를 창조하셨다. 예를 들어 이것은 창조 질서를 위해 "공간을 만드시는"(침춤) 하나님이라는 관념으로 묘사되었다.[30] 이제 우리가 생물학적 진화에 창조 과정들을 반영할 때, 우리는 하나님의 자기 제한이 하나님 자신의 목적과 그 목적의 궁극적 완성 안에서 창조 과정들의 궁극적 성취를 위해 하나님의 값비싼 고난을 수반했다는 사실을 이해하는 데서 출발해야 한다.

우리는 아마도 세계의 창조와 진화라는 바로 그 과정에서 창조적으로 자기를 비우시고 자기를 내어주시는 하나님, 즉 피조물의 고난을 공유하시는 하나님에 대해 감히 말할 수 있을 것이다. 하나님을 그렇게 인식하는 것은, 사랑의 본성으로 간주할 때 가장 잘 이해되는 하나님의 본성에 관한 기독교의 확증을 본질적으로 풍성하게 한다. 추측건대 하나님은 우리와 함께 세계의 자연 악(natural evils) 때문에 "고난 받으신다." 왜냐하면—이 지점에서 우리는 다만 잠정적이겠지만—하나님은 무엇보다도 더

---
29) 롬 8:19-22.
30) 이 책에 있는 J. Moltmann의 글을 보라.

큰 선, 즉 살아 있는 유기체인 피조물로 구성된 나라를 건설하고자 하시기 때문이다. 그 나라를 구성하는 피조물은 그들의 창조주를 기쁘시게 하며, 심지어 자유 의지를 가지고 사랑을 실천하는 사람들로서 하나님과 교제하고 또한 서로 교제할 가능성을 지닌다. 실로 창조 세계는 어떤 의미에서 고난을 **통해** 존재한다고 말할 수 있다. 왜냐하면 고난이 사랑으로 가득 찰 때 창조적 능력을 가진다고 인식되기 때문이다. 하나님의 고난은 단순히 수동적인 것이 아니라 창조 의도를 지닌 능동적 활동으로 이해되어야만 한다. 그 활동은 세계의 창조 과정 안에 명백히 드러나는 활동이다. 예수 그리스도라는 의미에 비추어 추론해보겠지만, 하나님은 고난을 통해 새로운 창조를 일으키시고, 인간이라는 자유를 가진 존재에 의해 창조 세계에 유입된 악을 또한 극복하신다. 왜냐하면 인류는 창조 과정에 대항하고, 하나님의 창조 의도를 거부하며, 하나님의 창조 세계를 훼손하고, 스스로 독특하게 부조화를 일으키는 데 자유롭기 때문이다. 인류는 계속해서 그렇게 해왔다. 그러므로 인류는 특별히 뚜렷한 방식을 통해 하나님으로 하여금 고난 받으시게 하는 능력(ability)이 있다.

인간의 고통과 고난은 우리의 자기의식, 서로에 대한 공감, 그리고 그런 경험을 지속하는 동안 창조주와 우리의 실제 관계를 질문하는 능력의 창발로 인해 증가한다. 우리가 그렇게 질문할 때 우리는 자유롭게 하나님께 반대하기도 하고, 더 일반적으로는 우리 삶에서 신의 임재를 무시하기도 한다. 이로 인해 우리는 신적·창조적 과정에서 하나님의 고난을 가중시킨다. 하나님에게 이것은 분명 위험하기 짝이 없고 값비싼 대가를 요구하는 일이었다.

## 3. 인류를 창조하는 "위험"을 무릅쓰신 하나님의 목적?

인류의 본성에 관해 성찰할 때 우리는, 우리가 내리는 결론들이 세계는 창조되었다는 주장에 의해, 다시 말해 창조주이신 하나님의 존재에 대한 주장에 의해 규정되는 명료한 이해와 부합하는지를 반드시 물어야 한다. 그러나 이런 이해는 그렇게 진화한 인간의 불가사의하고 역설적인 본성의 관점에서 보면 무너질 위험에 처해 있다. 하나님이 창조 세계 자체와 나머지 창조 세계가 가진 엄청난 잠재력, 즉 창조적 선으로 나아가기도 하고 파괴적인 타락과 악으로 나아가기도 하는 특성을 가진 이 "영광과 해학과 수수께끼의 세계"[31]를 진화하게 하셨다는 말을 과연 하나님 자신은 어떻게 받아들이셨고 또한 받아들이실까? 하나님의 목적은 무엇인가? 하나님이 인류를 창조하셔서 나타내신 의미는 무엇인가?

    무생물에서 의식의 형성으로, 그 다음 자기의식의 형성으로 나아가는 진화의 순서는 환경으로부터의 독립과 환경에 관계없이 자유롭게 선택할 자유를 증가시킨다. 인류는 이 독립과 자유를 통해 창조주의 의도로부터 독립과 자유를 시도할 수 있는 임계점을 얻는다. 이 독립과 자유는 자기의식의 불가피한 결과다. 이 자기의식은, 자신의 창조 의도를 유효하게 하시는 하나님의 규칙적인 방식 안에 있는 진화 과정을 통해 자연적으로 창발했다. 우리는 하나님이 물질로부터 자유를 지닌 인간이 진화하도록 의도했고, 그로 인해 인간이 하나님의 의도를 벗어날 가능성을 허락했다고 결론짓지 않을 수 없다. 일관성을 유지하기 위해 우리는, 하나님이 이런 위험을 무릅쓰기까지 가치를 두신 무언가 중요한 의도가 있었음을 가정해야만 한다. 즉 하나님이 하나님 되시는 어떤 근본적인 방식이 과거에

---

31) A. Pope, *An Essay on Man*, Epistle ii.1.28.

도 있었고 지금도 있으며, 그 방식을 통해 하나님은 자신이 가치를 두신 인간 즉 자유롭게 응답하는 인간과 관계를 맺으신다. 따라서 "창조 과정의 인격적 행위자이신 하나님"이라는 "모델"을, 새롭고 위험한 가능성이 존재하는 만큼 창조 세계 안에서, 함께, 아래에서 고난 받는 창조주에 대한 인식을 포함하도록 확대해야 한다. 이들 대부분은 스스로 결정하는 능력을 갖춘 인간의 창조 안에 내포되어 있다.[32]

만약 하나님이 자기의식을 갖춘, 지적이고 자유 의지를 지닌 피조물이 존재하기를 원하셨다면, 스스로 일관성을 유지하기 위해 하나님은 그 목적을 성취하는 데 이 수단들을 사용하기로 하셨음에 틀림없다. 우리는 이런 하나님의 목적을 가장 중요한 것으로 여겨야 한다. 왜냐하면 하나님의 목적은 그 목적을 성취하기 위한 논리적 귀결인 특정한 위험요소들을 수반하기 때문이다. 그 목적으로 인해 하나님은 자신을 이제 우리가 인식하는 방식으로 상처받기 쉽도록 만드시기 때문이다. **하나님이 창조 때에 위험을 무릅썼다**는 이 개념은 구약성서의 창조 "내러티브"에 함축된 전통적 신학이 증명하듯 새롭지 않으며, 내 생각이지만, 이제 이 개념은 생물학적 과정의 특성에 기초를 둔 사항들을 고려함으로써 강화되고 보다 더 넓은 상황에서 제시될 수 있다.

창조 질서 안에서 진선미라는 가치를 구체화하기 위해서는, 필연적으로 그 가치를 평가할 수 있는 **자유로운** 존재를 발생시키는 가능성이 그

---

[32] 이것은 인간 이외의 창조 세계에 대한 중요성을 버리는 것을 의미하지 않는다. 왜냐하면 창조 과정이 작용하는 각 단계에서, 어떤 것은 신의 목적에 대한 자신의 평가로 반영되기 때문이다. Charles Raven이 언급했듯이 "원자와 분자로부터 포유류와 인간에 이르기까지, 적절한 질서와 기능에 의해 각각은 그 층위 안에 있는 내재적인 설계를 표현하고, 그것이 실패든 성공이든, 공통의 목적을 성취하는 데 이바지한다." 그러나 인간에게서 하나님의 "설계"를 표현하는 능력은 인격적이면서도 하나님에게 자유롭게 응답할 수 있거나 그렇지 않을 수 있다. 우리가 하나님이 의도하셨다고 가정해야 하는 이유가 바로 여기에 있다(*Natural Religion and Christian Theology*, vol. 2, 157).

가능성이 가진 위험과 더불어 우주적 과정의 잠재적 결과로써 받아들여져야만 했다. 감히 말하지만, 하나님이 치러야 했던 비용은 하나님의 창조 활동의 부정적 측면, 즉 계속되는 자기 제한 안에 있었을 뿐 아니라, 자유로운 인격체의 창발이라는 가장 중요한 목적을 성취하기 위해 하나님이 스스로 자신을 노출해서서 창조 과정 안에서 상처 받기 쉬운 상태로 계셨다는 사실에도 있었다. 그렇다면 하나님에게 창조는 사랑으로, 의지를 갖고, 고통 속에 나타나는 위험을 무릅쓰는 행동을 의미한다. 이는 창조 세계 안에 존재하며 자유롭게 반응하는 존재인 인간이라는 더 큰 선을 위한 행동이었다. 이런 관점에서 보면 사랑과 자기희생은 하나님의 본성에 내재하며, 창조의 전 과정 안에서 표현된다고 볼 수 있다. 아마도 이것이 요한계시록의 저자가 하나님 안에 현존하는 분으로 간주했던 그리스도를 **"창세 이후로 죽임당한 어린양"**[33]으로서 묘사할 때 암시하고자 했던 바일 것이다.

## 4. 예수 그리스도와 창조 세계 안에서 하나님의 자기 내어주심

여기까지만 보면, 하나님이 자신을 내어주면서까지 창조 세계에 관여하신다는 주장은 단지 합리적인 추측에 지나지 않을 수도 있다. 그런 추측은 하나님이 창조하신 것으로 보이는 자연 과정이 가진 어떤 특징들을 이해하려는 시도다. 그러나 만약 하나님이 예수 그리스도 안에서 참으로 자신을 드러내셨다면, 이 제안은 하나님이 강조하셨고, 하나님이 실로 명백히 드러내셨으며, 다시 말해 하나님이 소통하신 것이다. 왜냐하면 예수의

---

33) 계 13:8.

인생길이야말로 그의 전 존재를 휘감았던 힘에 철저하게 상처 입으신 고난의 길이었기 때문이다. 인간으로서 예수는 결국 극심한 고난 속에서 버려진 가운데 비극적으로 죽음을 맞았다.

타자의 선을 위해 희생하고, 자신을 제한하며, 자신을 내어주는 행동은 인간의 삶에서 사랑을 입증하는 특징이다. 그렇기 때문에, 예수 그리스도를 하나님의 자기 표현으로 믿는 자들은 예수의 삶을 하나님이 본래 "사랑"[34]이시라는 주장을 입증하는, 그들이 가진 궁극적 근거로 여기게 되었다. 이는 어느 한 표현이라도 정확하게 하나님의 본성을 아우를 수 있는 한 그렇다는 말이다. 하나님을 "아빠"(Abba), 즉 아버지로 불렀던 예수의 가르침과 "하나님 나라"에 들어가기 위한 조건에 대한 예수 자신의 가르침 또한 이 점을 지적했다. 그러나 기독교 공동체에서 하나님에 대한 이 인식을 최종적으로 그리고 일찍이 세웠던 것은 예수의 인격과 그에게 일어났던 사건을 통해서였다.

그러므로 우리는 예수를 가리켜 인간이 가진 인격이라는 한계 안에서 하나님이 자신을 표현하신 방식이며, 이 사실을 믿는 믿음이 자연에서 나타나는 존재와 생성에 관한 성찰로부터 이전에 잠정적으로 도출했던 하나님에 관한 개념들과 전적으로 일치한다고 간주한다. 이때 이 개념들은 하나님이 신으로서 창조성을 수행하는 측면에서 자신을 제한하시고, 연약한 상태에 처하시며, 자기를 비우시고, 자기를 내어주시는, 다시 말해 창조 활동 안에서 최고의 사랑임을 확언한다. 우리는 인류 안에 존재하는 악을 궁극적으로 극복하는 길은 이러한 사랑의 행동과 표현임을 믿는다. 이런 이해에 기초해서 볼 때, 예수 그리스도는 창조 세계에 나타난 깊은 의미 가운데 하나님으로부터 인류에게 드러난 결정적인 소통이시다. 이

---

34) 요일 4:16.

것이야말로 창조 세계에서 활동하시며 이제는 예수 그리스도의 인격 가운데 명백히 나타난 말씀/로고스이신 하나님에 관해 요한복음 서문이 정확히 말하고자 하는 바다.

더욱이 우리가 창조 세계의 자연 과정들이 가진 특징으로부터 더욱 잠정적으로 추론했던 것은, 시간 안에서 값비싼 대가를 요구하며, 열린 결말을 가진 진화의 전개와 똑같은 이 과정들 안에서/함께/아래에서 하나님이 고난 받으시는 것처럼 보임이 틀림없다는 점이었다. 그러나 만약 하나님이 예수 그리스도 안에 현존하셨고 그와 하나가 되셨다면, 우리는 **하나님** 역시 예수가 수난당하고 죽을 때 예수 안에서, 예수와 더불어 고난 받으셨다고 결론짓지 않을 수 없다. 그러므로 예수가 그의 삶과 죽음을 통해 순종했고 표현했던 하나님은 실로 "십자가에 달리신 하나님"(a crucified God)[35]이다. 그리고 버림당하시면서 울부짖으셨던 울음은 하나님이 창조 세계 가운데서 분노를 표출하신 행위로 볼 수 있다.

만약 예수가 실로 인간의 인격 안에 있는 하나님의 자기 표현이라면, 인간으로서 그가 살았던 삶의 비극은, 창조된 인류의 고난 안에서, 고난과 더불어, 그리고 자연스럽게 그 범위를 확장한다면, 모든 창조 세계와 함께 고난 받으시는 하나님을 드러내기 위해 커튼을 열어젖히는 행동으로 볼 수 있다. 왜냐하면 인간은 창조 세계 내에 심어졌으며 그 안에서 진화된 일부이기 때문이다. 우리가 창조 과정들에서 잠정적으로만 추론할 수 있는 하나님의 고난은 그 강도와 투명성이 예수 그리스도라는 한 점에 집중되어 있다. 그리고 예수 그리스도라는 바로 그 한 점은 창조 세계와 영속적인 관계를 맺으시는 하나님을 드러내는 표현이라고 할 수 있다.

---

35) J. Moltmann, *The Crucified God* (London: SCM Press, 1974):『십자가에 달리신 하나님』(한국신학연구소 역간)에 분명하게 설명되어 있다.

# 3장

## 비움과 자연
_홈스 롤스턴 3세

우리 주변에 널려 있는 자연, 모든 돌과 나무의 세밀한 부분들은 그보다 덜 세밀한 부분이 갖는 엄청난 풍성함과 다양성을 포함한다. 즉 어떤 세밀한 부분에 속한 모든 하위 부분에는 수십억의 더 작은 하위 부분이 결합해 있으며 그것들은 상호 작용하고 있다.

『사랑의 노력, 사랑의 비용』, 84쪽

"한 알의 밀이 땅에 떨어져 죽지 아니하면 한 알 그대로 있고 죽으면 많은 열매를 맺느니라." (요 12:24)

## 1. 이기적 유전자, 이기적 유기체, 그리고 적자생존

만일 누군가가 일반적인 생물학적 세계관과 신학적 세계관을 비교한다면, 처음에는 극명한 차이만 보일 것이다. 다윈주의의 자연으로부터 기독교의 신학으로 옮겨가려면, 누군가는 자연사(自然史)의 표지를 이기적 유전자(selfish gene)로부터 고난 받는 사랑(suffering love)으로 바꿔야 할 것이다. 아울러 신학자들은, 죄로 가득 찬 본성을 지닌 인간이 중생할 때, 더 이타적이며 변화의 표지를 요구하는 삶으로 개혁되어야 한다고 주장한다. 하지만 문제는 더 깊은 곳에 놓여 있다. 모든 생물학적 본성은 자신의 삶을 타자를 위해 내려놓아야만 한다는 예수의 가르침에 어긋나는 것처럼 보일 수 있다. 자연에는 어떤 이타주의도 없으며, 비움은 더욱이 없다.

유전자에 의해 암호화된 생명은 항상 특별한 유기체 내에서 보호받는다. 생물학에서 우리는, 유기체가 일종의 한정된 육체를 가진 "자아"—물리학, 화학, 천문학, 기상학, 또는 지질학에서는 아예 알려지지 않은 어떤 것—임을 아무 유기체에서나 즉시 발견할 수 있다. 일반적인 다윈주의 해석학의 틀은 암호화된 유전자부터 복제된 유기체로 움직인다. 그리고 그 틀은, 유기체가 그렇게 유전적으로 구성되었으므로 자기에게 이익이 되는(전형적으로 "이기적"이라 불리는) 행위가 불가피하다고 간주한다. 유기체는 타자를 희생시켜 자기에게 도움이 되도록 행동한다. 어떤 새가 씨앗을 낚아채면, 그 근처에서 음식을 찾아다니는 다른 새들은 그것을 얻지 못한다. 새는 벌레를 잡아먹음으로써 이익을 얻고, 벌레는 목숨을 잃는다. 유전자형(Genotypes, 어떤 구체적 특징과 관련해 세포나 기관, 개체가 가진 유전자

조합을 의미함—편집자 주)은 이기적 표현형(selfish phenotypes, 표현형은 어떤 유기체의 관측 가능한 특징의 조합을 의미한다. 유전적 요인과 환경 요인의 상호 관계, 혹은 각각의 결과로 나타난다—편집자 주)을 프로그래밍한다. 유전자형의 측면에서 볼 때, 도킨스의 가장 근본적인 생물학적 진리는 "비정한 이기주의라는 유전자의 보편적 법칙"[1]이다. 표현형의 측면에서 볼 때, 조지 윌리엄스(George Williams)는 이렇게 주장한다. "자연 선택은…사실 근시안적 이기심을 극대화하는 하나의 과정으로 서술될 때 잘 드러난다."[2] 그래서 현재의 원리가 작동한다.

그러나 유전자와 유기체가 "이기적"이라는 주장은 경험적 증거에 의존하기보다는 현상을 보는 일반적인 해석학적 틀의 선택에 의존할지도 모른다. 그런 생물학자들은 화이트헤드가 말한 "잘못 놓인 구체성의 오류"(fallacy of misplaced concreteness)를 범할 수 있다. 이 오류 안에서 우리는, 하나의 상황으로부터 어떤 특징을 골라낼 때, 실제 세계로부터 초래된 추상성(abstraction)의 정도를 잊어버린다. 그리고 단지 제한된 적절성만을 보이는 한 요소를 지나치게 확대함으로써 전체를 묘사하는 실수를 범하게 된다. "자아" 질문은, 생물학에서 훨씬 많이 논의되긴 했지만, 철학적으로 말하면 "정체성"(identity) 질문에 해당한다. 그리고 정체성 질문은 "통합"(integration)의 질문임을 또한 입증한다. 통합의 질문은 "소속"(belonging)과 관련이 있다. 즉 무엇이 유전자와 자아의 적절한 역할과 장소인가?

---

1) Richard Dawkins, *The Selfish Gene*, new edition (New York: Oxford University Press, 1989), 3: 『이기적 유전자』(을유문화사 역간).
2) George C. Williams, "Huxley's Evolution and Ethics in Sociobiological Perspective," *Zygon* 23 (1988): 383-407, 인용은 385에서.

## 2. 자기 방어와 자기실현

덜 경멸적인 언어로 말하자면, 유기체는 "자기실현"을 한다고 더 단순하게 말할 수 있다. 유기체는 자신의 정체성을 통합하고 보호하고자 한다. 유기체는 자신의 삶을 방어하고, 자신의 생명력을 본질적 가치로서 보전한다. 이것은 "자기방어"를 수반하는데, 자기방어 없이는 삶이 불가능하다. 유기체는 자신의 환경에서 음식과 배우자와 영역을 획득해야 한다. 예를 들면 종속영양생물(heterotrophs)은 다른 유기체를 먹이로 소비하는 방법을 사용한다. 종속영양생물과 독립영양생물(autotrophs)은 둘 다 다른 유기체에 의해 소비되는 것에 저항해야 한다. 다른 유기체에 먹이로 소비되는 것은 그들에게 해롭기 때문이다. 유기체는 "자기를 구성하고", "자기를 실현하고", "자기를 발전시키고", "자기를 보전하고", "자기를 생산한다." 유기체는 "자신을 위해" 행동한다. 이런 모든 행위들은 서술적 언어로 묘사될 수 있다. 비록 그 서술적 언어가 여전히 다윈주의일지라도, 그것은 극단적 다윈주의가 말하는 "이기적" 색채를 띤 유기체를 규정하는 데는 미치지 못한다. 자기 유지와 자기 증식은 악이 아니다. 둘 다 필요하며 선하다. 그들 없이는 어떤 다른 가치도 성취되거나 보전될 수 없다.

유기체는 그것이 지닌 어떤 정체성이나 생명력 또는 가치를 단지 보존할 수만 있을 뿐, 그것이 갖지 않은 어떤 다른 것을 보존할 수는 없다. 어떤 개별 유기체는 "그 종의 어떤 장점", 다시 말해 그 종의 어떤 정체성을 지닌다. 그러나 그 유기체는 그 종의 모든 장점을 갖고 있진 않다. 왜냐하면 그에게 없거나 그의 구조와 행위에서 드러나지 않는 다른 대립형질은 나타나지 않기 때문이다. 대립형질들은 개체군 안의 어딘가에 있다. 따라서 과거에 상속받은 그 종의 장점이 보존되어 있을 뿐 아니라 새로운 재조합 및 돌연변이를 무릅쓰고 그 종의 장점을 획득한 유기체는 그 종의 장점을 가능한 한 많이 드러낸다. 유전학에 근거한 이 지식은 삶의 시련을 통해 시험받을 것이다. 동종의 다른 유기체도 마찬가지다. 어떤 것은 다른 것보다 우수한 것을 낳는다. 삶의 경쟁에서, 자연 선택은 그 종이 거하는 지위에서 그 종의 장점을 최적화하는 방향으로 작용하여 덜 적합한 것은 희생시키고, 더 적합한 것은 증가시킨다. 결과는 그 종의 실현이다. 그 종의 구성원들은 그들이 이전에 적응했던 환경에 적합했던 것보다 이후에 더 적합하다.

## 3. 자기 정체성, 종의 정체성, 포괄적이고 공유된 적합도

유기체는 신체에 따른 자기 정체성을 가지지만, 유기체 자체는 유전적 정체성의 표현이다. 유기체가 가진 특정 조합의 게놈(genome) 가운데서 이런 유전적 정체성은 그 자체만으로도 독특하다(쌍둥이와 복제 생물은 제외하자). 그러나 이 유전적 정체성은 또한 어느 정도 흩어져 있다. 현대 생물학 이론에 따르면, 유기체인 개체는 이 "유사-자기"(like-self)가 드러나는 모든 지점에서, 그리고 이 유사-자기가 드러나는 정도로까지 능숙하게 (여전히 소위 말하는) 자신의 "자아"를 방어한다. 그리고 그 유사-자기는 주변의 가족뿐 아니라 집단, 개체군 중에도 대부분 있을 것이며, 전체 유전자 층 가운데 퍼져 있다. 유기체인 자아가 본질적으로 지닐 수 있는 가치는, 그런 가치들이 육체적으로 자기 외부에 위치한 친족 안에—비록 유전적으로는 유사-자기라 하더라도—포괄적으로 분포된 경우로 한정된다. 생물학자들은 이것을 "포괄적합도"(inclusive fitness)라고 부른다.[3] 어떤 유기

---

3) William D. Hamilton, "The Genetical Evolution of Social Behavior, I and II," *Journal of Theoretical Biology* 7 (1964): 1-52. 신학 분야에서의 사용과 비교·대조해볼 때, 생물학

체가 자기 종의 다른 유기체들 및 다른 대립형질과 경쟁하면서 차이점에 맞서 유사점을 방어하는 상황에 직면할 때, 각각의 유기체는 친족 즉 후손과 친척이 자기와 갖는 유사성을 지키도록 선택된다. 만일 그것의 대립형질이 생존에 필요한 장점을 갖는다면, (가장 잘 적응하는) 적자(適者)가 살아남을 것이다.

이미 유전적 정체성은 점점 혼합되고 있다. 우리는 부분적으로 우리 "자아"의 사본(copy)을 담고 있는 (또한 부분적으로 "우리 자아가 아닌" 유전자를 담고 있는) 동족을 향한 어떤 도움 행위가 "자기-희생"의 행동인지 아니면 "자기-이익"의 행동인지 거의 알지 못한다. 유전적 정체성은 우리가 "자아"의 경계를 설정하는 곳에 의존한다. 리처드 알렉산더(Richard Alexander)는 이것을 다음과 같이 요약한다. "우리는 후손을 만들고 그들을 도움으로써 우리 몸 안에 있는 유전 물질을 돕도록 진화된다. 그뿐 아니라 네포티즘(nepotism), 즉 방계(傍系, collateral) 친족 안에 있는 우리의 유전자의 사본을 돕도록 분명히 진화된다."[4] 관계성의 정도에 비례해서, 만일 친족에게 이익이 되는 정도가 기증자에게 드는 비용을 초과한다면, 친족을 돕는 행위가 선호될 것이다.

단지 특정한 어떤 개별 유전자가 아닌 친족 내에 있는 어떤 유전자 집합이 보호받고 선택된다. 그 유전자가 동족 가운데 어디에 위치하는지는 문제가 되지 않는다. 이런 관점에서 보면, 선택된 행위들은 처음에 보이는 경우만큼 그렇게 원자적이거나 개별적이지 않다. 그 행위들은 친족 안에 그리고 가까운 종 안에 흩어져 있다. 어떤 특정 자아의 유전자 중 다수는 친족 안에 공존하는데, 그것은 서로 다른 살갗을 가진 혈족 안에 있는

---

이론에서 "포괄적"이라는 용어의 사용은 꽤 잘 드러난다.
4) Richard D. Alexander, *The Biology of Moral Systems* (New York: Aldine de Gruyter, 1987), 3.

사본을 의미한다. 사실 특정 자아의 모든 유전자는, 그것이 소유할 수 있는 드문 돌연변이보다는 오히려 비슷하면서도 다소 다른 결합을 통해 다른 누군가에 의해 어디론가 옮겨진다. 그때 그 유기체는 자기 자신의 실현뿐 아니라 친족의 자기실현을 돕는다.

그런 어떤 "포괄적" 자아라도, 확인될 수 있는 "자아" 즉 훨씬 덜 "이기적"일 수 있는 자아를 자리매김했던 외관상의 명료함을 모호하게 한다. 중요한 것은 단지 유기체적(육체적) 자아가 아니라 생식적(유전적) 자아다. 유기체가 미래 세대에 실제로 전달할 수 있는 모든 것은 자아의 파편인 유전적 요소 그 자체다. 유기체로서 그 개체의 삶은, 그가 고유하게 소유하고 있는 어떤 것만큼이나 자기를 관통해가는 어떤 것이다. 그런 자아들은 모두 그들의 정체성을 자신의 정체성이 아닌, 타자와의 연관성을 통해 소유한다. 정체성은 중심 유기체나 모듈 형태의 유기체에만 집착하지 않는다. 정체성은 시간이 지남에 따라 분리된 별개의 패턴으로도 지속할 수 있다. 개체는 종에 종속되거나 적어도 그 종의 계통 내에서 대립형질을 가진 일부에 종속될 뿐 그 반대가 아니다. 어떤 하나의 유전자 집합도 그 집합에 대해 이 부분이 관통하는 개체의 속성만큼이나 분명히 더 큰 종이 갖는 유전자 층의 속성이기도 하다.

유기체는 단지 생명의 어떤 형태 및 그것이 구현하는 가치를 보존할 수 있을 뿐 다른 것을 할 수는 없다. 그러나 자기를 실현하고 자기를 복제하는 개별 유기체가 자신의 역할을 감당하는 생물학적 체계는 더 선별적이다. 개체들은 그들의 증가된 적합도, 즉 유전학자들이 개체들의 "적응 가치"(adaptive value)라 부르는 기준을 통해 평가받는다.[5] 그런 능력을 많

---

5) Robert H. Tamarin, *Principles of Genetics*, 5th edition (Dubuque, Iowa: William C. Brown, 1996), 558: 『유전학의 이해』(라이프사이언스 역간); Francisco J. Ayala, *Population and Evolutionary Genetics* (Menlo Park, Calif.: Benjamin-Cummings, 1982), 88.

이 소유한 개체가 살아남는다. 그러나 개체들이 살아남을 때, 그들은 종의 계통에서 생존 가치를 지닌 유전자를 전달한다. 개체들은 진화하는 적응 환경 위에서 생존 가치를 재형성함으로써 그것을 지속하게 할 수 있다. 보존되는 것은 어떤 개체가 덜 잘 "알려진" 경쟁자들, 즉 패배자들보다 더 나은 것을 "아는" 것이다. 그런 핵심 정보는 배포·배분되고 다음 세대에서 흔히 증가하며 점점 더 현실화된다. 이제 우리는 단순한 자기 방어 이상을 보기 시작한다. 우리는 유기체의 계통이 계승됨으로써 유기체의 기능이 전달되는 것을 확인한다. 더 자극적으로 표현하면, 유기체들은 그들의 계통을 위해 "헌신한다."

유전자는 일종의 "흐름" 현상이다. 유전자는 그들이 아는 중요한 정보를 다음 세대로 넘기려는 충동이 있다. 그것은 그 다음 세대, 그리고 그 다음 세대로 계속된다. 유전자는 계통 안에 살면서 시간이 흐름에 따라 역동적으로 진화한다. 그들의 이론에서 기인하는 강한 역류에 휩쓸리게 된 극단적 다원주의자들은, 유전자가 그 자체를 "이기적으로" 다음 세대에서 보호한다고 하는 일종의 게슈탈트(gestalt, 전체가 부분의 합 이상임을 가리키는 말로서 극도의 다원주의자들이 다원주의를 넘어서는 주장을 펼친다는 의미임-편집자 주)를 주장할 것이다. 데이비드 배러쉬(David Barash)는 이것을 다음과 같이 설명한다. "궁극적 이익은 매우 분명하다. 비록 유전자들이 다른 몸에 갇혀있을지라도, 그들은 자기 자신을 잘 대함으로써 자기를 돕는다."[6] 이런 종류의 주장이 지닌 문제점은, 그것이 대담한 의인화(anthropomorphism)일 뿐 아니라 그 주장이 말하는 본질적인 "자아"는 어떤 확고한 정체성도 없을뿐더러, 이제는 산산이 흩어져서 아주 많은 개체로 분리되었다는 점이다.

---

6) David Barash, *The Whisperings Within* (New York: Harper and Row, 1979), 153.

우리가 가족, 개체군, 종의 정보에 대한 인공두뇌의(cybernetic) 흐름이라는 관점에서 그 정체성을 명확히 할 때, 지금 논의되는 현상은 다른 게슈탈트에서 더 적절하게 드러난다. 단일 유전자는 그것이 전체 유기체에 "기여"할 수 있는지를 시험받는다. 다음으로, 게놈의 표현인 유기체는 생태계에 적응하기 적합한지를 시험받는다. 하지만 그것은 해당 유기체의 육체적 생존에 대한 시험이라기보다는 생존 중인 개체군과 종의 계통을 유지하려는 유기체의 힘, 즉 그 유기체가 종의 계통에 "기여"할 수 있는 능력에 대한 시험을 의미한다. 자신의 "경쟁자"와 비교해볼 때, 적합도는 유기체가 이후에 나타날 자기 종(kind)의 타자를 보호하는 데 더 "기여"하는 능력이다. 유기체는 자신이 기여해야만 하는 모든 것, 즉 그 자신의 적절한 삶의 형태에 기여한다. 그가 성취한 것은 가치를 지닌다. 그 유기체는 개체성을 상실했지만, 개체를 초월하는 자신의 계통에서는 나름의 역할을 한다고 볼 수 있다. 그 체계는 세대 사이의 조화를 용이하게 한다.

개별 자아가 "포괄"적합도와 관련될 때, 이 유전적 "할당"과 "증식"을 해석하는 것을 돕기 위해 우리는 다소 도발적이지만 "공유된"(shared)이라는 단어를 소개할 수 있다. "공유"라는 단어는 부분들로 나눈다는 의미로 고대 영어와 독일어의 어근인 스케르(sker)에 뿌리를 두며, "큰 가위"(shears), "쟁기"(plowshare), 그리고 물품의 "공유"와 같은 단어들에 그 흔적이 남아 있다. 여기서 사용될 때, "공유"한다는 것은 부분적으로 자아의 유전 정보를 배분하는 행위고 따라서 그것을 보존하는 행동이다. 유전자는 계속 진행 중인 종의 계통을 발생시키며, 개체의 삶에 나타난다. 이것을 성취하기 위해 유전자는 그들이 소유하는 어떤 생존 가치를 복제하거나 소통한다. 말 그대로 유전자는, 비록 의식이나 도덕이 형성되기 이전이라 할지라도, 그들의 정보를 공유(=부분적으로 분배)한다.

유전자는 반복해서 복제될 수 있으며 드러날 수 있다는 특징이 있다.

유전자는 복제한다. 정보를 다음 세대에 전달하는 유전자의 힘은 중요하다. 유전자 정보는 할당되고 또 할당되며, 분배되어 다양한 장소에 위치하게 된다. 과정이 어떠하든, 유전자 정보가 널리 분배되었고, 전달되었으며, 관계망 속에 있게 되었고, 재활용되었으며, 자연사를 통해 공유되었다는 점은 꽤 분명하다. 집적(集積)된 결과에 따르면, 자연사에는 다양성과 복잡성의 기원이 있다. 곧 유전적 가치를 다세대에 걸쳐 분배하고 기여한다. 이렇게 표현해보자. 유기체는 자신이 속한 종의 계통에 "희생"된다. 다른 식으로 표현하면, 유기체는 그런 기여를 통해 "권한을 부여받는다."

여기서 우리가 다소 주의해야 할 점이 있다. "공유"라는 단어가 윤리학과 신학에서 사용될 때, 그것은 도덕적으로 긍정적인 어조를 지닌다. "공유"라는 단어를 생물학적으로 사용할 때 그리고 덧붙여서 무엇이 진행되는지를 서술하려 할 때, 우리의 요지는 "이기심"이라는 단어가 의미하는, 도덕적으로 부정적인 어조를 중립화하고 그것에 대한 편견을 없애려는 것이다. "공유"가 "이기적"인 의미를 나타낸다고 해석하기는 어렵다. 유전적 정보가 다음 세대로 전달될 때, 그 정보가 죽음을 뛰어넘을 때, 정보가 "이기적으로" 지켜졌다고 말하는 만큼이나 "공유"(분배)되었다고 말하는 것도 적절한 듯하다. **유전자는 "이기적"일 수 있는 만큼 "공유"될 수 있다고 말할 때, 동시에 우리는 "공유"와 "이기심"이 의도적이면서도 도덕적 의미를 가진다고 말해야 한다.** 유전자는 도덕적 행위자가 아니기 때문에 이기적일 수 없다. 같은 의미로, 유전자는 이타적일 수 없다. 그러나 유전자는 정보를 전달할 수 있다. 만일 우리가 도덕적 세계에 가끔 사용되는 단어를 확대해서 비도덕적 영역에 적용하려 한다면, 비록 가치론적인(axiological) 영역일지라도, "공유"는 "이기적"이라는 단어만큼이나 "서술적"이며 경멸의 의미가 없다. 때때로 우리가 똑바로 서기 위해 바람에 기대어야 하듯이, "분할자"와 "증식자" 역시 이기적이지 않다. 적자생존은 공유를 통한 생존임이 드러난다.

우리는 "몫"을 "분배하다", "퍼뜨리다", "할당하다", "증식하다", "분리하다", "배가하다", "전달하다", "재생하다" 또는 "공유하다"와 같은 단어들을 조심스럽게 선택할 필요가 있다. 우리는 비인간적이거나 인간 중심적이지 않은 설명, 즉 나쁘거나 좋은 것에 대한 우리의 도덕적 편견이 없는 설명을 원한다. 분배라는 말에 근거한 설명은 훨씬 더 서술적 패러다임이다. 이는 유전자가 이기적이라고 생각할 만한 이유가 없기 때문이다. 야생의 자연에는 유기체 단계의 어떤 도덕적 행위자도 발견할 수 없다. 하물며 유전자 단계는 오죽할까? 그러나 자연에는 생존과 번영이 의존하는 가치, 즉 객관적이며 인간 중심적이지 않은 가치이자 적응할 수 있는 가치가 있으며, 야생 피조물들이 이런 가치를 보호하고 분배하는 것은 생명을 추구하기 위함이라고 생각할 타당한 이유가 있다. 오로지 인간만이 도덕적 행위자이지만, 많은 생명체 역시 그들의 생명을 보호하고 번식한다.

유전적 정보는 개체군 안에서, 여기저기에 있는 다양한 대립형질이나 다양한 재조합 및 돌연변이를 통해 나뉜다. 그리고 종의 장점은 그렇게 분배되고 공유된 유전적 정보에 지극히 의존한다. 비록 개별 유기체가 종의 이익을 위해 행동하지 않을지라도―개별 유기체가 그것을 할 수도 없지만―개별 유기체가 자기가 행동하던 대로 행동하는 것은 종을 위해서도 좋다. 유전자 탐구에 사용된 패배자는 상대적으로 종의 이익을 위해 희생된다. 그러나 그것은 패배자들이 생식 과정에서 어떤 역할도 하지 않음을 의미하지는 않는다. 비록 그들의 대립형질이 다음 세대에는 덜 흔할지라도, 그런 유기체들 역시 종의 계통 안에서 그들의 정체성을 지니고 있으며, 그 계통은 더 좋은 방향으로 계속 나아간다. 패자는 어떤 의미에서만 패자일 뿐, 다른 의미에서는 승자일 수도 있다. 마치 논쟁에서 진 자가 그들이 동일시하는 학문 또는 전통에서 더 좋은 논의가 지배적이게 되면 이기는 것처럼 말이다. 대부분의 구기 종목 팀들은 패배자들이다. 그러나 챔피언들은 패배자들이 제공하는 시험을 필요로 하며, 패배자들이 사랑하는 스포츠가 결과적으로 더 좋은 스포츠다. 이 논의를 유전적 발전의 양상으로 가져오면, 승자는 생존 가치를 오는 세대의 생존에 기여할 때―오직 그때에만―승자가 된다.

진화적 기원은 자연 선택이 작용할 수 있는 변이를 이루기 위해 승자와 패자 같은 그런 개체들에 의존한다. 있는 그대로 자기실현을 하는 개별 유기체는 더 큰 드라마 속의 연기자다. 그 드라마는 말하자면 "개별 유기체 위에" 있거나 "개별 유기체보다 더 크다." 어떤 특별한 유전자를 형성하는 사건이 단 한 번에 끝난다는 사실은 독특하다. 즉 그것은 일시적이며, 유기체 안에 나타나 있고, 그 적합도를 시험받는다. 이로 인해 그 사건은 재조합 과정 가운데서 한 역할을 감당한다. 재조합 과정을 통해 종은 생존하고 그 종의 계통 가운데 잇따라 일어나는 수많은 다른 생명을 출현 가능하게 한다.

이런 주장은 유기체가 자기실현을 추구하는 행위를 더 포괄적인 상황 가운데 두지만, 어떤 이들은 그것이 자기 비움이라는 개념마저 허락하는 것은 아니라고 주장할 것이다. 유기체는 자신에 적합한 생명(proper life, 라틴어 프로프리우스[proprius, "자신의"]를 상기하라)을 지킬 뿐이며, 그런 의미에서 유기체는 자신을 비운다고 말할 수 없기 때문이다. 참나무와 휘파람새가 자신을 희생하면서까지 타자에게 유익을 주기 위해 이타적으로 행동하지 않는 것은, 만일 그들이 이타적으로 행동하면 죽게 되기 때문이다. 한편 우리가 집중하는 그림은, 더 큰 개체군의 계통과 종의 계통으로 방출되고, 흘러들어 가며, "비워지는" 개별 생명체를 잘 묘사한다. 아마도 어떤 비움의 전조가 진화하기 시작하는 중일 것이다. 적합도는 앞으로 올 세대 안에 있는 새로운 생명을 위해 자신을 버리는 것을 의미한다. 논의를 계속해보자.


## 4. 상호의존과 공생(Symbiosis)

식물이든 동물이든, 모든 유기체의 삶은 생명을 지탱하는 체계인 생태계 가운데 자리매김한다. 어떤 것도 홀로 살지 못한다. 어느 "자아"든지 환경 안에 붙어 있다. 생명 공동체 안에서 적응하는 유기체만 살아남는다. 유기체는 자신이 가진 어떤 가치만을 보존할 수 있을 뿐, 다른 가치를 보존하지는 못한다. 그러나 생물학적 체계는 더 광범위하고 포괄적이며, 그 안에서 개별자로서 자기를 실현하고 자기를 복제하는 유기체는 자신의 역할을 감당한다. 개체는 자신의 개별성을 넘어서는 어떤 역장(a field of forces) 안에 완전히 포함된다.

풀은 같은 토양에 고착된 다른 종뿐 아니라, 가깝든 멀든 상관없이 친족인 다른 식물과 더불어 생존한다. 그리고 풀을 먹는 유제류(ungulate)뿐 아니라 균류와 분해자에 의해서도 발생한 영양분을 섭취한다. 식물은 동물이 만들어내는 이산화탄소에 의존하며, 동물은 식물이 만들어내는 산소에 의존한다. 동물은 풀을 먹거나 초식동물을 먹어야 하고, 그로 인해 생태 피라미드가 세워진다. 에너지와 물질은 생태 피라미드라는 체계를 통해 순환하며 재순환한다. 하이퍼사이클(Hypercycles, 자기 복제가 가능한 개체들이 하나의 사이클을 이루어 자기 촉매 방식을 통해 서로 연결된 생태계 조직을 의미함—편집자 주)은 여러 종을 고리로 연결하면서 발전한다. 즉 한 순환 안에서 각각의 종의 복제 비율은 각각의 종 바로 앞에 있는 복제자의 밀도(concentration)의 증가함수다. **다프니아**(Daphnia, 물벼룩류)는 **클라미도모나스**(Chlamydomonas, 단세포 녹조류)를 먹고, 물고기인 큰가시고기는 **다**

프니아를 먹고 산다. 큰가시고기는 질산염을 배설하며, 질산염은 **클라미도모나스**를 풍부하게 한다.[7] 한편 각각의 종은 잡아먹히지 않기 위해 자신을 방어함으로써 자기 종을 보호한다.

이 체계에서 개별 유기체가 지닌 유일한 능력은, 자기 자신과 자신의 종을 보호하기 위해 "이기적"이 되는 것이다. 그러나 사실 유기체는 생태 피라미드로 인해 상호 의존, 자원 및 그 유기체가 처한 상황이라는 제약 안에서 움직이게 된다. 따라서 우리는 유기체의 어떤 자기실현도 종의 계통이 처한 상황보다 더 포괄적 상황 가운데에 둘 필요가 있다. 개별 유전자나 유기체, 또는 심지어 종의 계통 안에 있는 개체를 막론하고, 어느 하나의 관점으로 모든 것을 본다고 주장하는 태도는 일종의 형이상학적 원자론(atomism)일 수 있다. 형이상학적 원자론은 어떻게 이 자기-단위들(self-units)이 생태적 공동체, 즉 더 큰 전체를 이루는 부분으로 구성되어 있는지를 이해하는 데 실패한다. 이런 관계망들은 자기-단위들의 유전적 혹은 유기체적 "자아들" 또는 그들의 종의 계통에 내재하는 어떤 것이 형성하는 만큼 상당 부분 그들의 정체성을 형성한다. 극단적 다원주의자들이 상상하는 것 이상으로 유기체는 보다 더 사회적이며, 생태적이다. 이것은 참이다. 생명은 자아들 안에서 보호받아야 하고, 그런 자아들은 환경 가운데서 번식하고 넓게 퍼진다. 자아들은 부분으로서 자기 역할을 하기도 하고 원만하게 잘 적응하기도 한다. 자아들은 그들이 속한 환경 안에서 한 부분, 즉 자원을 "공유"해야 한다. 자아들 자체는 조만간 그 먹이사슬 안으로 들어가 타자에게 필요한 일부가 되거나 공유될 것이다.

---

7) John Maynard Smith and Eörs Szathmry, *The Origins of Life: From the Birth of Life to the Origin of Language* (New York: Oxford University Press, 1999), 49-50; Manfred Eigen and Peter Schuster, *The Hypercycle: A Principle of Natural Self-Organization* (Berlin: Springer-Verlag, 1979).

유기체 안에 있는 유전자들은 해당 유기체가 중요하게 상호 작용하는 다른 많은 종 안에 있는 유전자들에게 의존한다. 우리는 이것을 가치 확보나 경쟁으로 생각할 수 있으며, 실제로도 그렇다. 그러나 그것은 또한 가치 의존적이기도 하다. 유전자를 가진 어떤 특정한 유기체라도, 해당 유기체가 다소간 의존하는 유전자들과 "함께" 살아야 한다. 반대로 다른 종들도 그 유기체에 의존할 것이다. 비록 협력의 특징이 유기체 안에서의 협력에서 생태계 안의 협력으로 바뀌기는 하지만, 한 개체의 내부 조직이 "함께 일하는" 것, 혹은 좀 더 강하게 말해서 "함께 협력하는"(함께 작용하는) 것이 참이듯, 개체 외부에서도 그것은 여전히 참이다. 각각의 종은 한 관계망에서 하나의 연결 마디다. 그 관계망 내에 있는 다른 유전자들은 각각의 종에게 아주 중요하며, 육체적 의미에서는 "생경"하거나 "다른" 유전자들이지만, 생태학적으로는 아주 "익숙한" 유전자들이다.

동물은 생태 피라미드 안에 있는 각각의 지위를 차지한다. 그들은 먹고 먹힐 것이다. 동물은 광합성을 위해 필요한 유전자를 전혀 갖고 있지 않다. 그 유전자는 식물에 아주 중요하다. 유제동물은 그들의 위에 있는 박테리아 없이는 섬유소를 소화할 수 없다. 육식동물은 초식동물을 먹는다. 곤충은 잎을 먹고, 휘파람새가 그 곤충을 먹으며, 맹금류가 휘파람새를 먹는다. 이로 인해 맹금류는 그들이 먹는 휘파람새, 곤충, 그리고 식물 안에 있는, 생존 가치를 지닌 모든 유전자의 계승에 의존하게 된다. 고등동물은 효소를 얻기보다는 그것을 잃기 쉽다. 왜냐하면 고등동물은 그들이 먹는 종에 남아 있는 잃어버린 효소에 의존하기 때문이다. 자연 선택은 그런 의존에 따라서 동물의 행동을 형성한다. 그리고 그런 의존은 여러 개의 영양 단계(먹이 사슬에서 에너지가 전달되는 과정―편집자 주)를 초래할 것이다.

생명체는 생명체를 먹이로 한다. 모든 진보한 생명체에게는 먹고 먹히는 먹이 피라미드가 필요하다. 만일 더 고등한 형태의 생명체들이 (자신의 배설물을 스스로 분해하면서) 생물이 아닌 물질로부터 생명에 필요한 모든 물질을 합성해야 했다면, 그들은 결코 그렇게까지 발전하지 못했을 것이다. 상위 단계의 생물은 더 발달한 합성 과정을 거저 얻는데, 그것은 그들이 하위 단계의 생물에 의해 수행된 합성(및 분해) 과정에 의존하기 때문이다. 종속영양생물은 독립영양생물 위에 세워져야 한다. 그리고 지각을 갖췄거나 지적인 독립영양생물은 없다. 체계라는 관점에서 보면, 우리는 한 생명의 흐름으로부터 다른 흐름으로 자원이 전이되는 현상, 즉 한 생태계를 특징짓는 생명의 실타래가 서로 맞물려 있음(anastomosing, 문합)을 본다. 식물은 곤충이 되고, 곤충은 병아리가 되고, 병아리는 여우가 되고, 여우는 식물을 비옥하게 하기 위해 죽는다.

 때때로 유전자는 주변을 뛰어넘는다. 한때 독립적이었던 두 생명체의 각 계통은 단일 정체성으로 혼합될 수 있다. 과학자들이 분자 유전학적 분석을 전통적인 고생물학과 결합한 결과, 생물의 계통도는 놀랍게도 복잡한 뿌리를 가지는 것으로 밝혀졌다. 왜냐하면 분열과 분기가 일어날 뿐 아니라, 분열·분기된 개체를 다시 연결하고 상호 연결하는 유기체들에 의해 유전자 교환이 일어나기 때문이다.[8] 유전 정보는 같은 종의 계통 안에서뿐 아니라 그것을 가로질러서 널리 분배되었고, 재분배되었으며, 증식했고, 분리되었으며, 또는 "공유되었다."

 지구상의 생명체를 활성화하는 가장 중요한 두 가지 과정은 세포내공생체(endosymbionts)를 이용한다. 미토콘드리아를 포함하는 한 부류는 동물에게 힘을 부여하고, 다른 하나는 엽록체를 지니며 식물에게 힘을 부여한다. 그리고 물론 식물의 힘은 동물의 힘의 기초다. 고대에는 자유로운 생명체로서 나름의 정체성을 가졌던 미토콘드리아는, 다른 유기체들 내

---

8) Nicholas Wade, "Tree of Life Turns Out to Have Surprisingly Complex Roots," *New York Times*, April 14, 1998, B11, B14.

에 편입되어 지금은 그들에게 힘을 부여한다. 엽록체도 비슷하다. 다세포 유기체는 그들의 차이점에 의해서 형성되었을 뿐 아니라 합류된 단세포 유기체에 의해서도 형성되었을 수 있다.

적합도는 유전자 혹은 심지어 유기체가 자체적으로 가진 어떤 것이 아니다. 다윈주의 이론의 핵심 단어인 적응(adaptation)은 **생태적** 단어일 뿐, **유전적** 단어가 아니다. 어떤 유전자가 생산한 물질을 우리가 안다고 해서 그 적합도를 알 수 있는 것은 아니며, 심지어 우리가 어떻게 이 생산물이 전체 유기체 안에서 위계질서에 맞게 통합되는지를 알 때조차도 그러하다. 우리는 해당 유기체가 서식하는 환경적 지위에서 어떻게 이 생산물이 작용하는지를 알 때에만 그 적합도를 안다. 비록 돌연변이가 "아래로부터" 일어날지라도, 미시 분자가 취하는 모양은 "위로부터" 통제된다. 이는 저장된 분자 정보가 거시적인 육지 범위의 세계를 통과하는 길을 내는 방법에 관해 발견된 것이기에 그렇다. 환경 안에서의 정체성이 참 정체성이다.

어느 단계가 앞서고 어느 단계가 종속하는지를 언급하는 것은 때때로 어렵다. 아마도 핵심 과정들이 여러 단계에 걸쳐 있다고 말하는 것이 더 적합할 것이다. 생물학적 정체성은 다층적이다. **생태계**는 **유전자**가 궁극적 진리인 만큼이나 궁극적 진리다. 생물학적 현상은 미시 유전자 단계로부터 시작해서 유기체 단계를 거쳐 생태계적·생물권적 단계에 이르기까지 다층적으로 상호 연관된 단계에서 일어난다. 더 큰 관계망들은 더 작은 관계망들 위에 놓이고, 더 작은 관계망들은 보다 더 작은 관계망들 위에 놓인다. 대륙 및 지구에 걸친 규모로부터 나노미터 범위의 규모에 이르기까지 하강이 일어난다. 유전자들은 더 큰 이 생명 공동체 안에서 모종의 역할을 감당할 때에만 정체성을 가진다. 그 공동체 안에서 유전자들은 어떤 역할을 암호화하여 기록한다.

수많은 피조물이 다툼과 경쟁 가운데 있다는 사실을 부인할 수는 없다. 그들이 상호 의존성 속에 서로 결속되어 있다는 점도 부인할 수 없다. 유전자들은 개체들, 가족, 개체군, 종뿐 아니라 생태계 안에서도 교차적으로 연결되어 있다. 자신의 외피 내부에 통합된 유전자들을 지닌 어느 특별한 자아는 유전자들을 주변에 공급했다. 그리고 외피 바깥에서 온 연결망은 일종의 홀론(holon), 즉 진정한 전체지만 자아의 환경과 자아의 지위가 완전히 반영되는 전체다. 사실 공동의 행위자들은 협력자들이라기보다 일련의 견제와 균형, 통제와 피드백의 고리 가운데 얽혀 있는 자들이다. 그러나 이 체계만이 모든 생명에 필수 상황이라는 것도 똑같이 사실이다. 이 체계 즉 사물을 더욱 포괄하는 도식 안에서 볼 때, 식물은 무수한 타자의 생존을 위해 기능한다. 우리는 심지어 더 자극적으로 "비움"에 관해 다음과 같이 말할 수 있을 것이다. 즉 식물은 자기가 속한 공동체의 타자에게 "비워지게" 되고, 타자에게 넘겨지게 되며, 타자를 위해 "헌신하게" 되고, 또는 타자를 위해 "희생하게" 된다.

## 5. 성(sexuality)과 재생산

성을 해석하는 것은 철학적으로 그 의미를 드러내는 것이다. 자연에서 대부분의 동식물은 생존을 위해 유성생식이 필요하며, 심지어 첫 세대의 자손조차 자신과 절반은 다를 것이다. 절반이나 다르다는 것은 적어도 감수분열시 일어나는 배수체-반수체-배수체(diploid-haploid-diploid, 배수체는 체세포, 반수체는 생식세포를 의미함. 감수분열을 통해 반으로 줄어든 염색체가 다시 수정을 통해 배수체가 되는 것을 의미한다—편집자 주) 유전자의 재결합을 고려할 때 그렇다는 뜻이다. 유성생식을 하는 유기체는 자기와 똑같은 개체를 낳을 수 없다. 자식은 **타자**임에 틀림없고, 이런 의미에서 유성생식은 필연적으로 "자아와 다른 타자"란 의미에서 "이타적"이다. 만일 우리가 게놈이며 모든 유성생식 시 반으로 분리되어야 한다면, 말 그대로 이기적이 되기 어렵다. 마이클 기셀린(Michael Ghiselin)은, "성(Sex)은 '믹시스'(mixis)—말 그대로 '섞음'(mingling)—와 동의어"라고 말한다.[9]

더욱이 생태계는 이계교배를 권한다. 만일 어떤 동물이 짝짓기를 할 때, 근친과의 짝짓기는 한 유기체가 지닌 일련의 특별한 유전자를 거의 보존한다. 성으로 교배해야 할 필연성으로 인해, 가까운 친족과 교배하는 것이 이롭다고 생각할 수 있다. 유기체가 자신의 유전자를 전달할 수 있는 방식은 친족들 가운데 자신의 유전자와 육체적으로 결합하는 것이었다. 이것은 지금도 때때로 일어난다. 그러나 생태계는 동계교배를 막는다. 한 유기체는 자기 종과 번식해야 한다. 유기체는 종종 부족, 아마도 그가 속한 더 큰 가족 안에서 번식하지만, 직계 가족과는 번식하지 말아야 한다. 이계교배를 선택하게 하는 압박이 있으므로, 동물은 동종과는 짝을 맺지만 친족과는 짝을 맺지 않는다.

근친교배 우울증으로도 알려진, 근친교배가 치러야 하는 대가에는 활력 축소, 후손 감소, 그리고 질병과 유전적 기형에 취약하다는 점이 포함된다. 그 결과 근친교배는 다소 강한 반대에 부딪히며 자연 상의 동물 개체군에서는 사실상 부재한다. 이런 해로운 결과로 인해 식물 역시 자가수분을 억제한다. 생태계는 짝짓기 과정에서 혈연 간 선택을 막는다. 그리고 생태계는 유전자의 "이기적" 경향에 반대해서 이계교배를 강요한다.[10] 생태계는 유전자들을 주변에 퍼뜨리기를 요하며 유전자들을 섞는다.

---

9) Michael T. Ghiselin, *The Economy of Nature and the Evolution of Sex* (Berkeley: University of California Press, 1974), 52-53.
10) 충분히 떨어져 있으며 다소 먼 환경들 안에서 다소 다르게 진화한 개체군들 사이에는, 이계

이기적으로 자신을 복제하기 위해, 자신의 유전자는 생경한 배경에 참여해야 한다. "이기적"인 일련의 유전자는 그렇게 해서 다른 계통의 유전자와 서로 맞물린다. 이 맞물림은 50대 50의 비율로 이계교배를 일으키는데, 이는 자신의 내부에 있는 유전자를 보호하기 위해서다. 유전자의 눈으로 보면 이것은 특이한 체계다. 그 체계 안에서 전이의 가능성은 친족이 아닌 계통과의 강요된 짝짓기로 인해 50대 50이다. 만일 우리가 그 체계에 대해 여전히 그런 식으로 생각하기를 원한다면, 그 체계는 허락된 "이기심"을 제한하거나 다른-방향성과 혼합한다. 경쟁자는 협력자여야 하며, 이기주의자는 공유해야 한다. 유기체는 번식하기 위해 짝을 지어야 한다. 성은 유기체가 더 넓은 개체군 층에 기여해야 하고, 그 속으로 흘러가야만 하며, 그 속에 자신의 유전자를 방출해야 함을 의미한다.

유성생식의 전체 핵심은 개체 자신을 넘어서는 공동체 속으로 해당 개체를 결속시키는 것이다. 성은 어떤 "이기심"을 희석하거나 분리해낸다. 말하자면, 그 체계는 "자기" 제한적이다. 사실 우리가 직면하는 것은, 타자 속으로의 결합 및 타자와의 협력에 의한 생존이다. 유전자는 개체 안에 머물지 않고, 가족 주변에 퍼진다. 그뿐 아니라 유전자는 가족 안에도 머물 수 없다. 짝을 지을 때, 즉 이계교배 때에 유전자는 개체군 안에 있는 타자의 유전자들과 섞여야 한다. 그리고 개체군의 유전자는 (이동성과 기회가 허락할 때) 종을 통해서 공유될 수 있다.

생식은 전형적으로 개체들에게 필요한 것으로 간주되지만, 어떤 특별한 개체는 생식 활동을 하지 않고도 육체적으로 번성할 수 있다. 사실 강압을 겪고 위험에 노출되며, 또는 많은 에너지를 생식 활동에 쓰기 때문에, 우리는 생식 활동을 종이 반복해서 자신을 재현함으로써 자신의 종류

---

교배의 우울증 또한 있을 수 있다.

를 지키는 행위로 해석할 수 있다. 같은 종의 계통에서, 개체들은 그들에게 절대적으로 본질적 기능인 이 과제에 전념한다. 암컷 포유류의 간은 육체적으로 자신에게 이익이 된다. 암컷의 젖샘은 자신을 희생하는 대가로 다음 세대에게 혜택을 준다. 암컷의 생식 체계는 자신의 정체성을 위해서가 아니라 자기 종의 정체성을 보존하기 위해 유지된다. 원한다면, 이것은 자신의 유전자를 보존한다. 그러나 암컷이 가진 이런 유전자는 생식 행위를 통해 개체군과 종의 층으로 흘러들어 간다. 한 단계에서의 유전자 흐름은 다른 단계에서는 종의 흐름이다.

이런 의미에서 암컷 호랑이는 자신이 건강할 목적으로 새끼를 출산하지는 않는다. 인간 여성이 건강하기 위해 아이를 낳으려 하지는 않듯이 말이다. 오히려 암컷 호랑이의 새끼는 자신을 재창조하는 호랑이(*Panthera tigris*)다. 어미는 계속 이어지는 혈통에 특정 방식으로 참여하거나, 역할을 맡거나, 공유한다. 비록 종의 계통에 적용된 "자아" 또는 "이익"이라는 단어가 이상하게 여겨질지라도, 유전적 또는 종의 정체성의 관점에서 볼 때 어미의 행위는 "자기 번식적"이거나 심지어 "이기적"일 수 있다. 하지만 어미의 행동을 육체적 정체성의 관점에서 보면 그 행동은 전혀 "이기적"이지 않다.

리처드 알렉산더가 말하기를 "어떤 의미에서 육체적 노력은 인격적으로 또는 표현형적으로 이기적이다. 반면에 번식을 위한 노력은 자기희생적이거나 표현형적으로 이타적이지만, 유전적으로는 이기적이다."[11] 그러나 아마도 "유전적으로 이기적"이라는 말이 무엇을 의미하는지 이해하는 것은 어려울 것이다. 왜냐하면 "자아"는 타자와 친족을 "포괄하고", 짝을 맺으며, 종의 계통의 구체적 예시일 뿐 아니라 그 계통의 대표자이기 때

---

11) Alexander, *The Biology of Moral System*, 41.

문이다. 반면에 유전적 생존은 종종 육체적 희생을 요구한다.

번식의 형태와 행위는 둘 다 육체를 가진 개체보다 더 큰 개념인 생명 계통을 보호한다. 한 개체가 역동적으로 존재하는 혈통은, 그 혈통에 속한 개체만큼이나 역동적이다. 세대를 거듭하며 실제로 보호된 가치의 지위는, 개체들 안에 위치하는 수만큼이나 생명의 형태와 종의 형태에도 위치한다. 이는 개체들이 자기가 속한 종을 번식하기 위해 그들 자신을 유전적으로 희생하지 않을 수 없기 때문이다. 가치는 특정한 생명 형태에 역동성을 지닌다. 가치는 역동적인 형태로 자리하며, 개체는 이것을 물려받고, 그것을 예증하며, 그것을 보호하고, 그것을 다음 세대로 넘겨준다.

이제 다양한 층위에서―즉 포괄적합도, 성, 상호 의존적 생태계에서―점점 더 핵심이 되는 것은 다른 개체의 유익을 위해 자신을 희생하는 행동이라는 한 종류의 가치다. 개체의 삶은 이런 더 큰 생명의 조류 속으로 배출되고, 흘러들어 가며, "비워지게" 된다. 아마도 비움이라는 가치는 결국 자연 안에 위치할 것이다.

## 6. 생명, 죽음, 그리고 재생

생물과 관련한 층위의 질문들은 정체성 질문과 어울리며, 정체성 질문은 지속과 소멸에 관한 질문과 어울린다. 전체 유기체는 단명한다. 유전자는 어떤 개체에 관심을 두기보다는 (소위 말하는) 그 개체의 종에 더 관심을 둔다. 현존하는 단생(單生)의 유기체는 죽기 위해 태어난다. 그 유기체가 과거로부터 미래로 전달할 수 있는 모든 것은 그 유기체의 종류다. 비록 선택이 개체에 작용할지라도, 대응하는 것은 항상 개체이기 때문에, 선택은 복제에 성공하여 대응하는 종을 위해서 존재한다. 복제는 재생산이며,

자기 종을 다시 생산하는 것이고, 유전자에 입력된 정보를 더 널리 배분하는 행위다. 생존은 **타자**(이타주의, 비록 비슷한 타자일지라도)를 만듦으로써 이뤄지며, 그 타자는 똑같이 가치 있는 정보를 공유한다. 생존은 자아 안에 있는 유전적 가치에 해당하는 것이 무엇이든 그것을 타자, 즉 후손에게로 전달하는 일에 더 뛰어난 전달자를 통해 이뤄진다. 적자생존은 전달자의 생존으로 판가름난다.

개별 유기체는 반드시 죽지만, 종은 그럴 필요가 없다. 물론 대부분은 죽는다. 존재했던 모든 종의 98퍼센트는 멸종했다. 따라서 대부분의 종은 멸종할 개연성이 높지만, 종의 멸종에 관한 한 어떤 자연 법칙이나 불가피성도 존재하지 않는다. 그러나 우리는 이 문제와 관련된 곤혹스러운 측면과 마주한다. 혁신적 유전자를 가진 유기체는 번식 활동을 하면서 죽음을 맞더라도 그 유전자 덕에 자기 종의 죽음을 면하게 한다. 오직 대체에 의해서만 종은 변하는 환경의 뒤를 쫓을 수 있다. 오직 대체에 의해서만 후손들은 무언가 새로운 것으로 진화할 수 있다. 속(genus)과 종은 때때로 죽는다. 다시 말해 그들은 자손 없이 멸종한다. 그러나 그들은 종종 무언가 다른 것, 즉 새로운 속과 종으로 변모한다. 그리고 평균적으로 멸종보다는 더 많은 종의 출현이 있었으며, 진화의 역사를 거쳐서 다양성과 복잡성이 모두 증가했다.

생명은 다른 무엇보다도 생물학적 정체성에 대한 끊임없는 대화를 요구한다. 그 정체성은 매분, 매시간, 그리고 모든 세대에서 위협받았다. 생명은 "혼돈과 공허"에서 나왔으며, 각각의 생명은 그 혼돈 속으로 되돌아가지 않기 위해 지속적으로 투쟁해야 한다. 생명은 소멸하는 가운데 영속적으로 구속(救贖)됨에 틀림없다.[12] 시편 기자의 은유를 살펴보면, 생명은

---

12) 이 관념, 심지어 이 구절은 Whitehead에서 Locke를 거쳐, 결국에는 Heraclitus에게로 거슬러 올라간다. Heraclitus에 따르면, 이 관념은 반드시 살아 있는 유기체에 한정되지는 않는

푸른 풀밭에서 그리고 사망의 음침한 골짜기에서 살며, 원수의 목전에 차려진 식탁에서 먹음으로써 자란다. 유기체는 늘 실패 바로 근처에 서 있다. 그 실패(죽음)는 조만간 생명을 가진 모든 개체를 엄습할 것이다. 이들은 한 생명에서 다른 생명으로의 재생을 통해서만 최후를 맞지 않게 될 것이다. 모든 종은 자신을 대대로 복제해야 한다. 종은 절대적으로 재생해야만 한다. 그렇지 않으면 소멸하게 된다.

생명의 보존은 생명의 번식을 통해서 가능하다.

## 7. 십자가형을 받는 자연(Cruciform Nature)

히브리어 성서의 시작을 보면 "바람"("성령")이 물과 땅에 "생기를 불어넣는다." 하나님은 땅이 많은 피조물을 "내거나" "낳을" 것을 명하신다. 그리고 각 피조물이 자신의 종을 번식시키고, 번성하여 땅에 충만할 것을 명하신다(창 1장). 그리스 사상에서 "자연"은, 그리스어 어근이 의미하듯 "출산"의 의미를 지닌다. 은유를 사용해 말한다면, 지구는 다윈을 따르면 잉태하는 능력이 있는 자궁과 유사하고, 뉴턴(Newton)을 따르면 시계 장치와 유사하며, 또는 아인슈타인(Einstein)을 따르면 시공의 모체로부터 끓어오르는 에너지 및 물질과 유사하다. "출산"은 "노동"을 요구한다. 그리고 이 번식을 계속 가능케 하는 출산 은유는 분투라는 요소로부터 분리할 수 없는 듯하다. 생물과 관련해 자연은 언제나 출산하고, 재생하며, 산고를 겪고 있다. 항상 어떤 것은 죽어가고, 어떤 것은 살아간다. "피조물이 다 이제까지 함께 탄식하며 함께 고통을 겪고 있는 것을 우리가 아느니

---

다. Alfred North Whitehead, *Process and Reality*, corrected edition (New York: Free Press, [1927-1928], 1978), 29, 60, 146-47과 다른 곳을 보라.

라"(롬 8:22). 아마도 우리는 창조와 관련된 자연에서 구속적·대속적 고난의 차원을 인식하기 시작할 것이다. 그리고 그런 인식으로부터 계속 진행되는 성공은 희생에 의해 성취된다.

그것은 다윈의 "생존 투쟁"이라는 표현이 옳음을 알려준다. 비록 이제는 생물학자들이 유기체가 "적합한 적응" 방식을 찾는다고 말하는 것을 선호하지만, 여전히 그들은 이 생존이라는 차원을 철저히 인식하고 있다. 생존을 위한 생물학적 동력이 모든 생물의 구조적 층위에 본능적으로 내재한다. 개별 유기체는 일생에 거쳐 자신의 신체 구조를 유지하고 재생해야 한다. 그러나 죽음이 찾아온다. 그리고 삶은 한 세대로부터 다음 세대로 생명을 전달하기 위해 요구되는 노력 안에서만 지속된다. 물리학과 천문학에서 자연을 다룰 때, 우리는 무로부터의 창조라는 인과 관계의 수수께끼를 만난다. 거기에 생물학은 "노력으로부터의"(ex nisus) 창조와 "노동을 통한"(per laborem) 창조를 추가한다. 원인에 돌봄이 추가된다. 움직임에 관심이 추가된다. 에너지에 노력이 추가된다. 어떤 것은 위태해서 보호를 요구한다. 성공과 실패가 있다. 죽음이 있지만, 노동과 재생을 통해 생명은 지속한다. 땅에 떨어진 씨앗처럼 많은 열매를 맺는 죽음이 있다. 그리고 여기서 (이 글의 도입부에서 사용된 구절을 통해) 요한은 예수의 수난에 대해 식물과 관련된 유비를 사용할 수 있었다.

비록 고난에 대처하는 능력이 후기에 등장한 고등동물 형태에서만 진화하더라도, 식물과 하등 형태의 동물도 이 분투에 참여한다. 이제는 인내도 있어야 한다. 더 지각 있는 피조물 안에는 열정적인 인내가 있어야 한다. 우리는 수난을 통한 창조라는 실존적 수수께끼에 직면한다. 삶은 염려의 연속이다. 이 땅에서의 삶은 쾌락을 통해 편안함을 누리는 지상천국이 아니라 수고와 땀으로 얻는 생의 현장이다. 우리는 어떤 일관된 대안이 되는 모델을 실제로 소유할 수 없다. 그런 모델이 그리는, 상처도 고통도 없는 세상에서는 동식물 세계의 특성에 속할 법한 이 드라마 같은 일이 나타날 수도 없으며, 우리가 매우 소중히 여기는 중요한 의미를 지닌 사건들이 발생했을 수도 없다. 죽음 없이는, 즉 다른 생명 속에 심긴 하나의 생명이 없이는, 일어날 수 없는 그런 종류의 창조가 있다. 그런 창조는 가장 고등한 형태의 피조물을 포함한다. 죽음은 생명 발달에 대해 필수적인 상대방으로서 생물학적 과정 속으로 의미 있게 통합될 수 있다.

오랫동안 계속되는 종의 전복을 거슬러 전달되는 창조, 즉 일종의 삶의 역류가 일어나는 창조가 있다. 이 역류는 자연의 역사, 즉 더욱 다양하고 복잡한 생명체를 일으키는 투쟁을 포함하는 역사를 가로지른다. 이 모든 진화의 오르막길은 하나의 소명으로서, 진화 안에서 새로워진 생명은 옛 생명을 몰아냄으로써 출현한다. 생명은 고통과 복된 비극 한가운데 모이며, 쉴 새 없이 엄습하는 폭풍 속에서 은혜 가운데 산다. 자연에서 처음에는 단순한 무언가가 형성되며, 그 후에 정보가 발생한다. 오직 그 후에야 자연은 십자가형 같은 고통을 받게 된다. 하지만 땅 위에서의 이야기는 그런 식으로 발전한다.

사물은 죽음을 통해 소멸하며, 희생된 개체는 또한 생명의 강으로 흘러 들어간다. 애쓰고 투쟁하는 각각의 피조물은 한 계통을 보존하기 위해 전달된다. 살과 피로 된 각각의 피조물 안에는 타자들이 살아가도록 소멸하는 피의 희생이 있다. 우리는 "무죄한 자를 죽인 살육자"와 같다. 그리스도의 탄생 시에 무죄한 자들을 죽인 살인자의 선구자이며 도덕과 관계없이 자연주의에 입각해서 살아간다. 세상의 시초부터 모든 사람은 무죄한 어린 양의 도살을 암시하는 면모를 갖고 있다. 아름답고, 비극적이며, 영원히 불완전한 삶 속에서, 그들은 하나님에 대해 말한다. 그들은 신의 정념(情念, pathos)에 참여할 때 예언한다. 모두가 "우리의 슬픔을 가지고 태어났고 우리의 비통함을 수반했다." 그들은 신의 노동을 공유한다.

예수가 그의 제자들에게 삶으로 보여주며 제공하는 풍성한 삶은, 더욱 고상한 무언가에 다다르기 위해 겪는 희생적 고난의 삶이다. 하나님의 영은 살아 있게 만드는, 즉 생명을 그가 속한 악에서 구하는 특별한 능력이다. 결국 십자가형을 경험하는 창조 세계는, 투쟁이라는 요소에도 "불구하고"가 아니라 바로 투쟁 "때문에" 신성하며, 신의 모습(deiform)을 취한다. 참담한 자연의 모든 "부정" 뒤에 그리고 그 가운데 숨겨진 하나님의 위대한 "긍정"이 있다. 하나님은 생물학적 피라미드의 상승기류 안에서 합리성과 지각력으로 매혹하시는 자이다. 또한 희생의 값을 치르셔서 모든 생명을 구하시는 가운데, 모든 생명과 함께 그리고 모든 생명 아래에서 긍휼을 베푸시는 매혹자다. 인간이 존재하기 오래전에, 자연의 길은 이미 십자가의 길(*via dolorosa*)이었다. 그런 의미에서 십자가의 전조는 전 지구의 이야기를 거슬러 올라 이미 드리워져 있으며, 미래의 윤곽을 영원히 보여준다.

성서적 모델에서는, 하나님에게 선택받았다는 것이 고난으로부터 보호받음을 의미하는 것은 아니다. 하나님의 선택은 고난으로의 부르심이며, 우리는 그 고난을 통과할 때 구원받는다. 이스라엘이라는 이름 즉 "절뚝거리는 사람들"이라는 어원에 나타나듯이, 선택은 하나님과 더불어 그리고 하나님을 위해 **투쟁**하기 위해서 이루어진다. 하나님의 아들이 십자가를 지시고 그 위에서 부서지셨다. 그는 "슬픔의 사람이었으며 비통함을 잘 아는 사람"이었다. 구속을 위한 고난은 자연과 역사를 이해하는 모델이다. 따라서 고난은 세계를 부조리하게 만드는 것과는 거리가 멀다. 고난은 본질이 아니며, 목적 그 자체도 아니고, 일종의 변혁적 힘을 가진 원리로서 고난의 반대편으로 가치를 바꾸는 힘이며 전체에 도달하는 열쇠다. 고난을 통해 기쁨에 도달하는 능력은 기독교 최고의 창발이며 정수다.

이를 나타내는 불가해한 상징은 십자가다. 이 십자가는 기독교인이 하나님에 대해 그리고 그리스도의 속죄 가운데 나타난 역사를 초월한 기적에 대해 받아들이는 상징이다. 그러나 이 십자가는 그들이 아는 것 이상으로 모든 자연적·문화적 역사를 상징하는 비유다. 십자가는 여기서 자연의 유일한 표징이 아니라 하나의 중추가 되는 표징이다. 하지만 십자가를 빼면 생명은 아무것도 아니라고 말하는 것 역시 실수일지도 모른다. 왜냐하면 생명은 선물이고 아울러 기쁜 소식이기 때문이다. 그렇지만 여전히 모든 생명의 기쁨은 값을 치르고 얻어졌다.

"나는 모든 사람 안에 계신 그리스도를 믿는다. 그분은 자신의 생명을 넘어서는 한 생명에 기여하기 위해 죽었다"라고 로렌 아이슬리(Loren Eiseley)는 고백한다.[13] 그러나 자신의 생명을 넘어서는 한 생명에 기여하기 위해 죽는다는 그 주제는, 고의적이든 아니든, 모든 플롯에 존재한다. 비록 그런 방식의 죽음과 기여에 관해 신중하고 책임을 지는 능력이 인간과 더불어 등장할지라도, 그 주제 자체가 인간과 더불어 등장하는 것은 아니다. 모든 피조물은 영원히 그들 자신을 넘어서는 생명에 기여하도록 희생되고 있다.

모든 유기체는 분투에 뛰어든다. 선함은 오직 그 유기체가 싸울 때에만 주어진다. 모든 생명은 분투 가운데 단련 받고, 세례명을 받으며, 곤란을 당하고, 세례를 받는다. 모든 곳에 대속의 고난이 있다. 지구라는 땅은 약속의 땅이지만, 피조물이 그것을 위해 죽어야만 하는 땅이다. 그 이야기는 그리스도에게 이르기 오래전부터 이미 수난극이었다. 태초 이래로, 수많은 피조물은 많은 피조물을 위한 보상(ransom)으로서 그들의 삶을 포기했다. 그런 의미에서, 예수는 자연 질서의 예외가 아닌, 그 정점을 보여주는 예로 간주해야 한다.

만일 그렇다면, 비움은 이기적 유전자와 극명히 대조되는 것이 아니

---

13) Loren Eiseley, "Our Path Leads Upward," *Reader's Digest*, March 1962, 43-46. 46쪽에서 인용함.

라, 그 플롯(자연 질서를 의미함—편집자 주)에 통합될 수 있다. 이것은 단지 그리스도를 통해 예증되는, 비움의 층위를 가리키는 하나의 전조일 뿐이다. 그러나 우리가 이 분석을 시작했던 처음에 나타났던 모습과는 반대로, 신학자들은 생물학자들이 자신들에게 준 자연사의 표징을 굳이 바꿀 필요가 없다.

## 8. 비움 선택하기: 반대와 기회

어떤 의미에서는 자연 안에 이기심이 있을 수 없는 것처럼 자기 비움도 있을 수 없다. 이는 둘 다 똑같이 범주 오류이며, 인간이 할 수 있는 것들을 둘 중 어느 것도 할 수 없는 자연에 투사한 것에 불과하다. 동식물계를 포함하는 자연은 단지 그냥 **존재할** 뿐이다. 그게 전부다. 그렇게 도덕과 아무 관계도 없는 자연에는 어떤 선이나 악도 존재하지 않는다. 그러나 다른 의미에서, 유기체인 자아는 자연 안에서 제한될 수 있을 뿐 아니라, 규칙적으로 제한된다. 유기체인 자아는 그런 자아를 초월하는 과정에 의해 억제되고, 그 과정 속으로 부어지게("비워지게") 된다. 그리고 지상 생물의 다양성을 일으키는 기원 속으로 자신을 밀어낸다. 우리 인간이 그 그림 속으로 들어갈 때, 도덕과 관계없지만 가치 있는 기원은 결과물과 그 과정 모두에 의해 평가받아야 한다.

자연사에서 비움의 전조들을 다루는 이 연구에 대한 하나의 반론은, 이들 동물과 식물의 행위에 자발적인 요소가 거의 또는 아예 없다는 것이다. 이것이야말로 도덕적인 어떤 것도 거기에 없는 이유이기도 하다.[14] 우

---

14) Helmut Kummer는 신중한 조사를 통해 다음과 같이 결론 내린다. "현재로는 우리의 동물 친족들이 도덕성과 기능적으로 등가가 될 만한 뭔가를 갖고 있지는 못한 듯하다"(Analogs

리는, 한 관점에서 보면 자아를 성취하는 행동들이 어떻게 다른 관점에서 보면 타자와 관련된 자아가 제한되는 행동인지를 고려할 수 있다. 그러나 어떤 행동도 그것이 자유로이 선택되지 않았다면 비움의 행동이라 할 수 없다. 나무는 자발적으로 아무것도 하지 않으므로, 그 행동에는 전혀 비움이 없다. 피조물은 그들이 위치한 이런 진화론적 생식의 질서를 그저 받아들일 수밖에 없다. 그들은 다르게 행동할 수 없다. 따라서 그들을 칭찬할 어떤 이유도 없다. 이것이야말로 예수의 삶과 성자들의 삶 가운데 발견되는 측면, 즉 타자를 위한 자발적 자기 제한과의 근본적인 차이다.

참으로 그렇다! 하지만 자유에 관해 더 많이 생각하는 사람은 곧 자유가 결정론, 즉 운명과 엮여 있는 복잡한 상황임을 발견하게 된다. 가장 자

---

of Morality Among Nonhuman Primates," in Gunther Stent, ed., *Morality as a Biological Phenomenon* [Berkeley: University of California Press, 1980], 45). 이 견해와 경쟁하는 최근의 몇몇 연구에 따르면, 어떤 동물들 특히 유인원의 경우 유의미한 선택을 했던 사례가 발견되었다. 이것들 중 몇몇은 원시-도덕(premoral) 또는 심지어 도덕이라 불릴 수 있다.

Frans de Waal은 도덕성의 전조들을 발견했음에도 다름과 같이 결론 내린다. "비록 우리 인간을 제외한 동물들이 도덕적 행동과 동등한 방식으로 행동한다 할지라도, 그들의 행위가 인간과 관련된 종류의 숙고에 반드시 의존하는 것은 아니다. 동물들이 다른 동물들의 권리에 대해 자신들의 이익을 따져본다는 점이나, 더욱 큰 공공선의 전망을 발전시킨다는 점, 혹은 그들이 하지 말아야 했던 어떤 것에 관해 평생 동안 죄의식을 느낀다고 보기는 어렵다. 어떤 종의 구성원들은 그들 가운데 내재하는 어떤 종류의 행동에 관해 참거나 혹은 금지해야 한다는 암묵적 동의에 다다를 수도 있다. 그러나 그러한 결정 뒤에 놓여 있는 원칙이 언어로 표현될 수 없다면, 논쟁은 고사하고 개념화할 수조차 없다"(*Good Natured: The Origins of Right and Wrong in Humans and Other Animals* [Cambridge, Mass.: Harvard University Press, 1996], 209).

Jane Goodall은 수년간의 경험을 통해 다음과 같이 적고 있다. "나는, 가장 진실되고 깊은 의미에서 인간이 가진 사랑의 특징을 나타내는 다정함, 보호, 관용, 영적인 명랑함과 어떤 방식에서든 비교할 수 있는, 타자를 위한 감정을 발전시키는 침팬지를 생각할 수 없다. 침팬지는 대개 서로의 감정을 고려하는 데 부족한 양상을 띠는데, 이것은 여러 가지 면에서 그들과 우리 사이의 가장 큰 차이점을 보여준다"(*In the Shadow of Man* [Boston: Houghton Mifflin, 1971], 194): 『인간의 그늘에서』(사이언스북스 역간).

유로울 것처럼 보이는 그런 행위자들조차 그들이 받아들여야만 하는 역할에 대한 불가피한 부르심을 똑같이 지각할 수 있다. "내 뜻이 아닌, 당신의 뜻이 이루어지길 원합니다." "제가 여기 있습니다. 명령하신 그대로 행하겠습니다." 인간은 하나의 세계를 물려받는다. 그리고 그 세계 안에 있는 역할들과 기회들을 물려받는다. 이 역할들과 기회들은 그 세계 안에서 인간이 가동시켜야만 하는 것들이다. 자유는 환경으로부터 결코 자유롭지 않다. 다른 환경을 선택할 많은 자유가 있는 것도 아니다. 자유는 환경 안에 있다. 다른 피조물처럼 인간도 시간과 공간, 즉 그들이 일해야만 하는 무대 안에서 그들의 개체들과 더불어 자기 자신을 발견한다. 선택, 개방성, 불확정성, 또는 우연성과 불가피성, 결정론, 통제 또는 소여성을 어떤 방식으로 엮더라도 그것을 파악하기는 어려우며 어떤 단순한 해결책도 허용되지 않는다.

피조물 가운데 동식물의 영역에도 자율성은 있다. 식물은 자기 세계 안에 존재하고, 자기들의 생명 형태를 보호하며, 세대를 거듭해 번식한다. 외부의 통제도 원인이 되지만, 식물이 이렇게 자기를 보호하는 행동은 그들의 유전자 안에 내재되어 있다(이는 이렇게 자기를 보호하는 방식이 우리 유전자 안에 내재되어 있는 것과 마찬가지다). 동물은 그들이 자연적으로 원하는 행동을 한다. 그들은 본능적으로 번식을 갈망하도록 만들어졌으며, 자신들의 힘이 미치는 한 널리 그들의 생명 형태를 퍼뜨린다. 번식 활동을 하는 모든 유기체는 또한 자발적으로 변이, 즉 더 잘 적응된 생명의 양태를 찾기 위한 필수 조건인 새로움을 발생시킨다.

어떤 유기체도 자발적으로 자신의 생명 형태를 선택하지는 않는다. 어떤 유기체도 타자를 위한 자기 제한을 선택 사항 중 하나로서 고려할 능력은 없다. 그런 단계의 선택은 오로지 인간에게만 나타난다. 비록 호모 사피엔스 종의 구성원임에도, 호모 사피엔스가 되기로 선택한 인간은 없지만, 선택에 좌우되는 그들의 생활양식은 동식물에는 그 전례가 없다. 아울러 그들 역시 속해 있는 존재의 질서, 즉 "생명과 죽음-태어남과 다시 태어남"의 질서를 선택한 인간은 없다. 인간은 다만 그것을 받아들일 수밖에 없다. 또한 삶의 영속적 소멸 가운데 지속해야 할지를 선택할 수 있는 인간도 없다. 지구라는 이 세계는 다른 모든 종들에게 주어진 것과 마찬가지로 싫든 좋든 인간에게도 주어진 것이다.

그러나 인간은 지구를 재건설하고 거기서의 삶의 형태를 선택할 수 있는 새로운 능력을 참으로 지니고 있다. 인간은 그런 도전과 마주치기로 선택할 수 있으며, 또한 그 도전에 성공할 수도 있다. 물론 그들은 실패할 수도 있다. 신학적 관심사의 측면에서 볼 때, 인간은 그들의 문화 속에서 의도적으로 도덕적 선을 선택할 수 있고, 도덕적 악의 나락으로 떨어질 수도 있다. 이 행동은 자연에 속한 자발적인 악을 확대하며, 이야기를 악화시킨다. 인간은 기회, 즉 동물의 삶에서는 얻을 수 없는 탁월한 능력을 갖추고 있다. 하지만 인간의 삶에서조차 영원히 그런 능력을 얻을 수는 없으며, 그것은 다만 깨어진 파편들일 뿐이다. 자연에서 다시 혼합된 영혼에 관한 기원이 있으므로, 인간은 영혼을 통해 그들이 가진 동물적 본성에서 탈피할 수 있고 또한 그래야만 한다. 그런 경험은 창조적이며, 갈등과 함께 온다. 자연에서 탈피하여 영의 중간 지대를 거치는 고된 길과 함께 오는 것이다. 이것은 자연적 가능성을 초월하며, 첫 번째 탄생 위에 중첩되는 두 번째 탄생을 요구한다. 이것은 단순히 인간의 가능성을 초월하며, 실로 신의 영감과 구속이 필요하다. 이런 의미에서 신학적 경험은 생물학이 이전에 달성한 성과와 능력을 초월하는 경험이어야 한다. 이때 인간이 자기 제한이라는 비움의 행위를 할 가능성은 인류 발생 이전의 자연에서는 전례 없는 단계에 도달하게 된다.

자기실현은 동물뿐 아니라 인간에게도 좋은 일이다. 유기체는 그들이 가진 자기실현의 능력을 잘 사용한다. 필수적이고 생산적인 이 능력은, 피조물의 군집과 더불어 결과적으로 지구의 기원이 된다. 동식물은 도덕적 양상과는 관계없으며, 소유하려는 그들의 충동은 생태계의 한계로 인해 제약을 받는다. 그리고 이것은 특정한 각각의 생명체를 위한 만족스러운 자리, 즉 지위를 제공한다. 각각의 종은 자기에게 주어진 적절한 구역에 있도록 제한되며, 거기에 있을 때만 각각의 종은 적절한 적합도를 보인다. 피조물은 이런 창조 과정들에 종속된다. 그 안에서 개체는 종의 계통을 위해 희생되고, 생태계 안에 고정되며, 진화의 역사 내에서 역동적으로 활동한다.

인간이란 종은 살과 피라는 체계 안에 고정되어 있어서, 지구상에서 그 체계를 안고 살아가야 한다. 그러나 인간이란 종은 독특해서 어떤 동물과도 견줄 수 없는 지배 능력을 지니고 있으며, 전체를 소유하려는 손과 정신이 가진 두려운 힘에 유혹받는다. 인간이란 종은 어떤 자연적 지위도 없으며, 자연 선택에 따른 어떤 제한도 없다. 그들은 자연이라는 지위 위에 문화라는 지위를 일으킴으로써 점차 안정화된다. 소유하려는 우리의 힘은 탐욕의 유혹을 받는다. 의무나 비극만이 이 능력을 견제할 수 있으며, 의무만으로는 불가능하고 전체를 아우르는 비전으로 힘을 부여받은 의무를 통해서만 가능하다. 우리는 생물학에서 윤리학으로, 더 나아가 윤리학에서 영성으로 나아간다. 이제야 우리는 고전적 기독교의 의미에서 본 비움의 가능성에 도달하는데, 거기서 이기적인 개체는 타자를 위해 자기를 제한한다.

이기적인 인간이 다른 종을 위해 인간의 복지에 제한을 둘 때, 실제로 우리는 이제 비움의 가능성을 여전히 더 풍성한 의미에서 상상할 수 있다. 수많은 다른 피조물과 공유된 자아를 실현하려는 인간의 어떤 능력을 초월하여, 그들은 타자를 보고 세계를 두루 살피는 능력을 갖췄다는 점에서 다른 피조물과는 구별된다. 환경 윤리는 인간 이외의 영역 즉 생물권, 생태 공동체, 동식물 전체, 그리고 지구를 볼 것을 요청한다. 환경 윤리는 인간 이외의 타자들을 고려한다는 점에서 인본주의 윤리를 넘어서며, 보통의 기독교 윤리를 넘어서서 발전한다. 우리는 기독교의 비움이, 실존하는 "타자들"(인간 이외의 존재) 즉 나무, 종, 생태계를 중요시하는 데 충분한 도덕적 비전을 세우도록 요청받는다고 과감히 말함으로써 이를 설명할 수 있다.

동물과 식물이 단지 그들의 자손과 종 그리고 자신의 생명을 보호할 수 있는 반면에, 인간은 더 큰 범위의 비전을 갖고 생명을 보호한다는 점에서 인간과 인간 이외의 것들 사이에는 흥미로운 차이점이 있다. 인간은 아직 태어나지도 않은 인간의 선을 위해, 혹은 지구 반대쪽에 있는 사람들이나 인간 공동체 전체를 위해서도 자신을 희생할 수 있다. 또한 인간은 생물 공동체를 돌볼 수 있으며, 그들과 함께 이 지구를 공유하고, 그들의 생물권을 돌볼 수도 있다. 여기서 우리는 세계 안에 있는 인간의 가능성을 이해하기 위해 하나의 중요한 차이점을 인식한다. 인간은 진정한 이타주의자일 수 있다. 이것은 그들이 다른 인간의 주장을 인식할 때, 그런 주장이 자신의 자기 이익과 양립할 수 있는지와 관계없이 시작된다. 이타주의와 비움이라는 가능성의 진화는 오직 인간이 인간 이외의 존재가 제기하는 주장을 인식할 수 있을 때만 완성된다. 그런 의미에서 환경 윤리는 가장 이타적인 형태의 윤리다. 그것은 정말로 타자를 사랑한다. 이 궁극적 이타주의는 인간의 특질이거나 인간의 특질이 되어야 한다.

세속 세계는 자연을 경영하려 하고, 모든 자연을 인간을 위한 자원으로 축소하려고 애쓴다. 세속 세계는 기술과 산업을 계획하여 다음 세기나 천 년 내에 그것을 성취하려 애쓴다. 그러나 그런 열망 가운데 인간만이 그들이 물려받은 욕망을 자기실현을 위해 고조시키고 있으며, 이전에는 전혀 상상할 수 없었던 범위로의 자기 확장을 꾀하려는 유혹에 노출되어 있다. 인간은 그들이 그토록 오랫동안 거주했던 힘, 즉 오랫동안 지속된 생태적·진화적 힘에 더 이상 제약받지 않는다. 오늘날 기독교에 주어진 기회는, 우리와 함께 지구 위에 거주하는 오백만의 다른 종들을 위해 인간의 그와 같은 확장을 제한하는 것이다. 그런 비움은 다음 천 년을 위한 기독교적 소명이다.

# 4장

## 인격의 본성과 비움 행위의 창발

_말콤 지브스

> 자신의 존재가 끊임없는 위기에 처해 있을 때, 사람이 무엇을 선택하든 그것은 자유에 속하는 반응이다. 그 반응에 따라 사랑은 승리나 비극을 맛보게 된다. 『사랑의 노력, 사랑의 비용』, 92쪽

I. 서론

위르겐 몰트만(Jürgen Moltmann)은 비움, 즉 자기 내어줌의 한 가지 핵심 측면은 "하나님의 삼위일체적 본성이며 따라서 그것은 하나님의 모든 사역의 표시"[1]라고 말한다. 오늘날 진화 생물학자들, 심리학자들, 그리고 신경과학자들은 자기를 내어주고 희생하는 행위의 측면들을 다양하게 토론하고 논쟁한다. 예를 들어 진화 생물학자인 프란스 드 발(Frans de Waal)[2]은 "대가를 치르거나 자신을 희생해서라도 타자를 돕는 행동은 동물 세계에 널리 퍼져 있다"라고 말한다. 그러나 "자기를 내어주는" 행동에서 "자아"는 여전히 그대로 있는가? 예를 들면 프랜시스 크릭(Francis Crick) 같은 일부 신경과학자들은 전통적으로 자아의 자리로 간주된 영혼의 존재를 의문시한다. 이 장에서 우리는 자기를 내어주는 행동이 사실은 "하나님의 사역 구조 안에" 있음을 입증하는 최근의 몇몇 증거에 초점을 맞출 것이다. 아울러 우리는 그런 행위에 대해 쉽고 피상적인 설명을 제공하려는 최근의 유혹에 대해 환기하려 한다. 비움에 관해 한 세기 전에 윌리엄 샌데이(William Sanday)[3]가 주장한 견해와는 달리, 우리는 심리학의 기여로 생각되는 분야 즉 한 인격이신 예수 그리스도 안에 있는 두 의식(즉 신의식과 인간 의식)에 관해서는 논의하지 않을 것이다. 하지만 현대 심리학

---

1) Jürgen Moltmann, 이 책 8장을 보라.
2) Frans De Waal, *Good Natured: The Origins of Right and Wrong in Humans and Other Animals* (Cambridge, Mass.: Harvard University Press, 1996).
3) W. Sanday, *Christologies Ancient and Modern* (Oxford: Clarendon Press, 1910).

은 비움의 행위에서 나타나는 자기를 내어주는 요소의 근원과 그 결과에 대한 우리의 논의를 분명하게 해줄 것이므로, 우리는 현대 심리학에서 어떤 단서를 수집해야 하는지에 대해서는 샌데이의 방법론과 유사한 방식을 택했다.

## 2. 논의의 배경

20세기로 넘어가는 전환점에서, 샌데이는 우리가 비움이라는 용어를 이해하는 데 심리학이 어떻게 기여할 수 있는가에 관해 질문을 던졌다. 그는 비움이 "그리스도의 신적 본성인 자기 비움"을 가리키는 표현이라는 점에 초점을 맞췄다(그의 책 71쪽). 이것은 결국 그가 심리학이 한 인격 안에 있는 두 "의식" 즉 신 의식과 인간 의식이라는 두 개념을 진술하는 데 도움이 된다고 간주했음을 의미한다. 그러나 새라 코클리(Sarah Coakley)[4]가 우리에게 환기하듯이 "비움은 기독교 전통 안에 있는 서로 다른 상황 안에 담긴 놀라울 정도로 많은 차이점을 일깨워준다." 코클리는 비움에 담긴 여섯 개의 서로 다른 의미를 구분한다. 이 책에 기고한 신학자들의 비움에 관한 견해에 유의하면서(그들의 견해는 샌데이의 그것과 많은 공통점을 보인다), 우리는 샌데이의 책 『고대와 현대의 기독론들』(*Christologies Ancient and Modern*)에서 어떻게 그가 비움에 대한 자신의 이해와 현대 심리학 사이의 관련성을 탐구했는지를 살펴보는 것이 유익할 것이다.

첫째, 샌데이가 문제의 두 본성(신 의식과 인간 의식)에 거의 배타적으로 초점을 맞추었음에 주목하자. 우리는 샌데이 시대에 널리 수용된 인간 본

---

4) Sarah Coakley, 이 책 11장을 보라.

성에 관한 어떤 이원론적 견해가, 오늘날 신경 과학(neuroscience)의 발전에 따라 심각하게 개정되고 있음을 다룰 것이다. 아울러 우리는, 진화 생물학과 영장류학(primatology)의 발전이 동물의 세계에서 나타나는 양상, 즉 자기를 내어주는 행동 및 명백히 자기를 희생하는 행위의 창발에 관해 암시하는 것처럼 보이는 방식들을 탐구하는 데에도 관심을 기울이려 한다. 그런 관심을 통해 우리는, 어떻게 행동의 신경 기질(neural substrates)에 관한 우리의 점증하는 지식이 비움의 도덕적 차원을 포함해서 비움과 유사한 행동의 표현에서 나타나는 가변성과 다양성에 관해 의문을 제기하는지 고려할 것이다. 이 모든 쟁점은 신학과 과학의 경계면에서 발생한다. 롤스턴이 환기하는 범주 오류에 빠지지 않으려면, 그가 경고하는 의미론적 오류에 철저히 주의하면서 이 쟁점들을 다뤄야 한다.[5]

『고대와 현대의 기독론들』에서 샌데이는 당시 막 출간된 윌리엄 제임스(William James)의 『종교적 경험의 다양성』(*Varieties of Religious Experience*)에 의존해 심리학을 사용했다. 그뿐 아니라 "심령연구학회"(Society for Psychical Research)의 활동을 통해 당대에 가장 영향력 있는 인물 중 하나인 프레데릭 마이어스(F. W. H. Myers)의 견해에 의존했다. 마이어스가 잠재의식의 역할과 잠재의식 과정의 역할을 이미 탐구하고 있었다는 사실은, 그가 죽은 뒤 출간된 두 권의 책을 통해 분명해진다. 거기서 마이어스는 의식의 본성에 관한 논의에 집중했다. 만일 샌데이가 또 이십 년을 기다릴 수 있었더라면, 의심의 여지없이 그는 지크문트 프로이트(Sigmund Freud)와 칼 융(Carl Jung)의 저술에 깊이 의존했을 것이다.

오늘날, 만일 샌데이가 "창조적 사랑은 자기를 내어주며 자기를 제한한다"라는 (이 책에 실린) 몰트만의 견해를 공유했더라면, 그는 고려할 가치가

---

5) Holmes Rolston, III, 이 책 3장을 보라.

있는 풍성한 자료들을 발견했을 것이다. 그 자료들은 아마도 신경 심리학, 진화 심리학, 인성 이론 및 물질주의적 신경 과학을 포함했을 것이다.

어떻게 샌데이가 진지하게 자신의 안내 지침을 따랐는지는 논쟁의 여지가 있다. 거기서 그는 잠재의식과 같이 심리학에서 연유한 "새로운 사상"을 기독론에 관한 견해들, 특별히 비움의 신학과 관련지을 때 적용해야 한다고 제안했다.

샌데이의 안내 지침(그의 책 141쪽)은 다음을 포함했다.

> 나는 잠재의식 및 잠재의식 활동을 환기하는 그(마이어스를 의미함)의 예를 우리가 수용할 수 있는지에 관한 질문이 심리학뿐 아니라 신학의 미래에 매우 중요하고 큰 가치가 있을 수밖에 없다고 믿는 편이다(나는 심지어 그렇게 되길 희망한다). 그러나 그것은 먼저 심리학에 근거한 과학의 객관적 방법을 통해 심리학이란 토대 위에서 발전되어야 하며, 그렇게 세워진 기초 위에서 신학자들이 무언가를 세울 수 있을 것이다(강조는 내 것임).

이때 등장하는 의식과 잠재의식이라는 관념을 그리스도의 신성의 양상을 이해하기 위한 하나의 방식으로 간주하면서, 샌데이는 새로운 형태의 이원론을 피하려고 애썼다. 그는 다음과 같이 말했다. "말이든 행동에서든 외적 표현의 방식에서 예수 안에 있는 신적인 것이 무엇이든, 그것은 인간 의식이라는 제한적·한정적 매개체를 경험했고, 또 경험하지 않을 수가 없었다. 말하자면 예수의 신 의식은 좁은 통로 같아서, 그것을 통해서만 신성이 표현될 수 있었다"(216쪽). 동시에 그는 분명히 다음과 같이 말했다. "내가 우리 주님의 의식을 서술할 때, 그리고 그것이 복음서를 통해 우리에게 드러난다고 말할 때, 나는 우리 주님의 의식이 참으로 인간의 의식이라는 점을 염두에 둔다. 그러나 그때 나는 의심의 여지없이 다음과 같은 질문을 받게 될 것이다. '만일 당신의 말이 옳다면, 예수가 인간 이상의 존재였다는 관점에서 볼 때, 무슨 근거로 우리가 의식의 층 아래를 무너뜨리는 존재의 뿌리가 예수 안에 있었다고 생각할 수 있는가?' 내 대답은, 예수 안에 신성과 인성이 결합해 있었다는 증거가 수세기에 걸쳐 모두에게 인정되었다는 점을 통해 우리가 안다는 것이다."

## 3. 샌데이 이후 과학에서의 비움과 발전

의식의 본질에 관해 과학과 철학의 영역에 속한 오늘날의 다양한 견해들과 함께했다면, 아마도 샌데이는 어떻게 각각의 견해가 그리스도의 신성과 비움이라는 행위의 본질을 이해하는 함의를 갖는지를 탐구하기 위한 좋은 기회를 얻을 수 있었을지도 모른다. 그러나 우리는 훨씬 제한적인 목적을 갖고 그 목적에만 더 섬세하게 초점을 맞추려 한다. 우리는 과학, 그중에서도 특별히 진화 심리학과 신경 과학에서 발전된 면모들을 살펴볼 것이다. 비움의 신학과 관련된 쟁점을 다루는 글을 쓰는 사람은 누구든지 진화 심리학 및 신경 과학과 관련된 중요한 문제들을 제기한다. 그런 문제들은 다음과 같다.

1. 어떻게 신경 과학 일반과 특별히 신경 심리학의 발전이 인간됨(personhood)에 관한 이해를 재검토하라고 요청했는가?
2. 인격에 관한 이원론적 견해의 현황은 어떠한가?
3. 자기를 내어주거나 자기를 제한하는 행동은 얼마나 자유로운가? 예컨대 신경 과학과 심리학의 최근 발전이 심리학적 결정론의 정도와 한계에 대한 근본적인 재평가를 요청하는가?

4. 진화 심리학과 사회 생물학의 발전에 비추어, 우리는 계속해서 자기를 내어주고 자기를 제한하는 행위를 인간에게만 특별히 존재하는 행위로 간주해야 하는가?

5. 행동 유전학과 성격 이론이 인간과 인간 이외의 피조물 안에 있는 자기를 내어주고 자기를 제한하는 행위의 가변성에 관해 어떤 질문을 제기했으며, 어떻게 행동 유전학과 성격 이론이 그런 행위의 생물학적 근거에 관한 우리의 이해를 일깨웠는가?

제시된 질문에 초점을 맞추면서 우리는 다음의 몇 가지 사항만을 고려할 것이다. 첫째로 인격의 본질에 관한 견해의 변화, 둘째로 인간 자유의 한계에 관한 최근 견해들, 셋째로 사랑에 속하는 궁극적인 본질의 한 측면, 즉 자기를 내어주고 자기를 제한하는 측면이 진화를 통해 창발한다는 점, 마지막으로 비움이라는 행위의 측면이 가진 다원발생적(polygenetic) 기초의 가능성.

## 4. 정신 생물학과 신학에서 본 인격의 본질

비움은 무엇보다도 먼저 그리스도의 인격(person)과 관련된다. 이 책의 다른 저자들, 예를 들어 몰트만과 워드는 비움을 신학적 관점에서 다룬다. 그러나 "진리는 진리와 모순될 수 없다"는 전제가 있기에, 현대 신경 생물학과 신경 심리학의 세계에서 인격에 관한 전통적인 기독교의 견해를 고집하는 것은 점점 더 어려워 보인다. 그런 견해를 따르다 보면 다음과 같은 명제들과 모순에 직면할 것이다.

명제 1: 인간은 비물질적 영혼을 가지고 있는 물질적 존재다. 우리는 우리의 영혼을 통해 하나님을 경험하고 그분과 관계를 맺는다.

명제 2: 인간은 신경 생물학적 존재다. 인간의 마음(또한 영혼, 종교 경험 등)은 신경 화학을 통해 철저히 설명할 수 있으며, 궁극적으로는 물리학을 통해 설명할 수 있다.

환원론적 물질주의자(reductionist materialist)의 명제인 두 번째 명제는 노벨상 수상자인 크릭의 진술,[6] 즉 "당신, 당신의 기쁨, 그리고 슬픔은 어마어마한 신경 세포들과 그들이 연합된 분자들의 조합에 지나지 않는다"라는 말에 잘 나타난다. 크릭은 계속해서 이렇게 말한다. "인간이 육체로부터 분리된 영혼을 가지고 있다는 생각은 어떤 생명력(Life Force)이 있었다는 낡은 생각만큼이나 불필요하다." 그리고 이것은, 그가 믿기로는 "오늘날 생존하는 수십억 인간의 종교적 신념과 정면으로 배치된다."「네이처 뉴로사이언스」(Nature Neuroscience)에 실린 글에서 편집자는 다음과 같이 썼다. "신경 과학의 급속한 진보는…깊고도 어쩌면 충격적인 의미가 있다." "누군가는" 신경 과학을 통해 발견된 것들이 "인간 본성을 물질주의로 설명하기 위한 새로운 정보를 제공한다고 해석할 수 있으며, 따라서 그것들을 전통적인 신앙 체계에 대한 공격으로 받아들일 수 있다."

인간이 두뇌와 마음 또는 몸과 영혼이라 불리는 두 개의 뚜렷한 부분으로 구성되었음을 믿는 신경 과학자들은 거의 없다. 신경 과학의 제(諸) 분야가 진보함에 따라, 두뇌와 마음 사이의 분리할 수 없는 결합에 대한 많은 확증이 뒤따르고 있다. 신경 과학자 안토니오 다마시오(Antonio Damasio)[7]는 『데카르트의 오류』(Descartes' Error)라는 책을 통해 "'두뇌'의

---

6) Francis Crick, *The Astonishing Hypothesis: The Scientific Search for the Soul* (London: Simon and Schuster, 1994):『놀라운 가설』(한뜻 역간).

7) A. R. Damasio, *Descartes' Error: Emotion, Reason and the Human Brain* (New York:

질병과 '마음'의 질병을 구분하는 행위는…사회 깊숙이 스며들어 있는 불행한 문화적 유산이다.…그런 행위는 두뇌와 '마음'의 관계에 대한 기본적인 무지를 반영한다"라고 주장한다.

그러나 영혼은 어떤가? 신앙을 가진 많은 이들이 영혼이라 불리는 존재를 포함하는 우리 인간의 본성을 가정하면서, 영혼은 우리의 몸과 상호 작용하지만, 우리가 죽음을 맞이할 때 우리를 떠난다고 지금도 말하고 있는 것이 사실이다. 이 몸/영혼 이원론은—플라톤(Plato), 아우구스티누스(St. Augustine), 그리고 데카르트(Descartes)의 유산으로서—과학적 근거로는 제거할 수 없다. 다른 노벨상 수상자인 존 에클스 경(Sir John Eccles)은 마음과 영혼이 실은 육체인 몸과 상호 작용하는 비물질적 존재라고 믿었다. 뉴에이지 종교를 지지하는 많은 이들과 초심리학(parapsychology)에 몰두하는 몇몇 이들 역시 비슷한 견해를 지지한다. 그러나 모든 기독교 신경 과학자가—그들의 과학이나 또는 신앙에 이끌려—인간은 몸과 영혼이라는 두 개의 분리된 존재로 이루어져 있다고 믿는 것은 아니다. 오히려 우리와 같은 신경 과학자들은, 우리가 신체적·정신적 측면에서 "통일된 인간"(unified human beings, 이 용어는 **영혼**이란 성서 단어에 대한 현대 번역 중 하나다)임을 믿는다. 한 존재의 정신적 측면은 그것이 의존하는 육체적 몸-두뇌만큼 중요하다. 소위 심리학의 인지 혁명(cognitive revolution)의 도움으로 드러나는 과학적 증거는 육체적 측면을 중요시하는 만큼이나 우리 본성의 정신적 측면을 중요시한다. 수전 그린필드(Susan Greenfield)[8]는 1999년 런던왕립학회(Royal Society of London)에서 했던 마이클 패러데이(Michael Faraday) 강연에서, 두뇌 시대의 끝에 도달할 때 우리는 다음 시대를 마음의 시대로 만들어야 한다고 결론지었다.

---

Grosset/Putman, 1994):『데카르트의 오류』(중앙문화사 역간).
8) S. Greenfield, Michael Faraday Lecture: Royal Society of London.

지난 세기 유대교와 기독교의 성서학자들이 환기했듯이, 우리의 "영혼"은 하나님, 다른 사람들, 그리고 모든 창조 세계와 연관되어 있음을 이해해야 한다. 이런 성서적 개념은, 인간이 이원론에 근거한 한 덩어리가 아닌, 심신 단일체(psychosomatic unities)라는 신경 과학의 견해와 현저하게 비슷하다. 내가 영혼을 소유한 것이 아니다. 나 자신이 살아 있는 한 존재 혹은 한 영혼이다. 신약 성서학자인 조엘 그린(Joel Green)[9]이 최근에 환기했듯이, 비록 기독교 사상사에서 몸/영혼 이원론이 줄곧 중심을 차지했다 하더라도, 그것은 **유일한** 해답이 아니다. 그린은 "성서상의 증거를 반복하는 것은, 몸/영혼 이원론이 성서적 기초와는 상당 부분 관계없이 유명해졌다는 것과, 그런 성서적 기초 위에 이원론이 세워졌다고 단정되었음을 시사한다"라고 주장한다. 그는 계속해서 말한다. "오늘날 인간에 대해 일원론적 설명을 받아들이는 기독교인들은 '좋은 과학자들'로서뿐 아니라 한 인격으로서 그렇게 하는데, 그들은 이 견해가 실제로 자신들을 과거 이천 년 동안 당연하게 여겼던 것보다 더 성서 자료 내부의 중심에 위치시킨다는 것을 확신한다." 그린은 동시에 "성서에 근거한 신앙은 우리의 인성이 우리의 육체성으로 환원될 수 있다는 어떤 제안도 당연히 거부할 것이다"라고 언급한다. 비환원적 물질주의(nonreductive physicalism)나 이중적 측면을 띤 일원론(dual-aspect monism)이라 불리는 이 후자의 견해는 최근의 책 『도대체 영혼에 무슨 일이 생겼는가?』(*Whatever Happened to the Soul?*)에 상세히 진술되어 있다. 또한 그린은 인간 본성에 관해 종종 잊힌 또 다른 성서 주제 하나를 강조한다. 즉 "말하자면 인간 인격의 본성은 한 번에 하나의 인격으로는 결코 이해될 수 없다. 만일 우리가 가장 심각한 부분을 차지하는 성서 기록인 인간의 인격에 관해 상세히 설명하고자 한

---

9) J. Green, "Scripture and the Human Person," *Science and Christian Belief* 2, no. 1 (1999): 51-64.

다면, 우리는 '영혼'의 존재나 중요성에 관해서는 훨씬 덜 언급할 것이며, 우주와 관련하여 하나님 및 인간 가족과 함께 하는 공동체를 위한 인간의 능력과 소명에 관해서는 훨씬 더 많이 언급할 것이다." 이처럼 공동체를 위한 능력을 강조하는 후자의 관점은 개별적이면서도 집단적인 자기 내어줌의 행위를 어떤 방식으로 현시하는 일을 자연스럽게 포함한다.

진화 생물학자인 드 발은 최근에 쓴 책에서, 인간의 단일성을 온전히 인식해야 할 필요성에 대해 더 강조한다. 몇몇 다른 이들처럼, 그는 종종 인용되는 철도 노동자 피니어스 게이지(Phineas Gage)의 경험에 대한 예를 언급한다. 1848년, 게이지는 잠시 방심한 채로 폭발물로 가득 찬 구덩이 위에 기대어 있다가 폭발을 일으켰다. 그 결과 폭발물을 틀어막았던 쇠 파이프가 그의 왼쪽 눈과 뇌, 그리고 두개골을 관통했다. 놀랍게도, 게이지는 죽지 않고 단지 기절만 했다! 이 극적인 사건 이후, 게이지는 이전의 올곧고 양심적인 시민에서 뇌 전두엽 중앙 부분의 손상에 의해 심각한 성격상의 결함을 지닌 사람으로 변했다. 이 주목할 만한 행위 변화 유형은 이제 비슷한 뇌 손상 환자들에게서도 쉽게 발견된다. 이 환자들은 비록 논리 및 기억 능력에는 기능상으로 전혀 이상이 없지만, 사적인 일을 처리하거나 대인 관계를 맺는 데는 현저한 능력 저하를 보인다. 드 발이 지적하듯이 "그것은 마치 이들의 도덕이라는 나침반이 자력을 상실해 제멋대로 도는 것과 같다." 드 발은 계속해서 이렇게 설명한다. "이 사건은, 의식이 문화와 종교의 기초 위에서만 이해될 수 있는, 육체와 관계없는 어떤 개념이 아님을 우리에게 가르쳐준다." 도덕성은 우리가 행하거나 근거하는 다른 것들만큼이나 확고하게 신경 생물학에 근거한다. 이 사실은 다마시오와 그의 동료들의 최근 연구보고서를 통해 더욱 뚜렷이 강화되었다.[10] 그들은

---

10) S. W. Anderson, A. Bechara, H. Damasio, D. Tranch, and A. R. Damasio, "Impairment of Social and Moral Behaviour Related to Early Damage in Human Prefrontal

뇌 손상으로 고통 받던 15개월 된 여아와 3개월 된 남아 두 아이의 사례를 보고한다. 그들은 이제 각각 23살과 20살이 되었는데, 둘 다 파괴적이고 부주의한 행동, 거짓말, 절도, 대인관계상의 무능력함, 무감각, 양심의 가책을 느끼지 못하는 모습을 보인다. 인성과 감정이 그들의 신경 기질과 관련될 것이라는 생각은, 뇌 신경계 이미지를 촬영하는 현대 기술의 도움으로 사이코패스와 살인범에 관한 연구 자료를 통해 더욱 입증되었다. 물론 아직도 연구해야 할 것들이 많이 있다. 신경 과학이 이렇게 발전하는 것이 우리의 논의와 어떤 관련이 있을까? 신경 과학의 발전은, 만약 시간이 충분히 주어진다면 아마도 우리가 비움이라는 행위의 신경 기질에 관해 무언가를 이해하기 시작할 수 있을 것임을 암시한다. 하지만 그것은, 마치 아인슈타인의 뇌에 대한 최근 연구가 그의 과학 이론화 작업의 타당성에 대해 전혀 의문을 제기할 수 없듯이, 그 이상으로 비움이라는 행위에서 그것의 도덕적 차원을 전혀 제거할 수 없을 것이다. 각각의 경우에 신경 과학의 발전은 논쟁 중인 지식의 영역에 적용할 수 있는 적절한 기준을 통해 판단해야만 한다.

동물이 "영혼적인 어떤 것"(soulishness)을 소유하고 있을 가능성은 과학 이외의 자료에서도 나타난다. 히브리어 성서의 처음 몇 장은 동물과 인간을 모두 "살아 있는 존재"로 언급한다. 그것은 심리학자들이 축적한 증거와 충돌하지 않는다. 그 증거는, 동물에게 있는 "영혼적인 어떤 것"이 질적인 측면에서 인간의 그것과 큰 차이가 있음을 분명히 보여준다. 그 차이가 너무 커서, 그들의 차이가 질적인 측면에서 가장 크게 나타나는 것 같다. 이것은 도서관, 성당, 천문대, 핵 실험실, 그리고 첨단 의료 기술이 침팬지의 세계에는 부재하다는 사실만 봐도 그렇다. 그러나 나중

---

Cortex," *Nature Neuroscience* 2, no. 11 (November 1999): 1032-37.

에 살펴보겠지만, 하등 유기체뿐 아니라 인간 이외의 유인원 가운데서도 자기 내어줌과 자기희생 행위의 창발 가능성은 창조의 본래 유형에 속하는 일부로 동등하게 간주될 수 있다. 여기서 제시되는 인간됨에 관한 견해는, 인간 본성에 대해 신경 생물학을 통해 알려진 바를 설명해준다. 또한 이 견해는 인간의 주체적이고 정신적인 삶과 신경 생물학 사이의 관련성에 대한 비환원적 관점이 하향식 인과 관계에 핵심적인 영향을 미친다는 점을 제안한다. 동시에 이 견해는 인간의 "영혼적인 어떤 것"에 대한 관점으로서, 이 "영혼적인 어떤 것"은 가장 깊고 풍성한 형태의 인격적 관계성을 추구하는 능력 가운데 구현된다. 그리고 이 형태는, 하나님의 주권적 신탁이 궁극적이고 되돌릴 수 없는 위엄을 인간에게 주는 방식으로 인류와의 관계성 가운데 있다는 사실을 인식한다. 더 구체적 관심사는 다음과 같다.

1. 그것은 특별한 때에 비움의 행위를 수행할 능력을 부여하는 "영혼"의 이식이 아니다.
2. 여기서 생각되는 "영혼적인 어떤 것"은, 특별히 감정 이입을 할 수 있고 "마음을 읽을 수 있는" 인간 이외의 유인원 가운데 "영혼적인 어떤 것"에 대한 징후가 있으며, 따라서 인간 이외의 유인원이 비움의 행위를 보일 가능성이 있음을 인식하고 그것을 참으로 기대한다. 신경 과학은 최근에 원숭이의 전운동피질(pre-motor cortex)에서 "거울신경세포"(mirror neurons)를 발견하여 이를 입증했다.[11] 이것들은 하나의 특별한 행동이 반응하는 원숭이에 의해 행해질 때, 그리고 같은 행동이 또 다른 개체에 의해 행해지는 것이 관찰될 때 반응

---

11) V. Gallese and A. Goldman, *Trends in Cognitive Sciences* 2, no. 12 (December 1998).

하는 신경세포들이다. 비슷한 짝짓기 체계가 인간에게도 존재한다는 점이 실험을 통해 입증되었다. 게다가 인간과 유인원을 하등동물에서 구분해주는 것으로 여겨지는 독특한 형태의 뇌세포가 있다는 점 역시 실험을 통해 입증되었다. 이 "방추 세포"(spindle cell)들은, 얼굴 표정을 포함해서 다른 사람에게 감정적으로 반응하는 감정 이입을 위해 필요한 신경 기질의 일부를 나타내는 증거일 수 있다.
3. 비움을 수행하는 능력은 선별적인 뇌 손상 그리고/또는 뇌가 정상적으로 발달하는 데 실패하는 경우—일종의 상향식 효과—뒤바뀌거나 축소될 수 있다.
4. (지금까지는 완전히 밝혀지지 않았지만) 일반적으로 신경 기질이 온전하다면, 비움을 수행하는 능력이 비움을 수행하는 공동체에 참여함으로—즉 일종의 하향식 효과로 인해—확장되고 고양될 수 있다.

인간됨과 인간 본성을 바라보는 이 변화된 방식을 갖고 이제 사랑과 비움의 본성이 속한 상황에서 제기되는 쟁점들을 다뤄보자. 그 쟁점들은 심리학적 결정론, 자기 내어줌과 같이 인간됨이 갖는 특징의 유전적 기초, 그리고 진화 심리학자들의 연구를 통해 입증된 것처럼 자기 내어줌이 창발되는 유전적 기초를 포함한다.

## 5. 결정론 및 자기 내어줌과 자기 제한의 방식으로 행동할 자유

심리학적 결정론이 매우 폭넓게 논의되었다면, 또한 누군가가 말하듯이 그것이 과거에 효과적으로 다루어진 경우라면 왜 우리는 이 주제를 다시 다루려 하는가? 이 주제는 많은 사람의 마음속에 중요한 쟁점으로 남아 있으며, 지난 이십 년 넘게 신경 과학 분야에서 나타난 흥미로운 발전으로 인해 더욱더 주목받아왔다. 크릭의 경우처럼, 과학 연구에서 지나칠 정도로 설명을 절약하려고 하는 환원주의 형태는, 오컴의 면도날(단순하게 설명할 수 있는 것을 복잡한 언어로 말할 필요가 없다는 원리―편집자 주)로 우리의 목을 베거나 또는 모건의 준칙(Lloyd Morgan's canon, 생물의 기능에 대해 저차원적 설명이 가능할 때 굳이 고차원적 설명을 할 필요가 없다는 주장―편집자 주)으로 우리의 뇌를 날려버릴 위험이 있다는 앞선 경고를 무시하게 만든다. 이 주제에 대한 견해들이 유신론자와 무신론자를 구분하는 분명한 기준이 되지는 않는다. "마음과 뇌의 관련성에 대한 영원한 수수께끼"로 언급되는 환원주의 프로그램에 관한 글에서, 폴킹혼은 "환원주의 프로그램은 결국 그 자체를 전복시키고, 궁극적으로는 자살한다"라고 언급했다. 폴킹혼은 이렇게 말한다. "만일 우리의 정신적 삶이 단지 엄청나게 복잡하게 연결된 컴퓨터와 같은 두뇌의 활발한 활동에 불과하다면, 누가 환원주의라는 정교한 기계 위를 달리는 프로그램이 정확한지 아닌지를 판단할 수 있겠는가?" 그는 계속해서 말한다. "환원주의자 자신의 주장은 그의 뇌 신경망에서 나오는 단순히 '삑'하는 소리(blips)에 불과하다. 합리적 담론의 세계는 결국 시냅스를 통해 전달되는 어리석은 수다로 전락하게 된다. 아주 솔직하게 말해서 그것은 옳지도 않고, 우리 중 누구도 그것이 옳다고 믿지도 않는다." 이런 견해는 그보다 40년 전에 한 뛰어난 과학자에 의해 다르게 표현되었다. 생물학자인 홀데인(J. B. S Haldane)은 이렇게 말했다. "만일 내 정신 과정이 뇌 안에 있는 원자의 움직임에 의해 전적으로 결정된다면, 나는 내 신념이 참이라고 가정할 어떤 이유도 없으며…따라서 내 뇌가 원자로 구성되었다고 가정할 어떤 이유도 없다." 그렇다고 홀데인이 폴킹혼의 유신론적 가정을 공유했던 것 같지는 않다.

지난 이십 년 동안 신경 과학이 발전함에 따라, 크릭이 주장한 것처럼 우리는 인간이 가진 자유의 한계에 대해 주의 깊게 재고하게 되었다. 심리학자들과 신경 생물학자들은 그들의 연구 기반이 되는 특정한 가정들이 맞는지를 확인한다. 따라서 우리가 어떤 개별적인 행동을 연구할 때, 만일 그것이 쉽게 변하는 것처럼 보인다면, 우리는 **실제로** 적용하기를 기대하는 숨겨진 법칙을 발견하기를 희망하면서 그것을 더 주의 깊게 연구한다. 심리학뿐 아니라 다른 영역에서도 적용되는 이런 종류의 결정론을 방법론적 결정론이라고 부르게 되었다.

만일 방법론적 결정론을 임시로 적용하여 합리적으로 성공한다면, 다음 단계는 이렇게 말할 것이다. "행동 연구의 모든 영역에서 단지 우리가 그것을 충분히 이해하기만 하면, 우리는 행동 연구가 예외 없이 규칙성을 따름을 알게 될 것이다. 예외가 발생하는 것은 아마도 우리에게 완전한 정보가 부족하기 때문일 것이며, 따라서 절차상으로 우리는 결정론이 작용한다고 가정할 것이다." 이 단계는 때때로 경험적 결정론이라 불린다. 모든 인간의 행동이 물리학·화학 법칙의 구체화라고 주장할 때, 방법론적 결정론과 경험적 결정론 너머로 나아가서 오십 년 전에나 인기 있었던 환원주의 관점을 받아들이는 것은 별다른 변화가 없는 태도다. 이것은 물론 우리의 현실적 능력이 어떤 행동을 설명하고 예측하는 데 제한된다는 점에서 나오는 광대한 보외 추론(extrapolation)이다. 확실히 어떤 심리학자도 그런 보편 명제를 증명할 수 없다. 실제로 우리가 정상적으로 얻을 수 있는 예측 가능성은 실험실에서조차 대개 개연적 형태를 띤다. 다음은 이것을 넘어서 형이상학적 결정론으로 이동하는 것이다. 형이상학적 결정론은 인간의 모든 심리학적 사건이 보편 법칙을 예증하고, 그래서 우리는 이 견해를 절대적인 존재론적 가설로 간주하며, 이것은 어떤 경험적 증거로도 반박할 수 없는 것이라고 주장한다. 그러나 논리실증주

(logical Positivism)의 소멸로 인해 형이상학적 결정론은 오십 년 전보다는 오늘날 훨씬 덜 널리 주장되는 견해가 되었다.

위에서 설명한 대로, 정신적 삶의 신경 기질에 대한 지난 사십여 년의 연구 결과는 마음과 두뇌 사이를 단단히 연결하는 고리가 있음을 분명히 지적한다. 그 연구 결과는 뚜렷하게 심리적인 사건들이 일어난다는 점이나 심리적 사건들이 그 사건들의 물리적 구성 요소가 되는 사건들보다 "덜" 실제적임을 부인하지 않는다. 환원주의자의 논지는, 친숙한 심리적 언어로 이루어진 서술적·인과적 진술이, 적어도 원칙적으로는, 남김없이 생리학적 언어 진술로 번역될 수 있다는 것이다. 이 견해를 보다 더 정교하게 주장하는 이들은 "스미스는 논리상의 오류를 보았을 때 웃었다"와 같은 "심리적" 진술이 생리적 언어로 완전히 번역될 수 없다는 점을 쉽게 인식한다. 왜냐하면 **오류**라는 용어가 생리적 상태보다는 논리적(규범적) 개념을 지칭하기 때문이다. 그러나 그 이유는 당신이 번역하려는 원래의 진술 자체가 순전히 인과적이거나 서술적이지 않기 때문이다. 인간의 행동 속에서 결정론을 다시 고려하게 했으며 우리가 선택에 대한 어떤 실제적 자유를 참으로 향유하는지에 관한 질문을 다시 제기하게 한 것은, 마음과 뇌를 굳게 연결하는 고리에 관한 증거다.

이 문제를 다루는 단순한 한 가지 방법은 이원론적 관점을 받아들이는 것이다. 이런 방법으로 하면 단번에 난제를 해결한다. 마음은 물질이 아니며, 그것이 원하는 대로 자유롭게 행동할 수 있고 생리적 기질의 활동에 영향을 주거나 그 활동을 결정할 수 있다. 앞에서 언급한 에클스 경은 이 견해의 변형된 형태를 주장한다. 그는 하이젠베르크의 불확정성 원리가 지닌 무작위성을 위한 정신적 과정의 기초가 되는 뇌 사건(brain events)에 공간이 남아 있다고 주장한다. 이 견해가 지닌 한 가지 문제점은, 뇌 사건 대부분이 수백만 개의 전자를 수반하므로, 사건 대부분에 **중**

**요한** 영향을 끼치는 하이젠베르크의 불확정성원리를 따르는 사건이 발생할 기회가 사실상 없다는 점이다. 이에 대해 에클스는, 만약 당신이 하나의 단일 시냅스와 같은 뭔가를 생각할 때, 당신은 아마도 십여 개의 망을 가진 하나의 세포막을 통해 분자의 확산을 다루고 있는 것이라고 지적한다. 이 부분에서 하이젠베르크의 불확정성원리가 어떤 분자가 그것을 통과할 개연성에 상당한 영향을 끼칠 **수 있다**. 이 맥락에서 에클스는 다른 세계에 거주하며 두뇌를 기반으로 활동하는 사람을 묘사하는 하나의 모델을 제안한다. 그러나 뇌의 물리적 무작위성이 선택의 **예측 불가능성**을 보장하긴 하지만, 동시에 그것은 선택의 결과에 대한 선택자의 **책임성**을 강화하기보다는 약화한다. 더욱 최근에는, 여기서 제기된 쟁점들을 조명하기 위해 혼돈 이론을 환기하는 여러 시도들이 있었다. 1986년에 「사이언티픽 아메리칸」(*Scientific American*)[12]에 실린 한 논문이 혼돈 이론에 관한 예를 제시한다. 그 논문은 이렇게 제안한다. "심지어 지적 진보의 과정조차 새로운 사상의 주입에 의존하며 옛 관념을 연결하는 새로운 방식에 의존한다. 본유적 창조성은 근본적인 혼돈의 과정을 포함할 수도 있다. 그 과정은 작은 변동들을 선택적으로 확대하고, 그것들을 사고(思考)함으로써 경험되는 거시적인 응집력을 보이는 정신적 상태를 형성한다. 어떤 경우에 그런 사고 행위는 무언가를 결정하는 행위일 수 있으며, 인식되는 것은 의지의 실천일 수 있다. 이러한 관점에서, 혼돈은 결정론적 법칙에 의해 지배받는 세계 가운데 자유 의지를 허락하는 메커니즘을 제공한다." 이와 관련된 논의는 폴킹혼의 글에서 더 살펴보기 바란다. 우리의 목적상 더 시급한 문제들이 가까이에 있고, 그 문제들은 위에서 제기된 문제에 대한 철학적 해답을 통해서는 쉽게 해소될 수 없다. 우리의 현재 행

---

12) J. P. Cruchfield, J. D. Farmer, N. H. Parkhard North, and R. W. Shaw, "Chaos," *Scientific American*, 1986, 38-49.

동은 우리의 유전적 재능과 신경 기질, 그리고 우리가 어릴 때 받은 교육에—우리가 자라난 사회적·문화적·물리적 환경에—분명히 의존하고 있다. 그런 요소들로 인해 어떤 이들은 자기 내어줌과 자기 제한의 방식으로 행동하는 데 다른 이들보다 더 어려움을 겪을 수도 있다. 우리는 다음 장에서 이 부분을 다루려 한다.

## 6. 진화 심리학에 비춰본 사랑과 비움의 본질

자기를 내어주는 행위는 "하나님의 삼위일체적 본질이며 따라서 그의 모든 사역의 표시"라는 몰트만의 진술과, "자신을 희생하거나 위험을 무릅쓰기까지 타자를 돕는 것은 동물 세계에서도 널리 퍼져 있다"라는 드 발의 진술을 병치해보면 흥미롭다. 몰트만은 조직신학자이며 드 발은 영장류학자로서 각각 해당 문장을 기술했다. 우리가 이 장에서 살펴볼 것은 이 둘의 사고가 수렴하는 측면이다. 1659년에 제시된 파스칼의 통찰력 있는 언급은 이 상황에서 우리가 저술하고 있는 어느 것에든 지침이 되어야 한다. "한 사람에게서 그의 위대함을 동시에 보여주지 않은 채, 그가 얼마나 짐승과 닮았는지를 너무 적나라하게 보여주는 것은 위험하다. 또한 그의 야비함을 보여주지 않은 채, 그의 위대함에 대해서만 너무 적나라하게 보여주는 것 역시 위험하다. 위대함과 야비함을 둘 다 알지 못한 채 그를 버려두는 것은 훨씬 더 위험하다."

드 발이 지적했듯이, 유전자 중심의 사회 생물학은 여전히 대중적인 사고를 지배하는 경향이 있다. 이 견해의 논리적 극단의 한 측면은, 유전자가 자신을 복제하기를 선호한다고 주장한다. 즉 만일 한 유전자가 그 유전자를 결과적으로 증진하는 특성을 생산한다면 성공적이라는 것이다.

리처드 도킨스가 『이기적 유전자』에서 심리학적 용어를 소개한 것은 그런 유전적 자기 증진을 서술하기 위해서였다. 따라서 가정에 음식을 가져가는 행동처럼 일반적인 언어에서 관대한 행동으로 여겨지는 것이 유전자의 관점에서 보면 이기적일 수 있다. 시간이 지나면서 "유전자의 관점에서"라는 중요한 표현이 잊혔으며 결국에는 사라졌다는 점은 전혀 놀랍지 않다. 따라서 모든 행위는 이기적이다. 그러나 유전자는 자신을 이기적으로 만드는 자아도 없고 감정도 없기 때문에, 그 표현이 단순히 은유라는 점은 자명하다. 그러나 드 발이 이미 지적했듯이, 만일 당신이 은유를 매우 빈번하게 반복한다면, 그 은유는 문자적 진리의 분위기를 가정하는 경향이 있다. 도킨스 자신은 분명 유전자에 대한 자신의 의인법적 표현을 경고했지만, 효과는 거의 없었다. 드 발이 가장 최근에 출간한 책의 전반적 목표는, 도킨스가 쓴 책의 영향으로 남겨진 불균형을 철학적·논리적 관점이 아닌 과학적 관점에서 바로잡기 시작하는 것이었다.

진화 이론은 두 가지 일반적인 방식에서 타자를 돕는 진화를 설명하려 한다.

1. 만약 이타주의 유전자가 이타주의자를 낳는 데 성공하는 비용이 같은 유전자들("혈연 선택")의 복제물을 낳는 이타주의자의 친족들을 낳는 데 성공해서 얻는 이익보다 적다면, 이타주의를 선호하는 유전자는 미래 세대에 퍼질 수 있다. 자기 자신을 위해 치르는 비용과 비교할 때 친족을 통해 얻는 이런 간접 이익의 비율은, 이타주의 유전자가 이 유전자의 도움을 받는 자들과 덜 관련될수록 더 커질 필요가 있다. 즉 이타주의자가 타자 안에 있는 자기 유전자의 복제를 도와줄 가능성이 적을수록 그렇다는 말이다.
2. 이타주의를 선호하는 유전자는 만일 이타주의가 충분히 호혜적으

로 이행된다면("호혜적 이타주의") 퍼질 수 있다.

첫 번째 메커니즘에 관한 예들은 동물 세계에 많이 있다. 우리가 기대할 수 있듯이, 메커니즘의 가장 극단적인 몇몇 형태가 이상한 종 가운데서 발견된다. 그런 종에서는 한 집단에 속한 개체들이 서로 매우 긴밀하게 연결되어 있으며, 이는 드문 현상이다. 벌과 개미처럼 무리를 지어 생활하는 곤충에서 일꾼들이 서로 맺는 유전적 관계성 대 일꾼들이 여왕과 맺는 그것의 비율은 3/4이다(참고로, 가장 큰 비율은 포유류에서 발견되는 1/2이다. 이는 부모-자녀간과 형제간에서 나타나는 유전적 관련성이다). 이것은 개미와 벌에서 불임 직능군인 일꾼 개체들이 진화된 이유를 설명해준다. 즉 일꾼들은 완전히 이타주의자들이며, 그들의 전 삶을 "집단의 선"을 위해(또는 직접 번식하는 유일한 개체인 여왕의 선을 위해) 내주는 데 사용한다. 가장 생생한 예 중 하나는 "꿀단지"(honey-pot) 개미의 일개미들이다. 그들은 개미집 천장에 단지 매달려 있기만 하며, 꿀을 저장하는 저장소나 항아리처럼 행동한다. 어떤 일꾼들은 그것들을 채우기도 하고, 집단은 필요할 때 그들에게 의존하기도 한다. 개인의 층위에서 보면, 그것은 자기희생적이다![13] 호혜적인 이타주의를 보여주는 예들은 훨씬 드물게 나타난다. 인간을 제외하면 단지 소수의 예만 있을 뿐이다. 실제로 굶주림의 위험에 있는 흡혈박쥐가 하나의 고전적 예다. 만약 그들이 저녁 식사인 피를 충분히 얻을 만큼 영리하게 행동하는 데 실패해서 친족이 아닌 집단의 동료에게 피를 얻어먹게 된다면, 그들은 다른 날 밤에 그 동료에게 받은 호의를 갚으려 할 것이다.[14]

---

13) E. O. Wilson, *Socio-biology: The New Synthesis* (Cambridge, Mass.: Belknap/Harvard University Press, 1975): 『사회생물학』(민음사 역간).
14) G. S. Wilkinson, "Reciprocal Food Sharing in the Vampire Bat," *Nature* 308 (1984): 181-84.

곧 분명히 드러나겠지만, 인용된 예는 두 행위가 비슷하다는 이유로 그 행위들 밑바탕에 놓인 메커니즘도 반드시 비슷하거나 일치할 것이라고 가정하면 안 된다는 점을 즉시 경고한다. 오늘날 우리는 인간과 동물의 행위 양상을 로봇에게서도 그대로 복제할 수 있는 능력이 인간에게 있음을 충분히 알고 있다. 그러나 어느 누구도 이런 행위를 생산하는 기저에 놓인 메커니즘이 반드시 같다고 주장하진 않는다. 그들은 확실히 어떤 특징을 공유하기도 하지만, 동기, 의식적 인식, 목표 지향적 행동 등과 같은 종류에 관련된 질문에 다다르면, 그 둘은 전혀 관련이 없게 된다. 마찬가지로 우리는 자기 내어줌과 자기희생 행위를 진화된 다른 종 가운데서 관찰하기 때문에, 그것을 관찰하는 것만으로는 이런 행위의 기저에 있는 메커니즘에 관해 아무것도 알 수 없다. 예를 들어 "자기"에 대한 어떤 인식도 없다면, 어떻게 "자기"를 내어줄 수 있겠는가?

그러나 흥미로운 일화를 통해 입증된 몇 가지 설득력 있는 예가 있다. 제인 구달(Jane Goodall)[15]은 침팬지들이, 모든 침팬지가 하는 행동이나 개별 침팬지가 일상적으로 하는 행동이 아닌, 흔치 않은 행동을 한다는 점을 예를 들었다. 그녀는 어미를 돕는 암컷 침팬지를 묘사하는데, 그 어미는 보답으로 새끼 암컷을 돕거나 다시 번식을 할 것 같지는 않았다(그녀의 책 357쪽). 단지 일화에 불과한 특성을 보이는 관찰은 과학적으로 문제가 되겠지만, 이 경우는 개미와 박쥐의 경우와는 확실히 다르다. 구달의 예는, 새끼 침팬지가 어미가 도움이 필요함을 인식했고, 그 어미를 돕기 위해 한 가지 방식을 실행한 흔치 않은 사건처럼 보인다.

드 발의 책이 가져다 준 자극은 엘리엇 소버(Eliot Sober)와 데이비드 윌슨(David Wilson)의 책인 『타인에게로: 이타 행동의 진화와 심리학』

---

15) Jane Goodall, *The Chimpanzees of Gombe: Patterns of Behavior* (Cambridge, Mass.: Belknap/Harvard University Press, 1986), 11장.

(*Unto Others: The Evolution and Psychology of Unselfish Behavior*)[16]에 의해 더욱 심화될 준비가 된 것 같다. 소버는 생물철학(Philosophy of Biology)을 전개하는 탁월한 학자이며, 윌슨은 유명한 이론 생물학자다. 1960년대와 1980년대를 지나면서 이전에 유행했던 한 견해가 강하게 부정되고 거부되었는데, 그것은 "집단 선택"(group selection) 즉 개체가 모인 전체 집단은 자연 선택이 선호했거나 냉대했던 단위로서 행동할 수 있다는 개념이었다. 만일 이 견해가 옳다면, 이타주의의 진화는 협력하는 이타주의 집단이 상대적으로 이기적인 개체가 모인 집단과의 경쟁에서 이기는 것으로 설명할 수 있을 것이다. 이것은 다윈 자신이 전면에 내세웠던 개념이었다. 그러나 20세기 후반부 반세기에 나타난 진화 생물학은 단도직입적으로 이것을 거부했다. 이론적으로 세운 모델은 집단 선택에서 요구된 조건이 자연에서는 일어날 가능성이 희박함을 드러냈다. 단순하게 말하면, 집단의 유익을 위해 타자를 돕기만 하는 개인은 미래 세대에 더 많은 유전자를 남기는 어떤 이기적 경쟁자에게도 이길 수 없다. 이것과 일치하면서 집단 선택을 실험적으로 지지하는 사례는 나타나지 않았다.

소버와 윌슨은 새로이 집단 선택에 대한 활발한 방어를 시작하면서 철저한 평가와 분석을 제시한다. 그들의 논의 중 가장 중요한 부분은 집단 선택 개념이 너무 좁게 해석되었다는 주장이다. 전체 집단이 다른 집단보다 반드시 먼저 선택되어야 하는 것은 아니다. 오히려 이타주의를 선호하는 유전자는, 집단들 사이의 경쟁을 통해 얻는 긍정적 효과가 집단 내의 경쟁에 드는 비용보다 더 큰 곳에서 빈번히 일어날 수 있으며, 심지어 이타주의가 친족이 아니거나 호혜의 대상이 아닌 곳을 향해서조차 자

---

16) E. Sober and D. Wilson, *Unto Others: The Evolution and Psychology of Unselfish Behavior* (Cambridge, Mass.: Harvard University Press, 1998): 『타인에게로: 이타 행동의 진화와 심리학』(서울대학교 출판문화원 역간).

주 일어날 수 있다. 소버와 윌슨은 이에 대한 필수 조건이 인간 진화에서도 그럴듯하게 존재했고, 진정한 이타주의에 대한 심리적 경향이 그 결과였다고 주장한다. 소버와 윌슨의 사례를 수용할 것인지 아닌지를 판단하기에는 너무 이르다. 그 판단은 여전히 진행 중이지만, 이미 제시된 논평으로부터 그들의 책이 흥미로우면서도 자극적인 내용을 포함하고 있으며 때때로 지나친 해석을 포함한다는 점은 분명하다.

존 메이너드-스미스(John Maynard-Smith)[17]가 서평에서 말하듯이 "이 책은 건전한 경고를 동반해야 한다. 비평적으로 읽으라. 그러면 이 책은 중요한 질문들에 관련된 사고를 자극할 것이다. 이 책 전체를 있는 그대로 받아들인다면, 그 결과는 비참할 것이다." 이베르 미스터루드(Iver Mysterud)[18]의 서평은 메이나드-스미스의 언급과 맥을 같이한다. "『타인에게로』는 지난 십 년간 나온 가장 중요한 책 중 하나다. 그 책은 단순히 무시될 수 없다.…그 책은 새로운 연구를 홍수처럼 범람시킬 것이며, 논쟁을 불러일으키고, 다음 십 년 동안 지적 담론의 중심에 서 있을 것이다." 사회 생물학자인 에드워드 윌슨(E. O. Wilson) 역시 이렇게 언급한다. "『타인에게로』는 중요하고 독창적이며 잘 쓴 책이다. 그것은 협력에 대한 진화론적 기원 및 고차원적인 단계의 선택에 관해 명확한 현대적 진술을 담고 있다."

드 발은 인간 이외의 영장류에 관한 상세한 연구를 담고 있는 이 책에 대한 서평을 통해 인간에 더 가까운 존재들을 언급하면서 이렇게 말한다. "타자의 필요에 민감하고 그 필요를 돕는 행위가 원숭이보다 영장류에서 더 잘 발달된 것은 전적으로 가능한 일이다." 이 관찰은 새로운 것이 아니다. 1920년에 발표된 이 분야의 초기 연구 중 하나는 "거의 모든 인간의

---

17) J. Maynard-Smith, review in *Nature* (1999).
18) I. Mysterud, review in *Trends in Ecology and Evolution* (1998).

표현과 생각뿐 아니라 어떤 염려, 동정, 그리고 연민이 이 작은 피조물에 의해 드러났다"고 언급했다(여기서 언급된 대상은 어린 침팬지에 해당한다).

이 상황에서 우리는 모건의 준칙을 기억할 필요가 있다. 즉 "만일 하나의 행동을 심리학적으로 설명할 경우, 그것을 더 낮은 단계에서 해석 가능하다면, 어떤 경우에라도 우리는 그 행동을 더 높은 단계의 심적(psychical) 능력의 결과로 해석해서는 안 된다." 인간을 제외한 영장류의 행동에 관한 토론에서 의인법은 두각을 나타낸다. 드 발은 "의인법을 사용할 때, 그 자체가 목적이라기보다 진리에 도달하는 수단으로 활용하는 것은 과학에서 사용하는 방식이며 일반적인 활용과는 그 용도가 다르다"라고 주장한다. 그리고 계속해서 말한다. "과학자들의 궁극적인 목적은 동물에게 인간의 감정을 가장 만족스럽게 투사하는 데 도달하는 것이 결코 **아니라** 오히려 실험 가능한 개념과 반복 관찰이 가능한 수준에 도달하는 것이다. 따라서 의인법은 수학에서 의학에 이르기까지 모든 과학 안에 있는 직관의 기능과 같은 탐구의 기능을 제공한다."

드 발은 계속해서 이렇게 말한다. "그러나 이 모든 자유로운 사고에 반대해서 하나의 거대한 방어벽을 이루는, 소중한 '간결성의 원리'(principle of parsimony)는 어떤가?" 그리고 그는 다음과 같이 관찰한다. 이 영역에서 "문제는 원숭이와 영장류에 관한 한, 깊은 갈등이 두 종류의 간결성 사이에 존재한다. 첫째는 전통적 규범이다. 이 규범은 만일 현상을 더 낮은 능력으로 설명할 수 있다면, 더 높은 능력에 호소하지 않도록 우리에게 알려준다. 이것은 인지적 공감과 같은 더 복잡한 설명보다 학습된 적응과 같은 단순한 설명을 선호한다." 그는 계속해서 "두 번째 형태의 간결성의 원리는 인간과 다른 영장류가 공유하는 진화 배경을 고려한다. 그것은, 만일 친족 관계인 종이 똑같이 행동한다면, 기본적인 과정 역시 아마도 같을 것임을 가정한다 라고 말한다." 이후에 그는 이렇게 말한다. "간단히 말해서, 간결성의 원리는 두 얼굴을 하고 있다. 우리는 높은 단계의 인지적 설명보다 낮은 단계를 선호해야 하는 동시에, 인간과 영장류가 공유하는 행위를 각각 다르게 설명하는 이중 기준을 만들어내지 않아야 한다. 그런 '진화적 간결성'은 특별히 인간과 영장류 양측이 원숭이에게서는 나타나지 않는 특색을 드러내는 하나의 요소이다. 그리고 두 가지 설명은 아마도 둘 중 하나의 설명이 제시되는 곳에서 제시될 것이다."

드 발은 "진화가 도덕성을 위한 필수 조건들, 즉 사회 규범들을 발전시키고 그 규범들을 시행하려는 경향, 공감과 동정하는 힘, 상호 도움과 공정함의 감각, 갈등 해결의 메커니즘 등을 형성해왔다"는 점을 전혀 의심하지 않는다. 따라서 자기 내어줌과 자기 제한 행위의 몇몇 측면이 진화되는 종들 너머에서 발전하는 양상(이 양상들은 인간은 아닌 영장류 사이에서 점차 두드러지게 나타난다)인 것처럼 보이는 경우에 대한 좋은 논의가 있다. 드 발의 의견에 따르면, 이는 의식에 대한 증거의 본질에 근접하는 어떤 것이 창발하는 지점에 도달한다. 그러나 그가 바르게 지적하듯이, 인간 환자에 가해진 뇌 손상의 결과로부터 나온 증거, 그리고 특별히 앞에서 언급한 피니스 게이지의 고전적 사례로부터 얻은 증거는, 의식이 문화와 종교의 기초 위에서만 이해되고 구체화될 수 있는 개념이 아님을 우리에게 가르쳐준다. 다시 드 발을 인용하면, "도덕성은 우리가 행하거나 근거하는 다른 것들만큼이나 확고히 신경 생물학에 근거한다." 계속해서 그는 이렇게 말한다. "일단 순수하게 영적인 문제로 간주한다면, 정직, 죄책감, 그리고 윤리적 딜레마의 무게는 뇌의 특정 영역에서 추적할 수 있다. 그러므로 동물에게서 유사점을 발견하는 것은 놀라운 일이 아니다. 인간의 뇌는 진화의 산물이다. 비록 더 큰 용적과 매우 복잡한 구조로 되어 있지만, 인간의 뇌는 다른 동물의 중추신경계와 근본적으로 비슷하다." 우리 중 유신론이라는 전제로 시작하는 이들을 고려한다면, 자연스럽게 우리는 창조 안에 자기 내어줌과 자기 제한 행위의 씨앗, 발전, 그리고 열매가 깊이 새겨져 있음을 확인할 수 있다. 창조 과정이 그러하므로, 행동의 신경 기질 내에 세워진 자기 내어줌과 자기 제한 행위의 본질이 인류 가운데 만개했음을 추적할 수 있을 것이다.

## 7. 비움, 신경 과학, 성격 특질, 그리고 유전학

잘 발전된 인간 게놈 프로젝트와 "비만" 유전자, "범죄" 유전자, "탐색 추구" 유전자 등의 발견에 대한 매체의 잦은 보도로 인해, 우리는 비움 유전자가 곧 나타날 것인지 그리고 인간의 모든 행동이 곧 DNA로 환원될 것인지 궁금해하기 시작했다. 최근 보고서는 어떻게 유전자 조작이 행동을 측정 가능하고, 어떤 기준에 따라서는 바람직한 행동의 변화를 가져올 수 있는지를 보여주었다. 프린스턴 대학교의 신경 과학자들(탱[Tang], 시미주[Shimizu] 등등)[19]은 쥐의 뇌세포들 사이에 있는 시냅스의 기능들을 변화시킴으로써 쥐의 유전자를 변형하여 어떻게 자기들이 쥐의 학습 능력을 현저하게 개선했는지를 보고했다(1999년 9월). 그 학술지는 비슷한 기술들이 머지않아 인간에게 적용될 것이며, 더 구체적으로는 단기 기억 상실 증세가 진행되는 노년기에 있는 사람들뿐 아니라 특별히 학습 장애를 겪는 아이들에게 적용될 수 있을지를 추측했다. 굴드[20]는 어떻게 그 학술지가 대담하게도 프린스턴 대학교의 과학자들이 "지능 유전자"(I.Q. Gene)를 보여

---

19) Y. P. Tang, E. Shimizu, G. R. Dube, C. Rampon, G. A. Kerchner, M. Xhuo, G. S. Liu, and J. Z. Tsien, "Genetic Enhancement of Learning and Memory in Mice," *Nature* 401, no. 6748 (1999): 63-69.

20) S. J. Gould, "Message from a Mouse," *The New York Times*, September 13, 1999, 64.

준다고 선포했는지에 주목했다. 그리고 그들의 극적인 발견에 대한 학술지의 취급이 굴드 자신이 "꼬리표 오류"(labeling fallacy)라고 불렀던 것을 잘 드러냈다고 적절하게 언급했다. 그는 복잡한 유기체가 단순히 그들이 가진 유전자의 총합이 **아닐뿐더러**, 유전자들만으로는 스스로 구조상이나 혹은 행위와 관련된 특별한 부분을 형성할 수 없음을 지적했다. 그는 과학자들이 소위 새로운 것을 추구하는 행위(그때는 그것이 좋다고 간주되었다)와 관련된 유전자의 발견을 보고했던 1996년의 경우를 언급함으로써 "꼬리표 오류"를 설명했다. 1997년에 발표된 또 다른 연구는 이전에 발표된 **같은** 유전자와 헤로인 중독 성향 사이의 연결 고리를 보여주었다. 이를 통해 굴드는 "탐구심을 고양하는 '좋은' 유전자가 중독 성향으로 인해 '나쁜' 유전자가 되었는가?"라고 질문했다. 생화학은 변하지 않겠지만, 상황과 배경은 문제가 되었던 것이다.

    삼십 년 전에는, 수사학적 질문으로 표현되어 인간 유전자에 관해 제기된 어떤 운명론이 있었다. 그 질문은 다음과 같다. "만일 그것이 유전되었다면, 결국 당신은 그것에 관해 무엇을 할 수 있는가?" 사람에 관한 유전적 견해를 형성하기 위해 어떤 유기체와 그 유기체가 속한 환경 사이의 상호 작용을 탐구하려 애쓰는 대부분의 연구는 일란성 및 이란성 쌍둥이에게 초점을 맞춰왔다. 그런 연구는 가장 유사한 쌍둥이(1.00)로부터 가장 덜 유사한 쌍둥이(0.00)에 이르기까지 쌍둥이 사이의 유사성을 측정하기 위해 상관관계를 관찰한다. 그러한 상관관계는 구조적·생리적 변이에 대해 가장 높고, 성격에 대해서는 중간 범위이며 정신적 능력에 대해서는 그보다 다소 더 높고, 관심사에 대해서는 꽤 낮다. 우리가 자기 한정이나 자기 제한 행위를 고려하기 시작할 때, 이런 행위들은 아마도 성격 특징이라는 일반적 양상의 방향으로 최고조에 달할 것이다. 함께 자라난 일란성 쌍둥이(MZT)와 따로 자라난 일란성 쌍둥이(MZA)들의 성격 변이에 대한 상관관계가 전형적으로 보여주는 것은(따로 자라난 쌍둥이들에 관한 미네소타 대학교의 연구를 참고함), 성인기의 성격 특징에 관한 상관관계는 따로 떨어져 자란 쌍둥이들의 경우에 0.50, 함께 자라난 쌍둥이들의 경우에 0.49로 거의 다르지 않다는 것이다.

유전자와 성격에 대한 그런 연구는 일반적인 합의에 기초를 둔 자료를 사용하는데, 이 경우 보통 다음과 같이 "큰 다섯 가지"로 불리는 뚜렷한 성격 특징이 나타난다.

1. 외향성, 지배
2. 마음에 듦, 호감, 우정
3. 양심, 일치, 성취 의지
4. 감정적으로 안정됨(반대편에는 불안과 신경질이 위치함)
5. 문화, 지성, 경험에의 개방성

우리는 위에서 나열된 첫 번째 자료, 즉 외향성을 이 분야 연구 결과의 전형으로 간주한다. 이용 가능한 자료는 쌍둥이 연구에 관한 다섯 개의 큰 연구 결과에서 나온 것이다. 샘플 크기는 475쌍에서 12,777쌍까지 퍼져 있으며, 매우 큰 데이터베이스였다. 그 연구 분석의 결과는 주로 상관관계 계수(correlation coefficient)의 형태로 표현된다. 일란성 쌍둥이들의 상관관계는 0.46에서부터 0.65에까지 이르며, 동성의 이란성 쌍둥이들의 상관관계는 0.13에서부터 0.28에까지 퍼져 있어서, 이를 통해 일란성과 이란성 쌍둥이들 사이에 나타나는 차이가 분명히 유전적 영향임이 드러난다. (함께 그리고 따로 자라난) 쌍둥이에서 얻은 모든 자료와 입양아들에 관한 연구에서 얻은 모든 자료가 함께 조사될 때, 유전자는 외향성 가운데 개별적인 변이의 35-39퍼센트를 설명해준다. 환경은 성격의 측면에서 가족 간에 나타나는 유사성의 많은 부분을 설명할 수 있지만, 대부분의 연구는 공유된 환경의 영향이 거의 없다는 사실을 보여주었다.

영국의 MRC NEWS에서 출간된 최신 보고서(1999년 봄)[21]는 부분적으로 성격에 대한 최신 연구에 전념했다. 맥거핀(McGuffin)[22]이 발표했던 연구들이 이 영역에서의 전형적인 발견들이다. 이런 측면에서 인간의 성격은 식물과 동물에서 나타나는 크기, 모양, 그리고 다른 양적 변이를 보여주는 전체 범위의 특색과 흡사하다. 이 일반적 결론을 지지하는 더 발전된 연구는 지난 삼십 년 동안 진행 중이었던 이른바 더니든(Dunedin) 연구로부터 나온다. 이 연구의 초점은 유아기의 특색과 성인이 된 한 사람의 심리 형성 사이의 관련성을 탐구하는 것이었다. 20세기 내내 전문적인 의견과 공적 조언은 인간 발달에서 나타나는 연속성과 비연속성의 범위에 관한 주장과 그것을 반대하는 주장 사이에서 오락가락했다. 이십 년 전 유명한 심리학자였던 제롬 케이건(Jerome Kagan)은, 그가 연결성에 대한 오도된 믿음으로 간주했던 것을 공격했으며, 초창기의 심리학적 특징과 경험은 이후의 행동에서 거의 의미가 없음을 주장했다. 더니든의 연구는 인생의 처음 몇 년, 이를테면 세 살에서부터 청소년에 이르기

---

21) P. McGuffin, A. Caspi, "Personality in Profile," *MRC News* (Winter/Spring 1999): 20-23, 28-33.
22) McGuffin은 일란성 및 이란성 쌍둥이에 대한 초기 연구에서 드러난 요점들을 강조했다. 그러나 그는 정상이고 비정상적인 성격에 대한 연구로부터 나타나는 부가적으로 흥미로운 점, 즉 유전자의 영향과 시간의 흐름에 따른 환경 변화 사이의 균형을 지적했다. 예를 들어 비록 범죄 행위에 대한 연구가 유전 요소의 중요성에 관한 일반적인 결론을 지지할지라도, 그 연구들은 정상적 성격과 성격의 무질서에 가해지는 유전적 영향이 존재하는 반면, 성격의 특징이 단독 유전자에 연결될 가능성이 거의 없다는 사실을 지적한다. 우리는 노이로제나 공격성에 "해당하는 유전자"를 발견하리라 기대하지 말아야 한다. 이런저런 성격의 특징들이 많은 유전자에 의해 영향을 받는다는 주장이 훨씬 더 신빙성 있다. 그 특징들은 양적특성자리(quantitative trait loci, 약어로 QUL's)로 알려져 있으며, 그것들만이 각각 단지 작은 영향을 지닌다.

까지의 기간을 연결해 도표화했다. 우리의 주된 관심사에 더 가까이 다가가보면, 비록 그것과 일치하지는 않지만, 우리는 1986년 필립 러쉬턴(Philip Rushton)이 행한 연구에 주목할 필요가 있다. 그는 다른 질문지 속에 이타주의를 측정할 질문지를 사용하여 이 성격 특징의 유전 가능성에 대한 증거를 학계에 발표했다. 위장된 이기심을 포함해, 타자를 돕는 동기를 이해하려는 시도에 대한 다양한 설명이 제안되었다는 사실은 전혀 놀랍지 않다. 베이츠(Bates) 같은 이들은 행동을 돕는 두 가지 대안적 경로가 있음을 제안했는데, 그는 이 둘을 각각 "이기주의적" 그리고 "이타주의적"이라고 이름 붙였다. 그는 진정한 이타주의가 아마도 존재할 것이라고 결론짓는다.

우리의 논의에서 이 모든 것이 지닌 의미는 다음과 같다. 첫째, 어느 주어진 개체군 가운데 자기를 규제하고 제한하는 능력이 복잡한 다원적 근거를 갖는지에 대한 가능성을 고려해야만 한다. 둘째, 희망하건대, 비록 비움 행위의 표현 범위와 그 정도가 유전적 자질(genetic endowment)이라 하더라도, (비움을 실행하는) 공동체가 비움 행위의 발전과 표현을 함양시킬 것이다. "비움 행위의 발전을 함양하기"를 언급함으로써 우리는 지금까지 제시한 논의에 속한 불균형을 알리고자 한다. 이 접근법은 본질적으로 어떻게 신경 기질의 속성 그리고/또는 유전적 자질이 비움 행위를 포함해서 이런저런 형태의 행위를 야기하는지를 묻는다. 그러나 여기서 멈추면, 이는 "상향식" 접근법으로 논의를 제한하는 것일 수 있다. 비움 행위에 관해 연구하는 것이 훨씬 더 중요하겠지만, "하향식" 접근법 역시 똑같이 적절하다. 노벨상 수상자인 로저 스페리(Roger Sperry)[23]는 계속 이를 강조했다. 예를 들어 그는 이렇게 말한다. "의식은 두뇌 활동을 통해 역동

---

23) R. W. Sperry, in *Essays in Honor of Roger W. Sperry* (Cambridge: Cambridge University Press, 1990), 382-85.

적으로 창발하는 속성으로서, 의식을 주로 구성하는 신경계 사건과 일치하지도, 혹은 축소되지도 않는다." 아울러 그는 "의식은 강력한 인과 결과를 두뇌 활동의 상호 작용에서 행사한다"라고 덧붙였다. 한편, 비록 다른 점을 강조하지만, 다마시오는 『데카르트의 오류』에서 이 주제를 다루면서 "상향식" 접근법에 자신을 제한하는 사람들에 관해 언급한다. 그는 이렇게 묻고 답한다. "이것은 사랑, 관대함, 친절, 긍휼, 정직, 그리고 다른 추천할 만한 인간의 특징이 **단지**(강조는 내 것임) 의식적이지만 이기적인 생존 지향적인 신경 생물학적 규제의 결과임을 의미하는가? 이것은 이타주의의 가능성을 부인하고 **자유의지를 부정**(강조는 내 것임)하는가? 이것은 어떤 참된 사랑도 없으며, 어떤 신실한 우정도 없고, 어떤 진정한 긍휼도 없음을 의미하는가? 전혀 그렇지 않다"(125-26쪽).

지난 십 년 동안, 우리가 오랫동안 직관적으로 의심해왔던 바를 입증하기 시작하는 신경 과학 연구 문헌들이 나타나기 시작했다. 다시 말해 우리가 행하는(그리고 생각하는) 것은 습관적으로 마음뿐만 아니라 두뇌도 "조각한다." 예를 들어 1996년 소데이트(Sodate)와 동료들은, 촉각을 인지하는 과정에 정상적인 역할을 하지 못하는 대뇌피질 일부분이 브라유(Braille) 점자를 능숙하게 사용하는 시각장애인들 사이에서 꽤 높이 발달했음을 보여주었다. 그들은 훈련과 반복된 사용이 그런 과제에서 신경 기질을 수정한다고 결론지었다. 다른 연구들도 이를 확증했다. 더 놀라운 것은, 이탈리아에서 수행된 연구 결과에 따르면, 알츠하이머를 예방하는 데 초기 교육이 주는 장기적인 혜택이 가능하다는 점이었다. 그들은 알츠하이머—노인성 치매의 가장 흔한 형태—에 걸릴 확률이 5년 이상 교육을 받았던 사람들보다 교육을 받지 못한 문맹자들 가운데 14배나 크다는 점을 발견했다. 이런 결과가 단지 이탈리아에서 수행된 어떤 특정 연구에서 나온 인공적인 산물이라는 점은 믿기 힘들다. 왜냐하면 다른 연구자들이 다른 나라에서 같은 결과를 발견했기 때문이다. 그렇지만 우리는 **어떻게** 교육이 이런 결과를 가져왔는지 아직은 확실하게 이해하지 못한다. 마음과 행동을 통해 두뇌가 "하향식"으로 조형된다는 사실을 진지하게 고려해야 한다는 점은 명백하다. 비록 그것이 어떻게 발생하는지를 이해하기에는 많은 시간이 필요하다 할지라도 그렇다.

## 8. 결론

심리학, 특별히 신경 심리학과 진화 심리학의 흥미로운 발달은, 인류의 본성, 인간 자유의 한계, 자기를 내어주고 자기를 제한하는 행동의 기원과 독특성에 관해 많은 질문을 던지는 일을 재개했다. 인간 이외의 종 가운데 인간과 유사한 도덕적·윤리적 행동이 창발하며, 자기 내어줌과 자기 제한 행동처럼 규정 가능한 성격 특징을 표현하는 데 책임을 진다는 점은, 그들의 다원적 근거를 보여줄 뿐 아니라 그들이 유전적·신경적으로 그런 기질을 소유할 가능성을 드러낸다. 이와 관련된 현대 과학을 간단히 살펴보면 다음과 같은 잠정적인 결론에 도달할 것이다.

1. 그럴듯한 개념들은 넘쳐나지만, 증거는 비록 축적되더라도 제한적이다. 그런 환경에서 때때로 자료보다 가정에 더 근거하는, 입증되지 않은 추정들이 제시되고 있다.
2. 실체 이원론을 부활시키려는 반복된 시도는, 성서에 따른 인간 개념에 계속 도전한다. 오늘날 신경 과학의 주된 사상 유형은, 인간이 "영혼"을 소유한 것이 아니라, "살아 있는 영혼"으로 **존재한다**는 히브리-기독교의 인간관에 수렴된다는 점을 보여준다. 하나님과 함께

하고, 인류라는 가족과 함께하며, 우주와 맺는 관계 속에서 공동체를 위해 발현되는 인간의 능력과 소명에 관한 성서의 강조점을 되찾을 필요성은 자기를 내어주는 행위에 대한 우리 논의에서 똑같이 중요하다.

3. 신경 생물학이 우리의 사고와 행동에 두는 한계를 인식하면서도 우리는 끊임없는 개별적 선택을 통해 자신의 행동을 형성할 기회를 똑같이 인식한다. 그리고 이것은 다른 행동들과 마찬가지로 자기를 내어주고 자기를 제한하는 행동에도 적용된다.

4. 자기를 내어주고 자기를 제한하는 행동이 표현되는 정도를 조절하는 유전적 요소를 보여주는 증거는, 그런 행동이 유전으로 결정되지 **않음**을 보여주는 증거와 나란히 나타난다. 자기를 내어주고 자기를 제한하는 행동의 표현은 매 순간 증가하고 배가하며, 개인의 선택뿐 아니라 논쟁의 여지가 있지만 비움을 행하는 공동체의 촉매 효과를 통해서도 그렇게 된다.

5. 인간 이외의 영장류 가운데 나타나는, 자기를 내어주고 자기를 제한하며 자기를 희생하는 행동의 조짐에 관한 최신 증거와 그들이 문화적으로 진화하는 가운데 나타나는 변이의 조짐에 관한 최신 증거는, 본질적인 창조의 속성이 창조되었음을 보여주는 현시와 창발로 해석될 수 있다. 엘리스가 (이 책에 실린 자기 글에서) 주목하듯, 우리는 하나님이 지으신 피조물인 우리 자신이 일부분으로 속해 있는 생태계에서 나타나는 비움을 보면서, 비움을 창조의 깊은 본성이 가진 한 측면을 이해하는 열쇠로 간주할 수 있다. 그러나 만일 우리가 공공연한 행동 안에 있는 유사성이 그 행위에 일치하는 메커니즘을 입증하며 또한 그것을 필요로 한다는 점을 가정함으로써 부주의한 생각에 빠지기를 피하려 한다면, 계속 경계해야 한다.

6. 기독교 전통이 자기를 내어주시고 자기를 비우시는 그리스도의 독특함을 지키기 위해 인간 이외의 영장류에서도 비움 행위의 요소가 창발한다는 점을 반드시 부인할 필요는 없다. 오히려 우리가 인간 이외의 영장류 및 개인과 집단의 인간 행위 안에서 비움 행위의 시작으로 간주하는 것은, 그리스도의 인격에서 최고로 그리고 독특하게 드러난다. 독특하다는 것은, 그리스도가 자기를 내어주시는 궁극적인 행동이 본질적으로 그와 그의 행동을 모든 타자로부터 구별한다는 점을 확증하는 우리의 신앙 때문이다. 우리는 (공동 기도서 [the Book of Common Prayer]에도 적혀 있듯이) 예수께서 "온 세상의 죄를 위한 온전하고도 완전한 한 희생 제물이자 만족으로서" 자신을 내어주셨음을 믿는다. 따라서 그리스도와 우리가 동족임을 인식하면서도, 동시에 우리는 그의 독특성을 인식한다. 왜냐하면 그렇게 자신을 내어주시는 최고의 행동을 통해 "하나님께서 그리스도 안에 계시사 세상을 자기와 화목하게 하셨기"(고후 5:19) 때문이다. 아울러 우리는 감사하게도, 창조 세계 안에서 자기를 희생하는 행동의 창발을 일별할 기회를 부여받았다는 점에 놀라면서도, 우리의 역할 모델이신 그리스도를 따르는 우리 자신의 시도가 종종 매우 연약하다는 점을 인식할 때 도전의식을 느껴야 한다. 샌데이처럼 우리는 "그리스도 안에 신성과 인성이 결합해 있음을 입증하는 증거로서 수세기에 걸쳐서 사람들의 마음을 끌었던 바로 그 표시로 인해" 그리스도가 인간 이상이었음을 우리가 여전히 믿는다는 점을 기억해야 할 것이다.

# 5장

## 비움을 통한 창조와 하나님의 행동

_존 폴킹혼

사랑이 행하는 외적 제한은 종종 내적 한계로부터 나오는 사랑의 자유가 지닌 특징이다.  『사랑의 노력, 사랑의 비용』, 44쪽 현재 영국 성공회의 매일 기도서는 다음과 같이 시작한다. "영원한 하나님 아버지, 당신은 당신의 능력으로 우리를 창조하시고 당신의 사랑으로 우리를 구속하십니다." 비록 이 기도문은 매우 사랑 받는 기도이지만, 그 신학만큼은 질문에 대해 열려 있다. 우리는 당신의 사랑으로 우리를 창조하시고 당신의 능력으로 우리를 구속하시는 하나님에 대해서도 마찬가지로 말할 수 있을지 모른다.

창조와 구속 사이에 놓인 어떤 이분법도 여러 신학적 위험을 수반하며, 이런 위험들은 하나님의 다른 속성들과 억지로 상관관계에 처할 때 더욱 깊어진다. 세계를 존재케 하고 그 세계의 존재를 유지하는 창조 행위는 피조물의 작은 능력으로 결코 비교할 수 없는 위대한 능력의 행동임이 틀림없다. 신학적 담론에서 오직 하나님만이 "왜 무가 아닌 어떤 것이 존재하는가?"라는 위대한 질문에 답할 수 있다. 그러나 그 질문은 무에서부터 근원적 창조를 이루신 하나님의 능력을 인용한다고 해서 간단히 해결될 문제가 아니다. 만약 우리가 그런 언어를 사용해도 좋다면, 이 위대한 행동 뒤에 놓여 있는 하나님의 동기가 무엇인지를 고려하는 것 또한 필수적이다. 그 점을 살피려면, 하나님의 사랑이 참으로 타자의 존재를 원하셨으며, 따라서 창조를 통해 이 사랑이 거룩한 삼위일체의 위격들 사이에서 일어나는 상호침투적(perichoretic) 교류의 외부에서도 주어진다는 사실을 반드시 포함해야 한다. 창조 세계는 하나님이 창조 세계에 생명과 창조 세계 자체의 가치를 부여하시기 때문에 존재한다.

죄와 헛됨의 결박에서 구속되리라는 기독교의 희망은 개별 인간과 창조된 전체 질서 둘 다를 위한 것으로서, 사랑(히브리어 헤세드)의 하나님의 변하지 않는 신실함에 대한 신뢰에 근거하는 것이 분명하다. 예수는 죽음 이후에 나타날 운명인 부활이 실재하는지에 관한 사두개인들과의 논쟁에서 그 점을 지적했다. 예수는 아브라함, 이삭, 야곱의 하나님이 영속적으로 족장들을 돌보시며, 따라서 하나님이 "죽은 자의 하나님이 아니요 산자의 하나님이시라"(막 12:18-27)는 점을 확언했다. 그러나 인간의 구속과 우주의 구속을 위한 상황이 새 창조다. 새 창조는 무로부터(ex nihilo) 이루어지는 두 번째 창조 활동이 아니다. 왜냐하면 그것은 옛 창조가 부활된 변혁으로서 옛것으로부터(ex vetere) 나아가기 때문이다.[1] 이런 관점에서 새 창조는 첫 창조와는 다르지만, 그럼에도 초월적 범주에 속하는 위대한 하나님의 능력이 작용하는 모습을 보여준다. 사실 그 초월적 능력은 예수 그리스도의 부활을 통해 이미 드러났다(참조. 롬 1:4).

능력 없는 사랑은 세계 역사를 동정하지만 무능한 방관자인 하나님에 해당할지도 모른다. 사랑 없는 능력은 무자비한 착취를 통해 역사 전체를 손에 쥔 폭군으로서 우주를 통치하는 하나님에 해당할지도 모른다. 둘 중 어떤 개념도 우리 주 예수 그리스도의 아버지이신 하나님이실 수는 없다. 왜냐하면 기독교의 하나님은 당신이 주도하는 인형극의 창조주도 아닐뿐더러, 역사 과정에 아무런 영향도 끼치지 않은 채 역사 놀이를 구경하는 이신론적 방관자도 아니기 때문이다. 하나님의 능력과 사랑은 모두 적절한 중요성을 지닌다. 이 글의 제목에 비움과 행동을 나란히 둔 것은, 필연적으로 둘의 균형을 추구하려 애쓰며, 따라서 그 균형을 어떻게 이룰 수 있는가에 관한 문제를 제기하기 위해서다. 이 문제는 해결하기 쉬운 과제가 아니다. 모든 신학적 사고는 불안정하지만 균형을 잡는 행동이며, 그것은 무한한 하나님의 실재에 관해 말하기 위해 유한한 인간의 언어를

---

1) J. C. Polkinghorne, *Science and Christian Belief/The Faith of a Physicist* (London and Princeton: SPCK/Princeton University Press, 1994), 9장.

사용하는 시도에 제기되는 반론이 병발한다는 점에 의지한다. 모든 주장은 반대 주장의 한정(qualification)이 필요할 것이다. 부정 신학(apophatic theology, 인간의 본질상 하나님을 온전히 알 수 없으므로 부정적 표현을 통해서만 서술할 수 있다는 사상—편집자 주)의 경고에 주의할 필요가 있지만, 사고를 완전히 마비시킬 정도까지 그렇게 할 필요는 없다.

비움을 통해 나타나는 하나님의 사랑과 그분의 섭리에 따른 능력을 모두 정당화할 필요가 있다는 점은 이 신학적 긴장이 분명히 해야 할 부분이다. 하나님의 사랑에 대한 강조는 하나님에 관한 과정 신학의 설명이 그 배후에 있다고 여겨지는데, 이 하나님은 화이트헤드의 감동적인 표현처럼 "이해하시며 함께 고난 받으시는 친구"이며, 설득의 힘을 통해서만 활동하시는 분이다. 그것은 고상한 개념이지만, 신성의 능력이 상실되어서 궁극적 성취의 근거이신 하나님에 대한 희망이 전복되지는 않았는지에 대한 질문이 제기된다. 쟁점은 성취에 대한 하나님의 비전이 스스로 실현되기에 그 자체로 충분한지 혹은 이것이 성취되기 위해 하나님의 은혜의 행동이 창조 세계에 필요한지에 관한 문제다. 이 문제는 화이트헤드의 하나님이 예수를 죽은 자로부터 살리셨던 그분일 수 있는지를 물음으로써 가장 솔직하게 제기될 수 있다.

하나님의 능력을 강조하는 배후에는 하나님에 관한 고전 신학의 서술이 있는 듯하다. 제1원인으로서 하나님은 모든 것을 통제하시며, 어떤 것에도 고통 받지 않으시기 때문에 피조물이 그분의 신적 본성에 미치는 것, 즉 참된 사랑의 관계가 의미할 법한 종류의 상호 효과가 전혀 없다. 토마스 아퀴나스(Thomas Aquinas)와 같은 고전 신학의 주요 옹호자가 상술한 도식은 지적인 측면에서 인상적이다. 그러나 하나님의 본성에 관한 아퀴나스의 설명은 "하나님은 사랑이심이라"(요일 4:8)라는 기독교의 근본적인 확신에 의문을 제기할 정도까지 창조로부터 멀고 단절되어 있는가를 다루는 질문에 대해 열려 있다. 제1원인인 신과 제2원인인 피조물이 함께 세계에서 동시에 작용한다는 점을 가정하는 데 모순이 없는가에 관해 아직도 해결하지 못한 어려움 역시 존재한다.

20세기 후반에 나타난 창조에 관한 상당히 많은 신학적 사고가 이런 쟁점들을 다시 연구하는 데 관심을 기울였으며, 많은 요소가 이를 부추겼다. 그 요소 중 어떤 것들은 신학적인 사고에 어울리며, 우리는 그들의 일반적 특성을 나타내는 데 단순히 만족할 수 있을 것이다. 왜냐하면 그 요소들은 이 심포지엄에 참여한 다른 기고자들의 주된 관심사이기 때문이다. 적어도 부분적으로 다른 사고들이 과학적 통찰로부터 일어나는데, 우리는 그것들을 더욱 주의 깊게 살펴볼 것이다.

**a. 성육신 신학**(Incarnational Theology). 비움과 관련해 신약성서에 나타나는 전형적인 본문은 "자기를 비워(*ekenosen*) 종의 형체를 가지신" 그리스도를 언급하는 빌립보서 2:1-11이다. 육체를 입으시고 유한한 인간이 되신 하나님의 말씀이 자기를 제한하셨다는 개념은, 종종 기독론적 사고에 강력한 영향을 미쳤다. 그것은 17세기와 19세기 초의 루터파 신자들과 19세기 말에 몇몇 영국 신학자들 가운데 나타났다. 20세기에는 비움의 개념을 적용하는 일이 엄격한 기독론적 초점을 넘어서 하나님이 창조 세계와 맺는 관련성의 다른 양상들을 포함하는 데까지 확장되었다. 몰트만은 우리에게 십자가에 달리신 하나님 개념을 강력하게 제기했는데, 그것은 예수 그리스도의 십자가라는 삼위일체적 사건을 통해 계시되었다.[2] 밴스톤은 비움 개념을 창조라는 사랑의 행위가 수반하는 위태로움, 값비싼 대가를 치름, 그리고 가치의 선물에 대한 그의 탐구의 중심에 두었다.[3]

---

2) J. Moltmann, *The Crucified God* (London: SCM Press, 1974): 『십자가에 달리신 하나님』 (한국신학연구소 역간).
3) W. H. Vanstone, *Love's Endeavour, Love's Expense* (London: Darton, Longman and

우리는 이후에 성육신적 통찰로 되돌아갈 것이다.

　**b. 신정론.** 신의 사랑과 신의 능력에 대한 주장들이 서로 대치하는 전형적인 형국에는 언제나 신정론이라는 당혹스러운 문제가 있었다. 신의 사랑은 창조 세계의 완전한 선을 위해 자비로운 소원을 품은 창조주를 의미하는 듯하다. 신의 능력은 신의 목적을 완전히 성취할 수 있는 창조주를 의미하는 듯하다. 그러면 어디서부터 질병과 재난 같은 많은 물리적 고통이 오는가? 의심할 여지 없이, 어떻게 행동할지를 선택할 자유를 지닌 도덕적 존재가 존재하는 점이야말로 위대한 선이다. 이 선물을 잘못 사용한 것을 도덕 악(moral evil)의 기원으로 간주할 수 있다. 그러나 또한 우리는 아우구스티누스를 따라 자유의 남용이 온 창조 세계를 망라하는 우주적 결과를 초래했고, 이전에 소유했던 낙원에서의 완전한 삶을 타락시켰으며, 따라서 세상에 존재하는 자연 악(physical evil)의 원천은 자유의 남용이었다는 주장을 더는 믿을 수 없다. 자연 악과 도덕 악이라는 문제의 대부분은 해당 문제 자체의 수준에 달려 있다. 홀로코스트와 히로시마 원폭 사건을 겪으면서 우리는 이런 쟁점들만을 너무 의식하게 되었다. 몰트만의 신학은 명백히 아우슈비츠 이후의 신학에 이바지하고 있고, 밴스톤은 세계의 창조 과정에서 나타나는 필연적인 불안정성에 관심을 둔다. 이러한 쟁점들은 뒤에서 다시 다룰 것이다.

　**c. 창조의 지속.** 18세기 후반부터 계속해서, 물질 세계의 역사적 특징을 설명하려는 과학적 시도가 발달해왔다. 지상의 용어로 처음 깨달은 것은, 지구의 모습이 여러 이언(eon, 지질 시대를 구분하는 가장 큰 단위―편집자 주)의 기간에 걸쳐서 점차 진행된 변화에 영향을 받았다는 점이었다. 땅속에서 진행되는 지질 구조의 형성 과정으로 인해 어떤 산들은 침식했고 다

---

Todd, 1977).

른 산들은 솟아올라서 각각의 자리에 위치하게 되었다. 결국 거대한 대지 자체는 대륙 이동의 결과임이 발견되었다. 지질학적 변화라는 시간 척도와의 관계에서 볼 때, 대지가 안정 상태에 있다고 우리가 느끼게 된 것은 단순히 기록된 역사, 즉 인류 역사의 짧은 시간 동안 발생했다. 더 긴 시간의 관점에서 보면, 지구의 모습은 구름의 모습만큼이나 유동적이다.

종이 불변한다는 오래된 가정은 19세기에 이르러 비판적 재평가에 직면하게 되었고, 1859년에 다윈과 월리스가 진화 개념과 관련된 저서를 출간함으로써 마침내 최후를 맞게 되었다. 생물권(biosphere)은 지권(geosphere)만큼 정적이지 않음이 판명 났다.

20세기 초 몇십 년간 (아인슈타인을 포함한) 많은 과학자의 관념적 성향과는 반대로, 우주 자체 역시 변화하는 역사를 가지고 있다는 점이 드러났다. 빅뱅 우주론에 따르면 항성도 은하계도 없었던 때가 있었다. 우리는 제2세대 항성 주위를 돌고 있는 제2세대 행성에 살고 있다. 그리고 항성과 행성은 성운과 제1세대 초신성 폭발의 잔해로부터 응축되었다.

과학에 근거한 이런 재평가는 신학에도 영향을 미쳤다. 그 영향은 결코 열매가 없지 않았다. 다윈은 종교 사상가들로부터 반계몽주의자들의 총체적인 반대에 부딪쳤다. 하지만 논객들과 몇몇 대중매체가 공들여 발전시킨 통속 전설과는 반대로, 처음부터 다윈의 통찰을 환영했고 이를 긍정적으로 신학에 적용했던 기독교인들이 있었다. 영국에서는 찰스 킹슬리(Charles Kingsley), 프레더릭 템플, 오브리 무어(Aubrey Moore)가 여기에 포함되며, 미국에서는 하버드 대학교에 있었던 다윈의 친구인 아사 그레이(Asa Gray)가 있었다. 하나의 공통된 주제가 그들의 반응을 관통한다. 신학적인 의미에서 진화된 세계는 "스스로 자신을 만들도록" 창조주에 의해 허용된 일종의 창조 세계를 의미한다. 삶이라는 연극은 미리 결정된 대본에 따르는 공연이 아니라 행위자 자신들이 직접 연기하는 자발적인 즉흥 공연이다. 비록 비움에 관한 언어가 분명하게 사용되지는 않았지만, 이것은 명백히 비움 개념이다. 하나님은 피조물과 더불어 창조 과정을 전개하는 데 함께하신다. 이 피조물들은 풍성한 변화 과정에서 하나님이 그들에게 명령한 역할이 아닌, 하나님이 허락한 역할을 감당한다.

이것은 고전 신학이 제시하는 창조와 하나님의 행위에 대한 설명과는 크게 대조된다. 아우구스티누스 이래로 계속되어 아퀴나스의 저서에서 가장 강력하게 나타나는 고전 신학은, 피조물이라는 제2원인 안에서 그리고 그 기저에서 작용하는 하나님이라는 제1원인을 주장함으로써, 신적 행동의 독특성과 신적 능력의 우월성을 지키려 했다. 고전 신학은 하나님의 초월성을 지나치게 강조했을 뿐 아니라, 무로부터의 창조라는 독특한 개념, 즉 하나님의 창조 명령을 통해 새로운 존재가 출현하게 되는 부르심을 매우 강조했다. 물론, 자존성(aseity)을 가진 초월적 창조주와 무(無)의 심연으로부터 자신을 보존하기 위해 하나님의 뜻에 영속적으로 의존하는 창조 세계 사이의 구별은 기독교 신학에서 매우 중요한 요소다. 우리는 이 구별에 의문을 품으려는 어떤 관념에도 극도로 주의하지 않을 수 없다. 피조물과 구별되는 하나님만이 언젠가 일어날 자연적 붕괴 너머에 존재하는, 피조물이 갖는 희망의 근거일 수 있다. 그러나 이를 언급한다고 해서 우리가 창조 교리에 관해 말해야 할 모든 것을 언급한 것은 결코 아니다. 땅과 물이 생명을 낳는다는 창세기 1:11, 20, 24을 숙고하면서 아우구스티누스조차도 하나님이 생명의 씨앗을 창조했다고 믿었다. 비록 아우구스티누스 자신은 한 종에서 다른 종으로 전이가 일어난다는 개념을 이해하지 못했음이 분명하지만, 그 생명의 씨앗들로부터 피조물이 결국 발전했다.

우주가 진화했다는 점을 과학이 인식하면서부터 하나님이 창조 세계에 내재하셔서 현존하신다는 점을 신학도 인식하기 시작했다. 아울러 무로부터의 창조 개념이 "계속되는 창조"(creatio continua)라는 개념을 통해 보완될 필요가 있다는 점도 인식하게 되었다. "계속되는 창조" 개념은 과학과 신학을 아우르는 이들의 저서에 등장하는 주요한 주제가 되었다.[4] 이 개념에는 중요한 신학적인 의미가 많이 녹아 있다.

첫째, "계속되는 창조" 개념에는 분명히 비움의 특성이 있다. 이는 창조 세계가 자신을 형성하도록 허용되었으며, 그런 창조 개념에 상응하는 진화 과정에 대한 이해와 관련지어 생각해볼 때 그렇다. "계속되는 창조"가 전개되는 과정은 피조물의 인과 관계에 대해 유연하며 개방되어 있는 것으로 이해되어야 한다. 진화 개념에 강한 영향을 받은 신학자 필립 헤프너(Philip Hefner)는 인간을 "창조된 공동 창조자"로 언급하기를 선호한다.[5]

둘째, 이렇게 힘을 공유하는 비움의 행위는 신정론과 관련하여 중요한 의미를 내포한다. 하나님이 일어나는 모든 일에 대해 직접 그리고 전적으로 책임을 져야 한다는 주장은 더 이상 성립할 수 없다. 진화가 지배하는 세계는 불가피하게 혼란스럽고 진퇴양난인 면이 존재하는 세계다. 죽음은 새로운 생명에 필요한 비용이다. 환경의 변화는 절멸로 이어질 수 있다. 유전자 변이는 때때로 새로운 형태의 생명을 생산하기도 하고 종종 유해한 존재를 낳기도 한다. 창조 세계가 스스로 형성되도록 허락되어 있는 한, 그 세상에는 지불해야 할 피할 수 없는 비용이 있다. 피조물은 그들의 본성을 따라 행동한다. 사자는 먹이를 죽일 것이고, 지진은 발생할 것이며, 화산은 폭발할 것이고, 강은 범람할 것이다. 도덕 악과의 관계에서 "자유 의지 변호"(free-will defense)라는 친숙한 용어를 사용하듯이,

---

4) I. G. Barbour, *Issues in Science and Religion* (London: SCM Press, 1966), 12장; A. R. Peacocke, *Creation and the World of Science* (Oxford: Oxford University Press, 1979), 2장과 3장; J. C. Polkinghorne, *Science and Creation* (London: SPCK, 1988), 4장.

5) P. J. Hefner, *The Human Factor* (Minneapolis: Fortress Press, 1993), 이 개념은 여러 부분에 등장한다.

나는 이런 통찰을 가리켜 일종의 유비로서 "자유 과정 변호"(free-process defense)[6]라 부른다. 자유 과정 변호는 결코 신정론의 모든 문제를 해결하지는 못하지만, 하나님의 무능 또는 무관심에 대한 의혹을 제거함으로써 다소 그런 문제들을 완화한다. 이 관점으로부터 신의 사랑에 대한 주장과 신의 능력에 대한 주장 사이의 고전적 대립이, 한편으로 하나님의 전적 은혜를 주장하면서도 하나님의 능력을 비움이라는 방식으로 한정함으로써 해소된다. 물론 이것은 하나님의 본성 안에서 그리고 그 본성 자체와 일치하도록 발현되는 자기 한정 요건이다. 그리고 이것은 하나님의 능력에 대해 "외부에서 오는 형이상학적 제한"(external metaphysical constraint)이라는 과정 신학의 개념과는 매우 다르다. 왜냐하면 자유 과정 변호에서는 외부의 어떤 요소도 하나님에게 조건을 부과하지 않기 때문이다. 고전 신학자들은 이 점에서 옳았다. 그러나 그들은 하나님이 신으로서 가진 본성의 일관성을 유지하기 위해 스스로 내적으로 "제한"하신다는 관념을 고려하지 못했다. 아마도 고전 신학자들은 하나님의 유일성(unity)을 매우 강조함으로써 하나님의 내적 제한 개념을 고려하지 않았는지도 모른다.

셋째, 만약 "계속되는 창조" 개념이 그것이 말하는 바를 실제로 의미한다면, 그리고 자연 과정 전체에 대해 경건한 주해를 다는 행위 그 이상으로 구성된다면, 하나님이 섭리로써 이끌어가는 힘은 확실히 진화 역사 전개의 일부분임이 틀림없다. 자기를 비우시는 창조주는 피조물을 좌지우지하지 않으시지만, 계속 창조하시는 창조주는 창조 세계와 상호 작용해야만 한다. 그러므로 비움의 **창조**와 하나님의 **행동**은 신학이라는 한 동전의 양면을 담당한다. 이 점은 자연 과정 자체가 또한 창조주의 뜻을 표현하는 것임을 부인하지 않는다. 자연법칙이라는 하나님의 명령을 통해 드

---

6) J. C. Polkinghorne, *Science and Providence* (London: SPCK, 1989), 66-67.

러나는 일반 섭리와 상응하기 때문이다. 하지만 계속되는 창조에 주목하는 것은 존재하는 상태에 있는 우주를 지지하는 이신론을 초월할 것으로 생각된다. 왜냐하면 어떤 개념은 너무 강력해서 자연 신학에서만 통용되는 하나님, 즉 단지 우주 질서의 근거로 여겨지는 하나님과 관련해 부적절하게 인식될 수 있기 때문이다. 종종 언급되는 다른 방식으로 설명하면, 만약 진화 과정이 "우연"(즉 역사적 우연성)과 "필연"(즉 법적인 규칙성)의 상호 작용을 통해 발생한다면, 그 과정이 말하는 창조주는 규칙성뿐 아니라 우연성을 통해서도 드러날 것이다. 이 결론은, 왜 유대-기독교 전통에서 사용되는 개인적 언어가 하나님에 관해 호도할 가능성이 가장 적은 방식으로 간주되었는지를 고려할 때 더욱 강화된다. 확실히, 아버지로 언급되는 하나님은 특별한 경우에 특별한 일을 하시는 분으로서, (중력의 법칙처럼) 변하지 않는 일종의 효과로 기능하시는 분이 아니기 때문이다. 우리가 짧게나마 더 논의해야 하는 문제가 분명히 여기에 있다. 한편으로 우리에게는 자연 과정의 규칙성에 대한 과학적 설명이 있다. 다른 한편으로 우리에게는 역사 속에서 활동하시는 하나님에 대해 다루는 신학적 주장이 있다. 양자가 서로 화해할 수 있는가? 나는 그렇다고 믿는다. 그러나 이 목적을 성취하려면, 그들이 처음에 대화의 장으로 가져온 평가에 대해 양자 모두에서 나오는 어떤 유연성이 요구될 것이다.

**d. 인과 관계 결합체**(Causal Nexus). 만약 하나님의 섭리 행동이 "계속되는 창조"에 없어서는 안 될 부분이라면, 그래서 어떤 의미에서 "계속되는 창조"가 어느 정도 하나님의 인도와 영향이 나타나는 진화로서 이해된다면, 우리는 하나님의 섭리 행동이 진화 개념을 수용할 수 있는지 살펴보려는 관점을 통해 세계라는 인과 관계 결합체에 관해 우리가 아는 바를 반드시 고려해야 한다. 과학은 인과 관계 결합체에 관해 뭔가 말할 수 있겠지만, 고전 신학의 관점에서 그것은 중요하지 않을 것이다.

토마스주의자에게 그 이유는 다음과 같다. 하나님에게 속하는 제1원인은 과학이 탐구하는 창조 세계의 인과 관계가 가진 힘과 완전히 다른 힘이다. 왜냐하면 제1원인은 다양한 제2원인 안에서 그리고 그 기저에서 실행되기 때문이다. 토마스주의는 어떻게 이렇게 되는지에 관해서 아무런 설명도 하지 않는다. 다만 그렇게 된다고 언급한다. 그들은 하나님과 피조물의 인과 관계가 이중 작인(作因, agency)에 의해 서로 연결되어 있다는 "공동 인과 관계"를 보이려는 어떤 시도도 불가능하거나 심지어 불경하다고 주장한다. 이 관점은 세 가지 중요한 결론을 다음과 같이 단언한다.

첫째, 제1원인의 행동 양식에 대해 말할 수 없다는 점은 하나님과 인간이라는 두 작인 사이에 어떤 유비가 성립할 가능성조차 철저히 반박하는 결과를 가져온다. 둘째, 하나님은 단순히 모든 사건이 일어나도록 허락하실 뿐 아니라, 자신의 의지를 실행하셔서 모든 사건이 발생하게 하심으로써 모든 사건의 당사자가 되신다. 하나님의 통제 밖에 있는 것은 전혀 없다는 그들의 주장은 신정론에 명백한 어려움을 제기한다. 제1원인의 감춰진 신비스런 본성은, 결국 모든 일이 잘 될 것이라는 감춰진 신비스런 주장과만 조화를 이룰 것이다. 셋째, 제1원인은 제2원인의 특성과 너무 분리되기에, 과학이 발견하는 제2원인이 어떤 형태이든, 제1원인이 활동한다고 믿을 수 있다. 신학은 물질 우주 형성의 과정에 관해 우리가 현재 이해할 수 있는 어떤 것에도 영향을 받지 않는다. 그러나 우리 중 몇몇은, 이중 작인 개념과 관련된 깊은 모호함이 수반하는 위험을 느낀다. 이 논의는 그저 애매한 말장난에 불과하다고 판명될 수 있다.

고전 신학의 지지자들에게는 제1원인과 제2원인 개념이 갖는 강점이, 사실상 이 논의를 비판하는 이들이 보기에는 가장 큰 약점이 된다. 이중 작인 개념이 내세우는 전략은 어떻게 과학과 신학이 서로 연관되는지를 이해하는 방식인 "두 언어" 개념의 한 극단적인 경우라고 할 수 있다. 과학과 신학 담론은 각각 독립적으로 다뤄진다. 그 결과, 그들의 이야기는 서로 다른 층위에서 엇갈리고 만다. 우리는 이 두 학문이 두 가지 다른 패러다임을 제시한다고 간주하든지 혹은 두 가지의 서로 다른 언어 게임에 참여하는 것이라고 간주할 수 있다. 이것은 과학과 신학의 경계면에서 활동하는 다른 많은 이들과 더불어 과학자 겸 신학자(scientist-theologian)[7]들이 올바르고 단호하게 거부하는 요지다. 그 대신 그들은 두 학문 사이의 경계를 가로지르는 활발한 교류가 있다는 의미와 함께, 진리와 지식의 통합—창조주의 유일성(oneness)에 의해 궁극적으로 보증되는 통합—에 대해 확언한다. 창조의 과정과 역사가 드러내는 특징이 창조 세계와 상호 작용하시는 하나님의 본성에 대한 어떤 실마리도 제공하지 못할 정도로 창조 세계가 창조주와 멀리 떨어져 있지는 않다는 것이다.

인간 작인(human agent)과 신적 작인(divine agent)은 모두 분명히 경험의 범주에 속한다. 그 범주에 대한 완전한 이해는 현재로서는 우리의 능력을 상당히 넘어선다. 인간으로서 우리는 자유로운 선택과 그에 따른 도덕적 책임에 대한 우리의 기본적 경험을 부인하지 말아야 한다. 기독교인으로서 우리는 우리의 직관, 그리고 우리의 전통에 대한 증언, 즉 하나님이 세계 가운데 활동하심을 부인하지 말아야 한다. 지식의 통합을 확신하는 합리적 사상가로서 우리는 물리적 과정에 대한 현대 과학의 이해에서 발원하는 형이상학적 추측이 이런 문제들을 조금이라도 다룰 무언가를 우리에게 제공하지 못할 수도 있는지 살펴보려는 시도를—그 시도가 아무리 대단하지 않으며 잠정적일지라도—무시하지 말아야 한다.

현대 물리학은 미시 영역을 다루는 양자 물리학과 거시 영역을 다루는

---

7) J. C. Polkinghorne, *Scientists as Theologians* (London: SPCK, 1996), 1장을 보라.

혼돈 이론을 통해 **고유한** 예측 불가능성(intrinsic unpredictability)이 광범위하게 존재한다는 사실을 드러냈다. 만일 우리가 그런 인식론적인 결함들이 내재한다는 점을 충분히 받아들인다면, 그런 결함들은 그것들을 존재론적인 개방성의 기회로 바꾸려 시도할 기회를 제공하며, 그것들을 추가적인 인과 관계 원리가 작용하는 잠재적 자리로 대하고, 미래를 발생하게 하며, 물리학에서 사용되는 전통적인 묘사 방식인 요소들 사이에서 일어나는 에너지 교환이라는 인과 관계 법칙을 초월하며 보완하는 데 유효하게 된다. 그렇다면, 모든 인과 관계가 포함된 완전한 집합은 인간 작인과 신적 작인을 포함하며 세계의 미래 상태를 성취하는 무언가일 것이다.

그런 움직임은 형이상학적 특성을 띠며, 과학에만 기초해서는 그것을 확정할 수도, 부인할 수도 없다. 과학자들은 본능적으로 현실주의자(realist)들이다. 그들은 인식론(예측 불가능성)과 존재론(새로운 인과 관계의 원리)을 가능한 한 가깝게, 되도록 그 둘을 근본적으로 짜맞추려 노력하는데, 이는 그들이 추구하는 당연한 전략이다. 양자 이론의 경우에 이 전략은, 단지 무지를 나타내는 한 원리가 아니라 존재론적으로 비결정론(indeterminacy) 원리로 해석되며 하이젠베르크의 불확정성원리(측정 가능한 대상이 갖는 인식론상의 문제와 원래 연관된 원리)와 더불어 거의 보편적인 전략이었다. 이에 대한 대안으로 데이비드 봄(David Bohm)은 양자 이론을 결정론으로 해석해야 한다고 주장하는데,[8] 그는 이것이 논리적으로 강요된 움직임이 아닌 하나의 형이상학적 선택임을 분명히 한다. 우리 중 몇몇은 혼돈 이론과도 관련해 비슷한 전략을 추구하려 했다.[9]

---

8) D. Bohm and B. J. Hiley, *The Undivided Universe* (London: Routledge, 1993).
9) I. Prigogine, *The End of Certainty* (New York: The Free Press, 1996): 『확실성의 종말』 (사이언스북스 역간); J. C. Polkinghorne, *Reason and Reality* (London: SPCK, 1991), 3장; *Belief in God in an Age of Science* (New Haven: Yale University Press, 1998), 3장: 『과학 시대의 신론』(동명사 역간).

복잡계(complex system)에 관한 연구는, 물리적 과정에 대한 우리의 서술이 에너지뿐 아니라 "유형"이라 부를 수 있는 무언가를 포함하는 이중성을 띤다는 점을 강조하는 데 기여했다. "혼돈계"(chaotic system)의 미래 행동이 전적으로 해롭지는 않다. 혼돈계는 일종의 "질서 있는 무질서"를 보여준다. 무슨 일이 일어날지는 예측할 수 없지만, 그것은 전문 용어로 "이상한 끌개"(strange attractor)라 불리는, 크지만 제한된 범위의 가능성으로 한정된다. 이상한 끌개는 가능한 미래 움직임의 모음, 즉 모두 같은 에너지이지만 그것들이 펼쳐지는 방식은 서로 다른 에너지 모음으로 구성되어 있다. 무게 추와 연결대로 구성된 수많은 이그제큐티브 토이(executive toy, 책상 등에 놓고 사용하는 장난감 같은 것으로서, 간단한 메커니즘으로 작용하는 장치 같은 것들을 가리킨다—편집자 주)를 상상해보자. 이것은 분명히 같은 형태로 출시되지만, 처음 움직임이 진행된 이후에는 당혹스럽고 예측할 수 없는 다양한 움직임을 보인다. 이런 장난감 중 하나를 갖고 노는 것은, 그 장난감의 이상한 끌개를 탐구하는 행동이다. 어떤 혼돈계가 소유하는 것으로 해석되는 개방성은, 그 계의 이상한 끌개 안에 포함된 가능성이 얼마나 다중성을 띠는지와 상응한다. 그리고 실제로 어떤 움직임이 시작될 때, 그것은 그 계의 상세한 구조를 구체화하는 정보를 입력하는 행동에 상응하는 것이다("이런 방식, 다음으로 저런 방식 등등"). 그렇다면 가정된 새로운 인과 관계 원리들은 정보를 통해 어떤 유형을 형성하는 인과 관계와 더불어 활동과 관련된 인과 관계를 보완하려 할 것이다. 우리는 여기서 옛 개념이 현대적 형태로 복원되는 모습을 본다. 왜냐하면 정보를 통한 인과 관계는 아리스토텔레스의 형상인(formal cause) 개념과 약간의 유사성을 띠며, 역동적인 의미로 해석되기 때문이다.

둘째, 혼돈계들은 근본적으로 격리될 수 없다. 혼돈계들은 환경에 매우 민감하므로, 그것들은 자기들이 속한 환경의 영향으로부터 분리될 수 없기 때문이다. 그러므로 혼돈계들을 그들이 속한 모든 상황에서 전체로서 다뤄야 한다. 따라서 세계라는 인과 관계 결합체는 극도로 복잡하며 고립될 수 없다는 점이 드러났다. 이때 고립될 수 없다는 말은 계들 사이에 상호 얽힘과 피드백이 상당한 정도로 일어남을 의미하며, 우리는 계들이 공간적으로 분리되어 있다는 점 때문에 그 계들을 각각 취급할 수 있다고 순진하게 믿을 수도 있다(비슷하게 얽혀 있는 현상은 양자 물리학의 미시 영역에서 또한 나타나는데, 거기서 나타나는 유명한 "EPR 효과"의 비국소성[non-locality, 국소성의 반대 개념으로, 떨어진 두 계가 동시에 서로에게 영향을 줄 수 있음을 의미한다—편집자 주]은 분리성의 붕괴를 의미한다).[10]

유형 형성과 비국소성이라는 두 가지 특징을 함께 고려하면, 우리는 혼돈 이론에 대한 형이상학적 해석에 존재론적인 접근을 통해 누군가가 총체적(holistic)이자 패턴을 형성하는 종류의 부가적인 인과 관계 원리가 있다고 기대할 것임을 생각할 수 있다. 누군가는 그런 인과 관계를 "활동적 정보"(active information)라고 부를 수 있으며, 그 총체적 특징을 전체가 부분에 영향을 끼치는 것을 의미하는 "하향식 인과 관계"(top-down causality)라 칭할 수 있다. 이 개념은 인간 작인과 신적 작인을 모두 서술하기 시작하기 위한 희망이 담긴 **희미한 빛**을 비춰주는데, 이때 이 두 작인은 이 총체적 행동을 특징으로 할 것이다.

앞에서 다룬 논의는, 인과 관계의 본질이 궁극적으로 형이상학적 질문임을 분명히 드러낼 것이다. 물질 세계의 과정에 대한 과학적 설명이 그 논의에 투입될 수는 있겠지만, 그 설명 자체만으로 우리가 그 논의의 결과가 무엇일지를 결정하지는 않는다. 이 점은, 양자 이론을 비결정론적으로(보어[Bohr]) 또는 결정론적으로(봄[Bohm]) 해석할지에 관한 논쟁을 통

---

10) 예를 들어 J. C. Polkinghorne, *The Quantum World* (London and Princeton: Longman/Princeton University Press, 1984/85), 7장을 보라.

해 완벽히 예증된다. 모든 형이상학적 제안들은 서로 경쟁할 수 있으며, 그 제안들은 포괄성, 경륜, 그리고 인간의 경험에 관해 적절해야 한다는 특성들에 호소하면서 형이상학적 근거 위에서 자신을 방어해야만 한다. 위에서 옹호된 형이상학적 설명은 다음과 같은 두 가지 근본적 고찰에 근거한다. 하나는 인식론과 존재론을 가능한 한 서로 가깝게 하려는 현실주의자의 열망이다. 다른 하나는, 아무리 그것이 임시적이며 추측에 불과하더라도, 의지를 품고 행동하는 우리 인간의 경험과 하나님의 섭리에 근거한 돌보심에 관한 우리의 종교적 직관을 수용하는 전망을 제시하는 도식이 가진 매력이다.

만약 하나님의 행동의 본질을 서술하는 이 묘사에 어떤 진리의 요소가 있다면, 그 요소는 자연 과정을 거스르는 어떤 방식이 아니라, 자연 과정의 공개된 작은 부분 내에서 실행됨을 주목하라. 하나님이 창조 세계와 상호 작용한다는 말이 적절할 수도 있지만, 임의로 방해한다는 의미를 지닌 "개입하다"(intervene)라는 단어는 적절하지 않을지도 모른다. 우리가 확인했듯이 인과 관계가 서로 얽혀 있다는 것은, 발생한 일들을 항목별로 구분하는 행동—즉 이 사건은 자연 과정에 기인한 것으로 돌리고, 저 사건은 인간 작인에게로 돌리며, 또 다른 사건은 신의 섭리로 돌리는 행동—이 불가능함을 의미한다는 점을 인식하는 것이 중요하다. 예측 불가능성의 모호한 특성으로 인해 우리는 그런 방식으로 사건을 구분하지 못한다.

그것이 어떤 형태를 취하든지, 하나님의 행동에 대한 신학적 고찰은 신성과 연관된 필연적인 정도의 독특성을 항상 보존하기 원할 것이다. (하나님이 존재 안에서 우주를 유지하시고, 자연 과정을 지탱하는 자연 법칙의 규칙성을 정하시는) 일반 섭리와 관련해서, 그 독특성은 충분히 분명하다. 어떤 피조물도 흉내 낼 수 없는 절대적 존재가 행사하는 힘이 여기 존재한다. (창조 역사의 전개 과정과 함께하는 하나님의 특별한 상호 작용인) 특별 섭리와 관련해서, 그리고 특별히 비움의 형태로 실행된 특별 섭리와 관련해서는, 쟁점들이 더욱 당혹스럽다. 우리는 처음에 언급했던, 하나님의 사랑에 대한 적절한 이해와 하나님의 능력에 대한 적절한 이해 사이의 긴장으로 돌아왔다. 이제는 내 글의 제목에도 나타나는 이 두 가지 주제 사이에 어떤 조합이 이루어질지를 생각할 때가 되었다. 나는 지금까지 내가 주장했던 견해를 먼저 간단히 논의한 뒤, 그에 관해 중요한 수정 사항을 제안하고자 한다. 후자는 창조 시에 하나님의 비움 행위가 취했을 다양한 형태들을 고려하는 과정에서 나타날 것이다.

하나님이 특별 섭리를 실행하실 때 신성으로서 특징을 유지하신다는 점을 입증하기 위한 내 주된 전략은, 창조주와 피조물을 대조해서 구분하는 것이었다. 즉 하나님은 **순수하게** 정보를 입력하심으로써 활동하시는 반면, 피조물의 행동은 피조물이 구현된 상태와 상응하는 많은 에너지를 요구하며 정보를 통해 이루어지는 인과 관계의 혼합을 수반한다. 이 개념은 하나님의 행동이 순전히 성령의 사역이라는 신학의 시(詩)적 통찰을 산문으로 번역하는 것일 수 있다. 그런 구분은 가능하다. 왜냐하면 소통 이론에서 논의되는 종류의 수동적인 정보 저장 능력은 약간의 정보를 기록하기 위해서도 되돌릴 수 없을 정도로 큰 에너지를 필요로 하지만, 지금 논의되는 적극적인 정보 저장 능력에 대해서는 같은 논리가 성립하지 않기 때문이다.[11] 그러므로 많은 에너지를 필요로 하는 인과 관계와 섞이지 않는, 순수하게 정보와 관련된 인과 관계 개념은 논리적인 것이다.

하나님이 순수하게 정보를 입력하심으로써 활동하신다는 점을 강조하는 동시에 이런 형태를 제안하는 목적은, 하나님을 다른 경쟁하는 원

---

11) 참조. Bohm and Hiley, *The Undivided Universe*, 31-38.

인 중 단지 한 가지 원인이 하는 역할로 축소했다는 비난에서 이 제안을 면제하려는 시도였다. 창조주는 보이지 않는 배우로서 우주라는 무대 위에 서 있다기보다는, 거대한 우주가 공연하는 즉흥 연극의 감독으로 간주하는 편이 더 적합한 듯 여겨졌다. 그러나 이것과 관련해, 그 전략이 실제로 얼마나 성공적인지에 관한 우려를 없애기는 불가능하다. 과학자 겸 신학자들은 캐치 22 상황(Catch-22, 조지프 헬러[Joseph Heller]의 소설 제목으로 역설적 상황을 의미한다—역자 주)에 처해 있다. 하나님이 세계에서 활동하신다는 공동 인과 관계에 관한 담론이 분명하면 할수록, 특별 섭리가 다른 원인 중 단지 한 형태의 인과 관계가 될 가능성은 더욱더 커진다. 그러나 그렇게라도 무언가를 설명하려 하지 않는다면, 특별 섭리는 신앙주의(fideism)에 근거한 단적인 주장 너머에 있는 어떤 논의를 위한 지나친 신비로 남을 위험이 있다.

최근에 나는 우리가 마주치는 신학적 반대가 공통으로 가정하는 만큼 실제로 설득력이 있는지를 재고하게 되었다. 하나님의 창조 활동이 비움이라는 특성을 갖는다는 점을 가능한 한 진지하게 받아들이려 노력한 점이 이런 재평가를 낳았다. 이를 더 발전시키기 위해, 창조주가 창조 세계와 맺는 사랑의 관계에서 산출되는 비움의 서로 다른 측면들을 구분하면 도움이 될 것이다. 나는 다음과 같은 네 가지 구별이 가능하다고 제안한다.

a. **전능성을 비우심**. 이 개념은 하나님이 창조된 타자가 존재하고 행동하는 것을 허용하신다는 데 초점을 맞춘다. 따라서 하나님의 일반 섭리가 발생하는 모든 일을 허용하지만, 그렇다고 해서 발생하는 모든 일이 하나님의 뜻과 일치하거나, 하나님의 특별 섭리 때문에 발생하는 것은 아니다. 창조 세계가 자신을 스스로 만들어가기 때문에, 이런 이해는 진화 역사를 해석하는 기본이다. 아울러 그런 이해는 기본적으로 다음과 같은

신정론의 주장에 근거한다. 즉 하나님이 살인이 일어나거나 지진이 파괴적인 힘을 발휘하는 상황을 원하시지는 않지만 둘 다 세상에서 일어나도록 허용하시는데, 그때 하나님은 자신의 능력을 일부러 제한하셔서 피조물에 작용하는 인과 관계적 공간을 허용하신다. 이렇게 하나님이 스스로 전능성을 제한하시는 측면이 가장 널리 인식되고 수용되는 하나님의 비움이 지닌 양상이다.

**b. 단순한 영원성을 비우심.** 창조 세계가 그것이 전개되는 역사 안에서 자기 본성이 표현되고 실현되도록 시간이라는 차원을 갖는 창조 세계를 존재하게 함으로써, 창조주는 시간에 실재와 의미를 부여했다. 아우구스티누스 이래로 신학자들은 시간이 본질상 창조된 것이며, 따라서 우주는 "시간 안에서"(*in tempore*)가 아니라 "시간과 더불어"(*cum tempore*) 존재하게 되었다고 이해했다. 이런 아우구스티누스의 관점은 1500여 년이 지난 후 공간, 시간, 물질을 한데 묶는 현대 과학 사상인 일반 상대성 이론의 등장으로 지지받게 되었다. 이 관점으로 인해 20세기의 많은 신학자들은 시간이 창조 세계뿐 아니라 창조주에게도 실재임을 믿게 되었다. 하나님이 사물들을 실제 있는 그대로 아시며, 그래서 만약 시간이 실재하고 사건들이 연속해서 일어난다면, 하나님은 그 사물들이 단지 연속하는 존재임을 아시는 것이 아니라, 그들의 연속성을 시간 속에서 아신다는 점을 가정할 수 있다. 달리 말하면, 신이신 하나님이 자신의 본성인 무시간성(timelessness)과 영원성(eternity)을 포기하시지 않으면서도, (말하자면) 창조된 시간에 참으로 관여하시는 창조주라는 개념과 상응하도록 자신의 신성에 시간이라는 한 극을 "덧붙이신" 것이다. 하나님의 본질은 변화 가능성이 전혀 없음이 확실하므로, 사랑의 하나님이 베푸시는 자비는 영원히 변하지 않지만, 또한 그분의 본질에는 그 변화에 상응하는 면이 분명히 존재한다. 하지만 그것은 시간성을 갖는 창조 세계의 변화하는 환경에

완전히 들어맞는다. 우주가 단순히 에너지를 지닌 구체(球體)였을 때, 하나님은 죄인인 인간을 포함하는 세계와 관계를 맺으시는 것과는 다른 방식으로 대폭발 뒤에 나타난 우주와 즉시 관계를 맺으셨을 것이다.

하나님이 시간성을 수용하신 이 행위를 비움이라 부를 수 있다. 왜냐하면 영원은 시간이라는 경험을 자유롭게 포용하기 때문이다. 결과적으로 많은 현대 신학자는 하나님의 영원성과 시간성이라는 양극 개념을 말하고 싶어했다. 그리고 이를 주장하는 것이 과정 신학자들의 두드러진 특징이었다. 이에 관해 우리는 과정 신학자들에게 특별한 빚을 지고 있지만, 양극 개념 자체보다 더 널리 수용된 것은 과정 신학자들이 양극 개념을 발전시켰다는 사실 자체였다. 과학자 겸 신학자들은 모두 이 관점을 지지해왔다.[12]

물론 이 개념은 보편적으로 수용되지는 못했다. 이 개념은 하나님이 전적으로 시간 밖에 계신다는 고전 신학의 통찰을 상당히 거스른다. 하지만 성육신은 하나님이 시간성을 띠는 실재를 입고 극단적으로 관여하셨음을 포함하는 개념이므로, 시간이 하나님의 본성 자체에 아주 낯선 것은 아니라는 기독교 신학의 기대는 자연스럽다. 이 관점에 대해 빌립보서 2장은 그리스도의 본성뿐 아니라 하나님의 본성에 관한 통찰을 제시한다. 왜냐하면 하나님의 본성에 속하는 영원히 참인 것을 역사 속에서 실행한 사건이 바로 성육신이기 때문이다.

c. **전지하심을 비우심**. 우리가 다루고 있는 형이상학적 설명은 자연법칙, 인간 작인, 그리고 특별 섭리와 같은 서로 얽힌 인과 관계의 원칙들에 의해 야기된 미래에 대해 열려 있는 참된 생성의 세계다. 그런 세계는 철저히 시간과 연관된다.[13] 미래는 아직 존재하지 않으며 이것은 하나

---

12) Polkinghorne, *Scientists as Theologians*, 41을 보라.
13) J. C. Polkinghorne, "Natural Science, Temporality and Divine Action," in *Theology*

님조차도 아직 미래를 알지 못한다는 믿음으로 이끈다. 다시 말하면, 창조는 하나님의 전지하심의 비움을 수반했다. 하나님은 알려질 수 있는 모든 것을 아신다는 의미에서 현재적 전지를 소유하신다. 그러나 하나님이 시간이라는 실재에 관여하시는 것은, 하나님이 결국 아실 수 있는 모든 것을 이미 아시지는 않으므로 절대적 전지를 소유하신 것은 아님을 함축한다.

이것은 물론 논쟁이 되는 견해다. 이 관점은, 시간과 무관하신 하나님은 시간에 속하는 역사 전부를 "즉시"(*totum simul*) 안다고 주장하는 고전 신학의 견해와 완전히 대조된다. 그러나 하나님이 전지하심을 비우신다는 개념은 20세기 신학 사고가 꽤 널리 수용했던 측면이었다.[14] 그것은 결코 하나님이 미래를 전혀 준비하지 않으심을 의미하지 않는다(따라서 하나님은 역사가 어떻게 움직일지 아시고, 이집트가 유다를 구하지 못할 것이며 바빌로니아가 번성할 것이라고 예레미야에게 경고하실 수 있다). 그러나 하나님은 형성되지 않은 미래를 상세히(정확히 어떻게 예루살렘이 침략자들에게 함락되는지) 알지는 못하신다. 현재적 전지는 하나님의 한계를 나타낸다. 그러나 그 한계는 하나님의 본성 안에 포함된 것일 뿐, 외부에서 부과된 것은 아니다.

**d. 원인으로서의 지위를 비우심.** 받아들여진다면 좋겠지만, 내 이전 관점을 상당 부분 수정할 새로운 제안이 여기 있다. 나는 **창조주의 비움의 사랑이, 하나님의 특별 섭리가 여러 원인 가운데 한 원인으로 행동하도록 허락하셨음**을 믿게 되었다. 물론 하나님의 겸손이 그렇게 되도록 허용했다는 것 이외에는 어떤 것도 창조주에 관한 담론을 피조물의 담론에 적절한 유비를 담은 용어로 축소할 수 없다. 우리는 기독교의 핵심인 비움의 역설 즉 성육신으로 되돌아간다. 성육신은 하나님의 자기 제한 행동

---

*Today* 55 (1998): 329-43.
14) 과학자 겸 신학자에 관해서는 각주 12번을 보라.

에 중심을 두는데, 그것은 마치 하나님의 본성이 가장 분명하고 접근하기 쉬운 피조물의 용어로 드러나는 것과 같다. 성육신은 말씀이 우리 인간의 본성을 취하시고 그 결과 예수 그리스도 안에 있는 인간의 삶과 죽음에 참여하심으로써 드러난다. 보이지 않는 하나님이 우리의 육체를 입으시고 창조 세계라는 무대 위에서 보이는 배우가 되셨다. 성육신을 통해 우리는, 1세기 팔레스타인에서 하나님이 여러 원인 가운데 한 가지 원인이 되시기 위해 가장 철저한 방식으로 복종하셨음을 본다. 물론 그것이 하나님이 그 시기에 하셨던 모든 것은 아니다. 기독교 신학은 결코 예수를 하나님과 단순히 동등하게 간주했거나 성육신이라는 역사 속 사건이 우주를 통치하는 하나님 개념을 약화하는 어떤 것이라고 가정했던 적이 없다. 그러나 성육신은 하나님의 통치가 언제나 취할 것으로 생각되는 어떤 특징을 힘주어 제시한다. 성육신은 고전 신학의 설명, 즉 하나님이—그분이 제1원인이신 까닭에—형언할 수 없을 정도로 항상 완전히 통제하시는 분이시라는 설명으로는 적절히 반영되지 않는 정도까지 피조물과 기꺼이 공유하고자 하신다는 점을 보여준다.

우리가 강조해온 것은 이렇다. 하나님은 미래를 나타나게 하실 때, 피조물이 그들의 역할을 하게 하셨다. 그렇기에 하나님의 섭리에 속하는 인과성과 피조물에 속하는 인과성은 서로 얽혀 있음이 틀림없다. 제시된 형이상학적 추측에 따르면, 이 얽힘은 본질적인 예측 불가능성이라는 모호성 안에 위치한다. 따라서 전개될 역사는 조목조목 밝혀질 수 없다. 그런 얽혀 있는 그림은, 진화하는 창조의 역사에서, 여러 원인 가운데 하나의 현재 원인인 하나님의 사랑의 선택과 상응한다. 만약 이 개념이 수용된다면, 섭리 안에서 자기를 비우시는 이 행위로 나타나는 인과 관계가 정보를 주는 활동으로 실행될 뿐 아니라 효과적으로 실행된다고 인식하는 것도 가능할지 모른다. 하지만 신학은 성령의 사역을 순수하게 정보를 입력하는 활동과 동일시하는 데 매력을 느낀다.

비록 나는 받아들이지는 **않지만**, 우리가 고려할 수 있는 마지막 형태의 비움이 있다. 그것은 하나님이 단지 과거에 행동하셨던 것처럼 미래에 행동하시는 데 자신을 제한하신다는 개념, 즉 "새로움을 비우심"(kenosis of novelty)이라는 개념이다. 물론 하나님은, 마치 신이심을 과시하는 행동을 하려는 것처럼, 전례 없는 무언가를 하기로 하시는 데 아주 변덕스러우실 수 없다. 그러나 하나님이 새로운 환경에서 ("때가 찰 때") 새로운 일을 하시리라는 믿음은 완전히 적합하다. 이 깨달음은 기적의 가능성을 받아들이는 기초이며, 특별히 예수 그리스도의 부활이라는 기독교 기적의 중심을 받아들이는 기초다. 부활은 하나님의 위대한 행위인 새 창조가 자라기 시작했던 핵심 사건으로 여겨진다. 기적은 그 새로움의 기초인 하나님의 일관성을 드러낼 수 있을 때 신학적으로 신뢰받는다. 왜냐하면 하나님이 어떤 새로운 것도 하시지 않도록 자신을 항상 지루하게 제한하신다고 가정할 아무런 신학적 근거도 없음이 확실하기 때문이다.[15]

하나님의 행동에 대해 논하는 어떤 저자라도, 만약 그가 창조주와 창조주의 행동에 관한 담론에 확신에 찬 채 관여한다면, 그는 자신의 교만을 인식할 수밖에 없다. 우리가 하나님의 신비에 직면해서 우리의 한계와 무지를 고백할 때, 모든 신학은 실제로 "겸손의 신학"(humility theology)임을 의미한다. 무한자는 우리가 가진 이성이라는 유한한 그물에 잡히지 않을 것이다.

그러나 나는 믿는다. 우리는 하나님이 일반적인 창조 세계뿐 아니라 특별히 개별 피조물을 참으로 사랑하시고 돌보신다고 말하는 것만으로

---

15) Polkinghorne, *Science and Providence*, 4장을 보라.

도 충분함을 안다. 아울러 우리는, 아무리 우리의 인식이 때때로 희미하고 혼란스러울지라도, 하나님이 창조된 세계 안에서 활동하심을 안다. 우리는 우리 인간을 위해 과학을 탐구하는 정신과 능력을 부여받았으며, 따라서 우리가 우주의 물리적 과정에 관해 많은 것을 이해할 수 있었다는 사실도 안다. 이 모든 것은 우리가 감사해야 할 특권이며 우리가 진지하게 고려해야 할 통찰들을 제시해준다. 때때로 이것은 처음에는 낯선 결론처럼 보이는 것으로 우리를 이끌지도 모른다. 하나님의 섭리가 여러 원인 가운데 한 가지 원인처럼 행동한다고 생각하는 것이 바로 그 낯선 결론 중 하나다. 비움의 신학은 불가피하게 역설의 신학이다. 왜냐하면 비움의 신학은 하나님의 겸비하심이라는 개념에 기초하기 때문이다.

# 6장

## 비움: 삶과 우주론을 통합하는 주제

_조지 엘리스

우리는 하나님이 사랑이시라는 것만 안다.

『사랑의 노력, 사랑의 비용』, 67쪽

## 개요

나는 이 글을 통해 인간의 삶과 우주론을 이해하기 위한 통합 주제 중 하나인 비움이라는 미덕을 설명하려 한다. 기본 개념을 소개한 후에, 그리스도의 삶에 속한 비움(해석을 위한 열쇠)에 대한 견해를 간략하게 제시하고자 한다. 그런 다음 첫째, 우리의 행동 방식(윤리학)에 대한 의미와, 둘째, (우주론에서 실종된 형이상학을 제공하면서) 창조주로서 하나님이 행하시는 행동의 본성에 대한 의미를 고려하고자 한다. 그리고 떠오르는 의미들과 쟁점들에 대한 고려를 끝마치기 전에 이 견해를 지지할 수 있는 증거를 요약하고자 한다. 그 쟁점 중 가장 중요한 것은, 우리가 어떻게 비움이라는 방식을 행동에 옮길지를 결정하는 데 적용할 수 있는 기준을 발전시킬 필요가 있다는 점이다.

## 1. 통합 주제로서의 비움

내 생각에 비움은 우리 삶의 많은 측면, 특별히 개인 심리학과 집단 심리학, 학문과 예술, 그리고 적절히 이해된 윤리학과 사회 행동을 다루는 하나의 핵심 주제다. 이것은 특히 윌리엄 템플(William Temple),[1] 몰트만,[2] 피

---

1) William Temple, *Reading in St John's Gospel* (London: Macmillan, 1961).
2) Jürgen Moltmann, *The Crucified God: The Cross of Christ as the Foundation and Criticism of Christian Theology* (New York: Harper and Row, 1974).

콕[3]이 제안하듯이, 자기를 비우시는 창조주 하나님 개념과 완전히 결부되어 있으며, 이는 종교적·사회적 삶에 관한 자기희생의 관점이 뒤따름을 의미한다(예컨대 밴스톤[4]과 케빈 크로닌[K. M. Cronin][5]을 보라). 이것은 비움에 관한 우주론적·신학적·윤리적 관점으로 모두 통합될 수 있으며,[6] 모든 것을 아우르는 하나의 세계관(윌슨[7]에 의해 다시 소개된 용어인 통섭[consilience])으로 과학과 인문학을 근본적으로 통합할 수 있도록 일관된 설명을 제시한다.

통섭이라는 세계관 위에서 비움은 아무런 목적도 없이 방치하거나 포기하는 행동이 아니라, 하나님의 본성과 조화를 이루어 선한 목적을 위해 창조적·적극적 방식으로 행동하기 위해 준비된 상태를 말한다. 그러므로 신학적으로 비움은 다음과 같은 개념을 나타내는 듯하다.

**비움**: 이기적 욕망을 기꺼이 포기하고 공동선과 하나님의 영광을 위해 다른 사람을 대신하여 기꺼이 희생하고자 하며, 관대하고 창조적인 방식으로 이것을 행하고, 자만심이라는 함정을 피하며, 하나님의 사랑과 은사에 의해 인도되고 영감 받은, 즐겁고 친절하며 사랑스러운 태도.

---

3) Arthur Peacocke, *Theology for a Scientific Age: Being and Becoming: Natural, Divine, and Human* (Minneapolis: Fortress Press, 1993).
4) William H. Vanstone, *Love's Endeavour, Love's Expense* (London: Darton, Longman and Todd, 1977).
5) Kevin Cronin, *Kenosis: Emptying Self and the Path of Christian Service* (Rockport, Mass.: Element, 1992).
6) George F. R. Ellis, "The Theology of the Anthropic Principle," in *Quantum Cosmology and the Laws of Nature*, ed. R. Russell et al. (Vatican Observatory/CTNS, 1993), 이후로 *QCLN*으로 표기함; George F. R. Ellis, "God and the Universe: Kenosis as the Foundation of Being," *Bulletin of the CTNS* 14, nos. 1-14 (1994); Nancey Murphy and George F. R. Ellis, *On the Moral Nature of the Universe* (Minneapolis: Fortress Press, 1997), 이후로 *MNU*로 표기함.
7) Edward O. Wilson, *Consilience* (New York: Knopf, 1998): 『통섭』(사이언스북스 역간).

이 개념은 윤리학뿐 아니라 우주론에 대한 형이상학적 기초를 제공한다는 의미에서 창조의 깊은 본질을 이해하는 핵심으로 보인다. 이 경우, 이 관점을 위한 기초는 신학적이며, 그것은 하나님의 본성의 필수적인 부분을 반영한다.[8] (나를 포함해) 그리스도인 중에는 그리스도의 삶에서 비움이 그 중심이라고 믿는 이들이 있는데, 이런 이해는 빌립보서 2:5-11과 산상 수훈의 많은 부분을 포함해 신약성서의 여러 본문에서 파생한다. 템플의 책『요한복음 해석』(Reading in St. John's Gospel)에 분명히 드러나듯, 비움은 광야에서의 시험을 해결하는 핵심이다. 이는 비움이 하나님의 본성의 전부임을 주장하진 않는다. 오히려 이것은 하나님의 본성이 드러내는 근본적으로 중요한 측면이며, 매우 중요한 방식으로 하나님과 우리 사이의 참된 관계를 형성한다. 이 관점은 군국주의, 군주제, 혹은 전제주의에 입각한 종교 전통과 교회를 거부한다. 아울러 이 관점은 참으로 사랑스럽고, 자유에 기초를 두며, 자기희생이라는 강력한 한 가지 요소를 반드시 포함하는 종교 전통과 교회를 잠정적으로 수용한다. 이 모임은 기독교 전통의 주된 줄기를 포함하지만 거기에 제한되지는 않는다. 그것은 아마도 거의 모든 종교 전통 안에 있는 한 가지 줄기로서 발생한다.[9] 이 관점은 다른 종교에서 진리를 추구하는 모습을 발견할 수 있는 종교적 갈래들과 양립 가능하며, 진리에 대한 유일한 접근만을 교리적으로 주장하는

---

8) Lucien Richard, O.M.I., *A Kenotic Christology, in the Humanity of Jesus the Christ, the Compassion of our God* (Washington, D.C.: University Press of America, 1982); Geddes MacGregor, "He Who Lets Us Be: A Theology of Love," *The Ecumenist* (1974): 17-21.
9) John B. Cobb and Christopher Ives, eds., *The Emptying God: A Buddhist-Jewish-Christian Conversation* (Maryknoll, N. Y.: Orbis Books, 1991); Keiji Nishitani, *Religion and Nothingness* (Berkeley: University of California Press, 1982);『종교란 무엇인가』(대원사 역간); Sir John Templeton, *Agape Love* (Templeton Foundation Press, 1999).

자들을 거부한다(그들은 비움이 가진 미덕 즉 확실성을 포기하는 태도에 반대하면서, 무오성이라는 우상을 드러낸다).

참으로 창조적이고 효과적인 행동을 수행하게끔 하는 비움의 중심 본질을 고려해볼 때, 이런 질문이 제기될 수 있다. 비움의 목적은 무엇인가? 무슨 목적에 비움이 사용될 것인가? 워드는 신성화(theosis) 또는 하나님과 맺은 언약이라고 답한다.[10] 하나님이 인류와 그의 창조 세계를 사랑하시기 때문에, 따라서 이것은 우리의 삶이 하나님을 찬양하기 위해서뿐만 아니라 타자와 세계의 안녕과 조화를 이루어야 함을 시사한다. 따라서 타자를 지배하기 위해 자기희생을 요구하는 종류의 신조들은, 비록 자기희생의 요소를 실제로 포함한다 할지라도, 비움으로 간주되지 않는다. 비움이 타자의 선을 위해 사용되고, 그들이 참된 자유를 누리도록 실제로 도와주며, 그들을 지배하거나 굴종에 처하지 않게 하는 것이 또 다른 핵심 요소다. 이 관점에서 윤리적 행위는 깊은 실재의 본성과 일치하기 위해 비움의 노선을 따라서 형성되어야 하며, 하나님의 본성의 근본 측면을 표현하고, 따라서 창조된 우주의 기초에 놓인 근본 측면을 표현한다. 만약 누군가 자신의 자아가 존중받지 못할 때, 그는 비움이라는 개념을 왜곡할 수 있고 자멸하거나 자기를 부정하게 될 수도 있다. 하지만 이것은 비움이란 개념의 참된 본질, 즉 확증하고 즐거워하는 삶이 아니다. 왜냐하면 비움은 자아**뿐 아니라** 타자를 확증하기 때문이다. 마틴 루터 킹(Martin Luther King)의 정치적 삶,[11] 그리고 마하트마 간디(Mahatma Gandhi)[12]의 저술과 삶에서 드러난 것처럼, 비움의 참된 본질은 또한 사회적·정치적 활동이라는 심오한

---

10) Keith Ward, 이 책 9장을 보라.
11) J. Ansbro, *Martin Luther King Jr: The Making of a Mind* (Maryknoll, N. Y.: Orbis Books, 1984).
12) R. Duncan, *The Writings of Gandhi* (New York: Fontana, 1983).

길의 기초다. 비움은 결국 자신을 실제로 더 좋은 삶으로 인도하지만, 더 좋은 삶을 얻는 것이 비움을 수용하는 궁극적 이유는 아니다. 계몽된 이기심은 어느 정도 이 길을 제시하지만, 결국 그 길을 정당화하지는 않는다.

홈스 롤스턴의 제안에 따르면, 어떤 이들은 비움의 정의를 다소 넓게 받아들인다. 그렇게 정의된 비움은 자기를 의식하는 종교 행위가 아니며, 따라서 그들은 이기심 없이 행동하지만 비움을 종교적인 행동으로 의식하지는 못한다. 비록 누군가 그런 행동의 장점을 확실히 인식한다 할지라도, 그 단계는 그가—이 글의 목적이기도 한—더 넓은 통합을 형성하려는 것을 막을 수 있다. 그러므로 나는 여기서 그 정의를 유지하면서, 한편으로는 여기서 의도된 것을 완전히 깊이 깨닫지는 못하지만 비움의 본성을 함께 나누는 그런 행동을 인식할 것을 제안한다. 롤스턴은 현재 더 넓게 통용되는 "이타주의"라는 단어를 대신 사용할 수 있다고 언급한다. 내가 보기에, 그 단어에는 비슷한 의미가 있지만, "비움"처럼 선명한 윤곽을 보여주는 개념은 아니다. 즉 이타주의는 올바른 방향 안에 있는 부분 단계일 뿐 비움과 같은 것은 아니다. 그리고 결국 그것은 다음과 같은 이전의 요지와 연결된다. 즉 비움은 하나님의 본성과 완전히 연결된다고 여겨질 때 완전한 힘을 발휘한다. 이타주의와 관련된 최근의 논의 대부분은 정확히 이 연결을 피하는 데 목적을 둔다. 그러므로 최근의 논의는 그보다 다소 약한 개념, 즉 사실상 "덕 윤리"(virtue ethics)의 오염된 형태인 이기주의를 다룬다. 최근의 제안은 비움이 이기주의보다 더 깊다고 주장한다.

## 2. 비움, 그리스도의 삶

존재하는 만물의 창조주이자 유지자로서 하나님의 전능성을 고려해볼 때, 하나님이 이 전능을 무엇을 위해 사용하시는지에 관한 질문이 제기된다. 여기서 제기된 관점에 근거해서 그 답은, 그가 완전히 사랑하시고 희생하신 방식을 생각할 때, 비움의 개념과 온전히 일치한다. 예수의 삶을 통해 전달된 복음의 메시지는 이를 분명히 드러낸다. 예수께서 광야에서 받으신 시험을 생각해보자. 예수는, 자신과 그의 인간 형제들에 대해 사탄이 원하는 것을 만족하도록 그의 힘을 사용할지, 땅의 군주를 세움으로써 세상이라는 왕국을 얻을지, 혹은 신으로서 그가 가진 사명에 대한 반박할 수 없는 증거를 제시하여 의심을 완전히 잠재울지를 선택하는 문제에 직면하면서, 템플이 묘사하는 다음과 같은 핵심 통찰에 도달한다.

이 개념들 하나하나는 진리를 내포한다. 그러나 만약 이런 개념 중 일부 혹은 전부가 하나님 나라를 나타낸다고 여겨진다면, 그것들은 하나의 치명적인 결점을 가지게 된다. 이 개념들은 모두 내적 충성으로부터 벗어나서 인간의 외적 복종을 확고히 하려는 방식을 보여준다. 그것들은 행동을 통제하는 방식일 뿐, 마음과 의지를 얻으려는 방식이 아니다. 그는 좋은 것을 약속함으로써 사람들을 매수할 수도 있었다. 그는 처벌을 무기삼아 위협해서 그들을 복종하게 할 수도 있었다. 그는 반박할 수 없는 증거를 제공할 수도 있다. [그러나] 그가 거부한 이 모든 방법은 근본적으로 이기심에 호소한다. 사랑이신 하나님, 그분의 나라는 그런 식으로 건설될 수 없다.…인자가 고난 받아야 한다는 새로운 개념이 기존의 거부된 개념들을 대체한다. 왜냐하면 사랑의 현시이자 또한 그것으로 인해 새로운 개념이 얻는 반응은 희생이기 때문이다. 희생의 원칙은, 우리가 행하거나 고난 받지 않으려는 어떤 것, 즉 우리가 사랑하는 바와는 거리가 먼 그것을 행하거나 혹은 그것으로 인해 고난 받기로 선택하는 것이다.…하나님 나라는 사랑하고 신뢰하는 사람의 마음 안에서 솟아오르는 무언가를 통해 발전한다. 이때 그의 마음은, 이 세상을 위해, 하나님의

영광이시며 십자가에서 빛나시는 그 사랑(the Love)에 응답한다.[13]

그렇다면 이것은 그리스도가 했던 선포를 통해, 그리고 그의 삶과 죽음의 방식에 의해, 그리스도의 나머지 공생애 동안 분명히 드러났다.[14] 이 관점의 기저에는 신약이 구약을 대체한다는 주장이 있다. 소돔과 고모라를 무자비하게 파괴하신 하나님은 구약의 비전이며, 반면에 십자가 위의 그리스도는 신약의 핵심 비전이다.

지금까지 제시한 방식의 한 가지 특징은, 자신을 내어주는 사랑의 상황으로 변화함으로써, 따라서 사랑과 용서가 기본 요소인 더 높은 차원에 도달함으로써, 당면한 문제를 항상 넘어선다는 점이다. 관점과 환경이 이렇게 변화함에 따라 당면한 상황을 변혁할 가능성이 생긴다. 이 계시는 윤리학과 우주론의 형이상학이라는 두 측면에서 볼 때 근본적으로 중요하다.

## 3. 우리의 행동 방식: 우리 삶 속에서의 비움

첫째, 만약 우리가 그리스도인으로서 받은 부르심에 진실하다면, 비움은 우리가 행동해야 하는 방식을 우리 자신에게 보여준다. 우리는 하나님 나라를 위해 관대함을 선택하고 하나님 나라의 용서하는 영을 선택해야 한다. 이것은 타협하는 진리를 의미하지 않는다. 모든 활동이 용서될 수 있고 따라서 어느 누구라도 구속될 수 있다는 점에서, 참으로 비움은 화해를 창조하는 희망을 의미한다. 행동하고 용서하는 우리의 영은 필요하다

---

13) William Temple, *Reading in St. John's Gospel*, xxix-xxxii.
14) 물론 나는 예수의 행동 중 일부는 이런 특성이 없고, 특히 이것은 성전 정화 사건에 적용된다는 주장에 대해 인식하고 있다. 이런 주장에 대한 내 상세한 응답은 *MNU*를 보라.

면 사랑하는 희생을 통해 이것을 나타내야 한다. 그리고 비움은, 우리를 증오에 찬 부류의 인간으로 바꿔버리는 힘을 지닌 증오에 굴복하기보다는 기꺼이 사랑하려는 상태를 의미한다. 그러므로 비움은 원수들의 이미 지인 증오에 굴복하기를 거절하는 행동이다. 그리고 가장 어려운 부분이 여기에 있다. 한 사람 안에 있는 "하나님의 그것"에 대한 존경심으로 인해 우리가 억압받는 자들을 돕고 지지하는 모습을 발견하기는 쉽다. 그러나 이 주제를 압제자들에게도 역시 적용해야 한다는 점이 중요하다. 그들 역시 인간이다. 그들 안에도 하나님의 빛이 존재한다.

만약 우리가 한 집단의 권리를 추구하려는 측면에서, 압제자들이 저지른 악행 때문에 우리가 그 집단을 억압한 자들에게 분노를 표출하고 그들을 죽이거나 고문한다면, 우리 역시 치명적인 덫에 빠지게 된다. 즉 우리 또한 증오에 감염되고 그것에 사로잡혀 억압자들이 했던 그대로 행하게 될 것이다. 모든 사람을 참으로 존경하는 마음은 악을 봐주거나 눈감아주지 않는다. 그뿐 아니라 그런 마음은 가장 악랄한 행동을 한 사람들에게서 조차 인간성과 생동감 있는 인생의 불꽃 및 변화가 일어날 가능성이 있음을 부인하지 않는다. 그것이 진정한 시험이고 진정한 기초다. 그것은 간디와 킹 목사의 삶이 보여주었듯이, 우리를 정치적 무능으로 이끌지 않는다. 오히려 그것은 사회적·정치적 기적의 기초인 변혁하는 영의 기초다. 이 길을 따르려는 시도는 굉장히 어렵다. 만약 우리가 하나님의 임재를 실천하고, 특별히 모든 사람 안에 있는 그리스도의 빛을 드러낼 수 있다면, 그것은 훨씬 쉬울 것이다.[15] 실로 둘은 철저히 연결되어 있다. 왜냐하면 만약 우리가 하나님의 임재를 인식한다면, 그리고 하나님의 임재가 본질적으로 사랑임을 인식한다면, 우리는 이 심오한 상황에서 현재의 문제를 발견

---

15) J. Pickvance, *The Light of Christ in the Writings of George Fox* (New Foundation Publications, 1948).

할 것이고, 그 상황은 우리를 위해 그 본질을 바꿀 것이기 때문이다.

따라서 비움은 기존의 사회 과학 모델을 대부분 반박한다. 기존의 모델은 사람들이 정치·사회·경제 영역에서 이기적으로 행동하는 많은 사례를 관찰하는 데서 출발하여 그들이 그렇게 할 수밖에 없었다고 항변하는 식의 결론에 도달한다. 그런 모델은 물론 도덕적으로 정당한가를 따져 볼 때는 허용될 수 없지만, 그것이 전개되는 방식은 주목을 끌지 못한 채 곧잘 그냥 허용되곤 한다. 이 문제는 내 책 『우주의 도덕적 본성에 관하여』(On the Moral Nature of the Universe)에서 충분히 논의되었으므로 여기서는 더 이상 논하지 않겠다. 전반적으로 비움은 집착하려는 우리의 욕망을 포기하는 법을 배우게 하고 암시된 손해가 더 큰 선을 위한 기초라는 점을 받아들이게 한다. 이것은 삶의 모든 단계에서 어떻게 살아야 할지를 바라보는 심오한 관점으로 이끌어준다. 로버트 벨라(Robert Bellah)는 이렇게 말한다.

> 내가 발견했던 가장 깊은 진리는, 만약 우리가 손해를 받아들인다면, 만약 돌이킬 수 없이 지나가버린 것에 집착하기를 포기한다면, 남아있는 어떤 것도 헛되지 않고 엄청나게 풍성한 결과를 가져오리라는 사실이다. 우리가 잃어버린 모든 것은 어둠으로부터 물밀 듯이 되돌아오고, 되돌아온 것들과의 관계는 새로워진다. 즉 자유롭게 되고 얽매이지 않게 된다. 그러나 무(無)의 풍성함은 훨씬 더 많은 것을 포함한다. 무는 가능한 모든 것이며, 자유의 샘이다.[16]

비움은 세계 안에서 행하는 도덕적 행동뿐 아니라 이해와 믿음에도

---

16) R. Bellah, *Beyond Belief: Essays on Religion in a Post-traditional World* (New York: Harper and Row, 1976).

적용된다. 비움이 어떻게 우리로 하여금 개인적·집단적 상황 모두에서 행동에 옮기기를 희망할 수 있는지에 대해 전반적인 안내를 제공한다는 점이 핵심이다. 그러나 많은 사람은 세계에 속한 실제 상황에 직면할 때 비움이라는 가치가 진지하게 다뤄질 수 있는지를 의심하며, 이런 견해는 이 책의 다른 기고자들이 내 글에 대해 논평한 부분에서도 많이 나타난다. 반대로 나는 비움이 상당한 수준까지 실현될 수 있으며, 그 목적을 이룰 수 있다고 제안한다. 나는 우주론과 관련된 문제를 고려한 후에 이 부분을 다시 논의할 것이다.

## 4. 하나님 행동의 본성: 우주론과 비움

그리스도가 주신 비움의 계시에 관한 두 번째 요지는, 비움이 세계 안에서 일어나는 하나님의 창조 활동의 본질을 보여준다는 점이다. 하나님이 창조하시고 유지하셔서 세우신 자연 질서를 고려해볼 때, 인간의 삶에서 하나님의 행동은 강제적인 어떤 형태를 통해서가 아니라 사랑과 진리의 이미지들을 통해 나타난다. 이런 행동 양식은 창조주의 측면에서 보면 자발적인 선택이다. 왜냐하면 이것이 자유의지를 부여받은 개별자로부터 사랑과 희생이라는 자유로운 반응을 끌어내는 목적을 달성하는 유일한 양식이기 때문이다. 비움은 하나님이 자신의 전능한 능력을 사용하는 일을 완전히 제한하는 것을 의미한다. 그렇지 않으면 하나님의 행동에 대한 자유로운 응답은 불가능하기 때문이다. 이것은 창조의 본질에 대한 해석으로 우리를 인도하며, 우주론에 대한 형이상학적 기초를 제공한다(『양자 우주론과 자연 법칙』[*Quantum Cosmology and the Laws of Nature*]에 실린 "인류 원리에 따른 신학"[The Theology of the Anthropic Principle]과 『우주의 도덕적 본성에 관하여』를 보라).

핵심은 이렇다. **사랑하는 행위의 근본 목적은** 창조와 초월의 의미, 관련성, 그리고 한계를 설정함으로써 **실제로 창조의 본질과 초월의 본질을 형성하는 것이다.** 따라서 우리는 우주의 목적이 정확히 이런 종류의 희생적 응답을 가능하게 만드는 것이라는 개념을 심각하게 받아들이고 그 의미들을 추구한다. 이때 "실제로"라는 말은, 창조주가 사물의 질서를 다르게 설정할 수도 있었지만, 그가 자발적·구체적으로 창조의 본질을 이 목적을 위해 요구되는 것들에까지 제한했음을 의미한다. 이것은 우주론의 기저에 있고 따라서 물리학의 본질을 결정하는 형이상학적 기초를 진술한다. 과학은 그런 형이상학적 기초를 제공할 수 없다. 이 기본적인 목적이 주어졌으므로, 이제 우리는 창조 과정이 그것과 양립한다는 말의 의미를 조사할 수 있다.

a. **질서정연한 우주.** 첫째, 질서정연한 행위 유형이 존재하는 우주가 창조될 필요가 있다. 왜냐하면 그런 행위 유형이 없다면, 자유의지는 (만일 그것이 주어진다 해도) 합리적으로 기능할 수 없기 때문이다. 만약 자연 현상의 활동을 관장하는 어떤 규칙이나 믿을 만한 행위 유형이 없다면, 우리 주변에서 발생하는 일들에 도덕적으로 의미 있게 반응하는 것이 불가능할 수도 있다. 따라서 지각을 갖춘 존재가 실현될 물질세계는 반복되고 이해할 만한 구조 유형을 통해 운영될 필요가 있다. 따라서 우리는 선택된 일련의 물리학 법칙이 진화를 좌우하도록 물질 세계의 본성을 언제나 유지하는 창조주를 상상할 수 있다. 일단 이 점을 받아들인다면, 우리는 물리 법칙들이 작용하는 방식이 절대적이며 사물의 움직임을 엄격하게 결정하는 것처럼 간주하게 될 것이다. 우리는 물리 법칙이 정한 한계 안에서 자유로이 행동할 수 있지만, 그 법칙 자체는 어떤 인간의 행동에 의해서도 바뀔 수 없다.

b. **인류와 관련된 우주: 자유의지**. 우리는 이런 법칙과 규칙들이 의식을 통해 감지하고 반응하며 유효한(effective) 자유의지를 갖춘 존재, 즉 지능을 갖춘 인간의 존재를 허용한다는 점을 더 살펴봐야 한다. 여기서 "유효한"이라는 단어는, 인간의 삶을 지배하는 근원적인 메커니즘이 무엇이든지, 책임 있는 행동 양식으로 실행되는 유의미한 선택의 자유가 있음을 의미한다(책임감이 없다면 윤리라는 개념은 무의미하기 때문이다). 이것은 인류 원리(Anthropic Principle)를 다루는 논의에서 도출된 결론을 수용함을 의미한다.[17] 인류 원리는 정교하게 조율된 물리 법칙을 요구하며, 그 법칙에 따라 팽창하는 우주에서 물질이 자기를 창조하는 힘으로 발전하고, 그 힘은 복잡한 구조를 자발적으로 성장시켜서[18] 마침내 지능을 갖춘 생명체가 출현한다. 여기서 우리는 물리학이 뜨거운 대폭발(Hot Big Bang)을 지지함을 알게 될 뿐 아니라, 물질이 그런 방식으로 구조화되었으므로, 물리학은 이 지구뿐 아니라 우주 전체에 걸쳐서 광대한 숫자의 다른 행성들에도 거의 분명히 지능을 갖춘 생명체가 출현했을 것이라고 주장하는 화학, 생화학, 그리고 생물학의 기초가 되는 학문이라는 점을 확인하게 된다. 생명체가 거주하기에 부적합한 수많은 거주지가 있을 것이다. 생명체가 존재하도록 허용된 장소가 어쨌든 있다는 사실이 놀라운 일이다. 그런 삶을 허락하는 창조 조건(물리 법칙, 우주의 경계 조건)이 어디엔가 있다는 사실은 참으로 주목할 만한 특징이다.

그러나 함축된 의미는 더욱 많은데, 이는 우리가 자유의지를 얻는 데

---

17) John Barrow and Frank Tipler, *The Cosmological Anthropic Principle* (Oxford: Oxford University Press, 1984).
18) Joe Silk, *A Brief History of the Universe* (San Francisco: W. H. Freeman, 1997); George F. R. Ellis, *Before the Beginning: Cosmology Explained* (Bowerdean/Boyars, 1993); Martin Rees, *Just Six Numbers: The Deep Forces That Shape the Universe* (London: Weidenfeld and Nicholson, 1999).

필요한 조건들을 확보할 필요가 있기 때문이다. 우리는 그 조건들이 무엇인지는 알지 못한다. 물론 우리가 그 조건들을 경험함으로써 그것들이 물리·화학 법칙들과 양립하는 경우를 제외하고 말이다. 그럼에도 물질의 움직임을 나타내는 고정된 법칙이 존재하여 그 법칙이 창조주 또는 다른 어떤 작인의 개입에도 영향을 받지 않는 것은, 자유의지를 실행할 수 있는 독립적인 존재들이 존재하기 위한 필수 기초인 듯하다. 왜냐하면 고정된 법칙들은 외부 개입 없이, 유의미하며 복합적이고 조직화된 활동을 가능하게 하기 때문이다. 따라서 우리는 우주를 위해 그런 틀을 선택하시며, 창조주에게 가능한 능력, 예를 들어 때때로 강제적인 방식으로 사건들에 직접 개입할 수 있는 능력에 의해 허락된 다른 모든 가능성을 포기하는 창조주를 상상한다. 따라서 우리는 창조주가 우주 자체—은하계, 별, 행성 등등—안에서 즐거워하실 뿐 아니라, 가능한 모든 삶의 풍성함을 누리신다고 가정할 수 있다.

근본적인 한 가지 질문은 다음과 같다. 여기서 요약된 대로, 고통과 악의 특징들이 자유의지를 허락하는 모든 개별 우주 안에 내포되어 있는가? 답은 자유의지 자체의 본질 때문에 거의 확실히 "예"이다. 왜냐하면 악한 행동의 기초인 자기중심적·이기적 자유의지의 사용을 막았던 자연 질서에 가해진 어떤 제한이, 자연 질서 전체의 목적인 자유로운 응답과 사랑하는 행동의 가능성을 동시에 파괴할 수 있기 때문이다. 그러므로 하나님은 발생하는 고통을 공유하시고, 따라서 그 고통을 변혁하신다.

c. **섭리에 따른 우주**. 자유의지를 지닌 피조물의 존재를 고려하면서도 여전히 우리는 계획된 우주를 상상할 수 있다. 따라서 이 의지는 마지막 단락에서 다룰 성령과는 반대로, 반드시 부자유한 방식으로 제약받는다. 유혹이 다가올 때 그리스도는 사람들의 충성을 확고히 하기 위해 힘을 사용하기를 거부했으며, 복종을 전제로 그들에게 (물질적으로) 유복한

시기를 제공하는 행위 역시 거부했다. 똑같은 특성이 우주 창조 때에도 세워질 필요가 있었다. 왜냐하면 그렇지 않을 경우 자유로운 반응이 불가능하기 때문이었다. 이것은 물리학·화학·생물학 법칙의 공정한 작용으로 이루어지며 그들의 신념이나 도덕적 조건과 상관없이 각자에게 자연의 풍성한 혜택을 똑같이 제공한다(만약 그렇지 않으면 인류가 실제로 진화할 수 없었다). 비는 신자와 비신자에게 똑같이 내리고 그들의 존재를 가능하게 한다.

**d. 숨은 자연**. 유혹에 대처하는 예수의 반응 가운데 예상할 수 있는 응답, 즉 자유의지에 근거한 응답을 가능하게 하기 위해서는 그 이상의 요건이 충족되어야 한다. 즉 (몇몇 다른 종교의 신화처럼) 세계를 활보하시고 처벌의 고통에 대한 복종을 요구하시는 하나님에게 지배받지 않는 창조 세계가 그것이다. 또는 그와는 반대로 세계는 하나님의 행동을 드러내는 명백한 표지에 의해 지배를 받아 하나님의 존재와 본성에 대한 믿음이 모든 이에게 강요될 것이다. 즉 그들은 그것을 부인할 수 없으며 결과적으로 자신들의 행동 방식을 강요당할 것이다. 그러므로 하나님의 본성과 그의 창조 활동이 대체로 숨겨져 있으며, 따라서 의심이 가능하다는 조건이 더 필요하다. 이 사실은 우리가 발견하듯이 창조 세계의 본질, 즉 공평한 물리 법칙이 창조 세계를 지배한다는 점을 통해 만족된다. 그럼에도 물리 법칙은 우리에게 주어진 하나님의 참된 본성에 대한 암시로부터 자유로우며 열린 반응을 하게 한다. 하나님의 존재와 그분의 뜻에 대한 대략의 지식을 인식하기 위한 충분한 증거가 우리에게 주어지지만, 이 증거가 고압적인 것은 아니다. 진리를 인식하는 능력은 메시지를 들으려는 준비성과 개방성에 의존한다(요 3:3).

**e. 계시의 가능성**. 이제 마지막 요건을 다뤄보자. 근본적인 실재는 그 본성상 숨겨져 있지만, 이 본성을 인식하기 원하는 이들에게는 여전히 열

려 있다(사실 이 관점에 따르면, 그들이 그렇게 하기를 원하시는 분이 하나님이시다). 그리고 그들은 그 참된 길을 따르도록 고무된다. 나는 궁극적 실재를 참으로 발견할 수 있는 통로가 있으며, 그런 비전에 대해 열려 있는 자들은 그 통로를 이용할 수 있다는 특징을 가정하려 한다. 즉 이 특징은 실재의 본성으로 하여금 세계의 내재적 실재를 관통해 들어가는 빛을 부분적으로나마 비춰게 하며, 우리가 새로운 인식 패턴을 사용할 수 있게 하고, 이 비전을 따르도록 격려와 힘을 제공한다.[19]

그 전체는 윌리엄 템플이 다음과 같이 서술한 내용을 정확하게 재현한다. 즉 **"우리가 발견한 것은 사랑에 완전히 종속하는 능력이다."** 왜냐하면 수반되는 비용과 희생에도 불구하고, 인간이 자유로이 사랑의 반응을 할 수 있는 우주가 존재할 수 있도록, 그리고 특별히 자유의지를 갖춘 인간이 그들이 원하는 대로 행동할 수 있도록 사물의 앞날을 한정하는 데까지 창조주가 실행할 수 있는 자신의 창조 능력을 자발적으로 제한하기 때문이다. 따라서 초월적 창조주이신 하나님에 대한 관점에서 보면, 우리는 비움이 물리적 우주론의 근거인 창조 활동 안에서 핵심으로서 구현되어 있음을 알 수 있다.

## 5. 증거

지금까지 제기된 관점은 종교적·과학적 관심사의 결합으로써 일관성이 있는 듯하다. 우리는 이 점을 지지하는 어떤 증거가 있는지 더 논의해

---

19) G. S. Wakefield, *A Dictionary of Christian Spirituality* (London: SCM Press, 1983). 어떻게 이것이 성취되는가에 관해서는 Vatican/CTNS 간행물인 R. J. Russell과 다른 사람들이 편집한 *Neuroscienc and the Person*에서 논의되었다.

야 한다. 창조와 성육신을 바라보는 기독교적 관점의 관련성은 이미 앞에서 다뤘다. 나는 비움이 강력한 역사적 뿌리를 갖고 있으며 기독교를 깊이 이해하는 핵심이라고 생각한다. 비움은 개인적 측면에서 하나님의 통로 역할을 하는 은혜와 행동이라는 주제를 다룬다는 특징을 보여준다. 특별히 이 주제는 성 프란체스코(St. Francis)의 기도("**나를 당신의 은혜의 도구로 사용하소서!**")에 표현되어 있는데, 그의 기도는 하나님의 뜻을 위한 통로로서 행동하기 위해 자신의 소원을 제쳐놓기를 요구한다. 이것은 물론 발전된 헌신적인 삶 가운데 있는 중심 주제 중 하나로서, 자만의 위험과 겸손의 필요성을 항상 인식해야 하며, 결국 자기 자신의 중요성과 능력의 측면에서 비움의 관점을 본질적으로 요구한다.

위에서 언급했듯이 종교를 초월하는 관점에서 볼 때, 기독교뿐 아니라 많은 종교가 이런 종류의 관점을 포함한다. 예를 들어 이것은 간디의 아힘사(ahimsa, 모든 생명은 신성하므로 살생할 수 없다는 사상. 간디는 "비폭력"의 의미로 사용함—역자 주)와 사티아그라하(satyagraha, 진리를 파지[把持]함. 간디의 무저항 비폭력주의 운동을 가리킴—역자 주)에서 상당히 구체화되었다. 어떻게 이것이 구체적으로 참인가 하는 쟁점은 풍성한 연구 자료가 된다. 이것이 타종교에서보다 기독교의 핵심 개념—자발적으로 고난 받으시고 돌아가신, 성육신하신 하나님—에 더 깊이 포함되는지는 의심스럽지만, 관련된 논의가 더 필요하다. 비움이 타 종교보다 기독교를 실천하는 데서 더욱 강하게 **구현되는** 것은 아니다. 사실 주류 기독교는 이를 거부하고 힘과 강압에 기초를 둔다. 그리고 기독교에 대한 역사 기록은 여러 측면에서 봤을 때 끔찍하다. 이따금 변덕스러운 행위를 하는 이방인으로서가 아니라 여러 세기 동안 많은 경우를 통해 나타났듯이, 오히려 교리와 실천의 중심으로서 극단적인 불관용과 숨이 턱 막히는 질서를 잔인하게 내세우는 행위 등 수많은 예를 포함한다. 하지만 여기서 나는 다음과 같이 논의를 뒤집으려 한다. 나는 비움과 얼마나 나란히 서 있는지를 나타내는 정도가 그 종교의 진정성을 시험하는 핵심 요소라고 생각한다.[20]

인간의 삶과 특별히 도덕성의 일반 원리로서 비움이 중요하다는 사실을 지지해주는 광범위한 증거가 있다. 어떤 특정한 단계에서는 동물과 인간의 삶에 나타나는 엄마와 자녀라는 기본 주제가 그 증거를 제공한다. 즉 어떤 비용을 치르더라도 자식을 보호하려는 의지와 그 과정에서 자신의 삶을 내어놓는 것이 그런 예다. 사회 생물학자들이 이를 지지하는 가운데 이런 종류의 주제를 심화시켰다. 실로 공공선을 우선시하면서 개인의 욕망을 포기하는 과정은 다양한 관심과 소원을 품은 개체들을 초월하여 한 사회나 공동체를 세우는 근본이 되는 핵심 요소다. 그러나 이는 비움을 온전히 포괄하지 못한다. 왜냐하면 그것은 (산상수훈이 강력히 권고하듯) 자신의 원수에게까지 확장되지 못하기 때문이다. 이 심오한 개념을 이해하는 일이 용서와 희생이라는 도덕적 힘을 경험했던 다양한 공동체 안에서 나타난다.[21] 또한 우리는 반대 측면도 볼 수 있다. 용서라는 주요 단계를 취하기를 거절하는 공동체, 즉 갈등으로 찢겨진 공동체에서 계속되는 고통과 고난이 그것이다(북아일랜드가 한 예로서 충분하다). 용서는 중요한 비움의 측면을 지닌다. 왜냐하면 그것은 공공의 관심사인 평화를 위해 복수를 포기하고 정의 앞에서 적대자와 화해하는 행동을 수반하기 때문이다.[22] 용서는 회복적 정의 운동(restorative justice movement)의 증진을

---

20) 이 견해에 대한 부분적인 정당성은, 우리가 종교 제도들을 그들의 열매에 의해서뿐 아니라 해당 종교 제도를 세운 자의 견해를 성취하는 정도에 따라 종교 제도들을 평가할 수 있다는 점에 있다. 앞에서 지적했듯이, 여기서 취한 관점은 비움이 그리스도의 삶이 보여주는 주요한 특징이라는 점이다. 나는 다른 종교들이 같은 근본적 실재에 대한, 그러나 다른 역사와 문화 관점에 기초를 둔 비전들이라고 가정한다. 이를 적용 가능한 관점으로서 정당화하는 증거로서, 나는 다른 종교 전통에도 비움을 나타내는 충분한 요소들이 존재함을 믿는다.
21) 이것이 남아프리카에서 실행된 방식은 *MNU*에 요약되어 있다.
22) Donald W. Shriver, *An Ethic for Enemies* (New York: Oxford University Press, 1995):

위한 중심 요소다.[23]

서로 다르지만 중요한 핵심 상황에서, 개체와 공동체의 학습을 위한 기본 요소는 이해와 배움을 위해 이전의 확실성을 기꺼이 포기하는 행동이다. 예를 들어 물리학 교육에 관한 많은 관련 문헌을 살펴보면 이 사실이 분명해진다.[24] 이때 현대 물리학을 이해하는 데 방해가 되는 주된 장벽은 학습자가 기존 세계관에 사로잡혀 있다는 사실이다. 이는 심지어 뉴턴의 이론을 적절하게 배우는 데도 그렇다. 새로운 관점을 입증하기 위해 강력한 증거가 제시되더라도, 그들은 기존의 세계관들을 참으로 믿는다. 따라서 학습자들은 친숙한 관념을 내려놓기를 거부한다. 물리학을 가르치는 교수법에서는 이를 고려해야 한다. 더 일반적으로 보면, 모든 영역에서 절대적으로 확실한 대답을 안다고 믿는 오만함은 사물이 실제로 존재하는 방식을 배우는 데뿐만 아니라 그 사물에 성공적으로 적응하는 데도 결국 장애가 된다. 따라서 세상을 새롭게 보기 위해 기존 지식을 기꺼이 내려놓으려는 태도는 학습을 위한 핵심이다. 마찬가지로, 예를 들어 밴스톤의 책 『사랑의 노력, 사랑의 비용』에서 논의되었듯이, 우리 자신이 가진 통제하는 지위를 포기하는 과정은 모든 위대한 예술의 핵심이다. 진정한 깊이에 도달하기 위해서는 어떤 종류의 예술 작품을 창조하는 예술가라도 자

---

『적을 위한 윤리』(이화여자대학교 출판부 역간); Martha Minow, *Between Vengeance and Forgiveness: Facing History after Genocide and Mass Murder* (Boston: Beacon Press, 1998); Desmond Tutu, *No Future Without Forgiveness* (London: Rider, 1999): 『용서 없이 미래 없다』(홍성사 역간); E. L. Worthington, *Dimensions of Forgiveness: Psychological Research and Theological Perspective* (Templeton Foundation Press, 1999).

23) Jim Consedine, *Restorative Justice: Healing the Effects of Crime* (Lyttleton: Ploughshares Publications, 1995); P. McCold, ed., *Restorative Justice: An Annotated Bibliography* (Willow Tree Press, 1997).

24) L. C. McDermott and E. F. Redish: "Resource Letter: PER-1: Physics Education Research," *American Journal of Physics* 67 (1999): 755-67.

신의 작품이 자기가 예상했던 방향으로 발전하도록 이끌기를 결국에는 포기하며, 오히려 작품 자체의 발전하는 정체성이 가진 완전성에 응답하게 된다. 여기에 세계를 창조하신 하나님의 활동 과정과 관련된 흥미로운 유비가 있으며, 거기에는 하나님이 만드신 세계 안에 있는 존재로서 자유 의지와 자신 안에 내적인 완전성을 지닌 존재도 포함된다.

여기서 제시된 견해를 지지하는 몇 가지 확장된 유비가 있다. 초창기 세대들의 죽음으로 나타나게 된 새로운 생명체라는 개념은 생물학 세계에서 나타나는 주제다.[25] 이 개념은 생물권에서 반복해서 계속 순환하는 똑같은 화학 요소가 모인 덩어리와 함께 더 복잡한 생명체의 형태가 더 단순한 형태로부터 발생하게 한다. 실제로 우리는 사는 날 동안 우리에게 대여된 물질로 구성된다. 그 물질은 우리 앞에 존재했던 수많은 생명체가 이용했으며, 우리의 죽음 이후 수많은 생명체가 다시 이용할 우리 몸 안에 있는 원자들을 포함한다. 그리고 비움은 생물의 유성생식에서도 발견된다. 왜냐하면 고등한 종류에 속하는 생명체는 새로운 암호 패턴을 가진 새로운 유전자를 창조하기 위해 그들의 독특한 정체성을 포기하는 비이기적 유전자를 실제로 그 주요 특징으로 하기 때문이다. 따라서 비이기적 유전자는 새로운 표현형을 창조하고, 이를 통해 자연 선택에 의한 다윈주의의 진화 과정을 강화한다.

종합해서 볼 때, 종교에 관한 유비에서부터 사회에 관한 유비를 거쳐 자연 과학에 속하는 유비에 이르기까지 이렇게 광범위한 증거가 존재한다는 사실은, 창조에 속하는 많은 주제 중 한 가지 중심 주제인 비움에 대해 여기에 제시된 폭넓은 설명을 뒷받침한다. 물론 그것이 정확하다는 증거를 제시할 수는 없다. 그런 종류의 증거는 달성할 수 없기 때문이다.

---

25) Homes Rolston, III, "Does Nature Need to Be Redeemed?" *Zygon* 29 (1994): 205-29.

## 6. 의미와 쟁점

여기서 분명하게 제시된 전반적인 견해는, 어떻게 우리가 도덕적·종교적 의미에서 살아야 할 것인지에 관해 확고한 의미를 지닌다. 그 견해에 따르면, 하나님은 우리가 자발적으로 선을 택하고 앞에서 요약한 비전을 따르기를 바라신다. 그러나 그렇게 하기 위해서 우리는 자신의 의지를 자유롭게 할 은혜가 필요하다. 비움이란 개념은 본질상 역설이기 때문에 ("자기 목숨을 구하고자 하는 자는 잃을 것이요…"), 답은 종종 분명하지 않을 것이다. 비움의 실천은 창조성을 위한 큰 여지를 남긴다. 그것은 일련의 행동 규칙으로 요약될 수 없으나, 사적·공적 삶에서 위대한 실천가였던 사람들의 연구 및 이 개념 위에 세워진 공동체에 대한 연구를 통해 조명할 수 있다.[26] 『우주의 도덕적 본성에 관하여』는 이에 대해 몇 가지를 언급하는데, 특별히 법, 경제, 정치 영역 각각에서 비움을 실행하는 성공적인 많은 예가 실제로 이미 존재한다. 이 사례들을 연구하고 모방하는 것은 매우 유용하다. 예를 들어 경제 영역에서 스콧-베이더 커먼웰스(Scott-Bader Commonwealth)와 판 리어 파운데이션(Van Leer Foundation)은 영리를 추구하는 기업들을 대상으로 비움이라는 특질의 명백한 윤리적 기초를 제공한다. 그리고 피터 드러커(Peter Drucker)가 주목했듯이,[27] 이윤을 지향하지 않는 많은 조직(스카우트, 구세군, 다양한 자선단체들)이 있지만, 이들은 경제의 중요한 부분을 형성한다.

비움과 그 실용성의 핵심 쟁점에 관해 몇 가지를 언급하고 결론을 맺

---

26) 예를 들어 Daisy Newman, *A Procession of Friends* (Friends United Press); Elfrida Vipont, *Quakerism: A Faith to Live By* (London: Bannisdale Press)를 보라.
27) Peter Drucker, *Innovation and Enterprise* (New York: Pan Books, 1985): 『기업가정신』 (한국경제신문 역간).

으려 한다. 관련된 질문은 다음과 같다. 분명히 비움 행위는 많은 영감을 줄 수 있는 큰 이상이다. 그러나 실제로 그것이 개인 및 사회적 행동을 위한 실질적인 길잡이가 될 수 있는가? 그것은 이상적이지만 실현 불가능한 개념이이서 실제 상황에 적용될 수 없는가? 비움을 가치 있고 실로 고귀하게 여길 만한 바람직한 행동 양식으로 만들기 위해 얼마간의 시간이 필요함을 입증하는 충분한 증거가 있다고 한다면, 그때의 비움은 모든 환경이나 적어도 다양한 환경에서 실행 가능한가?

비움이 일어나는 환경을 설정하기 위해서는 두 가지를 미리 언급해야 한다. 첫째, 이 글 서두에서 언급된 비움 개념은, 비움이라는 행동 양식이 **언제나 희생적인 방식으로 행동할 것**을 요구한다고 언명하지 않았다. 오히려 비움이 주장하는 것은 "**언제나 우리가 기꺼이 그렇게 하려 하는가**"였다. 이때 후자의 언급은 중요한 차이를 만든다. 그 의미는 이렇다. 어떤 구체적인 상황에서라도 우리는 먼저―의식적인 행동으로서―자신의 이익을 제쳐놓을 수 있도록, 그리고 그것을 내려놓도록 준비되어야 한다. 그런 다음 자신이 직면하는 문제를 냉정하면서도 열정적으로(즉 명료한 분석과 필요하면 어떤 행동이라도 취하겠다는 결심과 함께) 바라보아야 한다. 그리고 이 글에서 옹호한 전반적인 비움의 목적을 더욱 성취하기 위해서 취할 행동이 무엇인지 결정해야 한다. 그 행동은 희생을 요구할 수도 있고 그렇지 않을 수도 있다. 그러나 그 행동은 연관된 모든 이를 하나님의 자녀[28]로 간주하려 하는 방식으로 항상 형성될 것이며, 가능한 한 서로 유리한 방식으로 각 사람의 이익을 증진하려 할 것이다. 그러므로 당신은 이웃을 자기 몸처럼 사랑한다. 그리고 실로 당신의 원수도 사랑한다. 그러나 이

---

28) 이런 종류의 어법은 물론 매우 단순하게 들린다. 그럼에도 나는 Desmond Tutu가 예를 들었듯이, 이런 어법이 실제로 정치적 상황에서 힘을 가질 수 있음을 믿기 때문에 그것을 사용한다. 우리가 실로 아이들처럼 되어야 한다는 것이 그리스도의 가르침 가운데 하나였다.

것은 당신 자신의 이익을 위한 행동을 배제하지 않는다.

이 방식대로 행하려는 결심이 섰다면, 사실상 희생이 언제 요청되고 언제 요청되지 않는지 결정할 수 있는 도움이 필요하다. 이에 관해 보편적으로 적용할 수 있는 구체적인 규정을 제시하기는 불가능하다. 왜냐하면 그런 행동을 구성하는 필수 요소의 하나는 그 행동에 내재된 창조라는 본성 때문이다. 하지만 앞에서 논의했듯이, **그런 행동들은 직면한 상황의 본질을 높은 층위로 변혁하는 잠재성을 가질 때 적절하다**는 점이 핵심이다. 예외인 한 가지 경우는 이런 행동이 **반대자에게 당연하다고 받아들여질 때**다. 그렇게 되면 희생 행위는 그것의 목적인 굳은 마음을 건드리고 변화시킬 수 있는 변혁시키는 힘이 없기 때문이다. 만약 그럴 경우—물론 이때도 용기와 아마도 참된 희생이 실제로 필요하겠지만—반대자에게 맞서는 몇 가지 형태가 나타날 수도 있다(이것은 많은 여성이 자신의 가정생활에서 발견하는 상황일 수도 있다). 그것이야말로 반대자를 무너뜨리기보다 그를 변혁하려는 목적으로 계속되어야 할 비움의 정신이다. 물론 만일 그런 비움의 정신이 참으로 존재한다면, 희생을 통해 그 정신이 종종 실제로 드러날 것이다. 만일 누군가 비움의 정신을 구현해야 한다고 주장하지만 결코 희생하지 않는다면, 우리는 그의 주장을 회의적인 것으로 간주해야 한다.

둘째, 어떤 특정한 갈등 상황에서라도 비움이라는 형태로 나타나는 행동은 관련된 서로 다른 집단들의 필요와 특성을 고려해야 한다. 비록 우리의 행동 양식이 고유한 가치를 똑같이 서로 다른 집단에 부여하려 한다 해도, 그들을 모두 같은 방식으로 다룸으로써 비움의 행동이 이뤄질 수는 없기 때문이다. 사실상 많은 경우에 몇몇 집단은 분명히 악을 행하는 공격자 혹은 약탈자로 인식되며, 다른 집단은 이런 행위의 희생자로 간주될 것이다. 특별히 이 점은, 인종 청소나 대량 학살처럼 인간성을 거스르는 범죄가 일어나서 인간의 생명이 명백히 무가치하게 여겨지는 상황에 적용된다. 최소한 생명을 존중하는 태도가 살아 있으며 더 나아가 발전의 기초가 될 단계를 세우기 위해서는 그런 행위를 제한하는 어떤 능력이 그 사회에 있어야 한다. 희생자들을 위하여 그런 행동들에 맞서려면, 어떤 집단을 보호하기 위해 다른 집단에 맞서는 방어를 위한 강제적인 행동이 필요할 수도 있다. 논쟁의 여지가 있겠지만 이런 행동 역시 때때로 비움의 관점이 수반하는 결과로 간주할 수 있다. 그리고 그것은 무력을 사용해 안위를 유지해야 할 필요를 불러온다. 왜냐하면 그런 행동에 관여하는 사람들은 무력의 사용을 피할 수 없기 때문이다. 무력을 사용하는 일을 맡는 것도 희생일 수 있는데, 왜냐하면 그것은 자신의 생명을 종종 위험에 빠뜨릴 것이기 때문이다.

이 부분에서 비움이라는 세계관을 주창하는 사람들 사이에 의견이 나뉜다. 방금 표현된 논리는 비움을 명백히 편향함으로써 어떤 종류의 정당한 전쟁이 존재한다는 이론을 수용하게 한다. 아울러 무력을 최소한으로 사용함으로써 수행되는 안보나 전쟁과 유사한 행동을 상상하고, 항상 타자에게 출구를 제시하며, 그들의 인간성과 필요를 고려한다. 그러나 이것은 소위 말하는 "미끄러운 비탈길 오류"(slippery slope)의 시작점이다. 괜찮은 개념처럼 들리지만, 그것은 실제로는 자기에게 유리하게 행동하는 것을 피할 수 없으며, 당신이 하고자 하는 것은 무엇이든지 정당화하는 데 이용될 따름이다. 실제로 발생한 많은 전쟁을 보면, **양측은 모두** 명시적이든 암묵적이든 정당한 전쟁 이론에 호소하면서, 실제로는 편리한 대로 행하려는 본성을 분명히 보여준다. 그것은 홀로코스트부터 드레스덴(Dresden, 독일의 한 도시로서 제2차 세계 대전 때 연합군의 폭격으로 심각한 손상을 입었다―역자 주)으로 인도하는 길로서, 악을 악으로 갚는 길이다. 그것은 손쉽게 "인간 이하의 행동"(untermensch) 즉 고문, 복수를 위한 인종 학살을 자행하도록 이끄는 위험한 길이다. 예를 들면 이것은, 베트남 전쟁

당시 "적"인 민간인을 위협하는 전시 정책의 일부로 사용되었던 무기로서 인접 범위를 불태워버리는 고의적인 고문 도구였던 네이팜탄(napalm)의 개발, 배치, 그리고 사용을 통해 분명히 드러난다. 우리는 다른 사람의 자유를 희생하고 결국에는 우리 자신의 인간성을 희생하는 데까지 강제력을 동원하려는 핑계를 항상 찾을 수 있다. 이것이 전쟁 상황에서는 불가피할지도 모른다. 따라서 누군가는 어떤 상황에서도 다른 사람에게 맞서 무기를 드는 행동을 거부하는 평화주의(pacifist)를 채택한다. 나는 평화주의의 예를 『우주의 도덕적 본성에 관하여』에서 이미 다루었지만, 그것은 계속해서 논쟁의 여지가 있다.

이러한 배경을 고려할 때, 우리는 언제 비움의 행동 방식이 실행 가능한가를 다루는 질문에 초점을 맞추면서 다음과 같은 도표 1에 나타나는 가능성을 고려해볼 수 있다.

| 언제 | 누가 | |
|---|---|---|
| | 몇몇 사람(S) | 모든 사람(A) |
| 때때로(S) | SS | AS |
| 항상(A) | SA | AA |

도표 1. 비움의 행동에 대한 선택 사항

도표에는 네 가지 선택 사항이 있는데, 첫째는 SS다. 이 경우는 "몇몇 사람을 위해서 때때로" 무언가를 행하는 과정의 하나로서 바람직할지도 모른다. 이 경우는, 이런 방식으로 행하리라고는 결코 기대할 수 없는 몇몇 사람이 있음을 의미한다. 이것은 인간의 본성을 가장 무시하는 견해다. 이 경우는 저열한 형태의 행위이며 자신만을 충족하는 부정적인 행동 방식이다. 우리는 이에 저항해야 한다. 이런 행동은 몇몇 사람을 구제불능 상태로 떨어뜨린다.

훨씬 더 긍정적인 사례는 **AS**다. 이 범주는 "모든 사람을 위해 때때로" 바람직한 경우다. 모든 사람이 이 방식을 행할 능력이 있다고 제안하는 면에서 볼 때, 이 경우는 훨씬 더 바람직하다. 그러나 그것이 항상 적절하다고 간주하는 것은 피한다. 그러면 언제 그것이 적절하고 언제 적절하지 않은지를 어떻게 결정하는가? 언제 이기심이 비움 행위에 우선해야 하는가?(많은 경우에 이기심은 비움을 도덕의 양상으로 접근하는 방법론과 양립 가능하다는 점에 주의하면서, 우리는 "언제 이기심이 비움 행위를 대체하는가?"를 질문해야 한다) 우리는 언제 비움이라는 방법론을 사용해야 할지 그리고 언제 사용하지 않아야 할지를 선택할 모종의 선택 규칙이 필요하다. 이 선택 규칙은 해당 상황의 특징에 대해 평가하고 그것이 계속 일어날 가능성을 고려하는 데 기초한다.[29] 그렇다면 주된 질문은 "'성공'으로 규정된 것이 무엇인가"다. 즉 우리 자신만의 복지인지 아니면 관계된 모든 이의 복지인지의 관점에서 어떻게 성공이 규정되는가 하는 것은, 특정한 상황에서 우리가 비움의 길을 시도할지 아닌지를 결정하는 요소다. 그러나 핵심 요점은 다음과 같다. 일단 우리가 X라는 상황에서 비움의 행동을 하지 않기로 신중하게 결정했다면, 이것은 곧 Y와 Z라는 상황을 포함하기까지 이를 것이 거의 확실하며, 계속 확장이 반복되어 결국에는 비움의 행동을 절대로 하지 않는 상황에까지 이를 것이다. 가끔 나타나는 배타성은 규범이 되곤 한다. 왜냐하면 그것은 쉬운 길이기 때문이다.

이것이 도표 1의 **AA**가 비움의 이상으로서 강하게 지지되어야 할 이유이며, 가능한 한 참으로 시도해야 할 이유다. 이 범주의 목적은 "모든 사람에 의해 언제나" 이뤄지는 비움의 행동이어야 한다. 그렇게 된다면, 삶

---

29) 이 규칙은 언제 희생 행동이 적절한지를 결정하는 경우와 같은 것이 아님을 주의하라. 그 문제는 우리가 전반적으로 비움의 위치를 수용한 후에 고려해야 할 사안이다. 앞에서 논의된 사항을 참조하라.

은 변혁될 것이다. 인간의 이기심은 AA가 지금 온전히 일어나는 것을 막고 있지만, 그것은 여전히 목적이 될 수 있다. 이 길을 움직이려는 시도는 개인적·공적 삶에서 여러 방식으로 실행될 수 있다. 이 범주에서는 약간의 성공으로도 큰 차이점을 만든다. 주요 문제는 AA가, 예를 들어 인종 학살, 집단 살인, 또는 계획적인 강간과 살인 같은 실제적인 악에 직면했을 경우 지지받을 수 없다는 주장이다. 즉 이런 악들은 치명적인 힘을 동원해 멈춰야만 하므로, 공공 정책은 이 이상에서 강하게 벗어나야 한다. 앞에서 언급했듯이, 우리는 이것이 반드시 비움의 태도와 모순되는 것은 아님을 주장할 수 있다. 그러나 다른 가능한 응답은 이렇다. 즉 평화주의라는 강력한 비움의 관점이 실제적인 악을 다루는 참으로 유일하면서도 심오한 방식이다. 그것이 소위 성공하지 못한다는 주장은 허구다. 비움을 거의 시도하지 않았다는 점이 참으로 당면한 상황이며, 만약 비움을 시도했다면 사태는 근원적으로 달라졌을 것이다. 문제는 우리가 그것을 시도할 용기와 힘이 없다는 사실이다. 왜냐하면 그것은 엄청난 값을 치러야 하는 길이기 때문이다. 만약 우리가 관련된 타자들을 항상 인간으로 간주하며 희생이 불러일으키는 관대함에 열려 있다면, 우리는 고상한 길을 취할 것이고 하나님의 참된 본성을 닮을 것이며, 따라서 참된 변혁으로 향하는 길을 열 것이다. 반대로 힘을 사용하는 것은 똑같이 대응하는 방식이다. 그런 행동은 상황을 변혁시키는 힘이 없다.

그러나 약한 형태든 강한 형태든, 하나의 제안으로서 AA가 가진 실제 문제는, 결국 **비움의 행동을 하려는 의지를 다른 사람에게 어떤 형태로도 강요할 수 없다는 사실이다.** 왜냐하면 그렇게 강요하는 것은 비움의 본질을 위반하는 시도이기 때문이다. 무력으로 비움을 강요하려 할 경우, 다양한 경우에서 드러난 것처럼(예컨대 중국 공산주의처럼), 강요하지 않았을 때보다 더한 악이 나타난다. 따라서 이 경우를 가능하게 하려는 시도는 불가피하게 실패하고 만다. 우리가 할 수 있는 것은 설득밖에 없고, 이것은 결코 온전히 성공하지는 못할 것이다.

따라서 현실적으로 우리가 바랄 수 있는 최고의 경우는 AA가 아니라, **SA와 AS의 조합**이다. 즉 이 방식으로 행동할 몇몇 사람은 항상 존재할 것이다. 실제로 그들은 평화주의라는 강력한 비움의 태도를 선택한다. 많은 사람은 그들을 희망 없는 이상주의자들로 간주할 것이다. 그러나 그들은 사회의 어떤 부분을 변혁시키는 데 성공할 것이고, 꾸준히 이 방식을 따라 행동하는 여러 해에 걸쳐서 그 부분을 점차 더 크게 만들기를 꿈꿀 수 있다. 어떤 이들은 그들이 사회의 더러운 일을 할 준비가 되어 있는 타자들 뒤에 숨어 있다고 비난할 것이다. 그들은 (예를 들면 20세기에 일어난 두 번의 세계 대전에서 활약한 퀘이커 구급차 승무원들처럼) 절망적인 지역에 도움을 주려는 행동을 준비함으로써, 이 비판이 참이 아님을 분명히 밝히려 할 것이다. 한편으로 그들은 시종일관 완전히 비움의 방향을 추구하여 사회의 본성에 가능한 한 큰 영향을 끼치려 할 것이다. 예를 들어 그들은 가능한 한 광범위한 환경에서 비움의 행동을 장려하며, 물리력을 사용할 때 마지막 수단인 그것을 사용하는 근본 의도가 항상 있음을 확신하고, 반대하는 이들을 파괴하려 하는 대신에 그들에게 탈출구를 계속 허락할 것이다.

그들은 이 관점과 삶의 방식 자체를 예증하려 할 것이고, 예시와 설득을 통해 가능한 한 사회의 큰 일부분으로 비움을 확대하려 할 것이다. 『우주의 도덕적 본성에 관하여』에서 논의했던 것처럼, 특별히 그들은 공공의 삶으로 그 범위를 확대하고, 비움과 가장 비슷한 사항을 항상 선택하는 단계적인 방식을 통해 더 넓은 공공 정책에 대한 선택권의 전체 범위를 위한 선택 규칙을 발전시키는 방식을 계속해서 실험할 것이다. 그러나 그들 자신은 어떤 경우에도 강제적 선택 사항을 전적으로 거절하는 삶을 살

것이다. 할 수 있는 한 그들은 자신의 의도와 행동에서 꾸준히 비움을 실천할 것이며, 이를 끊임없이 의도하는 신앙 공동체를 더욱 큰 사회 안에 구축할 것이다.

## 7. 결론

여기서 제시한 기본 견해는 『양자 우주론과 자연 법칙』에 제시되었고 『우주의 도덕적 본성에 관하여』에서 더 상세히 전개되었다. 후자는 또한 비움과 사회 과학과의 관련성을 다루는 윤곽을 다소 보여준다. 결론은 이렇다. 핵심은, **비움이 본질상 역설이라는 점이다. 참으로 성공적일 때 비움은 어떤 일의 본질과 그 일이 드러나는 방식의 본질을 변혁하는 행동이며, 더 높은 수준의 행동과 의미 단계로의 전환을 나타낸다.** 비움은 공유하며 참된 변혁을 일으키는 정신과 반대되는 제로섬 정신을 거부한다. 변혁의 정신은 마음과 정신이 강제되기보다 설득될 때만 가능하다. 이 결과는 다른 수단으로 얻을 수 없다.[30] 많은 경우에 비움은 실천적인 행동 방식이다. 비움이 실천적인 방식으로 드러날 경우, 그것은 언제나 비움을 실천하려 애쓰는 자들과 이론적·실천적으로 함께하는 자들을 위해 강력한 힘을 행사한다.[31]

---

30) 이런 태도와 그것을 어떻게 실행할 수 있는지를 다루는 다양한 예는 *Christian Faith and Practice in the Life of the Society of Friends* (London: London Yearly Meeting, many editions)를 보라.
31) 이 책을 출간하게 한 원동력인 토론 모임의 참석자들에게 감사한다. 특별히 조언을 아끼지 않은 Holmes Rolston, 그리고 비움에 대해 다룬 자신의 글 "Our God is the Die That Is Cast"의 사본을 제공해준 Graham Cotter에게 감사한다.

# 7장

## 낭만적 사랑, 언약적 사랑, 비움의 사랑

_미하엘 벨커

> 만일 창조 세계를 사랑의 사역으로 간주한다면, 어떤 정상인도 사랑의 승리나 사랑의 비극이 의존하는 근거인 창조 세계의 그 반응에 무관심할 수 없다. 『사랑의 노력, 사랑의 비용』, 78쪽

> "사랑하지 아니하는 자는 사망에 머물러 있느니라." (요일 3:14)

## 1. 소위 "낭만적 사랑"과 실재의 궁극적 본성인 사랑에 관한 관점을 얻을 때의 문제점[1]

사랑이 창조적 힘이며 심지어 "실재의 궁극적 본성"과 연관된다는 사실은 21세기 초 서구 산업 국가에서 사는 사람들에게는 쉽게 와닿지 않는다. 사랑 없이 더불어 사는 삶을 상상할 수 없다는 점은 분명하다. 자유롭게 배우자를 선택할 수 있다는 점에 기초하여 관계를 맺고 결혼에 도달하기 위해서는 사랑을 피해갈 수 없다. 사랑 없이 가족이 함께 살아가는 것 또한 상상할 수 없다. 그러나 동시에 사회학자들과 문화 이론가들은 사랑에 관한 지나친 기대를 줄이라고 조언하며, 그런 지나친 기대를 역사화하기를—즉 그런 기대를 19세기 초로 되돌리는 것을—피하라고 충고한다.

예술과 더불어 사랑이 "근대 사회를 지배하는 특징들에 대항하는…, 노동과 착취의 경제적 필연성에 대항하는, 국가의 규제에 대항하는, 오직 기술 발달을 향해 돌진하는 연구에 대항하는" 방어 작인이 될 수 있으리라는 희망은 실패로 끝났다. 그 희망은 이랬다. "위협받은 자인 내가 사랑에 의지함으로써 그/그녀 자신을 구하고, 그/그녀는 가족 안에서 되살아나며, 예술로 승화시킬 수 있게 된다." 그러나 현실은 다르다. "사랑의 열정은, 사랑에 관련된 일련의 증거를 기대하고 그것을 확인한다고 해서 해소될 수 없는 병리 현상, 즉 가정생활에서 나타나는 병변이 된다. 그리고

---

[1] 나는 "궁극적 실재의 본질인 사랑: 우주론, 자유, 그리고 비움의 신학"에 관한 논의를 기고할 때 많은 도움이 되는 조언들을 해준 참가자들, 특별히 John Polkinghorne, Keith Ward, Ian Barbour에게 진심으로 감사한다.

만약 예술이 부르주아의 세계를 대변한다면, 그것은 가벼운 아이러니로부터 풍자적인 패러디에 해당하는 형태를 통해 그렇게 한다."[2]

따라서 낯선 긴장이 끊임없는 실망이라는 정상적인 상태 및 "사랑"에 몰려 있는 매우 높은 기대치들로 남아 있다. "당신에게 필요한 건 오직 사랑이죠"(All you need is love)나 "나는 사랑의 힘을 숭배해요"(Ich bete an die Macht der Liebe)에서부터 "사랑은 오래될수록 냉정해지죠"(Love grows colder when love grows older)나 "사랑은 대부분 빨간 장미로 시작하죠. 하지만 그 다음은 뭐죠?"(Mit roten Rosen fängt die Liebe meistens an, doch was kommt dann...) 같은 부류에 이르기까지, 긴장은 대중음악과 오락물을 구성하는 가장 중요한 요소 중 하나를 제공한다.

상식과 문학뿐 아니라 신학과 철학은 종종 "낭만적인 사랑"이라 불리는, 두 당사자 사이에서 감정적으로 영향을 끼치는 의사소통 안에 있는 "사랑"에 관한 이 문화적 집착에 사로잡히곤 했다. 기독교 신학은 "사랑"을 조명하고 성찰하려고 무수히 노력하면서도 이 "관계", "상호성", 그리고 "나-너-공동체"에 관한 논의에서 거의 벗어나지 않았다. 즉시 드러난 몇몇 중요한 차이점 중에는 "에로스와 아가페"처럼 "고전적인" 개념이 된 사례도 있다.[3] 더 최근에는 자기 지시(self-reference)와 자기 부인(selflessness) 사이에 있는 복잡한 관계가 사고의 중심을 차지했다. 제시된 제안은 다소 모호하거나 심지어 수사학적이다. "아주 위대한 자기 지시

---

2) Niklas Luhmann, *Die Gesellschaft der Gesellschaft* (Frankfurt: Suhrkamp, 1997), 987f.: 『사회의 사회』(새물결 역간); 참조. N. Luhmann, *Liebe als Passion. Zur Codierung von Intimität* (Frankfurt: Suhrkamp, 1982) [Love as Passion: The Codification of Intimacy, (Cambridge, Mass.: Harvard University Press, 1986)]: 『열정으로서의 사랑』(새물결 역간).
3) 그러므로 Anders Nygren, *Eros and Agape. Gestaltwandlungen der christlichen Liebe*, 2 vols. (Gütersloh: Bertelsmann, 1930 and 1937): 『아가페와 에로스』(크리스챤다이제스트 역간)가 많이 인용되었다.

가운데 여전히 더 위대한 자기 부인이 있다."⁴

낭만적인 "사랑의 관계"에 대해 이렇게 집중하면서부터 엄청난 축소 지향성이 나타나서, 더 복잡한 사랑의 개념이나 심지어 종교라는 관점에서 본 사랑의 개념은 말할 필요도 없이, 가족 간 사랑의 관계라는 구조적인 풍성함조차 생략되어버렸다는 사실조차 거의 모호해졌다.⁵ 방향을 찾는 데 무능하다는 점은, 아마도 최근 서구의 산업 국가들이 동반자 관계에만 중점을 두는 에토스—예컨대 동성 동반자들의 결혼에 관한 격렬하지만 도움이 안 되는 논의들—에 대항하여 가족 관계에 근거하는 에토스에 특권을 부여하려는 시도에 대해 어려움을 일으키는 주된 이유 중 하나다. "사랑"에 관해 우리에게 드러난 것들이 놀라울 정도로 드물고 빈약한데도, 사람과 사람 사이에서 일어나는 애정 관계를 다루는 패러다임에 관한 연구가 집중되는 현상이 계속되었다. 이 책을 낳은 모임에서 다룬 주제인 "사랑과 실재의 궁극적 본성: 우주론, 자유, 그리고 비움의 신학"은 이 사상에 심취한 사람들에게서 나오는 제안으로 간주할 수 있다.

적어도 나 자신은 이 주제를 종교적 원천을 기반으로 사랑의 능력에 대한 깊은 이해를 회복하자는 제안으로 읽고 싶다. 나는 그런 이해 방식이 개인 및 가족 관계의 맥락에서 풍성한 열매를 맺을 수 있다는 사실을 강조하고 싶다. 따라서 나는 "나와 너"라는 관계성의 한계 안에서 사회적·문화적, 그리고 심지어 우주적으로 사랑을 행할 능력인 사랑이라는 개념에 대

---

4) Cf. Eberhard Jüngel, *Gott als Geheimnis der Welt. Zur Begründung der Theologie des Gekreuzigten im Streit zwischen Theismus und Atheismus* (Tübingen: Mohr, 1977), 430ff.

5) "협력"에 대한 집착과 지배 및 복종의 주관성은 Karl Barth, *Kirchliche Dogmatik* (Zurich, 1932-67), III/1, 특별히 347ff.; III/4, 특별히 244ff.를 보라; Alfred North Whitehead, *Adventures of Ideas* (New York: The Free Press, 1967): 『관념의 모험』(한길사 역간), 288ff.는 아이를 향한 돌봄의 사랑에 집중하는 태도에 대해 유용한 반론을 제시한다.

한 추상적인 반대를 펼치지는 않으려 한다.[6]

## 2. 창조의 능력인 사랑이 성서 전통의 기초 위에 존재한다는 점에 대한 논의들

만일 성서 전통에서 사랑에 관한 수많은 진술들을 비교할 시간이 충분하다면, 먼저 우리는 수많은 "사랑"의 "관계들"이 있음을 깨닫게 된다. 모세오경부터 아가서에 이르기까지 가족에 대한 다양한 언급이 등장할 뿐 아니라, 분명하게 인격 대 인격 간의 사랑의 형태 역시 분명히 언급하고 있으며, 그중 몇 가지 경우는 낭만적인 사랑의 형태에 가깝다. 그러나 잘 알려진 대로, 더욱 일반적인 형태의 이웃 사랑, 타인 사랑, 원수 사랑, 그리고 특별히 신약의 서신서 안에 광범위하게 나타나듯이 더 복잡한 사회관계 형성을 주제화한 "형제" 사랑 또는 우애가 훨씬 더 많다.

더욱이 우리는 하나님의 이름, 하나님의 말씀, 하나님의 정의, 하나님의 교훈, 하나님의 계명, 하나님의 율법을 사랑하는 것처럼 상세한 항목으로 "하나님을 사랑함"이란 개념을 다룬다. 그리고 이스라엘 백성, 세상, 예루살렘, 율법과 정의 등을 사랑하시는 하나님에 대해 깊이 주목한다.

---

6) 현대성이 다른 개념적·문화적 업적을 많이 성취했듯이, "나와 너"라는 관계성의 경계 안에 있는 낭만적인 사랑은 추상적 평등과 자유를 지지하는 하나의 강력한 형태였다. Sara Coakley는 이 점을 우리의 논의에서 바르게 강조했다. 오늘날 우리는 이런 종류의 사랑의 "기준점"인 현대성이 현실과 유리되고 상황과 분리된 자아에 지불된 대가를 목도한다. 우리는 텅 빈 신앙(초월적인 "내적 타자"와의 단순한 관계성)과 연결된 종교적 소통의 자기 세속화와 자기 진부함에 대한 역동성을 점차 인식하게 된다. 그것은 현대의 자아 개념과 양립했다. 우리는 또한 두 초월적 자아의 낭만적인 상호성 안에 결속하고 양육하는 힘이 부족함을 인식한다. 젊은 Hegel 및 다른 철학자들과 더불어 우리 대부분은, 이런 종류의 사랑을 두 자아 사이의 궁극적인 "일치와 차이에 대한 변증법적 통일"로서 보는 사변에 대한 신뢰를 잃었다.

비록 이러한 "관계" 중 일부는 단순히 수사학적 유비에 불과할지라도, 때때로 언급된 어두움이나 불의에 대한 사랑[7]과 같은 형태와 내용들이 풍성하게 남아 있으므로, 우리는 그것들을 더 세밀히 다뤄야 한다.

성서 전통에 속하는 매우 다양한 "사랑의 관계들" 외에도, **하나님을 사랑함**이란 개념이 계명을 존중함과 "계명에 집중함" 또는 "하나님의 말씀을 굳게 붙잡음" 같은 개념들과 오랜 세월에 걸쳐서 철저하게 연결되어 있다는 점이 매우 놀랍다.[8] 따라서 "하나님의 이름을 사랑함"과 "하나님을 섬김"(사 56:6)은 서로 연결될 것이다. 확실히 "하나님을 사랑함" 개념과 하나님의 의도와 질서에 따라 행동함 사이의 관계는 특별히 예수와 창조주의 관계에서 명확해지며 이는 요한 문헌(요 14:31)에서 상세히 드러난다. **하지만** 하나님의 의도가 창조 세계 일반을 위한 선한 질서와 안녕에 관련될 때, "**하나님을 사랑함**"이란 개념은 또한 명백히 그 의도를 받아들이고 그것을 추구함을 의미한다.

창조 세계의 선한 질서와 번영에 관한 하나님의 이런 관심은, 이웃 사랑뿐 아니라 이방인, 심지어 원수를 사랑함을 통해 최고이자 최상으로 완전하게 수행된다. **바로 이런 이유로, 하나님을 사랑함을 단순히 일대일 상호 관계로 이해할 수는 없다는 진술이야말로 하나님을 사랑함을 성취한다는 말이 의미하는 바다.** 하나님을 사랑한다는 것은 하나님의 뜻을 따라 세계, 동료 인간, 그리고 심지어 동료 피조물과 맺는 관계, 즉 하나님의 법을 준수하고 서로 사랑하는 관계성을 포함할 뿐 아니라 그런 관계성을 개

---

7) 사랑에 관한 성서 속 담론은 분명히 부정적인 특징을 보이는 관계들 안에서 진지하게 다뤄야 하며("이 세상을 사랑함", "서로 존중하는 행동"을 사랑함, 또한 하나님을 사랑함과 "맘몬"을 사랑함이라는 서로 반대되는 개념을 참조하라) 인격을 가진 대상은 아니지만 사랑과 관계된 예들(정의, 지혜, 선함, 신실함)도 간과해서는 안 된다.
8) 출 20:6; 신 7:9; 눅 11:42; 요 14:15-21ff.; 요 15:9; 요일 5:3 그리고 더 많은 곳에서 나타난다.

척하기까지 한다. 따라서 소위 "사랑에 관한 이중 계명"[9]은 서로 다른 두 기본 관계의 결합이 아니라, 확고하게 연결된 하나의 계명으로 간주해야 한다. 이 계명은 성서가 전반적으로 사랑을 이해하는 방식에 관해 중요한 무언가를 알려준다. 만일 사랑이 포괄적으로 "율법의 성취"(롬 13:8; 갈 5:14)라 불린다면, 하나님과 맺는 사랑의 관계는, 대부분의 신약성서 전통에서 상술된 것보다 분명히 덜 상술된 부분에서조차 간과될 수 없다.

하나님과 맺는 사랑의 관계, 다시 말해 율법의 성취 또는 동료 피조물과의 사랑을 통해 구체화되고 실현되는 관계는 단순히 "동기를 부여하는 도덕적 능력"이 아니다. 또한 그것은 사심 없이 자신에게서 벗어나고 단순한 상호 대칭을 추구하는 사랑의 관계를 벗어나려는 자극의 연속도 아니다. "너희가 만일 너희를 사랑하는 자만을 사랑하면 칭찬 받을 것이 무엇이냐? 죄인들도 이렇게 하느니라"(눅 6:32. 참조. 눅 6:33ff.; 마 5:46-47). 요한 문헌은 보이는 동료 인간에 대한 사랑과 보이지 않는 하나님에 대한 사랑을 철저히 관련지을 때, 이 점을 상세히 제시한다(참조. 요일 4:12-20). 성부와 성자 사이의 사랑은 그저 "추상적인 상호성"을 의미하지 **않으며**, 단지 인간은 다소간 "신비적으로" 그 안에 참여할 수 있을 따름이다.

오히려 성부와 성자 사이의 사랑은, 아버지 혹은 아버지의 이름이 알려지게 하는 것과 연결된 사랑이거나(요 17:26), 아들의 계시 및 그가 그의 증인들 안에 내주하신다는 사실과 연결된 사랑이다(요 14:21ff.). 하나님이 더불어 사랑하시고 더불어 사랑받기 원하시는 사랑은 인간에게서 드러난다. 그리고 하나님은 이 사랑 가운데 드러나신다. 이 사랑 안에서 **하나님의 정체성과 능력이 알려지게 된다**. 창조주는 사랑의 관계를 통해 예수 그리스도에게 신적 능력을 부여하시며, 같은 맥락에서 인간은 하나님과

---

9) 막 12:30ff.; 마 22:37-39; 눅 10:27; 참조. 신 6:4-31; 레 19:18.

친밀하게 되고 사랑을 통해 하나님의 능력에 참여하게 된다.[10]

바울은 하나님의 사랑이 성령을 통해 우리 마음에 부어졌다고 말함으로써 하나님의 능력에 참여함을 묘사한다(롬 5:5).[11] 동시에 바울은 쉽게 파악되지 않는 과정을 반복적으로 서술한다. 그 과정은 자신을 하나님의 사랑과 하나님을 위한 사랑에 사로잡히고 깊이 새겨지게 하는 사람들 안에서 나타나는 **성장의 과정이다. 그들은 그들을 변혁시키시는 살아계신 하나님과 맺는 관계 속으로 들어간다.** 왜냐하면 사랑 안에서 그들은, 그 지식이 멀리 떨어져 있고 객관화되는 하나님과의 관계에 만족할 수 없기 때문이다. 그들은 "얼굴과 얼굴"을 마주보며 그 지식을 얻으려고 애쓸 것이 분명하다. "그때에는 주께서 나를 아신 것같이 내가 온전히 알리라"(참조. 고전 13:12; 고전 8:1ff.).

이 점에서 하나님과 복합적으로 맺는 사랑의 관계는 실마리 없는 신비한 관계 속으로 빠질 조짐을 보인다. 그 가운데 "사랑을 추구"하라(고전 14:1), 사랑 가운데서 자라라(살전 3:12), 사랑 안에서 지식을 풍성하게 하라(빌 1:8-9 참조), 그리고 특별히 사랑의 창조 능력을 풍성하게 하라와 같은 명령법의 의미는 더 이상 단순한 것으로 간주할 수 없다. 그러나 보이지 않는 하나님과 맺는, 살아 있는 사랑의 관계는 전혀 신비한 연합(unio mystica)이 아니다. 그것은 하나님과 인간이 추상적인 평등에 기초해서 그들의 인격적 감정을 서로 교감하는 사랑, 즉 하나님과 인간 사이에 있는 낭만적 사랑이 분명 아니다. 하나님과 맺는 살아 있는 사랑의 관계는 피

---

10) 참조. 요 3:25; 14:21ff.; 17:26ff.; 21:15 등.
11) 또한 고린도전서에 나타나는 성령의 가장 중요한 열매 혹은 은사인 사랑에 관한 담론을 참조하라. "성령을 부으심"에 대한 설명은 M. Welker, *God the Spirit* (Philadelphia: Fortress Press, 1994), 134ff. 및 228ff.; M. Welker, "And Also Upon the Menservants and the Maidservants in Those Days Will I Pour My Spirit,' On Pluralism and the Promise of the Spirit," in *Soundings* 78, no 1 (1995): 49-67을 보라.

조물 가운데서 사랑의 형태들을 형성하고, 하나님의 능력에 참여하게 하며, **성장 과정**을 자유롭게 한다.

다른 신약성서 전통 역시 놀라울 정도로 이 성장 과정을 비슷하게 서술한다. 사랑 안에서 인간은 하나님의 정체성과 진리가 그들 안에서, 즉 그들의 몸과 삶에서 모양과 실재를 얻는 방식으로 하나님의 정체성과 진리에 참여한다.

- "그리스도의 사랑"이 실제로 우리를 강권하셔서 우리가 하나님의 창조 활동을 통해 그리스도 안에서 초대받았으며 그리스도께 참여하고 "새로운 피조물"이 되었다는 사실을 깨닫게 하신다는 바울의 말은 이를 묘사한다(고후 5:14-17).
- 골로새서는, **사랑의 연합** 안에서 우리로 하여금 "확실한 이해의 모든 풍성함과 하나님의 비밀인 그리스도를 깨닫게 하려 함이니 그 안에는 지혜와 지식의 모든 보화가 감추어져 있느니라"라고 강조한다(골 2:2ff.).
- 에베소서에 따르면, "모든 지식에 뛰어난" 그리스도의 사랑은 사랑에 깊이 뿌리를 내리고 그것에 기초를 둠으로써 알려질 뿐 아니라, 사랑하는 사람들은 하나님의 힘과 존재에 점점 더 많이 참여하게 된다. 그 목적은 "하나님의 모든 충만하신 것으로 너희에게 충만하게 하시기" 위해서다(엡 3:11; 참조. 17절ff.).

## 3. 언약적 사랑과 비움의 사랑

만일 우리가 하나님의 사랑과 하나님을 향한 사랑이라는 이 풍성한 특질과 구조를 탐구한다면, **언약적 형태의 사랑**은 분명해진다. 폴킹혼은 그것을 "강제적 측면, 계시적 측면, 그리고 변혁적 측면"으로 구분하면서 "너희는 나의 백성이 되고 나는 너희의 하나님이 되리라"를 인용한다.[12] 언약적 사랑은 큰 위엄을 인간에게 부여한다. 인간은 창조 세계와의 관계에서 하나님의 의도를 맡아서 추구할 뿐 아니라 창조 세계의 안녕에 관한 하나님의 관심을 맡아서 추구할 위엄을 갖추고 있다. 아울러 그들은 창조 세계를 위한 하나님의 뜻과 하나님의 계획을 드러낼 위엄을 갖추고 있다. 또한 그들은 창조하시고 유지하시며 변혁시키시는 하나님의 능력이 성취되도록 사역할 위엄을 갖추고 있다. 하나님의 형상(*imago Dei*)[13]이라는 개념에는 그보다 덜한 것이 전혀 나타나지 않는다.

언약적 형태의 사랑은 **사랑의 무게**, 즉 사랑이 가진 소통하며 창조하는 능력을 드러낸다. 다른 한편으로 언약적 형태의 사랑은, 하나님의 사랑을 인간에게 철저히 접근하지 못하게 하는 하나의 도전이자 짐처럼 보일 수 있다. 왜냐하면 그/그녀가 이 부르심에 응답할 수 있고 창조 세계에 대한 하나님의 의도를 돌볼 수 있다고 누가 주장할 수 있겠는가? 누가 하나님의 힘과 존재에 참여한다고 주장할 수 있겠는가? 비록 우리가 그런 자들을 발견했다 해도(심지어 우리 자신이 그중 하나라 해도), 언약적 형태는 마치 하나님의 사랑이 가진 보편성을 제한하는 것처럼 보일 수도 있다면, 누가 언약적 사랑의 기초 위에서 이 모든 것을 주장할 준비가 되어 있는가?[14] 비록 우리가 창조 세계와 관계를 맺으시는 하나님에 대한 피상적인 이해를 피한다 해도, 낭만적인 사랑이란 용어로 표현되는 인간과 관계를

---

12) 이 글의 초안에 대한 Polkinghorne의 논평에서 인용함.
13) 참조. M. Welker, "Creation, the Image of God, and the Mandate of Dominion," in *Creation and Reality* (Philadelphia: Fortress Press, 1999), 60ff.
14) Keith Ward는 나에게 이 문제점을 다음과 같이 지적했다. "유대교에서 언약은 유대인들을 분리하지 않는가? 새 언약은 교회를 분리하지 않는가?"

맺으시는 하나님에 대한 피상적인 이해를 피한다 해도, 언약적 사랑 개념은, 우리가 실현하기에 버거운 살아 있는 율법으로 전환되는 위협이 될 수도 있다.

그리스도 안에서 드러나고 하나님의 창조 세계에서 반복해서 볼 수 있는 하나님의 비움의 사랑은 언약적 사랑의 위엄 있는 무게감을 포기하지 않는다. 그러나 비움의 사랑은, 스스로 창조 세계에 대한 하나님의 의도를 돌볼 어떤 잠재성도 **없는** 사람들에게, 스스로 그들의 사역에서 하나님의 선하심을 드러낼 어떤 잠재성도 **없는** 사람들에게, 그리고 스스로 하나님의 뜻에 따라 세계를 변혁시키도록 도울 어떤 잠재성도 **없는** 사람들에게 하나님이 사랑으로 의존하신다는 사실을 드러낸다. 하나님은 비움의 사랑을 통해 혼돈과 상실과 죄의 수렁에서 그들을 해방하기 위해, 오실 하나님의 통치에서 그들과 함께하시기 위해, 그리고 그들이 하나님의 사랑을 경험하고 그 사랑이 제정되는 것—그들이 새로운 피조물로서 경험하고 제정하는 어떤 것—을 누리는 데까지 이르도록 그들을 고귀하게 만드시기 위해 피조물에게 무조건 의존하신다.

이 비움의 사랑 안에서 하나님은 실제로 피조물의 개별성과 깊이를 위한 공간을 마련하신다. 피조물은 창조 세계의 가능성 너머에 뻗어 있는 잣대로 측정되지 않는다. 피조물의 깊은 곳으로부터 하나님은 그들을 구하시고 자신의 목적을 위해 그들을 재창조하신다.[15] 비움의 사랑 안에서 하나님은 피조물에 대한 불타는 열정을 드러내시는데, 그것은 단지 피조물이 자신의 계획에 적합하게 하기 위해서만은 아니다. 다른 한편으로 이 관심은 단지 변덕스러운 존재와의 변덕스러운 접촉에 대한 변덕스러운 갈망이 아니다. 그것은 하나님에게서 가장 멀리 떨어져 있으며 심지어 하

---

15) Ian Barbour가 이 책 1장에서 "하나님의 능력을 압도적인 통제보다는 권한을 부여하는 힘으로 재개념화하기"에 호소한다는 점을 참조하라.

나님에게서 자신을 배제하고 가리려 하는 피조물과 만나시려는 하나님의 의지다. 그 결과 피조물은 마침내 "지복을 공유하고, 참으로 창조적인 자유라는 하나님의 본성을 나타내는 도구가 된다."[16]

타자의 타자성에 관한 열렬한 관심, 타자 스스로 자유롭게 자신을 드러내게 만드는 데 관한 열렬한 관심, 타자의 삶을 펼치기 위해 길을 닦으려는 데 관한 열렬한 관심, 이 모두는 비움의 사랑이 가진 특징이다. 그러나 동시에 비움의 사랑은 단순히 호기심이 아니라 타자를 향하는 **사랑**이다. 이 사랑은, 내가 "언약적 약속"과 "언약적 도전"이라 부르고자 하는 요소 없이는 성립할 수 없다. 이 사랑은 사랑받는 자의 깊이와 신비와 자유를 존중한다. 그리고 그것은 심지어 이 깊이와 신비와 자유가 살아 있게 하고 그것을 열려 있는 상태로 유지한다.[17] 그러나 비움의 사랑은 새 창조에서 새로운 삶을 위해 타자를 얻으려고 애쓴다. 하나님의 비움의 사랑은 **새로운** 언약적 관계성을 추구한다. 이 사랑은 경계도 없고, 배제도 없으며, 다만 하나님의 삶과 창조 세계에 대한 그분의 계획에 참여하기 위해 사랑받는 자를 얻으려는 하나님의 목적을 지닌다. 그리스도의 삶은 우리가 이런 계획들에 친숙해지도록 도와주는 지침이 된다. 아울러 세상—스스로 하나님으로부터 멀어져서 생명을 지속하는 힘을 하나님을 대항하는 데 사용했던 세상—을 조건 없이 사랑하신 그분의 사랑은 끊임없이 우리를 하나님과 사랑의 교제를 나누는 공동체가 되게 하신다. 그 공동체 안에서 우리는 **하나님의 형상**으로 회복되며 새로운 창조세계의 구성원으로 회복된다.

요한1서보다 이런 의도를 더 자세히 서술하는 신약성서 본문은 없다.

---

16) 이 책 9장의 저자인 Keith Ward와 3장의 저자인 Holmes Rolston은 "중생"에 대해 바르게 말한다.
17) 참조. 고전 12장, 특히 12:7.

사랑 안에서 인간은 "하나님의 자녀"가 된다. 비록 하나님의 정체성에 대한 인간의 참여가 그 이상의 계시를 기다린다 할지라도, 그들이 하나님께 속해 있다는 사실은 분명하다. 왜냐하면 그들이 하나님께 속함은 그들의 사랑 및 그 사랑과 연결된 그리스도의 명령을 성취하는 데 기초하기 때문이다(참조. 요일 3장). "사랑하는 자마다 하나님으로부터 나서 하나님을 알고"(요일 4:7). 요한1서는 하나님의 사랑 안에서 살아가는 삶과 "새 생명"과 더불어 사랑하는 존재로서 살아가는 삶을 연결한다. 사랑하지 않는 자는 죽음에 머문다. 그러나 사랑하는 자는 새 창조를 통해 죽음에서 생명으로 옮겨졌다(참조. 요일 3:14).

다시 말해서 이 전체 과정은 하나님과 그분의 사랑을 받는 피조물 사이에 존재하는 일대일 사건이 아니다. 비록 개별 창조물의 독특성과 깊이가 하나님에게 가장 중요하고 또한 창조 세계 전체에 가장 중요할지라도, 사랑을 드러내고 창조 세계를 옛것에서 새것[18]으로 변혁시키는 것은 창조 세계의 나머지에 가장 중요하다. 여기서 우리는 한 공동체 안에서(사실은 믿음, 사랑, 소망에 대한 개별적인 모습을 보여주는 서로 다른 구체적인 공동체 안에서) 믿음, 사랑, 소망이 고양되기를 원하는 바울의 불타는 관심을 볼 수 있다. 바울이 원하는 공동체는 공동체 안에서 서로 나누고 즐거움을 향유하는 가운데 모든 이가 종말론적인 성취를 기대하고 그것을 향해 자라나는 공동체다. 로마서 8장에 따르면 이 발전과 성장은 단지 동료 그리스도인에 대해서만 중요성을 지니는 것은 아니다. 하나님의 비움의 사랑 안에서 살아가는 사람들의 삶이 가장 중요하다. 왜냐하면 그 삶은 모든 창조 세계가 세상을 위한 하나님의 의도가 완전히 드러나는 상황을 기대한다는 점을 잘 드러내기 때문이다. 이런 이유로 "피조물이 고대하는 바는 하나

---

18) 이 책의 5장인 Polkinghorne의 글을 참조하라. 아울러 그의 책 *The Faith of a Physicist* (Princeton: Princeton University Press, 1994), 9장을 참조하라.

님의 아들들이 나타나는 것"(롬 8:19)이다.

하나님의 비움의 사랑은 창조 세계에 하나님의 비움의 사랑 자체와 새 생명의 능력을 조건 없이 공유하도록 내어주시며, 자주 우리를 하나님과 더 풍성한 계시로 인도한다.[19] 하나님의 비움의 사랑은 그리스도의 사랑 안에서 그 능력을 드러냈고, 성령의 사역으로 피조물에 주어졌으며, 인간을 창조적 사랑으로 이끌어 그들로 하여금 하나님의 현존을 담지한 자들이 되게 하고, 새 창조물로서 성육신을 담지하게 한다.

---

19) John Polkinghorne and Michael Welker, *The End of the World and the Ends of God: Science and Theology on Eschatology* (Harrisburg, pa.: Trinity Press, 2000).

# 8장
## 세계의 창조와 완성 안에서 나타나는 하나님의 비움

_위르겐 몰트만

…[사랑의] 승리를 믿는 믿음은 창조주 자신에 대한 믿음 이상도 이하도 아니다. 즉 그 믿음은 하나님이 그의 일을 멈추지 않으실뿐더러, 그가 사랑하는 대상을 포기하지 않으신다는 사실을 믿는 믿음이다.

『사랑의 노력, 사랑의 비용』, 63쪽

신학자로서 나는 기독교와 유대교에서 나타나는 비움의 신학에 대한 설명으로 이 글을 시작하고, 우주 안에서 나타나는 하나님의 임재와 활동을 이해하는 데 비움의 신학이 적절한지를 질문하고자 한다. 신학의 창조론은 물리학의 우주론과 경쟁 관계 목록에 포함되는 일종의 종교적 우주론이 아니다. 신학의 창조론은 물리학의 우주론과 양립 가능해야 한다.[1] 신학은 하나님에 대한 경험을 설명하며 과학은 자연에 대한 경험을 설명하는데, 이 두 가지 설명은 서로 다르다. 그러나 만약 우리가 그들을 함께 대화 속으로 끌어들이면, 곧바로 두 가지 일이 발생한다. 첫째, 신학자들은 독특하면서도 반복할 수 없는 역사를 지닌 "위대한 과학 내러티브들"을 특별히 선호한다. 왜냐하면 이러한 내러티브들은 하나님과 함께한 그들 자신의 역사와 상응하기 때문이다. 그중에는 빅뱅 이후 팽창하는 우주의 발전을 다루는 한 내러티브가 있다. 다른 한 내러티브는 "계통수"(phylogenetic tree)를 통해 생명의 진화를 다룬다. 둘째, 신학자들은 과학자들이 특별히 좋아하지 않는 하나의 자연 현상에 관해 특별한 관심을 가지는데, 그것은 "우연성"(contingency)이다. 우리는 인간의 삶과 우리의 개인적인 일대기에 나타나는 예측 불가능한 우연성으로부터, 이 우연성이 우리의 계획에 영향을 미쳐서 선과 악 모두를 나타나게 할 수 있음을 안다. 그러므로 위르겐 하버마스(Jürgen Habermas)와 헤르만 뤼베(Hermann Lübbe) 같은 사회학자들은 종교의 실제 기능을 "우연성의 정

---

1) 자연과학과 양립 가능한 창조론을 구성하려는 내 시도는 다음 책에서 찾아볼 수 있다. *God in Creation: An Ecological Doctrine of Creation* (Gifford Lectures 1984-85), trans. Margaret Kohn (London, 1985):『창조 안에 계신 하느님』(한국신학연구소 역간).

복"으로 본다. 따라서 자연 신학(theology of nature)의 발전 과정에서 우리는 자연의 역사뿐 아니라 우주의 과거와 현재로부터 추정될 수 없는 미래를 예고해주는 우연한 사건들 안에서 나타나는 하나님의 임재에 관해 탐구한다. 우리는 여기서 기독교와 유대교의 비움의 신학이 우리의 통찰을 날카롭게 다듬어줄 것인지를 확인해보려 한다.

## 1. 그리스도의 비움에 관한 기독교 신학

그리스도인의 하나님 경험은 예수 그리스도와 그의 역사(歷史) 가운데 나타난 하나님의 임재에 대한 인식으로부터 나온다. 바울이 빌립보서 2:5-11에서 인용한 찬송시에 따르면, 그리스도의 역사는 하나님에게 버림받은 인간의 구속을 위한 비움으로서 이해되었다.

> 너희 안에 이 마음을 품으라. 곧 그리스도 예수의 마음이니
> 그는 근본 하나님의 본체(the form of God)시나
> 하나님과 동등됨을 취할 것으로 여기지 아니하시고
> 오히려 **자기를 비워** 종의 형체(the form of a servant)를 가지사
> 사람들과 같이 되셨고
> 사람의 모양으로 나타나사
> 자기를 낮추시고 죽기까지 복종하셨으니
> 곧 십자가에 죽으심이라. 이러므로 하나님이 그를 지극히 높여….

이 찬송의 첫 부분이 묘사하는 그리스도의 역사는 하늘에 계신 하나님의 아들이 가진 "하나님의 본체"와 더불어 시작하여 골고다 십자가 위

의 "종의 형체"로 끝난다. 그리스도가 인간이 되셨다는 것은, 그가 가진 하나님의 형상을 "스스로 비우셨음"을 전제하고 "자신을 낮추심" 즉 자기 비하로 귀결된다. 하나님의 아들이 인간이 되시고 죽으신다. 그는 인류의 종이 되시고 십자가에서 죽으신다. 그는 이 모든 것을 하나님 아버지께 "순종"함으로써 행하신다. 이 부분에서 나는 주석과 관련된 개별적인 문제들[2]을 다루지 않고 곧바로 신학과 관련된 문제를 다루려 한다.

**a. 초기 루터파 신학**은 하나님의 아들의 자기 비움을 그리스도의 두 본성이라는 기독론 교리에 비추어 이해하려 했다.[3] 그리스도의 비움은 그리스도가 인간이 될 때 신적 위엄에 속하는 속성을 거절했음을 의미한다. 그 결과 그리스도는 전능하지도, 편재하지도, 전지하지도 않고 "다른 인간처럼" 되셨다. 이것은 그리스도가 인간의 모습으로 다른 인간들을 만나는 제한된 존재임을 말한다. 그러나 (기센[Gießen] 신학자들이 말했듯이) 그리스도가 이런 신적 속성들을 "포기했거나" 또는 (17세기 튀빙겐[Tübingen] 신학자들이 설명했듯이) 그것들을 "숨겼다"는 말은 오직 그리스도의 인간 본성만을 가리키는 표현이다. 어느 집단도 영원하신 로고스가 **신성**을 비우셨다는 사실에 관해 말할 준비가 안 되어 있었다. 그들은 단지 이 땅에서 사신 그리스도의 삶이 참이었으며 실제 인간성을 지니고 있었다고 주장할 여지를 만들고자 했다.

19세기 루터파의 소위 "비움" 신학자들(사르토리우스[Sartorius], 리프너[Liebner], 호프만[Hofmann], 토마시우스[Thomasius], 프랑크[Frank], 게스[Geß])은 교부들의 신학을 따라서 새로운 접근을 시도했고, 빌립보서 2

---

2) 주석과 관련된 문제들에 대해 나는 O. Hofius, *Der Christushymnus Phil 2,6-11. Untersuchungen zur Gestalt und Aussage eines urchristlichen Psalms* (Tübingen, 1976)를 훌륭한 연구로 간주한다.
3) 나는 여기서 간략하지만 매우 유익한 P. Althaus의 논문인 "Kenosis," in *RGG*[3], III, 1244-46을 추천하고자 한다.

장의 주제를 "인간이 되신 그리스도"(Christ-who-has-become-human)가 아닌 "인간이 되는 과정 중에 계신 그리스도"(the Christ-in-his-becoming-human)로 간주했다. 그리스도의 비움은 그의 신성에 내재하는 위엄의 속성들에만 관련되어 있지 않고, 이미 영원한 로고스 자체의 신적 존재에 속한다. 토마시우스가 가르친 것처럼, 하나님의 자기 제한으로부터 하나님이시며 인간인(God-human) 아들이 발현한다. 그리스도가 가진 인간의 형상, 즉 종의 형상은 그가 원래 가진 하나님의 형상을 대신한다. 그러나 만약 신으로서 소유한 어떤 것도 성육신한 하나님의 아들 안에서 다른 인간들과 조우하지 못한다면, 어떻게 그들은 그를 하나님의 그리스도로서 인식할 수 있을까? 그들의 대답이 약간 당혹스럽다는 점은 명백하지만, "비움" 신학자들은 신성의 이분법을 가정함으로써 대답했다. 즉 성육신한 하나님의 아들은 세상과 관련해서는 하나님으로서의 위엄과 관련된 속성을 "포기"하시지만 하나님의 본질적 본성 즉 진리, 거룩함, 사랑을 구성하는 내적 속성은 그대로 유지하신다. 왜냐하면 비움의 행동은 인간을 위한 하나님의 자유로운 사랑의 행동이기 때문이다.

하나님의 아들의 성육신과 비움에 대한 전제로써 이런 방식으로 신성을 나타내는 속성을 분리하는 것은 만족스럽지 못하기에, 19세기 루터파의 "비움" 신학을 계승한 이들은 없었다. 하지만 그들은 그 모든 문제를 풀기 위한 한 가지 문제를 찾아냈다. 세계와 연관된 신의 속성(전능, 편재, 전지, 불멸, 무감각, 불변)들은 아리스토텔레스의 일반 형이상학에서 기인한다. 신의 이런 속성들은 성서가 증언하는 하나님의 역사에 따른 하나님의 속성들과는 전혀 상관이 없다. 그래서 이 속성들은 사람들이 "그리스도이기 때문에" 믿는 하나님의 속성들도 아닐뿐더러, 따라서 그들이 "예수 그리스도의 아버지"라고 부르는 하나님의 속성도 아니다. 왜냐하면 바울에 따르면(고후 5:19) 그 하나님이 "그리스도 안에 계셨고", 요한복음에 따르면

(14:11) 그리스도 안에 "거하시며", 아들 안에서 "경배" 받으시기 때문이다.

이것은 그리스도의 비움을 이해하는 다른 시도로 우리를 인도한다.

b. 한스 우르스 폰 발타자르(Hans Urs Von Balthasar)는 비움을 기독론에 속한 두 본성 교리의 틀 안에서 이해하지 않고 삼위일체론의 맥락에서 해석한다.[4] 자신을 완전한 사랑 가운데 성자와 소통하는 것이 영원한 성부의 필연적 본성이듯, 완전한 사랑과 자기 포기를 통해 "순종하는" 태도가 영원한 성부에게서 나오신 영원한 성자의 필연적 본성이다. 만일 성육신한 성자가 십자가에서 죽음의 순간까지 영원한 성부의 뜻에 순종한다면, 그가 땅에서 하신 행동은 그가 하늘에서 하신 행동과 다르지 않으며, 그가 시간 속에서 하신 행동은 그가 영원 속에서 하신 행동과 다르지 않다. 그래서 "종의 형상"을 입었으나 성자는 그가 가진 하나님의 형상을 부인하지 않을뿐더러, 아울러 그는 그것을 숨기거나 포기하지 않고 드러낸다. 성자는 순종하는 가운데 이 땅에서 성부와 맺은 영원한 관계성을 실현한다. 그의 본성에 내재하는 성부에 대한 사랑 때문에 십자가에서 죽음의 순간까지 순종하신 성자는 성부와 완전히 하나가 된다. 왜냐하면 그것은 단지 성자가 인간의 모습으로, 그리고 인간의 모습을 통해 종이라는 존재로, 그리고 죽을 수밖에 없는 인간의 운명을 통해 십자가상의 잔인한 죽음에 "이르기까지" 자신을 "비우시는" 것을 의미하는 것은 아니기 때문이다. 오히려 이런 모습을 통해 성자는 하늘에 계신 자신의 아버지이신 하나님의 뜻에 순종하기까지 자신을 비우신다. 그러므로 하나님 편에서 볼 때 비움은 자기 제한도, 자기 부정도 아니다. 비움은 삼위일체 하나

---

[4] H. Urs von Balthasar, *Mysterium Paschale in Mysterium Salutis*, III, 2 (Einsiedeln, 1964), 133-326. 나는 또한 기독교인과 불교인의 대화에서 비움 개념이 주는 유익에 주목하려 한다. J. Cobb, Jr., ed., *The Emptying God: A Buddhist-Jewish-Christian Conversation* (New York, 1990): 『텅 빈 충만』(우리신학연구소 역간)을 보라. 그 책에서 Masao Abe와 나 사이에 오고간 대화를 찾을 수 있다.

님의 삶 가운데서 성자가 자기를 포기해 성부께 복종하는 자기실현 행위다. 제한 없는 사랑이라는 측면에서 볼 때, 삼위일체의 내적 삶은 서로 맺는 관계 안에 있는 신격의 상호 비움으로부터 영향 받는다. 성자는 자기 복종을 통해 온전히 성부 안에 거하며, 성부는 성자 안에 거하고, 성령은 성부와 성자 안에 거하신다. 비움을 통해 일어나는 자기 포기는 삼위일체 하나님의 본성이며, 따라서 그의 모든 "외부" 사역의 표지(창조, 화해, 만유 구원)다.

내재적 삼위일체의 비움은 내재적 삼위일체의 페리코레시스(*perichoresis*, 상호 침투), 라틴어로 키르쿰인케시오(*circumincessio*, 상호 침투/내주)의 일부다. 신학 전통은 이 개념을 사용하여 뒤섞거나 분리하지 않으면서도 하나의 단일체로서 성부 하나님과 성자 예수의 단일성을 다뤘다. 요한복음이 예수에 대해 "내가 아버지 안에 그리고 아버지가 내 안에"(14:11) 있다고 말하듯, 하나는 다른 하나 **안에** 있다. 그들은 하나의 주체나 혹은 하나의 실체가 아니라, 상대 안에 상호 내주하는 하나의 공동체다. 삼위일체의 각 위격은 자기를 비우고 다른 위격 안에서 황홀경(ecstasy)을 누린다. 피렌체 공의회(1438-1445)는 이렇게 말한다. "성부는 완전히 성자 안에 그리고 완전히 성령 안에 계신다. 성자는 완전히 성부 안에 그리고 완전히 성령 안에 계신다. 성령은 완전히 성부 안에 그리고 완전히 성자 안에 계신다." 다른 측면에서 봤을 때, 삼위일체의 신적 위격들은 그들의 상호 침투로 인해 상대 안에 거할 수 있게 되고, 그들이 상호 내주하기 위해 각각 서로에게 열린 삶-공간을 수여한다고 말할 수 있다. 이렇게 볼 때 삼위일체의 각 위격은 스스로 주체일 뿐 아니라 타자를 위한 공간이기도 하다. 그러므로 우리는 영원한 삼위일체의 상호 침투 안에서 세 위격뿐 아니라 세 "넓은 공간"을 발견한다. 유대 전승에 따르면 하나님의 비밀스런 이름 중 하나가 마콤(MAKOM) 즉 "넓은 장소"임은 우연이 아니다(욥 36:16; 시 18:19; 31:9도 보라).

빌립보서 2장이 설명하듯이, 그리스도의 비움을 설명하려는 시도는 삼위일체론을 끌어들임으로써 19세기 "비움" 신학자들의 해석을 넘어서 그 다음 논리 단계로 나아간다. 그러나 그 시도는 세상과 관련되고 형이상학적으로 이해된 하나님의 속성을 완전히 필요 없게 하며, 빌립보서 2장의 두 번째 부분에 나타나듯, 오직 아들과 아버지 그리고 아버지와 아들의 상호 내재적 삼위일체 관계만을 사용한다. 이것이 전제하는 바는 다음과 같다. 인간과 죽음의 세계는 하나님 밖에 존재하지 않고 처음부터 삼위일체의 신비 안에 자리하고 있다. 즉 성부가 성자에 대한 사랑 때문에 세계를 창조하고, 성자는 비록 성부에 대한 사랑 때문에 자신을 비울지라도, 세계를 죄와 죽음에서 구한다. 만일 반대로 우리가 삼위일체 하나님 밖에서 세계를 보기 원했다면, 우리는 이런 내재적 삼위일체의 관계성을 세계와 관계를 맺으시는 하나님의 관계성과 결합해야만 한다. 그런 다음, 우리는 결국 형이상학적 속성들(전능, 불변 등등)에 관해 말하기 위해 되돌아가든지, 아니면 그 대안으로서, 성서적·기독론적 의미에서, 이런 세계와 관련된 하나님의 속성을 개혁할지를 결정해야 한다. 우리는 마침내 모순을 분명하게 밝혀준 "비움" 신학자들에게 감사해야 한다. 부정의 용어로 형이상학적으로 서술된 하나님은 고난 받을 수 없고 변할 수 없다. 반대로 성서 역사의 관점에서 하나님은 "신실하시다." 그러나 하나님은 또한 열정과 자비가 충만하셔서 후회하기도 하시고 유감을 표하기도 하신다. 그런 이유에서 그는 사랑할 수 있고 또 고난 받을 수 있다.[5]

---

5) 나는 *Theology of Hope*, trans. J. W. Leitch (London, 1967);『희망의 신학』(대한기독교서회 역간)에서 형이상학적으로 규정된 하나님의 불변의 속성을 성서에 기초를 둔 하나님의 신실성으로 변혁하는 데 관해 서술했다. 그리고 *The Crucified God*, trans. R. A. Wilson and J. Bowden (London, 1974)에서는, 형이상학적으로 규정된 하나님의 무고통이라는 속성을 사랑의 고통 가능성으로 변혁하는 데 관해 서술했다.

우리는 이 글의 마지막에서 다시 이 주제로 돌아와 세계와 관련된 하나님의 속성을 새로운 공식으로 표현할 것이다. 아울러 나는 거기서 몇 가지 사항을 제안하려 한다.

## 2. 유대교 신학이 말하는 하나님의 쉐키나

쉐키나(Shekinah)—하나님의 "내주하심"—개념에서 우리는 그리스도의 비움에 대한 기독교 사상을 구약이 전제하고 있으며, 이것이 유대교 사상에 해당한다는 점을 발견하게 된다.[6]

하나님의 약속, 즉 "나는 이스라엘 가운데 거할 것이다"는 이미 선택된 백성들과 더불어 이루어진 언약—"나는 너희의 하나님이 되고 너희는 나의 백성이 될 것이다"[7]—안에 내포되어 있다. 심지어 하늘도 담을 수 없는 영원하고 무한하신 하나님이 그의 힘없는 작은 백성 가운데 "거하기 위해" "내려오신다"(출 3:8). 이스라엘 역사는 명백하고 생생한 용어로 하나님의 내주하심을 이야기한다. 하나님은 그의 백성을 이집트의 노예 상태에서 약속된 땅이 주는 자유로 이끄셨고 "낮에는 구름기둥으로", "밤에는 불기둥으로" 그들을 이끄셨다. 하나님은 언약궤(옮겨 다니는 하나님의 백성을 위해 이동 가능한 제단)에 내주하셨다. 다윗은 그 언약궤를 시온 산으로 가져왔으며, 솔로몬은 그 시온 산에 언약궤를 안치할 성전을 지었다. 성전 지성소 안에서 이스라엘 백성 가운데 하나님의 "내주하심"이 현존했다.

---

6) 표준적인 저서는 A. M. Goldberg, *Untersuchungen über die Vorstellung von der Schechinah in der frühen rabbinischen Literatur* (Berlin, 1969)이다.

7) B. Janowski, 'Ich will in eurer Mitte wohnen' Struktur und Genese der exilischen Shekina-Theologie,' in *Gottes Gegenwart in Israel. Beiträge zur Theologie des Alten Testaments* (Neukirchen, 1993), 119-47.

그러나 기원전 587년 바빌로니아가 유다의 도시와 성전을 파괴했을 때 하나님의 쉐키나에 무슨 일이 일어났는가? 하나님이 땅에서 거하시다가 물러나셔서 하늘로 그의 영원한 임재를 옮기셨는가? 그것은 하나님과 맺은 언약의 끝이자 이스라엘 백성들의 죽음이었을지도 모른다. 아니면 비록 집 없는 신세가 되며, 모욕당하고, 추방당하며, 강대국들의 박해에 시달릴지라도, 하나님의 쉐키나가 "이스라엘 백성들 가운데" 거하면서 포로가 된 백성들과 더불어 바빌로니아로 추방된 신세가 되었는가? 이 두 번째 대답은 하나님을 믿는 이스라엘의 신앙을 파괴와 망명 생활 속에서도 오늘날까지 살아 있게 했다. 그 이후 줄곧, 하나님의 쉐키나는 길 위의 동료가 되었으며 집 없는 이스라엘 백성이 받는 고통 가운데 함께하시는 동반자가 되었다. 이스라엘 백성이 박해와 추방으로 고난 받으면, 하나님의 내주하심도 그들과 함께 고난 받으신다. "그들의 모든 환난에 동참하사…"(사 63:9). 고통을 함께하는 가운데 나타나는 하나님의 쉐키나를 이스라엘이 이렇게 경험함에 따라, 후기 랍비 문학은 하나님의 자기 비하라는 신학적 주제를 착상하게 되었다.[8] 이 신학은, 이스라엘이 그 고난에서 구속됨에 따라 하나님의 쉐키나 자체도 백성과 함께 겪었던 고난에서 구속될 것이고 그들과 함께 그 영원한 집으로 돌아가리라는 희망으로 이끌었다.

이것은 이스라엘의 쉐키나 경험을 신학적으로 해석하도록 우리를 인도한다.

**a. 에이브러햄 헤셸**(Abraham Heschel)은 이스라엘의 예언자들을 다루는 그의 신학을 통해, 이스라엘의 쉐키나 경험과 유일하신 하나님에게 드리는 쉐마(*Shema*) 기도로부터 유일신 하나님에 관한 "양극 개념"을 발전시켰다. 역사 속에서 하나님은 하늘에 그리고 추방된 당신의 백성과 함

---

8) P. Kuhn, *Gottes Selbsterniedrigung in der Theologie der Rabbinen* (Munich, 1968). 하나님은 "종처럼" 이스라엘의 죄를 지시고 이스라엘을 이끄신다(84쪽).

께 계실 때 제한받지 않으면서 제한받으시며, 무한하시면서 유한하시고, 고난과 죽음에서 자유로우시면서 동시에 당신의 백성과 함께 고난 받으시고 죽으시는 이중 임재를 통해 존재하신다.[9]

b. **프란츠 로젠츠바이크**(Franz Rosenzweig)는 헤겔(Hegel)의 변증법을 적용해서 이스라엘의 쉐키나 경험을 "하나님의 자기 분리"로 해석했다. "하나님은 자신에게서 자신을 분리하시고, 백성에게 자신을 주시며, 그들의 고난과 더불어 고난 받으시고, 그들과 함께 이방 땅의 고통 속으로 들어가시며, 그들의 방랑과 더불어 방랑하신다."[10] 로젠츠바이크는 "추방된 하나님"의 관점에서 "신의 고난"을 언급했는데, 그때 이 하나님은 자기 백성과의 교제 속에서 스스로 구속이 필요한 상황에 처하신다. 이 "하나님의 구속"은 떠나간 쉐키나가 유일하신 하나님의 충만함으로 복귀하는 것이다. 이 사상 중 어떤 부분은 이스라엘의 모든 쉐마 기도에서 나타난다. 로젠츠바이크에 따르면, 이스라엘이 유일하신 하나님을 인식할 때 하나님 자신이 "통일되기" 때문이다. 로젠츠바이크가 고린도전서 15:28을 따라 말하듯이, 유일하신 하나님이 만유의 주가 되시고 "만유의 주로서 만유 안에" 계실 때, 하나님은 마침내 구속되고 통일될 것이다. 그때에 하늘과 땅은 하나님이 거하시는 장소가 되고 모든 피조물은 내주하는 생명과 영광에 참여할 것이다. 맥스 재머(Max Jammer)는 다음과 같이 미드라쉬를 인용한다. "우리는 하나님이 그의 세계의 공간이신지 아니면 그의 세계가 하나님의 공간인지 알지 못한다."[11] 기독교의 대답은 페리코레시스

---

9) A. Heschel, *The Prophets* (New York, 1962), 18장: "Religion of Sympathy," 307-13: 『예언자들』(삼인 역간).
10) F. Rosenzweig, *Der Stern der Erlösung*, 3rd ed. (Heidelberg, 1954), II, 3, 192-94 (*The Star of Redemption*, trans. W. W. Hallo [London, 1971]). 이 인용문은 독일어 원본에서 직접 번역되었다.
11) *Concepts of Space* (Cambridge, Mass., 1954; Oxford, 1955)에서 Max Jammer가 인용함.

즉 상호 침투 사상에 의지한다. 마치 "사랑 안에 거하는 자는 하나님 안에 거하고 하나님도 그의 안에 거하시듯"(요일 4:16), 마지막 완성의 때에 하나님은 유한한 세계 안에서 신적인 방식으로 거할 공간을 발견할 것이고, 유한한 세계는 하나님 안에서 "세계의" 방식으로 공간을 발견할 것이다. 그것이 상호 침투다. 상호 침투할 때 차이점들은 서로 뒤섞이지 않지만, 그 거리는 좁혀질 것이며 결국 없어질 것이다.

## 3. 세계 창조는 하나님 편에서 비움의 행위와 연관되는가?

다음 두 장에 걸쳐서 우리는 세계 창조와 창조의 역사를 집중적으로 다룰 것이다. 아울러 세계 창조와 그 보전 안에서 하나님의 임재와 그분의 미래와 관련해 비움이 어떻게 해석되며 그 의미가 무엇인지 물으려 한다. 우리가 부르는 찬송의 두 구절에서 우리는 세상을 지으신 창조자와 그것을 유지하시는 분이 그리스도로 간주되는 분이며 "종의 형체"를 입으신 분이심을 발견한다. 루터는 다음과 같이 말한다.

> 그는 자신의 모든 권능을 나타내셨지만,
> 낮고 천하게 되셨으며
> 그리고 스스로 종의 형체를 가지셨습니다.
> 그분이 만물의 창조주십니다!

밴스톤은 이렇게 말한다.

> 당신은 하나님이십니다.

다스리기 쉽도록 군림하는 군주가 아닙니다.
당신은 하나님이십니다.
사랑의 두 팔로 아프고 지친 세계를 지탱하십니다.

자신이 지은 크리스마스 찬송가에서 루터는 "자기를 비우시는 그리스도"에게서 세계의 창조자를 보지만, 밴스톤은 세상을 유지하시는 분에게서 "십자가에 달리신 하나님"을 본다. 이런 비유 언어들을 사용하면서 두 저자는, 세계 창조와 유지가 단순히 전능자 하나님의 사역이 아니라 그 사역을 통해 하나님이 자신을 내어주시고 소통하셔서 스스로 자신의 사역 안에 현존하신다는 확신을 표현한다.

a. 창조는 **하나님의 자기 정의**(self-definition)의 행동인가? 만일 하나님이 자유롭게 하나님인 자신과 공존할 수 있지만 신은 아닌 존재를 창조하기로 결심하신다면, 이 결심은 창조된 존재에게만 영향을 미치는 것이 아니라 하나님 자신의 존재에도 영향을 미치게 된다. 하나님은 피조물이 자신과 공존하도록 허용하는 창조주가 되기로 스스로 결정한다.[12] 논리상 그런 창조주가 되려는 하나님의 자기 결정은 창조의 행동에 앞선다. 하나님은 세계를 결정하기 전에 자신을 결정한다. 그러므로 신성이 없는(non-divine) 세상에서 창조주가 되려는 하나님의 자기 결정을 이미 하나님 편에서 이뤄진 자기 제한으로 간주하는 것은 옳다. (1) 하나님은 자신이 가진 무한한 가능성 중에서 이 특정 가능성을 실현하고 다른 모든 것들을 거부한다. (2) 창조주가 되시려는 하나님의 결정은, 하나님이 창조 세계에 공간과 시간을 허용하시며 그것이 스스로 움직이도록 고려하신다는 점과 관련된다. 따라서 창조 세계는 하나님이라는 실재에 의해 분쇄되거나 완

---

12) K. Barth, *Church Dogmatics*, III, 1, section 42 (Edinburg, 1960), 330ff.

전히 그 실재에 의해 흡수되지 않는다. 창조주로서 그 자신을 창조 세계와 구별함으로써, 하나님은 신이 아니지만 그렇다고 무도 아닌 실재를 창조하고, 그 실재로부터 자신을 멀리 둠으로써 그 실재를 보존한다. 어떻게 유한한 세계가 무한한 하나님과 공존할 수 있는가? 그것은 한계 없는 하나님에게 한계를 설정하는 것인가, 아니면 하나님이 자신을 제한하는 것인가? 만일 무한과 유한 사이에 있는 이 제한이나 경계가 하나님에게 "이미 주어진" 것이라면, 하나님은 무한하시지 않다. 만일 하나님이 그 본질상 무한하다면, 어떤 제한이나 경계도 오직 하나님 자신의 제한을 통해서만 존재한다. 그것은 유한한 세계가 하나님과 공존하는 것을 가능하게 한다. 신학은 창조주와 피조물 사이의 차이점과 함께, 주어진 하나님의 자기 제한을 첫 번째 은혜 행위로 간주한다. 하나님이 자신의 무한과 편재를 스스로 제한하셨다는 사실은 그 자체로 그의 전능하심을 보여주는 행위이기 때문이다. 하나님을 제한할 수 있는 존재는 오직 하나님 자신뿐이다.

b. 창조는 **하나님의 자기 축소**(self-contraction)의 행동인가? 신성이 없는 세계를 창조하기 위해 하나님이 그 자신에게서 나오실 때, 그분은 세상을 위한 공간을 만드시고 세계에 한 공간을 허용하시기 위해 자신 안으로 후퇴하신다. 이것은 이삭 루리아(Isaac Luria)의 사상으로, 그는 이것을 침춤(*zimzum*)이라 불렀다. 카발라(*kabbala*, 유대교 신비주의를 가리키는 용어임-편집자 주) 전통에 따르면, 무한하시고 거룩하신 자 즉 자신의 빛으로 태초에 전 우주를 채우셨던 자가 그의 빛을 거두셨고 그 빛을 완전히 자기 자신의 본체에 모으셨으며, 따라서 텅 빈 공간을 창조하셨다.[13] 하나님은 창조 세계가 존재할 공간을 마련하기 위해 그의 편재를 철

---

13) G. Scholem, "Schöpfung aus Nichts und Selbstverschränkung Gottes," in *Eranos Jahrbuch* 25 (1956): 87-119.

회하셨다. 이런 방식으로 창조 세계는 하나님이 비우신 공간 안에 존재하게 된다. 이 개념을 마콤 카도쉬(makom-kadosh)라고 부르는데, 헨리 모어(Henry More)는 절대 공간 개념을 지닌 뉴턴과 상대 공간 개념을 지닌 라이프니츠 사이의 논쟁에 유대교 카발라 사상에서 발원한 이 개념을 소개했다. 하지만 그는 이 개념이 공간이라는 개념에 관한 이 논쟁에 해결책을 제시할 가능성을 인식하지 못했다.[14] 게르숌 숄렘(Gershom Scholem)은 루리아의 침춤 사상을 받아들여서 그것을 유대-기독교 개념인 "무로부터의 창조"를 새롭게 설명하는 근거로 사용했다. 그는 이렇게 말한다. "하나님이 자신을 자신에게서 자신에게로 후퇴시키실 때, 하나님은 자신의 본질에서 나타난 것이 아닌 무언가를 나타나게 하시거나 자신의 존재 자체에서 나타난 것이 아닌 무언가를 발생하게 하실 수 있다."[15] 은유를 사용하자면, 하나님이 창조 활동을 수행하시기 위해 자신에게서 나가시려고 자신을 축소하실 때, 그분은 자기를 축소하시면서 자신의 창조 에너지를 한데 모으신다. 사족이지만, "빅뱅"을 해석할 때 사용된 비슷한 은유가 원시 힘(Urschwung)을 설명하기 위해 과학에서도 사용된다는 점에 주목해야 한다.

c. 창조는 **하나님의 자기 비하**(self-humiliation)의 행동인가? 니콜라우스 쿠자누스(Nicholas of Cusa)부터 에밀 브루너(Emil Brunner)까지 많은 기독교 신학자는, 하나님이 유한하고 연약한 창조 세계를 위해 자신을 헌신하셨다는 사실을 통해, 하나님 편에서 볼 때 첫 번째 자기 비하 행동을 발견했다. 하나님의 첫 번째 자기 비하 행동은 그의 백성 이스라엘

---

14) 세부사항은 J. Moltmann, *God in Creation*, 6장: "The Space of Creation," 140-57, 특히 153-57을 보라.

15) G. Scholem, "Schöpfung aus Nichts," 117. 또한 그의 *Major Trends in Jewish Mysticism* (New York, 1954; London, 1955)을 보라.

에게까지 계속 내려갔고, 십자가에서 죽으심이라는 그리스도의 자기 복종 행위를 통해 그 최저점에 이르렀다.[16] "창세 이후로 죽임을 당한 어린 양"(계 13:8)은 세계가 창조되기 전에 그리고 그리스도가 골고다에서 십자가에 달리시기 전에 이미 하나님의 마음에 십자가가 있었음을 보여주는 상징이다. 창조로부터 구속에 이르기까지 화해라는 방식을 통해 하나님의 자기 비하와 자기 비움은 더욱 깊어지고 발전되었다. 왜 그런가? 창조 세계는 하나님의 사랑으로부터 나오고, 이 사랑은 만물에 속하는 특별한 존재이자 창조된 인간의 자유를 존중하기 때문이다. 사랑받는 자에게 공간을 제공하고, 그들에게 시간을 허락하며, 그들에게서 자유를 기대하고 요구하는 사랑은, 사랑받는 자가 성장하도록 물러설 수 있는 사랑하는 자의 능력이다. 결과적으로 그것은 창조의 사랑에 속하는 자기 내어줌일 뿐 아니라 자기 제한이기도 하다. 즉 애정일 뿐 아니라, 타자의 독특한 본성에 대한 존경이기도 하다. 만일 우리가 이를 인식하고 그것을 창조주가 창조하신 자들과의 관계에 적용한다면, 그가 창조하신 자들이 살 수 있는 공간을 마련하기 위해 하나님이 자신의 전능, 편재, 전지하심을 제약하는 결과가 따를 것이다.

**한스 요나스**(Hans Jonas)는 일찍부터 침춤 사상을 받아들여서 그것을 먼저 진화적 세계관에 비유했으며, 후에 아우슈비츠에서 겪은 죽음의 경험에 비유했다.[17] 그에게 "전능"은 무의미한 개념이다. 왜냐하면 전능한 힘

---

16) E. Brunner, *Dogmatics*, vol. 2, trans. O. Wyon (London, 1952), 20. "그러나 이것은, 하나님이 전체 공간을 자신으로 채우기를 원하지 않으시고, 다른 존재 형태들을 위해 공간을 마련하기 원하신다는 사실을 의미한다. 그렇게 함으로써 하나님은 자신을 제한하신다.…그리스도의 십자가에서 역설적으로 정점에 도달하는 **비움**은 세계의 창조와 더불어 시작되었다."

17) H. Jonas, *Zwischen Nichts und Ewigkeit. Zur Lehre vom Menschen* (Göttingen, 1963), 55-62 (진화론과 연관해서); F. Stern and H. Jonas, *Reflexionen finsterer Zeit* (Tübingen, 1984), 63-86: 아우슈비츠 이후 나타난 하나님 개념: "세계가 그렇게 있고, 또한 그대로 존재하기 위해, 하나님은 자신의 존재를 포기하셨다. 하나님은 예견할 수 없는 일시적 경험

은 객체가 없는 힘이며 따라서 힘없는 힘이기 때문이다. "힘은 관계를 나타내는 용어다." 그 힘은 지배하는 주체와 지배받는 객체를 연결한다. 그러므로 하나님의 창조하시는 힘은 창조된 존재를 위해 "무제한의 힘을 스스로 포기"하는 행동을 포함한다. 만약 창조주이신 하나님이 자신을 이 세계에 헌신하신다면, 동시에 하나님은 이 "생성 중인 세계"(world-in-its-becoming)를 구원하시는 수준까지 자신을 구원하신다. 발생하는 일이 무엇이든 이 일은 하나님에게도 역시 발생한다. 창조주로서 하나님은 세계의 운명의 일부가 되신다. 요나스는 이 운명을 "우주의 오디세이아"라고 부른다. 세계가 하나님에게 의존하듯이 하나님은 세계에 의존하신다. 하나님과 세계는 역사를 공유한다.

**키에르케고르**(Kierkegaard)는 헤겔이 세계 역사를 "하나님의 자서전"이라 보는 데서 비슷한 맥락의 사상을 찾았다. 헤겔과는 반대로 그는 수취인이 독립적이기 위해서는 오직 전능한 능력을 가진 자만이 전능함 자체를 제한할 수 있고, 줄 수 있으며, 물러나게 할 수 있다고 주장했다. 그 결과 하나님의 자기 비하 행동에서 우리는 하나님의 전능하신 행동을 또한 존중해야만 한다. 우리는 하나님의 전능하신 행동을 일종의 경구로 표현하여, "자기 제한 행위보다 더 하나님의 강력함을 나타내는 것은 없으며, 자기 비하 행위보다 더 위대한 행동은 없다"라고 말할 수 있다.

하나님이 자신이 창조하신 자들을 사랑하셔서 스스로 전능하심을 제한하신다는 것이 참이라면, 하나님의 신성에 관한 다른 형이상학적 속성 즉 편재, 전지, 불가침, 자기 충족 같은 것 역시 제한될 수 있다. 하나님은

---

을 우연히 수확하는 일로 가득 찬, 그리고 그들에 의해 변형되었거나 혹은 아마도 또한 왜곡된 시간이라는 긴 여정을 거쳐 신성을 다시 얻으시려고 자신에게서 신성을 박탈하셨다.…오직 무로부터의 창조에 의해서만 우리는 **자기 제약**과 함께 신적인 원칙의 **통일**을 지닌다. 그리고 자기 제약은 세계의 존재와 자율을 위한 **공간**을 제공해준다"(68, 83쪽).

모든 것을 미리 알려고 하지 않기 때문에 모든 것을 미리 알지는 못한다. 하나님은 그가 창조했던 자들의 응답을 기다리시며, 그들의 미래가 나타나게 한다. 하나님이 고난 받으실 수 없는 것은 아니다. 그는 자기 백성의 고난에 함께 내주하심으로써, 그리고 세상을 구속하려는 그 사랑의 고난을 겪기 위해 성육신하신 아들을 통해 자신을 개방하신다. 그러므로 어떤 면에서 하나님은 자신이 사랑하는 피조물의 응답에 의존하게 된다. 기독교 신학 안에서 이스라엘 백성들과 더불어 "구속이 필요한" 하나님을 선포하는 데까지 나아가는 사람은 아마 없을 것이다. 그럼에도 하나님은 자신의 이름이 거룩하게 여겨지는 일과 자신의 의지를 실행하는 일을 인간의 손에 두셨다. 따라서 하나님의 나라가 도래하는 일을 맡기신 것이다. 자신이 창조하셨고 사랑하시는 자들 없이 홀로 존재하시기를 바라지 않으시는 하나님이 시간을 주셔서 그들이 회개하고 돌아오기를 기다리시므로, 그분이 그들과 함께 자기 나라를 임하게 하실 것이라는 점을 하나님의 자기 비하의 일부로 간주해야 한다.

## 4. 하나님의 인내를 통한 창조 세계의 보존과 완성 및 성령의 추진력

만일 하나님이 신성이 없는 세계를 창조하셨다는 사실이 이미 하나님 편에서 볼 때 비움이라는 자기 제한과 연결된다면, 완성될 마지막을 위해 세계가 보존된다는 사실은 훨씬 더 그럴 것이다! 세계와의 관계에서, 하나님은 제1원인으로서 제2원인을 통해 만물 안에 있는 만물, 즉 선과 악, 생성과 소멸, 기원과 종결에 영향을 미친다는 의미에서의 전능자가 아니다. 하나님이 이런 방식으로 "매우 놀랍게 다스리신다"라고 가정하는 사람은 다음과 같이 대답할 수 없는 신정론 질문에 마주치게 된다. 즉 "만일 하나님이 전능하다면, 왜 악이 존재하는가?" 만약 하나님이 전능하고 모든 것에 영향을 미친다고 말할 경우에는 하나님이 선하지 않게 된다. 반대로 그가 선하다고 주장한다면, 그는 전능할 수 없다. 만일 우리가 하나님의 비우심에서 논의를 시작한다면, 러시아 정교회 신학이 말하듯이, 우리는 전능하신 하나님이 고난 가운데 인내하는 모습에서 그의 전능한 힘을 발견한다. 전능한 것은 하나님의 힘이 아니라 하나님의 사랑이다. 이에 관해 바울은 이렇게 말한다. "사랑은 오래 참고 사랑은 온유하며…모든 것을 참으며 모든 것을 믿으며 모든 것을 바라며 모든 것을 견디느니라"(고전 13:4, 7). 이 사랑의 찬가에서 바울은 "모든"이라는 말을 환기하는 언어를 쌓아 올린다. 하나님은 인내의 힘을 통해 모순과 갈등이 있는 이 세계를 유지하신다. 우리가 인간 역사를 통해 알듯이 인내는 가장 강력한 행동이다. 왜냐하면 인내는 시간을 소유하나 폭력은 결코 시간을 소유하지 못하고 단지 단기간의 승리만을 얻을 수 있기 때문이다. 인내는 폭력보다 우월하다. 하나님은 어떤 자유도 허락하지 않는 전제 군주나 독재자처럼 세상을 유지하고 다스리지 않는다. 하나님은 마치 아틀라스(Atlas)가 자기 어깨 위에 세계를 짊어졌듯이, 죄책과 비통함을 지닌 세계를 짊어진 고난 받는 종과 더 흡사하다(출 19:4; 민 11:12; 신 1:31; 사 66:12; 53:4; 마 8:17; 히 1:3을 참조하라. 성서는 하나님이 창조 세계를 보존하는 방식을 표현하기 위해 하나님이 세계를 짊어진다는 말을 반복해서 사용한다. 하나님의 피조물로서 세계는 스스로 존재하지 않고 하나님을 위해 존재한다). 이런 은유 없이 표현하면, 하나님은 인내하고 침묵하는 현존을 통해 자연과 인간의 역사 가운데 활동하신다. 그런 방식을 통해 하나님은 자신이 창조하신 피조물이 펼쳐질 공간, 발전할 시간, 그리고 그들 스스로 움직일 힘을 주신다. 만일 신의 특별한 개입을 원한다면, 우리는 자연사 또는 인간 역사에서 하나님을 헛되이 찾는 것이다. 기다리고 기다리시며―과정 신학이 적절히 지적하듯―세계와 인간 역사를 "경험하시고", 시편 103:8이 말하듯이 "노하기를 더디 하시고 인자하심이 풍부하신" 하나님의 모습이 훨씬 더 많지 않겠는가? 이스라엘의 시편은 하나님의 선하심과 인내하심이 위대하다고 찬양하는 데 지치는 법이 없다. "우리가 진멸되지 않는 것"(애 3:22), 루터의 번역을 따르면 "우리가 끊어지지 않는 것"은 하나님의 꾸준한 선하심 때문이다. "기다림"은 결코 냉담한 수동성이 아니라 타자에 대한 가장 높은 형태의 관심이다. 기다림은 기대함을 의미하며, 기대함은 초대를 의미하고, 초대는 매혹함, 마음을 끌어당김, 유혹함을 의미한다. 이렇게 함으로써 기다리고 기다리는 가운데 우리는 타자를 위한 열린 공간을 마련하고, 타자에게 시간을 할애하며, 타자를 위한 삶의 가능성을 창조한다. 신학 전통은 이를 "계속되는 창조"(creatio continua)라 부르며, 이로 인해 "계속되는 창조" 개념은 태초의 "원 창조"(creatio originalis) 및 종말의 "새 창조"(creatio nova)와 구별된다.

    그러나 왜 하나님은 모순과 갈등과 재난을 지닌 세계를 견디고 인내하는가? 기독교 신학이 오늘날에 이르기까지 물려받은 아리스토텔레스의 형이상학에 따르면, 하나님은 궁극적 실재(summum ens)이며 순수 현실태(actus purus)다. 모든 실재가 가장 높은 실재인 하나님으로부터 파생되고 하나님에 의해 야기된다. 따라서 모든 실재는 하나님이라는 이 실재를 향해 있다. 결과적으로 하나님은 또한 모든 것에 영향을 미치시는 능력임이 틀림없다. "**가능태**가 현실태보다 더 높다"[18]라는 하나의 새로운 사상이 형성되기 시작한 것은 키에르케고르와 하이데거를 통해서다. 그리고 모든 현실태는 다름 아닌 "실현된 가능태"다. 가능태는 현실태가 될 수

---

18) M. Heidegger, *Being and Time*, trans. J. Macquarrie and E. Robinson (London, 1962), 63; 『존재와 시간』(까치 역간). 또한 378쪽에 언급된 "원초적이고 진정한 시간성의 주된 현상은 미래다"도 참조하라.

있으나 현실태는 결코 가능태가 될 수 없다.

만약 우리가 이 두 가지 존재의 양상을 시간의 두 양태인 미래와 과거와 함께 결합한다면, 미래는 가능태의 영역이지만 과거는 현실태의 영역이다. 따라서 미래는 과거보다 "높다." 왜냐하면 역사에서 미래는 바꿀 수 없는 과거로 바뀌지만, 과거는 결코 다시 미래가 될 수 없기 때문이다. 만일 우리가 실재의 형이상학에서 가능태의 형이상학으로 전환한다면, 우리는 하나님이라는 존재를 궁극적 가능태, 가능태들의 원천, 가능태를 가능하게 하는 초월자로 볼 수 있다. 게오르크 피히트(Georg Picht)가 하이데거를 따라 제시하듯이, 시간을 다루는 신학에서 미래는 시간을 제공하는 초월적 원천에 상응한다.[19]

만일 우리가 이것을 우리의 문제에 적용하면, 인내하시며 자연과 인간의 역사를 견디고 참으시는 하나님은 시간을 허락하고 시간을 주시며, 그렇게 함으로써 완전히 새로운 가능태들을 가능하게 하신다. 이 완전히 새로운 가능태들은 실현되기도 하고 실현되지 않기도 하며, 더 나은 발전을 위해 사용될 수 있을 뿐 아니라 전멸하는 데도 사용될 수 있다. 물질과 생명을 위한 모든 체계는 고정된 현실태/과거를 지닌 복잡계이며, 각각의 계는 미래/가능태라는 특별하게 열린 범위를 지녔다. 그들의 현재는 더 복합적인 실재가 가진 구조들이 세워질 수 있는 두 시간 사이의 경계면이다. 그들과 더불어 각각의 경우에 가능태의 범위 또한 자란다. 그러나 가능태들이 부정적으로 실현돼서, 그로 인해 이 열린(개방) 체계들이 스스로를 무너뜨리기도 한다.

우리가 물질과 생명이 속한 열린 체계들의 역사에서 하나님의 활동을 인식해야 하는 것은, 미래와 새로운 가능태들의 흐름이라는 선물 안에

---

19) G. Picht, "Die Zeit und die Modalitäten," *Hier und Jetzt: Philosophieren nach Auschwitz und Hiroshima*, vol. 1 (Stuttgart, 1980), 362-74.

서다. 우리가 인식하는 존재하는 세계는 이런 열린 체계들로부터 나왔다. 이것은 특히 모든 열린 체계가 자신을 넘어서 자신이 될 수 있는 것이 속하는 영역을 가리킨다. 이 열린 체계들은 미래의 참된 상징으로서 신학적으로 해석되는데, 그것들은 하나님 안에 있고 하나님은 그들 안에 계신다. 이때 열린 체계들은 하나님의 내주하시는 가능태의 충만함에 의해 파괴되지 않고 그것에 방해받지 않고 참여할 것이며, 하나님이 그들을 예정한 바 될 것이다. 세계를 창조하고 보존하시는 가운데 나타나는 하나님의 비우심은, 우리가 하나님의 나라, 새 창조, 또는 "종말 없는 세계"라는 상징을 통해 서술하는 **미래**다.

# 9장

## 우주와 비움
_키스 워드

[사랑이 진보하는 가운데] 각 단계는 알려지지 않은 단계로 들어가는 불확실한 단계이며, 알려지지 않은 단계에서 나타나는 각 단계의 승리는 비극이 일어날 새로운 잠재성을 포함하고, 각 단계의 비극은 더 넓은 승리로 구속받을 수 있다.

『사랑의 노력, 사랑의 비용』, 63쪽

비움의 신학은 독일에서는 몇몇 루터파 신학자의 저서에 나타나며, 영국에서는 찰스 고어(Charles Gore)와 주로 연계된다. 줄곧 주목받지 못한 채, 비움의 신학은 아마도 가장 두드러지게는 아우구스티누스, 안셀무스, 아퀴나스 같은 많은 기독교 신학자가 발전시켜왔던 전통적인 하나님 개념에 근본적으로 도전했다.

기독교는 전통적인 하나님 개념을 말할 때, 하나님이 시간을 초월하신다는 의미에서 영원하시다는 점을 언급한다. 즉 시간 안에 존재하는 어떤 대상과도 시간적 관련성이 없으며, 시간에 관련된 특질과는 어떤 내재된 관련성도 없음을 의미한다. 이 논리로부터 하나님은 완전히 불변하다는 결론이 도출된다. 창조된 우주에서 일어나는 모든 일은 하나님에게 어떤 차이도 없으며, 어떤 방식에서도 하나님을 변화시키지 못한다. 우주는 비시간적 행동에 의해 창조되고, 하나님은 처음부터 마지막까지 모든 순간을 의도적인 인과 관계라는 하나이자 똑같은 행위를 통해 창조하신다.

따라서 이것은 삼위로 존재하시는 하나님의 두 번째 위격이 성육신하신 사건이 하나님에 의해 똑같은 방식으로 비시간적 행동 가운데 유효하게 되었음을 의미한다. 하나님은 성육신을 통해 창조하시고 그 창조된 질서를 온전히 성취하신다. 성육신은 하나님 안에 어떤 변화도 일으키지 않지만, 예수의 창조된 본성은 창조주와 맺은 특별한 관계성 안에 놓여 있다. 영원한 말씀은 어떤 것도 될 수 없기 때문에, "말씀이 육신이 되셨다"(요 1:14)라는 말은 문자적으로 참인 것은 아니다. 영원한 그 말씀(the Word)은 언제나 시간을 초월하며 변화 없이 그대로 남아 있어야만 한다. 그 상황은 오히려 예수의 인성이 영원한 그 말씀과의 독특한 관계, 즉 연합(enosis)[1]의 관계를 지님을 의미한다. 그 연합의 관계에 의해, 영원한 그 말씀은 시간 안에서 그 말씀의 본성을 표현하고, 독특하고 직접적인 방식으로 삼위일체 하나님의 구원 의도를 드러낸다. 신으로서 그 말씀의 위격이 인성을 "취하신다고" 말할 수 있지만, 정확히 말해서 취하신다는 말이 의미하는 바는 신앙의 신비로 남아 있다. 인성을 취하신다는 말은 일종의 가능태로 간주될 수도 있지만, 인간의 정신이 이를 명확히 이해할 수는 없다.

전통적인 설명은, 성육신이 하나님의 본성에 어떤 변화도 일으키지 않는다는 점과 그것이 하나님이 우주를 창조하신 이후에 하나님에게 일어난 새로운 개념이 아니라는 점을 중요시한다. 성육신은 하나님의 창조 행위의 일부이며, 따라서 창조의 시작부터 의도되었다고 말하는 편이 옳을 것이다.

19세기 루터파의 비움 개념[2]은 이러한 전통적인 설명에 근본적으로 도전했다. 비움의 신학을 추구하는 이들은 빌립보서 2:7(하나님의 본체시나…오히려 자기를 비워 종의 형체를 가지신 예수 그리스도)에 근거하여 성육신의 신학을 전개하면서, 성육신이 영원한 그 말씀에 근본적인 변화를 일으켰음을 주장했다. 하나님의 본체인 그 말씀이 전능하고, 전지하며, 완전히 선하시다고 말하는 것은 적절하다. 그러나 그 말씀이 육신이 될 때, 그는 이런 신적 속성 중 얼마를 스스로 비우신다. 일반적으로 말해서, 그 말씀이 사람의 형체를 취할 때, 그 말씀은 전능과 전지를 포기하신다. 그는 실제로 이런 신적 속성들을 포기하신다. 비록 승천 이후 성부로부터 이런 신적 속성들을 되돌려 받으시지만 말이다.

---

1) 나는 옥스퍼드 영어 사전에 나타난 대로 그리스어인 헤노시스(henosis)를 영국식 용어로 사용한다.
2) Jürgen Moltmann은 이 책 앞부분에 실린 글에서 초기 루터파 신학자들에 관해 다소 언급한다.

예수는 적어도 완전한 선함이라는 신적 속성을 담지하고 계신 것처럼 보인다. 그리고 많은 비움의 신학자는 그 말씀이 하나님의 "도덕적 속성"을 담지한다고 주장했다. 그러나 그것조차 의심할 만하다. 왜냐하면 하나님의 선하심은, 하나님이 죄를 지을 수 없으시고, 의무에 종속되지 않으시며, 유혹에 종속되지 않는 그런 종류의 것이기 때문이다. 그러나 비록 가장 위대한 인간의 선함이 실제로는 결코 죄를 짓지 않는다 해도, 그 선함조차 죄를 지을 수 있다. 예수께서 분명히 그랬듯이, 가장 위대한 인간의 선함도 의무에 종속되기도 하며 유혹받을 수 있다. 그런 경우였다면, 성육신하신 말씀이신 예수는 심지어 신적 선함이라는 속성을 담지하지 못하셨을 것이다. 예수는 인간으로서 완전한 선함을 소유할 수도 있지만, 그것은 죄를 지을 수 없거나 강제적으로 그렇게 할 수 없는 신적인 선함과는 그 종류가 다를 것이다. 같은 맥락에서, 예수는 인간이 가질 수 있는 최고의 힘과 지식을 가졌을지도 모른다. 그러나 이것은 인간 본성의 영역을 초월하는 신의 전능과 전지가 아니다.

따라서 만일 하나님이 참으로 사람이 되고자 한다면, 하나님은 자신의 신적 속성을 제쳐두거나 철저히 줄여야 한다. 그러나 그러한 속성들은 성부와 성령에 의해 보전되고 적절한 때에 그리스도에게로 회복될 수 있다. 그러한 비움의 관점은, 하나님 안에 변화가 있으며 따라서 하나님 안에서 홀로 변화를 가능하게 만드는 시간이 필요함을 나타낸다. 만일 그 말씀이 실제로 한 인간이 되셨다면, 또한 그것은 하나님 안에 고난이 있음을 의미한다. 그 결과 하나님은 고통을 느낄 수 있고, 창조된 우주 가운데 발생한 일들에 의해 변화되기도 한다.

전통적인 관점에서는, 비록 그 말씀이 취한 인간의 본성이 고난 받는다는 의미에서 "하나님이 고난 받으신다"라고 말할 수 있을지라도, 신적 본성은 고난 받지 않는다. 비움의 관점에서는, 영원한 그 말씀이 인간의 본성을 취한 것이 아니다. 그 말씀은 실제로 변하시고, 자신을 제한하여 인간이 되시며, 따라서 그가 신적 속성들을 다시 취하기 전에(실제로 그가 인간의 형체로 남아 있는 한, 실제로 그렇게 할 수 있다면), 인간처럼 실제로 고난 받고 죽는다.

왜 루터파 신학자들은 그런 방식으로 하나님 개념을 변화시켰는가? 비움의 기독론을 위한 동력의 일환은, 하나님이 인간의 상황 속으로 완전히 들어가셔서 그 안에서 그 상황을 이해하시고 인간의 조건을 공유하신다는 의미를 보전하려는 열망에 있다. 많은 사람은, 만일 불변하시는 하나님이 자신의 신적 본성에 인간의 본성을 단순히 취하신다면, 하나님이 인간의 고난을 공유하신다는 개념이 단순히 말뿐임을 의미한다고 느낄 뿐 아니라 파토스를 드러내는 어떤 것과 성육신의 깊이가 상실된다고 생각한다. 루터는 그리스도의 수난과 십자가가 기독교에서 중요한 요소임을 강하게 인식했는데, 이로 인해 그는 그 말씀이 가진 신적 본성이 참으로 고난을 공유해야 하며, 따라서 완전히 인간의 상황으로 들어가야 함을 주장했다.

비움의 기독론을 채택하는 다른 이유는, 가장 폭넓은 신학 용어로 말하면 플라톤(Plato)의 하나님 개념에 대한 거부다. 플라톤 철학에서 비시간성은 시간성보다 우월하며, 불변은 변화보다 우월하고, 지성적이고 보편적인 가치는 물질적이고 개별적인 가치보다 우월하다. 고전적인 기독교의 하나님 개념은 플라톤의 하나님 개념과 연장선상에서 구성되었으며, 그 결과 하나님을 비시간적이며 불변하고 지적이며 보편적인 존재(자존하는 형상[a subsistent Form])로 보았다. 현대에 이르러 플라톤의 사상은 일반적으로 하나의 세계관으로 인정받지 못했다. 과학의 발흥 이래, 특별히 물질적이고 개별적인 대상을 참된 "실재"로 간주했으나, 보편은 추상으로 간주했다. 물질과 관련된 측면에서 시간과 변화는 단순히 실체가 없거나 그저 명백한 무언가가 아니라 실재와 관련된 중요한 측면이 된다.

흥미롭게도, 현대 우주론에서 이런 변화와 관련된 부분적인 역전이 있었다. 양자 우주론자들은 시간과 공간을 그저 어떤 다차원적 실재가 가진 4차원으로 말하려는 경향이 있다. 거기서 시간은 "흐르지" 않고, 무시간성은 다시 궁극적 실재가 되는데, 이로부터 "시간이라는 화살"은 하나의 현상으로서 그 모습을 드러낸다. 이것은 매우 논쟁적인 주제로 남아있지만, 이 유사-플라톤적 사변은 하나님 개념에서 많이 사용되지 않으며, 대신에 본질적 가치나 목적 없이, 자존하는 수학적 구조들(양자 요동[quantum fluctuation, 불확정성원리로 인해 공간의 한 점에서 질량과 에너지를 가진 입자가 만들어지고 소멸되는 현상—편집자 주])이라는 신화를 가정한다는 점에 주목해야 한다. 이것은 "절대 선"(the Good)을 가정하지 않으며, 따라서 신학적 사유에는 도움이 되지 않는 플라톤주의다. 그러나 근대 초기에는(예를 들면 뉴턴 물리학의 경우), 객관적으로 존재하는 어떤 시간 안에 개별자들이 존재한다는 사실이 궁극적 실재를 특징짓는다는 견해가 널리 수용되었다. 그런 견해에 부분적으로 일치하는 몇몇 개신교, 특별히 루터파 신학자들은 플라톤 사상의 영향에서 자유롭고, 훨씬 더 인격적인 신관을 발전시켰다.

르네상스 이래로 이것은 인간의 자유, 창조성, 개별성을 더욱 강조한다는 점과 또한 연결되어 있다. 개별자는 궁극적으로 도덕적 자유, 더욱 큰 어떤 우주적 연합 안으로 녹아들 수 없는 독특성과 좋은 쪽으로든 나쁜 쪽으로는 세상을 변화시킬 수 있는 진짜 창조성을 가진 것으로 여겨졌다. 세계관이 이렇게 변하면서, 하나님은 무시간적인 순수 형상을 띤 존재로 묘사되기보다는 가장 창조적이며, 자유롭고, 변화하며, 개별성을 지닌 실재로 재고되었다.

이 모든 변화는 특히 루터파 신학에서 하나님의 비움과 성육신의 비움을 묘사하는 관점을 낳는 데 함께 기여했다. 초창기에 토마시우스(1802-1875)가 체계적인 안을 제시한 이후, 루터파 전통에서는 두 가지 주된 견해가 발달했다. 튀빙겐 학파는 성육신한 말씀이 신적 속성을 소유하지만 그것을 사용하지는 않는다고 주장했다. 현시하지 않고 그렇게 소유하기만 하는 것을 가리켜 때때로 숨김(krypsis)이라고 부른다. 기센 신학자들은 더 급진적인 주장을 펼치는데, 그들은 성육신한 로고스가 스스로 신적 속성을 비웠다고 주장했다.

비움의 관점에 반대해서 전통 신학자들이 생각하는 바는 다음과 같다. 하나님이, 심지어 삼위일체 하나님의 두 번째 위격이 어떤 본질적인 신의 속성을 일시적이라 할지라도 잃는다는 것은, 단순히 하나님이 하나님이심을 멈추는 것이며, 하나님이 어떤 다른 존재로 변하는 것을 의미한다. 따라서 하나님이신 그 말씀에 대한 적절한 예배, 심지어 그가 성육신의 상태에 있을지라도 마땅히 드려야 할 그런 예배의 근간이 흔들리게 된다. 숨김은 이런 종류의 비판에 해당하지 않는다. 이는 비록 숨김이 하나님의 형상에 대한 어떤 변화를 수반한다는 이유로 널리 거부된다 하더라도 그러하다.

이 논쟁 때문에 위험에 처한 것은 무엇일까? 나는 이런 이론들과 기독교적 실천 사이에 직접적인 연결 고리를 잇기를 주저한다. 그러나 고통을 느낄 수 없고 불변하는 존재인 하나님이라는 이상과, 인간 삶의 이상 즉 시간에 한정되는 것들로부터 고통을 느끼지 못하며 그것들로부터 단절되려는 태도를 함양하려는 기독교의 실천 사이에 어떤 연결 고리를 설정할 수도 있을 것이다. 그중 한 연결 고리는, 관계를 추구하며 열정을 가진 존재인 하나님이라는 이상과, 기독교의 실천 즉 타자와 함께 세상에 관련된 행동에 창조적으로 관여하기를 모색하고 적극적으로 변화의 가능성을 바라보는 행동 사이에 연결될 수도 있겠다.

어떤 경우든 나는 비움의 신학자들이 하나님은 참으로 인간이 처한 조건을 공유하시고, 모든 유한한 행복의 기쁨을 나눌 뿐 아니라 고난 받는 피조물의 모든 고난을 느끼신다고 생각한 것은 옳다고 생각한다. 그러나 만일 그렇다면, 우리는 신이 유한한 경험과 행동을 공유하는 것이 예수라는 지구상의 단 한 경우에 국한될 수 없다고도 생각할 수 있다. 하나님은 모든 유한한 경험을 공유하실 것이다. 그것이 우주 어디에 있는지는 관계없다. 그런 공유는 성육신을 필수 조건으로 요구하지 않으며, 다만 하나님이 직접 그리고 공감하시는 이해를 통해 피조물이 겪는 모든 경험을 참으로 느끼신다는 점을 주장한다. 누군가는 그런 것이 전지라는 속성을 참으로 소유하는 것과 관련된다고 생각할지도 모르겠다. 이때 전지는 무언가가 어떤 경우에 해당할 때, 하나님이 단순히 그것을 사실이 기록된 어떤 목록에 작성하는 행동이 아니라, 각각의 경험이 어떠한지를 하나님이 직접 친숙하게 아시는 것을 의미한다.

하나님의 전지라는 고전 개념에서, 하나님의 지식은 모든 참된 명제에 관한 일련의 지적 지식으로 이루어져 있다. 그것은 명제와 유사한 지식으로서 완전한 존재에게는 결점으로 간주되는 느낌이나 감정을 배제한다. 그럼에도 하나님은 완전한 지복의 상태로 존재하신다고 언급되며, 따라서 감정에 대한 약간의 유비가 하나님 안에 존재했다. 그 유비는 단지 인지적인 중요성을 띠는 것으로 여겨지지 않았으며, 확실히 어떤 식으로든 세계에 의존하지 않았다.

그러나 만일 어떤 존재든 고난이나 행복을 경험하는 것이 무슨 느낌인지를 아는 지식이 부족하다면, 그가 참으로 전지하지는 않다고 생각하는 것이 당연하다. 만약 "네가 고통 중에 있구나"라는 명제가 참임을 알면서도, 네가 고통 속에 있다는 말이 무슨 느낌인지를 알지 못한다면, 내가 알지 못하는 어떤 것이 존재하는 셈이다. 눈치챘겠지만, 그 어떤 것이 모든 것 중에서 가장 중요하다. 만약 그렇다면, 전지한 존재라면 누구나 피조물이 느끼는 바가 무엇이든 그들이 느끼는 바가 무엇인지를 알아야 한다. 그것은 명제로 아는 지식보다 훨씬 더 참여적이며 강렬한 것이어서 정서적 지식(affective knowledge)이라 불릴 수 있다.

고전 유신론자의 경우 (적어도 신적 본성에 관한 한) 하나님은 단지 고통을 느끼는 것이 어떤지를 알지 못하신다고 말할지도 모른다. 하나님은 정서적 지식이 아닌 명제적 지식으로만 아실 수 있다. 고전 신학자들이 이 점에서 하나님이 하실 수 있는 일에 제한을 두는 것은 주목할 만하다. 심지어 고전 신학자에게조차, 전지는 만물을 아는 지식으로서 논리적으로 신성을 가진 존재만 알 수 있도록 허용된 지식을 가리킨다. 논리적으로 제한 없는 전지 같은 것은 없다. 우리 모두는 어느 정도까지는(하나님의 전능을 고려할 때 중요한 문제로 대두될 정도까지는) 신적 가능성에 제한을 둔다. 그러나 하나님이 정서적 지식을 지닐 가능성을 부인할 타당한 이유가 실제로 있는가? 내가 보기에는, 최고로 가치 있는 존재가 심지어 공감하는 지식이라 하더라도 그것을 통해 고통을 느낀다면, 아마도 그것은 결점이라고 주장하는 견해가 가장 주된 이유일 거라고 생각한다. 그러나 그런 주장이야말로 정확히 19세기 후반에 신학계에서 강하게 제기되었던 문제였다.

변화의 중요한 본질은 다음과 같다. 고전적인 이론은 하나님을 고립된 분, 다르게 말하면 온전히 자족하는 완전한 존재로 간주한다. 어떤 무엇이 존재하든 또는 일어나든, 완전은 하나님의 상태이며 어떤 식으로도 축소나 변화를 겪을 수 없다. 하나님은 전적으로 무한하고 완전하다. 유한하거나 완전하지 않은 모든 것은 하나님 바깥에 위치하고 어떤 식으로든 하나님에게 영향을 미치지 못한다. 탈-고전(post-classical) 이론들에서 (아마도 헤겔이 여기에 중대한 영향을 미쳤을 텐데), 하나님은 포괄적으로 무한하시며, 하나님의 완전성은 존재하는 다른 실재가 무엇이든 그것과 맺는 관계성을 포함해야 한다. 하나님은, 그런 피조물이 존재하지 않는 상황에서 하나님의 실재가 존재했었으리라고 생각되는 방식과는 다른 방식으로 하나님의 실재를 형성하는 방식을 사용하시서 유한한 피조물과 관계를 맺으신다. 한층 더 관계 지향적이거나 참여적인 하나님 관점에서 볼 때, 피조물의 경험이 어떤지를 정서적으로 알지 못하는 것은 불완전한 모습일 것이다. 만약 고난 받는 피조물들과 공존하는 어떤 존재가 그 피조물들이 경험하는 것들을 정서적으로 아는 데 실패한다면, 그 존재는 덜 완전한 존재일 수 있다. 만약 누군가가 그것을 진지하게 고려한다면, 하나님 편에서는 단지 성육신뿐 아니라 의식과 이성을 가진 존재를 창조했다는 사실 자체가 비움의 행동이라고 말할 수 있을 것이다. 왜냐하면 그것은 신으로서 마땅히 소유할 순전한 지복을 포기하는 것이며, 고통과 고난을 많이 경험하겠다고 받아들이는 행동을 포함하기 때문이다. 그것은 완전한 통제를 포기하며, 아무리 잘못된 방향으로 갈지라도 피조물이 스스로 결정할 자유를 용인하는 행동을 의미한다. 또한 그것은 완전한 지식을 포기하며, 미래에 관한 많은 지식이 피조물의 행동에 따라 결정되기 전까지는 알 수 없음을 받아들이는 것을 의미한다. 이것들은 실제 한계들이다. 그리고 이것은 자유로운 창조 세계가 독립적으로, 공동체 안에서, 그리고 창조성을 띠고 존재하게 하기 위해 어떤 위대한 선을 포기하는 일종의 비움으로 생각될 수 있다.

그러나 이것은 단지 타자로 하여금 자유와 공동체의 가치를 소유하도록 허락하기 위해 하나님의 속성을 포기한다는 의미에서의 비움이 아니다. 그것은 새롭고 뚜렷한 가치를 하나님이라는 존재 자체에 덧붙이는 방식의 비움이다. 왜냐하면 실제적인 수준의 자율성을 지닌 유한한 작인들을 창조함으로써 하나님 자신은 창조 행위를 통해 그 작인들과 협력할 가능성을 얻으며, 그들의 존재로 인해 또한 그들이 낳을 존재들이 가진 가치로 인해 기뻐하며, 우주에서 일어나는 과정을 최종 완성으로 인도할 가능성을 얻기 때문이다. 최종 완성의 때에 창조 세계가 오랫동안 생산해낸 모든 가치는 하나님 안에서 영원히 보존되고 이해될 것이다.

 달리 말하면, 이런 종류의 비움은 단지 자신을 내어주는 비움이 아니다. 그것은 똑같이 중요하게, 자기실현이다. 즉 하나님이 신성을 가진 존재 안에 영원히 현존하는 가능태들이 있음을 깨닫고, 그 이외의 방식으로는 결코 실현될 수 없는 새로운 가치 형태를 경험하게 되는 그런 방식의 자기실현이다. 하나님이 순수한 지복을 포기할 때, 그는 보답으로 우주의 과정에서만―우주의 과정을 통해 유한한 작인들이 나타난다―오직 실현되는 새로운 가치들을 많이 얻게 된다. 하나님이 완전한 통제를 포기할 때, 그는 피조물과 공동체로서 관계성을 얻는다. 하나님이 미래에 대한 완전한 지식을 포기할 때, 그는 자신의 이전 본성조차 결정할 수 없는, 참으로 새로운 창조성을 얻을 기회가 생긴다.

 자기 제한을 통해 하나님은 그 이외의 방법으로는 얻을 수 없는 일련의 새로운 가치들을 많이 얻는다. 물론 이런 가치는 많은 종류의 반가치들(disvalues)과 혼재되어 있다. 유한한 작인이 견뎌내는 모든 종류의 고통의 형태는 그들이 창조하는 가치들을 수반한다. 유한한 작인들이 깨달을 수 있는 하나님의 의지에 많은 장애물이 있지만, 그것은 하나님이 그 작인들과 함께 경험할 수 있는 적극적인 협력과 함께한다. 우주 안에서 파괴와 갈등을 일으킬 가능성은 새로운 것을 만들어내는 창조성과 함께한다. 그럼에도 유신론자들은 선이 악보다 훨씬 뛰어날 것이며, 악 자체는 어떤 방식으로든 구속받을 수 있음을 전적으로 믿는다. 구속은 하나님을 경험함으로써 얻는 것이며, 결국에는 신적 경험을 통해 하나님이 연합하실 수 있는 피조물들을 위한 것이다.

이 관점에 따르면, 하나님은 단지 자유로운 유한 작인들이 존재하도록 신으로서 자신의 존재를 제한하시는 것이 아니다. 하나님은 그렇게 하지 않으면 잠재적인 것으로 남아 있을지도 모르는 하나님 자신의 존재 양상들을 깨닫고 현실화한다. 관계성과 친교 속으로 들어가며 새로운 형태의 유한한 가치를 실현하는 데 협력하는 것은, 신적 본성 자체 내에서 그리고 신적 본성 자체를 위해 위대한 가치들을 실현하는 것이다. 아마도 그렇게 몇몇 가치를 실현하는 것은 하나님의 본성에 반드시 필요할 것이다. 따라서 하나님은 필수적으로 인격을 갖춘 다른 작인들을 창조하신다. 만일 누군가가 "하나님이 사랑이시다"(요일 4:16)라고 생각한다면, 즉 사랑은 신적 본성에 필요한 본질적 가치이며 사랑이 사랑을 주고받기에 자유롭거나 그렇지 않은 타자와의 관계 속에서만 적절히 발휘될 수 있다면, 자유로운 유한 작인을 포함하는 몇몇 우주의 창조는 신적 본성의 어떤 부분을 의미한다고 할 수도 있다. 그러나 하나님의 본성에 본질적이거나 본질적이지 않은 것을 말하려는 태도는 사실 주제넘은 행동이다. 아마도 하나님 개념에 대한 다양한 해석에 따라 나타나는 의미의 범위에 주의를 기울이는 것이야말로 우리가 여기서 할 수 있는 최선일 것이다.

어떤 이들은, 하나님이 불변하는 지복, 모든 것을 결정하는 능력, 그리고 제한 없는 지식의 상태에 남아 있을 수 있었지만, 유한한 인격체가 거주하는 우주를 창조하기 위하여 그렇게 남아 있기를 자유의지로 선택하지 않았다고 주장했다. 어떤 이들은, 하나님이 삼위일체 위격들의 내적 관계성들 가운데서 적절히 사랑을 실현할 수 있지만, 피조물들과의 관계에서 다른 형태의 사랑을 실현하기로 선택한다고 주장했다. 어떤 이들은, 참으로 사랑하시는 하나님은 고유한 신적 본성을 실현하기 위해 참으로 다른 인격들이 존재하는 우주를 창조해야 한다고 주장했다. 무엇이 하나님의 본성에서 고유한 요소인지를 결정하는 것은 어렵다. 아마도 우리는,

하나님은 어떤 인간이라도 가졌을 법한 힘과 능력을 가능한 최대치로 소유하셨으며 실제로 그 힘과 능력을 실현하시기로 선택하셨다고 말하는 데 만족할 수도 있을 것이다. 그래서 자유로운 인격체들이 존재하는 우주를 창조하시기로 하셨으며, 그로 인해 자신이 가진 그런 힘들을 제한하실 수밖에 없었다고 말할 수도 있을 것이다. 하나님이 그렇게 자신을 제한하는 것은 진실로 자유롭지만 유한한 인격체들이 존재하는 것을 가능하게 하는 데 필요하다.

그런 제한은, 실제적이면서도 훨씬 더 일어날 법한 고난이 필수로 창조에 수반되는 것을 의미한다. 비록 스스로 인식하며 스스로 인도할 가능성을 가진 작인들이 진화를 통해 창발하는 어떤 우주에서는 몇몇 고난의 요소가 불가피하게 보일지라도, 고난의 유형과 범위는 자유로운 피조물이 선택하는 바에 대개 의존할 것이다. 물질로 구성된 우주의 내적 구조에 대한 지식이 매우 적을 뿐 아니라 심지어 하나님의 필수 본성에 대해 아는 지식이 너무 적으므로, 우리는 세상에서 갈등과 고난이 일어나는 근본적인 이유가 무엇인지를 정확히 말할 수 없다. 우리는 그런 것들을 그저 필연으로 본다. 하나님이 고난을 긍정적인 의미에서 의도하셨지만 모든 고난이 유일한 궁극적 근원이신 하나님의 본성에서 연유해야 한다고 말하는 것을 받아들일 수는 없기 때문이다. 따라서 우리는 논리적으로 모든 고난이 하나님에게서 연유하고―그것은 그래야만 한다―그 고난은 하나님이 의도하신 바가 아니라, 하나님이 창조했던 그런 방식의 우주가 반드시 내포하는 것이라고 말하지 않을 수 없다. 즉 우주에는 다른 방식으로는 존재했을 리 없는 위대한 선함이 존재하며, 그 안에서 하나님의 선하심은 결국 모든 악을 이길 것이다. 이것이야말로 하나님이 적극적으로 의도하시는 바다.

기독교인들에게 이것은 단순히 하나의 추상적인 형이상학이 아니다.

그것은 예수의 인격 안에서 하나님의 본성이 드러난다는 점에 확고하게 근거하는 견해다. 밴스톤 신부가 강력히 보여주었듯이, 하나님의 본성은 예수의 십자가와 부활에서 드러난다. 그 본성은 제한이 없는 사랑의 본성이며, 고난을 단순히 없애는 본성이 아니라 사랑의 인내로 고난을 공유하고 고난을 극복한다.

만일 누군가가 "왜 하나님이 그저 선한 것들만을 창조하시지는 않은 겁니까?" 하고 묻는다면, 그 대답은 다음과 같다. 심지어 하나님조차, 우주 안에 실질적이거나 일어날 법한 충돌이나 고난 없이 우리가 거할 수 있는 온전히 선한 우주, 도덕적으로 책임감 있고 창조의 능력을 가진 존재들을 창조할 수는 없었을 것이다. 어떤 면에서는 우리가 상세히 구분할 수 없을 정도로, 악은 하나님의 본성에서 연유한다. 비록 그것이 의도적인 방식으로 일어난 것은 아니라도 그러하며, 또 어떤 면에서 악은 하나님이 의도하신 선에 의해 항상 반대되고 또 그 선에 의해 궁극적으로 극복될 수 있다.

이 설명은 하나님이 전혀 변하지 않으신다는 고전적 견해에 대한 이중 반박을 수반한다. 하나님은 자유롭지만 유한한 작인들이 살아가는 우주가 존재하게끔 하시려고 신적 속성을 제한한다. 그러나 하나님은 피조물과 실제로 관계를 맺으실 때, 그것으로 인해 신적 본성의 새로운 측면들을 실현하신다. 하나님은 새로운 것들로 인해 고난 받으실 뿐 아니라, 그것들을 즐기고 기뻐하신다. 결국 그 모든 선한 것은 하나님 안에서 보존될 것이며, 아마도 영원히 피조물과 공유될 것이다. 하나님이라는 존재가 제한받으실 뿐 아니라 그 존재에 덧붙여지는 것이 있는데, 그 둘은 반드시 서로 묶인다. 그래서 만일 우리가 하나님에게서 비움, 즉 절대적이면서도 섞이지 않은 완전함을 하나님이 포기하셨다고 말할 수 있다면, 마찬가지로 우리는 하나님 안에 있는 충만(*pleroma*) 혹은 성취 역시 말해야 한다. 하나님 안에 있는 충만으로 인해 피조물에 의해 새로운 형태의 완전함이 하나님이라는 존재에 덧붙여지기 때문이다.

빌립보서 2:5-11은 이런 연속성을 보여주는데, 본문은 그리스도의 자기 비움 때문에 "하나님이 그를 지극히 높이셨다"고 말한다. 그리스도는 자기 비움의 순간 이후에 신으로서 지극히 높여지셨으며, 창조 세계 전체는 그분 안에 궁극적으로 포함될 것이다(엡 1:10).

이런 비움의 형태는 전능과 전지처럼 하나님으로서 갖는 본질적인 속성의 상실을 의미하지 않는다. 실제로 비움이라는 형태야말로 하나님의 신적 속성이 실행되는 방식이다. 비움이 신적 영광이라는 새로운 형태를 가능하게 하는 자기 제한으로 이해되는 한, "비움"에 대해 말하는 데는 어떤 잘못도 없다. 하나님은 완전한 지복 가운데 존재할 수도 있겠지만, 실제로 하나님은 고통과 고난이 존재하는 세계를 정서적으로 아신다. 하나님이 모든 것을 일방적으로 통제할 수도 있겠지만, 실제로 하나님은 피조물이 자유롭게 행동하는 것을 가능하게 하는 방식으로 행동하신다. 하나님이 완전히 그리고 모든 상세한 부분까지 미래를 아실 수도 있겠지만, 실제로 하나님은 피조물의 창조성이 존재하게 하기 위해서 그런 지식을 포기하신다. 만일 자유롭고 창조적이며 인격을 가진 작인이 속한 세계가 있어야 한다면, 하나님은 본질적으로 순수한 지복과 모든 것을 결정하는 힘 그리고 제한 없는 지식을 소유한 상태로는 존재할 수 없다.

하나님은 창조, 관계, 그리고 협력을 통해 신적 본성을 실현하려 하신다. 의지를 갖고 그렇게 자기를 실현하지 않는 하나님은 예수 안에서 드러나게 된 하나님이 아닐지도 모른다. 그런 창조를 대신할 실제 대안이 있었는지 우리는 말할 길이 없다. 비록 그런 대안이 없었을지라도, 하나님이 참으로 창조 세계를 원하신다고 말하는 것이 합리적이다. 왜냐하면 무언가를 "원한다는" 말은 그것 대신 의지했을지도 모르는 어떤 대안을 내포할 필요가 없기 때문이다. 고전 전통이 단언하듯이 그런 의지는 그 자체로 신적 본성의 본질적인 부분일 수 있다. 신적 본성은 필수적으로 그런 것이기 때문이다. 따라서 하나님은 원하시지 않았을지 모르는 무언가가 아니라, 사랑이라는 신적 본성을 참으로 표현하는 어떤 것인 비움을 원하실 수 있다.

비움을 신의 상실이 아니라 의지를 가진 신의 자기 제한으로 이해하는 관점은 빌립보서에 등장하는 비움과 관련된 단락을 이해하는 더욱 정확한 성찰이라고 말할 수 있겠다. 왜냐하면 그 단락은 예수가 그의 신적 또는 인간적 속성 일부를 포기했다고 말하는 게 아니라 신적 지위와 힘을 주장하지 않았다고 말하기 때문이다. 대신에 예수는 종이 되었고 "자기를 낮췄다." 일차적인 문제는 우리가 가진 속성이 무엇인가에 관한 문제가 아니라, 우리가 그 속성들을 행하는 방식이다. 예수는 아마도 즉각적인 복종을 주장할 수 있었을지도 모른다. 예수는 사도들에게 그를 섬기라고 명령할 수 있었을지도 모른다. 그 대신에 예수는 그들의 발을 씻어주었고 그들을 위해 자신의 삶을 내주었다. 신약성서 학자인 제임스 던(James Dunn)은 비움과 관련된 빌립보서 단락에 대한 영향력 있는 해석을 제안했다. 그 해석에서 던은 해당 빌립보서 구절이 선재하신 그리스도가 내린 어떤 결정, 즉 세상에 성육신하시겠다는 결정을 언급한다는 점을 거부한다. 오히려 던은 그 본문이 첫 번째 아담처럼 완전한 하나님의 형상을 입음으로써 하나님의 형상을 가졌던 인간 예수에 대해서만 말한다고 주장한다. 그에 따르면, 계속해서 빌립보서 해당 본문은 예수가 그의 지위와 능력에서 사실상 다른 모든 사람보다 우월하다는 점을 이용하지 않았음을 주장하는 듯하다. 대신에 예수는 다른 사람을 섬기고, 치유하며, 용서하고, 악이 가진 힘에 사랑으로 복종함으로써 하나님의 형상이 참으로 무엇인지를 보여주었다.

비움은 도덕적인 교훈을 준다. 그것은 존재가 가진 능력 자체를 거부하라고 말하지 않는다. 자랑하기보다는 다만 사랑으로 그 능력을 행하는 방식에 대해 말한다. 이것이 예수가 인간으로서 살았던 방식이다. 인간 예수의 삶은 인간들을 지배하기보다는 사랑으로 그들을 도와주려 애쓰시는 하나님의 본성을 잘 설명해준다. 우리가 던의 해석을 받아들이든, 아니면 빌립보서 구절이 육체가 되신 영원한 말씀에 관한 본문이라는 전통적인 견해를 받아들이든 상관없이, 두 견해는 모두 예수가 신으로서 특정한 능력을 문자 그대로 포기했다는 점을 주로 말하는 것이 아니라, 피조물로 하여금 하나님과 맺는 의식적인 관계 안으로 들어가도록 돋워주는 힘을 행하는 방식을 선택해야 한다고 강조한다는 점이 핵심이다. 이것이 일종의 자기 제한이다. 그러나 내가 제안했던 자기 제한은 하나님이 원하셨으며 동시에 필연적으로 하나님의 신적 본성에 내재한다고 간주할 수도 있을 것이다.

만일 이것이 하나님에 대한 참된 설명이라면, 우리는 하나님이 이성을 가진 모든 피조물이 그에게 복종하도록 강요하지 않고, 사랑의 설득으로 그들을 자신에게로 인도하려 애쓴다고 말할 수 있다. 따라서 비움은 성육신에 속하기 전에조차 이성을 가진 피조물의 창조에 속한다. 그리고 이성을 가진 피조물이 물질 우주의 핵심 부분이기 때문에, 그 우주는 자유롭고 이성을 가진 피조물이 등장할 수 있는 적절한 환경을 준비할 자율성과 개방성을 처음부터 소유해야만 한다. 따라서 하나님이 자율적 우주가 발전하도록 하기 위해 신으로서 가진 힘을 제한하는 한 우리는 우주의 창조 가운데 일종의 비움을 볼 수 있다. 하나님은 전 우주에 걸쳐서 신으로서 가진 무한한 힘을 스스로 제한하시는데, 그것은 자유와 창조성이 적절한 때에 그 안에서 나타나 번성할 수 있는 자율성을 띤 우주를 존재하게 한다. 그러나 그 우주 안에서 그들은 유한한 존재로 창조된 작인들로 구성된 공동체에 또한 방해받을 수 있다.

성육신은 우주적 비움의 필수 조건은 아니다. 성육신이 있든지 없든지, 하나님은 피조물과 협력하기를 원할 수 있고, 그들의 경험을 공유할 수 있으며, 그들의 새롭고 창조적인 행동에 영감을 줄 수 있다. 그러나 그리스도인은 말씀이신 하나님이 참으로 인간으로 성육신하셨으며, 그 성육신은 하나님이 신으로서 자기를 계시하는 탁월하면서도 적절한 형태라고 믿는다. 예수의 삶은 중요하다. 왜냐하면 예수의 삶은 항상 어디에서나 그러하신 하나님의 본성을 보여주기 때문이다. 그것은 한 인간의 인격 안에서 드러난 하나님의 본성에 대한 계시다. 예수의 삶은, 하나님이 피조물을 자신에게로 이끌기 위해 설득하시며 자기를 내어주는 사랑으로 행하시는 유일한 자리가 아니다. 예수의 삶은 하나님의 보편적 구원 행위가 인간에게 전형적인 방식으로 드러나는 장소다.

이것이 참이려면, 하나님의 영이 예수의 삶에 완전한 앎을 제공하시고 그를 자유롭게 인도하셨을 것이라고 간주해야 한다. 여기에 일종의 이중적인 비움이 있다. 예수는 자신을 자만과 이기심으로부터 비우셔서 하나님의 영으로 충만하셨다. 이것이 예수의 비움이다. 하나님의 비움은 이렇다. 신이신 하나님이 완전한 지복과 모든 것을 결정하는 힘을 비우셨고, 그래서 예수의 수난과 창조 활동은 시간 속에서 하나님의 바로 그 본성 즉 비움을 참으로 드러낼 수 있었다. 비움의 어떤 형태도 본질적인 인간적 속성이나 신적 속성의 상실을 의미하지 않는다. 이런 상호 자기 제한을 통해 한 인간의 삶과 신으로서의 삶은 친숙하면서도 형언할 수 없는 방식으로 서로 연결되어 있다. 그 결과 그 둘은 하나라고 말할 수 있다. 즉 "예수는 그리스도시며, 시간 속에 계신 영원하신 하나님의 그 말씀이다."

이것은 흔히 회자되었던 비움의 기독론이 아니다. 왜냐하면 말씀이 한 인간으로 변하지 않기 때문이다. 오히려 어떤 면에서는 전통적인 기독론과 더 유사하다. 전통적인 기독론에 따르면, 말씀은 그 자체로 한 인간의 본성을 소유하시기 때문이다. 그러나 전통적 견해와 다른 점은, 말씀이 고난에 동참하고, 관계를 지향하며, 따라서 하나님이라는 존재가 시간에 한정된 위격(*hypostasis*)이라는 점이다. 예수의 삶을 통해 그 말씀은 역사 내에서 명백하고 풍성하게 드러난다. 예수의 비움은, 창조 세계 자체를 가능하게 하는 신적인 존재가 우주적으로 자신을 비웠던 지구 역사의 특정한 시점에서 그렇게 드러나는 것을 가능하게 한다.

성육신 역시 하나님이 만인을 위해 바라시는 구원 섭리를 한 인간을 통해 성취하시는 하나님의 특별한 한 행동이다. 예수 안에서 우리는 창조된 우주와 관련해 하나님의 본성과 행위가 삼중으로 현시되는 것을 발견할 수도 있을 것이다. 이 신적 행위의 첫 번째 순간은 비움(*kenosis*), 즉 신으로서 가진 힘을 스스로 제한하는 행동으로서, 그것은 유한한 도덕적 작인들을 포함하는 우주와 관계를 맺게 한다. 이 관계에서 하나님은 신으로서 모든 것을 강압적으로 명령하지 않으며, 도덕적 작인들이 선을 실현하기로 약속하는 한 그들이 자신들의 목적을 형성하고 그것을 획득하도록 도우며 힘을 북돋워주려 애쓰신다. 이것은 하나님이 고난과 악이라는 형태에 관해 정서적인 지식을 소유하심을 의미하며, 순수한 신적 지복을 실제로 포기하셨다는 사실을 성립하게 한다. 이것은 하나님이 어느 정도 신적 의지를 좌절시킬 수도 있는 타자와의 관계를 통해 신으로서 자신의 존재를 나타낼 것을 의미한다. 이것이 자기 제한의 실제적인 방식이며, 비록 이것이 신적 본성의 참된 표현이요 자기 현시일지라도 신적 본성의 포기는 아니다.

아픈 자를 치유하고, 죄에 사로잡힌 자를 사하며, 사회에서 버림받은 자들의 친구가 되고, 위선을 허물어뜨리신 예수의 삶이야말로 불쌍히 여기며 설득하시는 하나님의 사랑을 나타내는 훌륭한 이미지다. 이렇게 하나님께서 자신의 사랑을 드러내셨으므로, 우리는 마땅히 모든 존재를 존재하게 하는 전능한 근원이며 유지하시는 분이실 뿐 아니라, 유한한 인간들을 당신의 자녀로 돌보시고 그들이 자신의 사랑스러운 현존을 충분히 인식하기를 바라는 아버지이신 하나님을 예배할 수 있다. 비움의 순간에 하나님은 신이신 예수라는 존재를 적절한 자율성과 타자성을 지닌 피조물과 관련지으신다. 이때 비움은 피조물을 침해하지 않으시는 하나님의 의지를 나타낸다.

신이 우주와 관계를 맺는 두 번째 순간은 연합(enosis)의 순간이다. 이것은 신격과 유한한 인격의 연합으로서, 신비하지만 친숙한 연합을 의미한다. 따라서 유한한 인생이라도 신적 본성을 보여주는 참된 이미지가 될 뿐 아니라 신의 능력을 전달하는 중재자가 될 수 있으며, 따라서 신격과 피조물인 인격이 하나가 된다. 하나님은 인간을 신이라는 존재를 드러내는 명쾌한 이미지이자 효과적인 도구로 변모시키기 위해 이 지구상에서 성령의 활동을 통해 인간 안에서 행동하신다. 이 관계에서 피조물은 그들의 하늘 아버지와 분리되거나 구별된 존재로 머물지 않는다. 오히려 사랑과 존경을 통해 피조물은 아버지와 가깝게 관계를 맺는다. 신이신 성령께서 그들의 삶에 깊이 침투하신다. 그 결과 그들은 사도 바울과 함께 다음과 같은 최고의 고백을 하게 된다. "내가 사는 것이 아니요 오직 내 안에 그리스도께서 사시는 것이라!"(갈 2:20) 한 사람이 행하는 일과 성령이 그 안에서 행하시는 일을 구별하는 것이 거의 불가능한 정도에 이르기까지, 예수 그리스도 안에서 완벽한 모범을 성취하신 성령은 또한 예수의 제자들의 삶에서도 그렇게 하실 것이다. 하나님과 인간의 내적 통합은 예수의 삶에서 완전히 실현되지만, 그 통합이 모든 믿는 자의 삶 가운데 적어도 부분적으로나마 실현되리라는 희망을 품게 하는 것이 기독교 신앙의 역할이다. 하나님은 마치 그가 한 인간인 것처럼 유한한 인간과 관계하시려고 단지 자신의 신적 능력을 제한하실 뿐 아니라(그래서 그리스도인은 하나님이 부활한 그리스도의 인격 안에서 그리고 그것을 통해 우리와 관계를 맺으심을 믿는다), 또한 유한한 인간에게 활발하게 힘을 부여하셔서 그들에게 창조 세계 안에서 일어나는 하나님의 화해 및 구속 활동 안에서의 분깃을 주신다. 예수의 인격을 통해 최고로 드러난 연합의 순간에 하나님은 그런 중재 활동에 자유롭게 동의하는 사람들에게로 들어가셔서 그들 안에서, 그리고 그들을 통해 일하심으로써 그들이 하나님의 현존인 살아 있는 신성한 존재(sacrament)가 되게 하신다.

하나님의 우주적인 행동의 세 번째 순간은 신성화(theosis)다. 이것은 창조 세계를 위한 하나님의 최종 목적, 즉 신적 삶에 연합하거나 그것을 공유(벧후 1:4)함을 의미한다. 성령이 창조 세계 안에서 하나님의 목적을 이루기 위해 인간의 본성과 연합하듯, 인간의 본성도 하나님의 영광을 공유하는 데서 최종 운명을 맞이하기 위해 궁극적으로 고양된다. 이 기독교 전통은 창조 세계 전체가 어떤 면에서 "새 창조" 안에서 완성되어야 한다는 견해를 구체화한다. 신성화는 잊힌 과거나 초월된 과거로 단순히 격하되지 않는다. 그것은 똑같이 무질서한(entropic) 방식으로 계속되지 않는다. 그것은 하나님의 영원한 삶으로 들어가서 거기서 새로운 삶으로 변모되는 것으로 생각된다. 바울은 그 삶을, 어두운 땅속에서 생명이 태어난 후에 태양 빛에서 만개하는 밀처럼 묘사한다(고전 15장). 바울의 그 유비에서 이 우주는 영원한 생명의 씨앗이 뿌려진 토양이다. 그 미래는 현재와 유사하지는 않겠지만, 현재와 인과 관계로 연관되어 있다. 즉 역사의 취소가 아닌 완성인 것이다.

누구라도 그런 궁극적 가능태들을 예상하기는 극도로 어렵다. 그러나 나는 오늘날 기독교 신앙에서 성서와 교부들의 저술 모두의 특징이었던 참된 우주적 구속에 관한 감각을 회복하는 것보다 더 중요한 일은 없다고 본다. 구원을 한 작은 행성의 파괴로부터 소수의 인간을 구원하는 것으로 간주해서는 안 될 것이다. 구원은 더 영광스러운 형태로, 하나님의 현존 안에서 전체 우주를 다시 세우는 작업으로 나타날 것이다. 예수가 하나님의 나라(통치)가 가까이 왔다고 외쳤을 때, 즉 자신의 인격 안에 현존하고 활동한다고 선포했을 때, 이것을 이해하는 한 가지 방식은, 하나님 앞에서 자기 자신이 영원하게 될 가능성 앞에 서는 것만큼 현재의 매 순간마다 그 비전을 환기하려고 시도하는 것이다. 어떤 유신론자에게든, 하나님이 가장 친숙한 방식으로 매 순간을 안다는 것은 사실이다. 그러나 각기 유한한 순간을 신적 경험으로 간주할 때, 그것은 변모되어서 부정적 특질은 완화되며 긍정적 특질은 신적 경험이 속한 더 넓은 상황에 의해 고양된다. 하나님의 경험은 영원이라는 빛을 통해 드러나는 세계에 속한다. 따라서 하나님은 다른 누군가가 어떤 대상을 알 수 없는 때조차 그 대상을 아신다.

신성화에 대한 믿음은, 유한한 작인들에게 하나님의 경험이 그들에게 가능한 만큼까지 공유될 것이라는 사실을 믿는 믿음이다. 그들 역시 영원이라는 빛을 통해 시간에 한정되는 것들을 볼 것이며, 따라서 역사의 사건들은 그 과정이 대개 숨겨져 있으며 어떤 목적과 패턴을 갖는다고 여길 것이다. 하지만 이것은 여전히 순전히 개인적인 경험과 유사한 것으로 여겨지는 듯하다. 기독교의 신앙 체계는 "몸의 부활"을 믿는다는 점을 기억해야 한다. 그것은 유한한 작인들이 가진, 하나님에 대해 구체화되지 않은 어떤 경험의 형태가 아니다. 시간과 공간 자체는 그 형식들이 반복될 것이지만, 부패나 고난이 없는 변형된 방식으로 반복될 것이다. 우주 전체가 변형되어서 그 전체 우주가 제한 없이 하나님의 아름다움과 선함을 드러낼 때, 그리고 인간을 포함해서 인격을 가진 존재가 이 변형을 지각하여 설명할 때, 우주는 하나님의 생명을 실로 공유한다고 할 수 있다.

기독교적 관점에서 역사는 중요하다. 부활의 세계는 우주 역사의 일부를 형성했던 모든 갈등과 고난 없이 완전하게 창조될 수 있었던 세계가 아니다. 부활의 세계는 정확히 그런 갈등과 투쟁으로부터 형성된 세계, 즉 그저 완전하게 창조된 세계가 아닌 완전해진 세계다.

몇몇 인도 전통은 우주가 신의 몸이라고 주장하는데, 그렇지 않을 것이다. 그렇게 주장하면 우주를 너무 자율적으로 간주하는 것이며, 그 우주에 거하는 의식을 가진 작인들은 그렇게 간주하기에는 너무나 자의적이다. 그러나 우주의 운명이 하나님의 몸이 되는 것일 수는 있다. 왜냐하면 그리스도와 함께 살고 죽은 자들은 그리스도 안에서 부활할 것이기 때문이다(골 2:12). 만물은 그리스도 안에서 연합될 것이다(엡 1:10). 따라서 그때에 하나님은 만유의 주가 되신다(고전 15:28). 그리고 더 이상 교회와 세계 사이의 구별이 없어질 것이다. 어떤 교회도 있지 않을 것이며, 어떤 분리된 세상도 있지 않을 것이다. 하나님의 행동을 나타내는 수단이며 그분의 영광을 드러내는 현시로서 우주는 하나님의 삶으로 완전히 통합될 것이다. 신성화의 순간에 우주는 하나님의 영광을 무제한으로 드러내는 모습으로 변모되며, 이성을 가진 모든 피조물은 그분을 찬양하는 도구가 된다.

예수 안에 있는 하나님은 한 인간 안에서 모든 창조 세계를 위한 하나님의 목적을 드러내는 전조가 된다. 그러나 그 목적은 하나님과 인간의 연합 안에 많은 이들을 포함하는 방식으로 점진적으로 이 지구의 역사 안에서 수행될 것이다. 교회라는 새로운 공동체를 형성하는 성령은 예수의 삶에 명백히 나타난 새로운 방식으로 일하시며, "그리스도의 몸" 안으로 사람들을 통합한다. 그러므로 하나님이 성육신을 통해 시작하는 새로운 구속 방식은 교회의 삶 가운데 성령을 통해 계속된다. 비록 성육신이 아마도 하나님의 목적을 실현하는 데 꼭 필요하지는 않다고 해도, 그것은 하나님이 이 지구에서 그 목적을 수행하시는 바로 그 방법이자 매우 적절한 방식이다. 비움은 그 목적을 실현하는 중요한 한 방편이다. 비움은 우리를 자유롭게 하고 우리와 자유를 공유하는 창조주의 특징을 드러내는 특별하고도 뚜렷한 비전을 제시한다. 비움은 의식을 통해 하나님과 맺는 사랑의 관계 안에서 그 자유를 성취하게 한다. 아울러 비움은 피조물이 자신의 삶에 있는 신의 목적을 수행하려 애쓰는 삶의 방식에 능력 있는 도덕적 통찰을 수여한다.

창조를 비움과 충만의 과정으로 보는 기독교의 견해는 매우 분명한 우주적 비전을 내포한다. 창조의 시작이 비움이듯, 창조의 끝 또는 완성은 신성화다. 마지막 때에 피조물이 지복을 공유하고 하나님의 본성인 참으로 창조적인 자유를 나타내는 도구가 되기 위해, 하나님은 고통을 공유하시고 피조물의 변덕스러운 자유를 허락하신다. 바로 그것이 하나님의 자기 비움으로부터 하나님 안에서 피조물의 성취에 이르는 우주의 움직임 즉 우주의 신성한 역사이며, 내가 보기에 그것이야말로 시간이라는 신비를 통해 이뤄지는 여정 가운데 이 지구를 위해 기독교 복음이 주는 가장 깊은 의미인 듯하다.

# 10장

## 사랑으로부터의 창조

_폴 피디스

창조 세계 안에서 나타나는 하나님의 활동은 상처 받기 쉬움에 틀림없다.　『사랑의 노력, 사랑의 비용』, 66쪽 하나님은 사랑으로부터 창조하신다. 이 진술은 단순하지만 충분해 보인다. 이 진술은 학문으로서 신학에 적합하듯이 전례(liturgy)에도 마찬가지로 적합하다. 이 진술은 세미나와 학술지에서 발견되는 것 만큼이나 기도와 찬송에서도 동일하게 발견된다. 그러나 이 진술의 의미를 진지하게 고려할 때, 우리는 그것이 한편으로는 우주와 하나님의 본성을 이해하는 핵심 모델을 제공하지만, 다른 한편으로는 부주의한 이들에게 많은 개념적 함정을 숨기고 있음을 알게 된다. 나는 사랑이 우주의 중심이라는 주장은 문제를 내포할 뿐 아니라 엄청난 통찰을 지닌다는 점을 보여주고자 한다. 나는 이 주장이 교회와 신학 분과에서 매우 친숙할 뿐 아니라 과학 연구에도 부적절하지 않음을 제안하고자 한다.

하나님에 관해 그 어떤 것을 말하더라도, 우리는 곧바로 그것을 "취소해야" 한다. 하나님을 "그보다 더 큰 뭔가를 상상할 수 없는 존재"[1]로 규명하려 할 때마다 표상의 위기가 항상 존재할 것이다. 하나님이 누구신지 그리고 어떤 분이신지에 대해 문자적으로 정확하게 서술할 수 있는 인간의 언어는 없겠지만, 내가 보기에 은유는 여전히 하나님의 실재를 가리킬 수 있다. 이것은 하나님에 관해 말할 때 유비의 사용을 철저히 옹호한다는 의미가 아니다. 하나님의 형상을 가리켜 사랑하시는 창조주로 간주하기 이전에, 나는 두 가지 논점을 미리 주장하고자 한다. 첫째, 모든 유비는 관련 용어 사이에서 **유사성**과 **비유사성**을 둘 다 확언하지만, 나는 인간의 사랑과 신의 사랑이 상당히 일치함을 주장하고자 한다. 둘째, 그렇

---

1) Anselm, *Proslogion*, 2.11: 『프로슬로기온』(한들출판사 역간).

게 하려는 내 의도는 종교적 경험으로부터 언급될 필요가 있으므로 거기서부터 시작하고자 한다. 그 종교적 경험은 특별히 하나님의 자기 계시의 영향으로서 우리가 식별할 수 있는 순간 즉 인식이 고양된 그 순간에 이뤄지며, 가장 특별하게는 그리스도인이 하나님의 본성을 드러내는 궁극적 현시로 인식하는 예수의 이야기로부터 나온다. 신자로서 우리는 이미 사랑의 관계성을 만드시는 창조주에 대해 말하고자 하는 데 관심이 있다. 만일 이런 관심사 자체의 내적 정합성과 그것이 우리 주변 세계를 설명하는 능력을 시험해본다면, 우리는 사랑에 관한 핵심 유비의 범위와 한계 중 얼마를 발견할 수 있을 것이다.

따라서 내 글의 논지는 이렇다. 먼저 기본적인 안을 제시하며, 그것에서 야기되는 개념과 관련된 문제를 탐구하고, 마지막으로 자연 과정들이 상당 부분 스스로 창조하는 능력을 지닐 때, 그 문제에 답하는 한 가지 방법이 세계 속에서 일어나는 하나님의 활동을 이해하는 데 어떤 실마리를 제공하는지를 살펴보는 것이다.

## I. 사랑의 필요성

하나님이 세계를 "사랑으로부터" 창조하신다고 말하는 것은 창조의 한 가지 이유를 제시하는 것이며, 그 이유를 찾는 행동은 사실 위험한 일이다. 세계가 하나님에게 전적으로 불필요하다고 믿는, 즉 하나님의 완전성에 전적으로 불필요하다고 믿는 신학자들은, 하나님이 창조하시기로 하신 데는 "그것이 무엇이든 어떤 이유도" 전가하지 않는 편이 안전하다고 생각한다.[2]

---

2) 예를 들면 Eric Mascall, *He Who Is: A Study in Traditional Theism* (London: Longmans, Green & Co., 1945, rept. 1958). 103-4.

이 논의는 다음과 같이 이어진다. 왜 하나님이 세상을 만들었어야 했는지에 관한 설명을 시작하자마자—예를 들면 하나님이 자신의 자아 밖에서 인격을 가진 존재와 사랑의 교제를 즐기기 위해 창조했다고 설명하면—우리는 창조의 동기들을 거기에 전가함으로써 하나님의 뜻이 지닌 절대성을 침해하게 된다. 창조가 전적으로 우리의 이익만을 위한 행위인 한, (이 사고방식을 따를 때) 창조를 하나님의 선하심을 보여주는 행동으로 단순히 간주하는 게 더 낫다. 그러나 나는 이보다 더 위험한 종류의 신학을 권하고자 한다. 하나님 자신이 우리에게 베푸시는 위험한 자기 헌신이 우리를 이 신학 속으로 초대한다. 이 신학으로부터 발생하는 결과를 받아들일 준비가 되어 있는 한, 우리는 창조를 위한 근거가 사랑임을 실로 확증할 수 있다.

하나의 주된 의미만을 가정하는 태도가 어떤 그리스도인들에게는 신학적으로 지나친 듯 보일 수 있지만, 나는 그것이 창조 교리의 핵심에 있는 쟁점들을 개방시킨다고 믿는다. 나는 "사랑으로부터" 창조하시는 하나님이 만족을 필요로 하신다고 제안한다. 사랑하시는 하나님은 창조된 세계에서 오는 어떤 반응, 그리고 특별히 하나님의 내적 삶 밖에 존재하는 인격을 가진 존재에게서 오는 반응을 요구하신다. 이후에 우리는 이것이 어떻게 하나님 안에는 어떤 결핍도 없음을 의미할 뿐 아니라 하나님의 자유에 아무런 제한도 두지 않는지를 살펴볼 것이다. 그러나 여기서는 17세기 시인이자 신비주의자인 토머스 트러헌(Thomas Traherne)이 제기하는 성찰에 나타나는 다소 논쟁적인 어조로 시작하는 것이 좋을 듯하다.

[42] 하나님이 원해야(Want) 한다는 말은 매우 이상하다. 왜냐하면 하나님은 모든 복되심으로 충만하기 때문이다.⋯하나님은 영원부터 원함으로 충만하다. 그렇지 않으면 그는 보화로 가득 차 있지 않을지도 모른다. 무한한 원함

이 무한한 보화의 근거이며 원인이다. 그것은 믿을 수 없지만 매우 분명하다. 원함은 하나님의 모든 충만함의 원천이다. 하나님 안에 있는 원함은 우리에게도 보화다. 어떤 필요도 없다면, 그는 세상을 창조하지도, 우리를 만들지도, 그의 지혜를 드러내지도, 그의 힘을 행사하지도, 영원을 미화하지도, 천국의 즐거움을 준비하지도 않았을 것이기 때문이다. 그러나 하나님은 천사와 인간, 형상, 동료들을 원했다. 그는 이 모든 것을 영원부터 가지셨다. [43] 무한한 원함이 만족될 때 무한한 즐거움을 생산한다.[3]

여기서 "원함"이라는 단어는 "필요"(need)를 의미한다. 이것은 (트러헌의 시대보다 다소 이후에 사용된 단어인) "바람"(wish)이나 "갈망"(desire)을 의미하기보다, 그렇지 않으면 잃어버리게 될 무언가를 요구하는 것을 의미한다. 그러나 트러헌은, 하나님이 이 필요들을 가지고 있으므로, 그것들이 채워지기 위해 "그는 무한히 갈망하셨다"라고 즉시 덧붙인다. 트러헌은 하나님의 필요(원함)가 하나님의 완전함에 영향을 미치지 못한다고 주장한다. 왜냐하면 필요와 원함은 또한 영원히 완전하게 충족되기 때문이다. 나는 이처럼 하나님의 본질적인 불변을 주장하는 관점과 논쟁하려 한다. "원함"과 완전함을 조화시키려는 다른 방법들도 있다. 그러나 트러헌은 하나님의 즐거움, 즉 하나님의 "지복"은 창조 세계와 맺는 사랑의 교제를 통해 필요를 충족하고 갈망을 만족하게 하는 데서 나온다는 요점 역시 지적한다. 비슷한 방식으로 그는 우리에게 필요한 것은 아무것도 없다고 짐짓 가정하는 플라톤의 관점을 취하기보다는, 하나님이 그러하듯이 어떤 필요를 가져야 할지를 배우라고 독자들에게 촉구한다. 고대 철학들은 "하나님은 어떤 것도 필요로 하지 않으신다"라고 가르쳤으나, 트러헌은 기독

---

3) Thomas Traherne, *Poems, Centuries and Three Thanksgivings*, ed. Anne Ridler (Oxford: Oxford University Press, 1966), *The First Century*, 42-43.

교 메시지가 "하나님은 우리를 하나님처럼 원하도록 만드셨다. 즉 하나님처럼, 우리는 만족할 수 있다"라고 가르친다고 말한다. 그는 하나님이 그렇게 하시듯이, 우리가 자연계를 즐기고 서로를 즐겨야 한다고 호소한다. 이것은 우리가 필요를 인정하는 것을 수반한다. 그는 우리의 "원함"이 무엇인지를 배울 때까지 우리는 결코 행복하지 않을 것이라고 생각한다.

그래서 현대 신학자인 빈센트 브뤼머(Vincent Brümmer)는 타자와의 건강한 관계성 속에서 "필요-사랑"(need-love)을 만족시키는 장소를 주장하면서, 하나님 안에서 한 유비를 발견한다.

> 우리는 다른 사람의 사랑을 갈망한다. 왜냐하면 사람으로서 우리는 반드시 사랑받을 필요가 있기 때문이다. 그러나 하나님에 대해서도 똑같이 말할 수 있는가?…논의했다시피, 만일 하나님이 우리의 사랑을 바라신다면, 하나님에게는 우리의 사랑이 필요하다는 결론에 이르게 되는 듯하다. 왜냐하면 이 바람은 성취되어야 하기 때문이다.[4]

하나님의 "필요"나 "원함"은 두 각도에서 이해될 수 있다. 첫째는 하나님의 사랑과 우리가 경험한 사랑의 역동성을 일반적으로 비교함으로써 이해할 수 있으며, 둘째는 사랑으로 충만한 창조주의 특별한 상황으로부터 이해할 수 있다. 첫 번째 관점에서 우리는, 왜 어떤 참된 사랑의 행동도 그들의 필요를 만족하게 함과 동시에 다른 이들이 우리의 필요를 만족하게 하도록 허용하는지에 관한 여러 이유를 인식할 수 있다. 이런 요소를 일부나마 짧게 고려할 것이다. 두 번째 관점은 창조주이신 하나님에 대한 독특한 관련성과 함께 시작되는데, 만약 무한한 사랑이 창조주이신 하나

---

4) Vincent Brümmer, *The Model of Love* (Cambridge: Cambridge University Press, 1993), 236.

님의 특징의 일부라면,[5] 하나님은 하나님 자신 안에서는 만족될 수 없으며 심지어 삼위일체의 교제에서조차 만족할 수 없는 사랑의 과잉으로 흘러넘칠 것이다. 그 사랑에는 사랑의 관계를 맺을 수 있는 자유로운 존재이자 반응하는 존재가 필요하다.

앞으로 살펴보겠지만, 이런 관점들은 서로 상호 작용하며, 둘 다 타자를 사랑하는 것이 의미하는 바에 대한 우리 인간의 경험과 관련된 유비에 의존한다. 그러나 많은 기독교 전통은 이 점에서 날카롭게 다른 관점을 취하면서, 하나님이 만족해야 할 어떤 필요를 지닌다는 점을 강하게 부인한다. 이 주장을 지지하는 두 종류의 논의가 있다. 하나는 사랑에 대한 인간의 유비를 해석하는 어떤 특정한 독법에 기초하며, 다른 하나는 사랑에 관한 유비와 근본적인 불연속성을 강조하는 데 그 기초를 둔다. 첫 번째 접근법은, 인간이 가질 수 있는 최고의 사랑은 신의 사랑이 전적으로 자기 헌신적이며 그 안에는 자기실현에 대한 어떤 흔적도 없다는 점을 보여준다고 주장한다. 고전적인 개신교의 논쟁에서 볼 때, 하나님의 사랑은 순전히 아가페이며 거기에는 에로스에 대한 어떤 암시도 존재하지 않는다. 이 두 사랑은 반대로 분리되어 진행된다.[6] 에로스는 자기 확인이며 자기실현을 위한 사랑으로서, 사랑의 대상이 자신에게 만족을 가져다준다. 반면에 아가페는 전적으로 자기를 소모하는 사랑으로 규정된다. 이런 사랑 안에서 사람은 자신에게 아무런 이익도 없지만 다른 사람을 위해 자신을 희생한다. 아울러 인간이 보여주는 최고의 사랑은 신의 사랑인 아가페의 수준에 다가간다고 주장한다. 따라서 창조를 통해 자신을 성취하신 하

---

5) 내가 "특징"(character)이란 용어를 "본질"(essence)이란 용어보다 선호하는 이유가 있다. 그것은 3장에 가서 명확해질 것이다.
6) Anders Nygren이 이를 강하게 주장했다. 그의 책 *Agape and Eros*, trnas. P. Watson (London: SPCK, 1953)를 보라. 반대로 Daniel Day Williams는 아가페와 에로스의 통합을 주장한다. 그의 책 *The Spirit and the Forms of Love* (Welwyn: Nisbet, 1968)를 보라.

나님은 이기적인 행동으로서 창조 활동을 수행하셨는지도 모른다.

이 도덕적 요지를 보충해주는 두 번째 논지는 스콜라주의 사상(특별히 아퀴나스의 사상)의 형이상학적 가정에 기초를 둔다.[7] 만일 하나님의 존재성이 하나님 이외의 어떤 다른 실재에 무언가를 빚졌다면, 하나님의 **자존성**(aseity)은 침해받는다고 가정된다. 만일 하나님의 존재가 세계에 의해 전혀 제한받지 않는다면, 하나님만이 모든 우연한 실재의 기원이며 제1원인이 될 수 있다. 만물에는 하나의 원인 없는 원인이 있어야만 한다. 더 나아가 만일 완전함이 부족함이 없음을 의미한다면, 완전한 하나님은 열망이 없으며, 확실히 우리의 사랑을 필요로 하지도 않을 것이다. 더 전문적인 철학 언어로 말하자면, 하나님에게는 현실화되지 않은 채 남아 있는 어떤 가능태(potentialities)도 없다. 즉 하나님은 모든 가능태가 영원히 실현된 상태이며, 따라서 열망에 대한 어떤 여지도 없는 **순수 현실태**(actus purus)다.

그러나 도덕이나 철학의 관점에서 제시되는 이렇게 강력한 비평에도 불구하고, 사랑을 통한 하나님의 자기 성취는 철저히 논리적인 개념이라고 생각할 수 있는 몇 가지 좋은 이유가 있다.

### 1) 수용하는 사랑

무엇보다 만일 우리가 인간 최고의 사랑에 관한 유비를 추구한다면, 참으로 사랑하는 사람들은 사실 그들이 사랑하는 사람들에게서 무엇인가 받기를 거절하는 엄격한 태도를 보이지 않음을 알 수 있다. 에로스(필요의 사랑)는 항상 아가페(주는 사랑)와 섞여 있다. "나는 너를 위해 모든 것을 할 수 있지만 너는 나를 위해 아무것도 할 수 없다"라고 주장하면서 순수하

---

7) Aquinas, *Summa Theologiae*, 1a.2.3; 3.1; 9.1.

게 헌신적인 태도를 보이려는 것은 기껏해야 일종의 차가운 자선 행위이며, 최악의 경우 일종의 폭압이다.[8] 사랑하는 자들은 타자가 관계성에 기여하기를 기쁘게 받아들임으로써 그들이 사랑하는 자들의 정체성을 확증할 것이다. 그렇게 함으로써 그들은 타자의 인격을 고양시키는 행동을 통해 더욱 진정한 인격이 될 뿐 아니라 타자가 일으킨 새로운 가치를 얻을 것이다. 에버하르트 융엘(Eberhard Jüngel)이 주장하듯, 하나님을 사랑으로 간주하는 유비를 통해 우리는 다음과 같은 관점을 기대할 수 있다.

> 사랑하는 자들은 항상 그들 자신에게 낯설다. 그러나 서로에게 가까이 다가갈 때, 그들은 새로운 방식으로 그들 자신과 가까워진다.[9]

이런 자기실현은 이기적이지 않다. 왜냐하면 그것은 목적이 아니라 타자를 위한 사랑으로 인해 우리 자신을 잃어버리는 삶이 가져오는 신비한 부산물이기 때문이다. 복음서의 말로 풀어쓰면, "자신의 생명을 잃는 자는 얻을 것이다."

만일 우리가 우리를 받아들이시는 하나님의 사랑에 이 유비를 적용한다면, 하나님에 관한 조심스러운 ("철학적") 담론과 충돌할 필요가 없다. 만일 우리가 자존을 자기 충족과 구분한다면, 하나님이 자기 헌신을 통해 "여전히 더 큰 자기 연관성"(융엘의 표현)을 경험하는 것은 하나님의 자존성을 부인하지 않는다. 전통적으로 이 둘은 일치했으므로, 하나님이 스스로 존재하는 하나의 실재라는 말은, 하나님이 다른 어떤 것으로부터 **전혀**

---

8) John MacMurray, *Persons in Relation* (London: Faber and Faber, 1961), 189-90: "최악의 폭군"을 보라.
9) Eberhard Jüngel, *God as the Mystery of the World*, trans. D. L. Guder (Edinburg: T. & T. Clark, 1983), 318.

제한받지 않아야 함을 의미한다고 생각했다. 그러나 존재 자체가 다른 어떤 것에도 의존하지 않는 하나님이 왜 존재 **양식**의 어떤 측면을 위해 다른 것에 의존하기를 선택하지 않아야 하는지를 설명하는 근거는 존재하지 않는다. 존재한다는 사실과 관련하여 스스로 만족하시는 하나님은, 신적 삶이 주는 계속되는 풍성함과 가치에 관해서라면, 스스로 만족하지 않기를 선택하지 못하는 것이 아니다.[10] 여기서 우리는 비움 또는 자유로이 선택하시는 하나님의 자기 제한 사상으로 들어가기 시작한다. 나는 추후에 이 문제로 되돌아오고자 한다.

### 2) 고난 받는 사랑

하나님의 사랑에 대해 말하면, 아가페와 에로스는 고난의 차원에서 강하게 하나가 된다. 사랑에 관한 인간의 유비를 계속해서 탐구할 때, 만일 사랑이 단순한 선행이거나 아니면 냉정한 자선 이상이고자 한다면, 우리는 그 사랑이 사랑받는 자들과 함께 고난 받는 행동을 포함함을 안다. 이것은 다방면에서 일어나는 상처 입을 가능성이다. 예를 들면 사랑받는 사람이 고통 받는 경험에 감정을 이입하는 고통이 있으며, 다른 사람에 의해 거절당하거나 오해받는 데서 오는 상처도 있다. 우리가 경험하듯, 사랑은 느낌을 공유한다. 이와 같이 고난 받는 것은 결국에는 타자에 의해서 **변화됨**을 의미한다. 아퀴나스가 명백히 보았듯이, 고난과 변화는 서로 얽혀있다. 바로 이것이 그가 하나님 안에는 두 상태가 있을 수 없다고 거부했던 이유다.[11]

그러나 만일 하나님 안에 사랑에 관한 이런 근본적인 자질에 상응하

---

10) 나는 다음의 책에서 이 구분을 발전시킨다. Paul S. Fiddes, *The Creative Suffering of God* (Oxford: Clarendon Press, 1988), 65-67.
11) Aquinas, *Summa Theologiae*, 1a.9.2, 1a.20.1.

는 어떤 것도 없다면, 사랑에 관한 유비는 총체적으로 실패할지도 모른다. 더욱이 예수의 십자가 이야기와 하나님을 고난 받는 그리스도와 동일시하는 인식—사실은 계시—은, 우리가 하나님이 사랑으로부터 창조하실 때 고난 받으신다는 점을 확증하도록 촉구한다. 이것은 확실히 아가페, 즉 자기 헌신이며 자기희생의 사랑이다. 그러나 여기에 에로스를 수반하는 역설이 있다. 고난은 타자로 인해 변화됨을 의미한다. 그러나 하나님은 존재의 퇴보와 같은 종류의 변화로 고난 받을 수 없다. 하나님은 변화되어 이전보다 더 못한 하나님, 또는 "더 큰 어떤 존재로 여겨질 수 없는 존재"보다 더 못한 존재가 될 수 없다. 변혁하는 사랑의 힘 가운데서 하나님이 자신의 존재를 성취하기 위해 고난조차 사용하시며, 이럴 때 하나님이 누구시며 어떤 존재인지가 더 정확해진다. 많은 자녀를 영광으로 인도하려는 열망 때문에 겪는 고난 가운데서 하나님은 신으로서의 영광을 또한 완성한다. 아가페와 에로스는 하나님의 사랑이 겪는 고난 중에 참으로 통합된다.

그러므로 하나님이 고난 받기를 바라신다고 가정하는 데는 어떤 의문의 여지도 없다. 이것은 하나님을 본받음이라는 영성 문제에 가장 파괴적인 결과를 가져오는 하나님의 자기 학대(masochism)이기도 하다. 핵심은 이렇다. 만일 하나님이 피조물과 교제하기를 바라신다면, 이것은 하나님이 고난 가운데 있음을 의미하며, 하나님은 이 자기희생(아가페)을 통해 사랑(에로스) 안에서 더 풍성히 만족하신다. 간단히 말해서, 고난 받는 사랑은 우리를 위해서뿐만 아니라 하나님을 위해서도 무언가를 성취한다. 만일 우리가 완전함(perfection)을 완성(completion)과 혼동하지 않는다면, 우리는 하나님의 완전함에 관해 이 관점이 제기하는 철학적 비평을 만족시킬 수 있다. 고대의 사상은 하나님이라는 존재가 무언가를 얻는다는 하나님 개념에 대해, 완전한 하나님은 그의 완전함을 증진시킬 수 없다고 반박했다(이는 처음에 플라톤에 의해 언급된 듯하다). 만일 신이 그럴 수 있다면, 무엇보다 그는 전혀 완전하지 않을 것이다. 그러나 이때의 "완전함"은 일종의 고정된 최고치를 가정한다.[12] 만일 우리가 완전함을 어떤 한 지점에 있는 모든 실재와 하나님이 맺는 완전한 관계로 이해한다면, 우리는 완전함에 대한 역동적인 견해를 갖게 될 것이다. 창조의 목적이 더 큰 완성을 향해 나아갈 때, 하나님은 완전함 안에서 계속 초월하면서 성장할 수 있다. 창조주가 우주―즉 우주가 "대폭발" 뒤에 즉시 나타난 일종의 우주 수프(cosmic soup, 생명을 발생시킨 것으로 생각되는 혼합 물질을 의미함―편집자 주)였을 때―와 맺었던 관계의 완전함은, 의식을 가진 도덕적 존재를 포함하는 현 세계와 맺는 관계의 완전함과는 확실히 다를 것이다.[13]

### 3) 창조적 사랑

하나님의 갈망에 대한 기독교적 성찰은 적어도 빠르게는 노리치의 줄리안(Lady Julian of Norwich)까지 거슬러 올라간다. 그녀는 "하나님 안에는 참으로 긍휼과 연민이라는 속성이 있는 만큼, 갈증과 열망이라는 속성 또한 있음"을 발견한다.[14] 지금까지 우리는 이 열망을 인격적 관계 안에서 만족을 추구하는 운동으로 고려해왔지만, 동시에 그것은 창조성을 추진하는 동력으로 이해할 수 있다. 만일 하나님이 옛날에 한 번만 창조하신 것이 아니라 계속 창조하신다면, 하나님은 끊임없이 새로운 형태의 선함을 상상하며 실현하신다고 할 수 있다. 이후에 우리는 **어떻게** 사랑의 하

---

12) Charles Hartshorne은 그 자신의 최대치를 넘어설 수 있는 하나님에 대해 논의한다. *The Divine Relativity* (New Haven: Yale, repr. 1976), 76-82.
13) 나는 이 글에 관한 토론 중 제기된 John Polkinghorne의 견해를 사용해서 이 설명을 제시했다.
14) Julian of Norwich, *Revelations of Divine Love*, trans. E. Spearing (Harmondsworth: Penguin Books, 1998), 31장, 84.

나님을 우주의 발전 과정 안에서 계속 일하시는 분으로 인식할 수 있는지를 물어야 할 것이다. 그러나 창조의 순간에 대해, 하나님은 새로운 것들이 현실화되기 이전에 그것들이 존재하기를 열망하실 것이라고 말하는 것으로도 충분하다.[15] 하나님 안에 있는 그런 "갈증과 열망"은, 하나님의 창조성 안에 있는 모든 가능태가 즉시 실현되는 것은 아님을 의미한다. 우리는 이것이 순수 현실태인 하나님에 대한 스콜라주의의 이해와는 정반대임을 이미 살펴보았다. 그러나 하나님이 갈망을 계속 실현하신다는 개념은 하나님의 능력이나 지혜를 부인하지 않는다. 첫 번째 속성인 하나님의 능력과 관련해서, 계속해서 창조에 관여하시는 하나님은 단번에 창조하셨던 하나님보다 더 적은 능력을 소유했다고 여겨지지 않는다. 하나님의 지혜와 관련해서 그분의 전지하심은, 하나님이 모든 가능태를 **이미 실현된 것으로** 간주하셔야 함을 요구하지 않는다. 그것은 단지 하나님이 한편으로는 존재하는 모든 가능태를 알아야 하고, 다른 한편으로는 존재하는 모든 현실태를 알아야 함을 의미한다.

사실 여러 현대 철학자는, 미래를 상세하게 전부 아는 하나님은 시간이라는 과정에 거의 구속될 수 없음을 지적했다. 몇몇 철학자는, 그런 하나님이 세계와 역사 가운데 활동할 수 있다는 점을 부인하기까지 했다.[16] 만일 하나님이 알려질 모든 것을 안다면 하나님은 여전히 전지하실 것이다. 그러나 아직 현실화되지 않았던 가능태들은 가능태들로서만 알려질 수 있으므로, 하나님이 그들을 현실화된 것으로 알지 못하는 것은 지식의 결핍이 아니다. 더욱이 가능태들이 현실화되어 **존재할** 때, 피조물들은 내가 이미 서술했던 사랑의 상호성과 일치하는 새로운 무언가를 가능태들

---

15) 이 점은 Keith Ward, *Religion and Creation* (Oxford: Oxford University Presss, 1996), 185에 나타난다.
16) Richard Swinburne, *The Coherence of Theism* (Oxford: Clarendon Press, 1997), 221.

에게 가져다줄 것이다. 평범한 예로서 목사는, 사랑하며 상호 의존적이지만 자유로운 인격들로 구성된 공동체 안에 있을 수 있는 모든 가능태에 대해 마음속에 꽤 명백한 이상을 갖고서 한 공동체를 창조하기 시작할 수 있다. 그러나 이를테면 한 지역 회중 안에서 그 공동체의 실제 모습은 각자가 그 공동체에 이바지하는 정도에 의존할 것인데, 때로는 예기치 못한 가치를 가져오거나 때로는 당연히 기대했던 것에 실패하기도 한다.

## 2. 필요와 관계성

우리는 "하나님은 사랑으로부터 창조하신다"라는 진술의 주된 의미를 살펴보고 있다. 즉 창조적 사랑은—하나의 차원으로서—필요의 충족을 포함한다. 만일 하나님이 피조물들의 선을 바라신다면(그들이 가능태이든 현실태이든), 하나님은 그들의 가장 위대한 선, 즉 그들이 하나님을 사랑하고 즐기기를 바라신다. 따라서 창조주는 피조물들과 상호 관계를 맺기 원하신다. 그리고 우리 인간의 모든 경험은 상호성으로 인해 타자들이 우리의 필요를 충족시킬 수 있음을 알려준다. 그렇다면 사랑의 하나님은 창조된 인간들을 신적 삶 안에서 누리는 교제로 인도함으로써 창조 세계에 의해 생산된 기쁨과 가치를 더욱 많이 향유할 것이다.

그러나 전적으로 "사랑의 필요"라는 언어를 피하고, 내가 사용해 왔던 "갈망"이라는 언어를 우리 스스로 지키는 것이 훨씬 더 좋을 것이라는 점에 이의가 제기될 수 있다. 확실히, 하나님의 갈망이 성취된다는 점만 언급하면서 그분이 필요를 충족시킨다는 점에 관한 어떤 이야기도 피하는 편이 더 적절하다고 주장할 수도 있다. 특별히 기독교인으로서 학문을 하는 사람들이 이런 비평을 제기할 수 있다. 그들은 자기 학문에서 "필요"

에 관해 이야기하는 것을 낮은 수준의 생물학적 기능에 관해 다루는 것으로 간주하곤 한다.[17] 그들이 제시하는 담론의 틀로 보면, "의지", "선택", 그리고 "갈망"은 높은 단계의 인지 기능으로 간주하는 것이 통례다. 반면에 "필요"는 낮은 단계의 본능에 속하며 마음과 정신을 충동질한다. 뇌 기능의 관점에서 필요에 관한 담론은, 예를 들어 필요가 신경 기질에 있는 몇몇 생화학 요소의 고갈 때문에 발생하는 어떤 것으로 간주하기도 한다. 진화론의 관점에서 보면, "필요"를 다루는 뇌 영역은 일찍부터 발달하지만, 선택과 갈망과 같은 높은 단계의 인지 기능을 다루는 요소들은 나중에 나타난다. 이로 인해 리처드 도킨스 같은 환원주의자들은 "이기적 유전자"라는 개념을 떠올리는데, 이 "이기적 유전자"는 생존을 위해 유전되는 기본적인 충동을 언급하는 은유 방식의 하나다. 그것은 우리의 필요를 충족시키기 위한 자기중심적 추구 성향으로서 진화에 따른 인간의 발달을 보여주며 자연 선택을 위한 일종의 동력을 제공한다.[18] 참된 사랑의 관계성이 필요가 이끄는 요구들을 대체할 때, 개인과 사회를 위한 기독교적 희망을 발견할 수 있다는 주장이 확실히 제기될 수 있을 것이다. 생존을 위한 필요로 인해 나타나는 자연의 폭력은 자기희생적인 사랑으로 변화될 수 있다. 그런 상황에서 신의 필요를 말하는 것은 퇴보로 보일 수 있다.

물론 내가 주장하는 아가페와 에로스의 혼합은, 한 인격체가 타자를 희생해서라도 자신의 필요를 충족시키려고 하는 건강하지 못한 관계성을 인식하게 한다. 하나님과의 관계에 대해서도 우리는 안전과 자존감에 대한 필요를 충족시키는 것을 우리가 받을 만한 일종의 보상으로 간주하지 않아야 한다. "이신칭의"(justification by faith)는 인격체인 우리가 소유한

---

17) 사실 다음 단락은 논의에서 여러 과학자들이 제기한 비평에 대한 응답이다. 나는 특별히 여기서 Malcolm Jeeves의 견해를 사용하고 있다.
18) Richard Dawkins, *The Selfish Gene* (Oxford: Oxford University Press, 1977).

가치가 값없는 사랑의 선물로서 우리에게 부여되었음을 의미한다. 그래서 타자와의 관계에서도 우리는, 우리 존재의 측면에서 우리를 지지하는 반응을 **얻기를** 기대하며 사랑하지는 않는다. 사랑은 성취될 수 있는 이득에 관한 어떤 계산과도 관계없으며, 우리도 거부될 수 있음을 아는 겸손과 더불어 주어진다. 그럼에도 "사랑의 필요"가 상호 관계성과 인간 사이의 상호 소통이라는 본성에 관심을 보일 때, 그 필요는 정신이라는 높은 기능에 속하게 된다. 우리는 우리가 누구인지 평가받을 필요가 있고, 인격으로서 우리의 정체성을 확인할 필요가 있다. 이런 필요들은, 정확히 우리가 타자에 대한 조건 없는 사랑으로 그에게 가치를 부여할 때, 우리의 분에 넘치는 선물로서 충족된다. 비록 하나님이 존재하며 행동하시는 방식인 사랑으로 정확하게 옮겨질 수는 없겠지만, 하나님에 대한 우리의 반응이 그분께 찬양과 영광을 드리는 한, 그리고 창조된 세계만이 산출할 수 있는 특별한 종류의 가치를 그분의 삶에 덧붙인다면, 약간의 유비는 가능할 수 있다.

필요라는 개념에 관해 과학과 나누는 신학적 대화는, 참된 사랑의 필요가 생화학적 결핍도 아니고 육체의 본능도 아님을 분명히 하는 단순한 요청이 아니다. 오히려 그것은 "하등 단계" 및 "고등 단계"에서 필요한 기능 사이의 연속성과 불연속성을 탐구해야만 한다. "필요"와 "사랑" 사이를 이간질하려 하기보다 우리는 피조물이 진화의 자취를 따라가도록 유도하기 위해 하나님의 창조하시는 영이 취한 길을 추적하기 시작할 수도 있을 것이다. 생존을 위한 필요가 "고등한" 어떤 가치에 의해 무효가 되지 않고 참된 인격적 정체성을 형성하는 수단으로 **변형될** 때까지 말이다. 뇌의 물질 구조에서 "없어진" 무언가로부터 나타나는 필요(예를 들면 화학적 또는 전기화학적 감소)는 인격과 관련된 영역에서는 전적으로 다른 "결핍"(예를 들면 우리가 가치 있다는 확신의 결핍)이 된다. 이에 상응해서 "고등한" 의식 단계에서 적절한 필요를 다루는 것은 뇌의 하부 구조에 각인된 필요에 대한 "하향식" 효과를 기대할 수 있다. 그렇다면 하나님도 자신의 필요를 아신다고 말하는 것은 적절하다. 트러헌에 따르면, 우리는 "하나님이 하셨듯이 하나님의 형상 안에서 즐거움과 사랑으로 모든 것을 받아들일 수 있도록 모든 것을 필요로 하는 법"을 배운다.[19] 필요에 관한 담론은 우리가 인간을 통합된 전체, 즉 물질로 구성된 육체와 그것을 초월하는 인격으로 보도록 요구하지만, 그것은 또한 하나님이 관계 맺기를 갈망하신다는 말의 의미를 더욱 분명하게 해준다.

기독교는 삼위일체라는 용어를 통해 하나님의 형상을 이해하는데, 이는 사랑이 태도와 관련된 무언가가 아니라 관계에 대한 양상임을 확언한다. 사랑이신 하나님은 성부·성자·성령의 관계성 가운데 영원히 존재하신다. 그러나 하나님에 관한 이 모델은, 사랑을 베푸시는 하나님이 자신의 사랑을 실행하기 위해 창조 세계를 필요로 하신다는 주장을 부인하기 위한 것이었다. 하나님은 유한한 세계 없이도 "타자들"을 사랑하실 수 있었다는 주장이 제기되었다. 왜냐하면 "다른 위격들"이 삼위일체 안에 내재하기 때문이다. 이 논의 안에서 아우구스티누스는 하나님이 삼위일체의 친교 가운데 하나님 자신의 자아를 바라고 즐기는 신적 사랑의 모습에서 "에로스"의 특징을 발견한다.[20] 나는 이것이 하나님의 사랑에 대한 설득력 있는 설명이라는 점을 인정하기 힘든데, 이는 오늘날 많은 신학자가 동의하는 부분이기도 하다. 다른 여러 이유 중에서도, 하나님의 형상을 삼위일체로 간주하는 개념은 세상에서 하나님의 구원 활동을 경험하는 데서부터 발전해왔으며, 따라서 그것은 이미 인간을 하나님의 관계성이라는 이야기에 포함한다. 예를 들면 성부가 성자를 영원한 발생을 통해

---

19) Traherne, *First Century*, 40.17-18.
20) Augustine, *De Trinitate*, 14.3: 『삼위일체론』(크리스챤다이제스트 역간).

보내신다는 개념은, 시간과 역사 안으로 사명을 위해 성자를 보내신 사건과 분리될 수 없다. 세상 속에서 나타나는 하나님의 경륜(oikonomia)으로부터 분리된 내재적 삼위일체는 단지 사변에 불과하다.[21]

나는 사랑하시는 하나님이 자유를 가진 존재인 몇몇 피조물로부터 연유하는 반응을 필요로 하신다고 주장했다. 그리고 이 주장으로 인해 우리는 궁극적 실재이신 하나님의 다양한 측면을 개방할 수 있게 되었다. 하지만 그것은 또한 날카로운 문제를 제기한다.


## 3. 사랑의 자유

바로 그 문제는 자유의 문제다. 내가 제안한 대로, 만일 우리에게 알려진 하나님이 창조 세계를 필요로 하신다면, 어떻게 하나님이나 세계가 참으로 자유로울 수 있는가? 만일 하나님의 사랑이 세계를 요구한다면, 어떻게 세상이 하나님의 존재로부터 불가피하게 유출된 것 이외에 어떤 다른 것이 될 수 있으며, 따라서 창조주와 피조물의 자유를 위협하지 않을 수 있겠는가? 그렇다면, 그런 경우에 어떻게 하나님이 주권자일 수 있는가? 만일 우주가 신적인 존재로부터 필연적으로 유출되었다면, 어떻게 우주라는 존재가 참으로 우연의 산물이라고 말할 수 있는가? 다시 말해 어떻게 사물이 현재 상태와는 다른 상태로 존재할 수 있는 세계가 있을 수 있는가? 예를 들어 레오나르도 다빈치가 모나리자의 얼굴에 미소를 그리는 한 가지 이상의 방식이 존재하는 그런 세계가 있을 수 있는가? 우리는 여

---

21) 이것이 Karl Rahner의 "내재적(immanent) 삼위일체는 경륜적(economic) 삼위일체다"라는 문구의 요점이다. Rahner, *The Trinity*, trans. J. Donceel (London: Burns & Oates, 1970), 21-22을 보라.

기서 사랑에 관한 난제에 개입한 듯하다. 한편으로 하나님의 사랑은 세계로부터 자유롭게 응답하는 존재들을 요구하시지만, 다른 한편으로 만일 그런 세계가 요구된다면, 그것은 더는 자유롭게 응답할 수 없는 세계일 것이다.

    a. 이 문제에 대한 하나의 답은, 하나님이 실로 어떤 외적 필연, 즉 창조하시는 하나님과 창조된 세계를 둘 다 요구하는 어떤 궁극적인 형이상학적 원리에 종속된다는 점을 받아들이는 것이다. 이것은 과정 신학의 몇몇 형태가[22] 제시하는 해결책이다. 창조성의 과정은, 그 과정의 안정성과 새로움의 원천으로서 물질세계와 하나님을 요구한다. 각각은 그 드라마에서 감당할 역할이 있으며 서로를 필요로 한다. 이것은 무질서에서 질서로, 단순함에서 복잡함으로 발전하는 창조적 진보의 본성이다. 하나님이 창조 세계에 자유를 주실 때 또는 세계에서 고난 받으실 때, 하나님이 자신의 자아를 제한하기로 **선택한다는 데**는 의심의 여지가 없다. 우리는 비움 또는 자발적인 하나님의 자기 비움에 대해 적절하게 설명할 수 없다. 이 견해를 수용하는 자들은, 그럼에도 하나님과 세계가 이 상황에서 상대적으로 자유로우며, 각각은 창조성이라는 힘을 적절히 소유하고 있다는 점을 주장하려 힘쓴다. 하나님에 관한 한, 그분은 어느 정도 세계에 의존하시지만, 세계는 하나님에게 훨씬 더 의존한다고 말할 수 있을지도 모른다. 아니면, 하나님이 다른 원인 중 한 원인이시지만, 가장 중요한 원인이라는 점이 언급될 수도 있다. 앞에서 언급된 "형이상학적 필연"은 하나님의 외부에서 오기도 하는 동시에 내부에서 나오기도 한다. 왜냐하면 그것

---

22) 과정 사상을 형성한 Whitehead는 하나님을 "창조성을 지닌 피조물"로 지칭한다. *Process and Reality* (New York: Macmillan, 1929; repr. 1967), 129; 529을 참조하라. 그러나 John Cobb은 창조성이—하나님과 달리—하나의 원리일 뿐 작인이 아니라는 주장과 같은 맥락에서 하나님이 창조성에 종속된다는 점을 부인하려 한다. Cobb, *A Christian Natural Theology* (London: Lutterworth, 1966), 211-14을 보라.

은 하나님이 사랑하시는 창조주 이외의 어떤 다른 존재가 되기로 선택할 여지가 없다고 말하는 것과 마찬가지이기 때문이다.

내 생각에 과정 신학은 하나님과 세계 사이의 관계에 대해 풍성히 말할 수 있는 많은 통찰을 제시한다. 그중에는 유한한 존재들과 함께하시는 하나님의 고난과 이때 관련되는 설득의 힘이 있다.[23] 그러나 나는 과정 신학의 기저에 있는 이 형이상학이 사랑의 역동성을 실제로 성찰할 수 없음을 말하고자 한다. 자기 내어줌은 필연적 과정이라는 더 넓은 틀 안에 항상 놓여 있으므로, 사랑의 시험에 실패한다. 이는 12세기 마리 드 샹파뉴(Marie de Champagne)가 "사랑하는 자들은 어떤 필연의 강요도 없이 자유롭게 서로에게 전부를 준다"[24]라고 언급한 바와 같다.

b. 이 문제에 대한 다른 대답은 하나님 자신의 본성에 반드시 포함되는 가치인 사랑이 깃든 창조성(loving creativity)에 근거하지만, 그 대답은 이런 일반적인 경향을 어떤 **특별한** 세계의 창조와 구별한다. 이것을 설명하는 더욱 전문적인 방식은 하나님 안에서 "본질적" 속성과 "우연적" 속성을 구별하는 것이다.[25] 따라서 피조물을 창조하려 하고 그 피조물과 서로 사랑하는 교제 관계로 들어가려는 성향은 하나님의 선, 지혜, 또는 영속성만큼이나 "필연적으로 존재하는" 하나님의 속성이라고 가정할 수 있다. 하나님이 하나님으로 존재하신다면 겉으로 드러나는 그분의 사랑과 창

---

23) 나는 또한 이 글에서, 가능태와 현실태에 관한 하나님의 지식을 구분하는 과정 신학의 견해를 따르고 있다. Charles Hartshorne, *A Natural Theology for Our Time* (La Salle, Ill.: Open Court, 1967), 211-14을 보라.
24) Vincent Brümmer, *The Model of Love* (Cambridge: Cambridge University Press, 1993), 91에서 인용.
25) Keith Ward, *Religion and Creation*, 186-91 그리고 그가 이전에 쓴 책인 *Rational Theology and the Creativity of God* (Oxford: Blackwell, 1982), 140-46. 이것은 과정 신학이 말하는 양극의 하나님 견해와 어떤 면에서 유사성을 띤다. Hartshorne, *Natural Theology*, 27, 44을 보라.

조성이 어떤 특별한 시간과 장소에서 실현되어야**만 한다**. 그러나 하나님의 자유는 하나님이 피조물과의 관계를 위해 이 가능태를 실현하시려고 특별한 세계를 자유롭게 선택하시는 한 보전되어야 한다. 더욱이 우리는, 하나님은 사랑이 깃든 창조성이 신으로서 자신이 반드시 가지고 있는 자질임을 자유롭게 확증하신다고 말할 수 있는데, 이것은 마치 그분이 악에 대해 선을 확증하시는 것과 마찬가지다.[26]

이것은 필연과 자유의 문제를 다루는 매력적인 해결책이다. 이 견해는 모든 인간의 규명을 결국 거부하는 하나님의 존재성에 관해 무언가를 설명하려는 논리적인 시도를 분명히 보여준다. 그러나 나는 이 견해에서 나오는 몇 가지 의의가 불편하다. 예를 들어 어떤 창조된 우주는 하나님의 황홀한 사랑을 만족시키기에 "필연적"이지만, 우리 자신은 이 특별한 세계에서 필연적인 존재가 아니라고 말해야만 한다. 이는 내가 처음에 다뤘던 신의 사랑이 가진 "필요"의 두 측면, 즉 사랑하시는 창조주를 위한 창조의 필연과 실제 관계 가운데 일어나는 필요라는 두 측면을 분리시킨다. "하나님은 우리가 필요하시다"라고 말할 뿐 아니라 "하나님은 몇몇 피조물을 어디에선가 필요로 하신다"라고 말하는 것은 불가능하다. 이것은 우리가 탐구해온 사랑의 유비를 심각하게 혼란시킨다. 아울러 창조 활동 가운데 수행되는 "비움의" 사랑에 대해 말하기는 불가능하다. 왜냐하면 하나님과 반대되면서도 자유롭게 응답하는 존재가 속한 세계를 만드는 것은 하나님의 자기 제한이나 자기 비움을 전혀 드러내지 않기 때문이다. 그것은 사랑하시는 창조주가 어느 지점에서 반드시 해야 하는 단순한 일이다. 왜냐하면 사랑은 하나님의 본질적 존재성에 속하기 때문이다. 창조 세계와 함께하는 하나님의 고난에 대해 말할 때, 비움이라는 개념을 사용

---

26) Ward는, 창조주 하나님이 이 속성을 만일 할 수 있었다면 "선택했을지도 모르는" 어떤 것으로 확언하셨다고 주장한다.

하는 것은 여전히 가능하다. 그러나 비움은 계속해서 창조하시는 하나님의 행동에서는 분리된다. 심화된 요점은 지적하기 힘들지만, 그것은 사랑의 관계성 가운데 신뢰와 위험의 자리에서 생긴다. 빈센트 브뤼머가 표현한 대로, 만일 하나님이 우리에게 신실한 이유가 그의 자유로운 결정 때문이라기보다 그의 필수적인 본성 때문이라면, "자신을 실망시키지 않기 위해 우리는 하나님을 신뢰할 필요가 없다. 왜냐하면 우리는 그분이 그렇게 할 수 있는 능력이 부족하다는 점을 확신할 수 있기 때문이다."[27]

내가 표현한 이 불편한 진술, 즉 필연적 창조라는 난제에 대한 이 해결책이 우리가 제시할 수 있는 최선임은 분명하지만, 다른 관점에서 시작하는 다른 접근법을 고려하는 것이 가치 있을 듯하다. 우연에 따른 선택의 경계를 설정하는 신의 필수적인 본성을 고려하는 대신, 우리는 다른 측면에서 하나님 안에 있는 본성과 의지의 관계를 다루는 오래된 문제에 접근할 수 있다.

c. 그러므로 세 번째 대답은 하나님의 뜻이라는 관점에서 시작한다. 하나님의 뜻은 "선의 궁극적 기준"[28]이다. 신의 본성이란 개념은 하나님의 자유 의지의 행동에 뒤따른다고 여겨진다. 이런 의미에서 신의 본성은 하나님의 "정체성" 같은 어떤 것을 의미하며, 하나님의 행동으로부터 드러난다. 이런 사고방식에 따르면, 하나님은 자신이 되기를 바라시는 그런 하나님의 종류를 자유로이 결정한다. 바르트가 서술하듯이 "하나님의 존재는…그가 원하셨던 결정이다."[29] 바르트의 사상에 근거해서, 우리는 창조를 하나님의 자기 규명의 일부, 즉 하나님의 자기 결정 중 하나의 통합

---

27) Brümmer, *The Model of Love*, 229.
28) Vincent Brümmer, *Speaking of a Personal God* (Cambridge: Cambridge University Press, 1992), 102.
29) Karl Barth, *Church Dogmatics*, trans. G. Bromiley and T. F. Torrance (Edinburgh: T. & T. Clark, 1936-77), II/1, 271-72.

요소로 간주할 수 있다. 왜냐하면 하나님은 창조된 하나의 우주를―또는 아마도 여러 우주를―통해 완성되기로 선택하시기 때문이다. 에로스인 사랑과 관련해 하나님은 세계가 필요하다는 결론에 이르게 된다. 왜냐하면 하나님에게 선택을 묶는 어떤 내재된 본성의 필연이 있기 때문이 아니라, 그분이 무언가를 **원하는 상태에 있기로 자유롭게 선택하시기 때문이다.**[30] "하나님은 우리의 사랑을 필요로 하신다. 왜냐하면 하나님은 자신의 존재 방식을 자유로이 결정했던 사랑의 하나님이시기 때문이다."[31]

사랑의 필요에 관한 우리의 논의와 관련해서, 이것은 우리가 사는 **특별한** 세계가 하나님의 자유로운 선택을 통해서 그분께 필수가 된다는 장점을 지닌다. 영원한 자기 결정 안에서, 하나님은 사랑의 교제 안에서 우리를 동반자로서 필요하다고 겸손히 선택하신다. 이것은 성서의 선택 개념과 맥락을 같이하는데, 그것은 하나님이 추구하시는 사랑이 특별함을 보여주는 이미지다("그의 목적에 따라 부르심을 받은 자들"[롬 8:28-30]). 그럼에도 기독교 역사에서 선택은 안타깝게도 다른 운명에 처한 사람들을 결정하는 예정 사상으로 왜곡되어왔다. 하나님의 목적이 특별하다는 말은, 물론 우리가 속한 세계가 하나님에게 필수인 유일한 세계임을 의미하지는 않는다. 사실 우주에 관해 우리가 알고 있는 관점에서, 이것은 그럴 것 같지 않다. 그러나 피조물을 끌어안기 위해 사랑을 밖으로 향하게 하려는 하나님의 일반 의지는 동시에 특별한 종류의 세계에 대해 구체화되는 것

---

30) 이 생각에 대해서는 내 책 *The Creative Suffering of God*, 63-71에서 "The Freedom of God to Be in Need"이란 제목을 가진 단락에서 충분히 서술했다. 이는 하나님의 "인격" 안에는 "자연"이라는 원인이 있다는 John Zizioulas의 제안과 약간 유사하다. *Being as Communion* (London: Darton, Longman and Todd, 1985):『친교로서의 존재』(삼원서원 역간)을 보라.

31) 이것은 Vincent Brümmer, *The Model of Love*, 237에서 인용했다. 그 구절에서 그는 내가 *The Creative Suffering of God*, 66-68에서 발전시킨 접근법을 추천하고 받아들인다.

으로 인식될 수 있다. 더욱이 이것은 창조 행위 자체를 비움 행위로 이해하는 데서 의미가 통하는데, 그 이유는 하나님이 사랑을 필요로 하는 존재가 되기로 선택하면서 기꺼이 자기 충족성을 포기하시기 때문이다.

하나님이 전적으로 그가 존재하기를 원하시는 모습으로 존재하신다는 이 해결책에는 명백하게 어떤 논리적 긴장이 있다. 가장 분명한 긴장은, 지식과 의도의 능력을 소유한 존재가 선택하는 행위를 **수행하려면** 그에게는 이미 어떤 본성이 존재해야 한다는 상식적인 견해와 이 해결책이 서로 일치하지 않는다는 점일 것이다. 키스 워드가 이 부분을 효과적으로 비판하는데, 그는 위에서 언급된 두 번째 접근법을 선호한다.

> 하나님에게는 주어진 어떤 본성 즉 선택되지 않은 어떤 본성이 있어야 하며, 이는 하나님이 필연을 소유하심을 의미한다. 하나님이 신적 본성을 완전히 선택하신다고 가정하는 것은 말이 되지 않는다. 왜냐하면 그런 **선택을 하기 위해서는 존재 안에 선택하는 본성이 이미 있어야만 하기 때문이다.**[32]

또한 그는 이렇게 말한다. "창조주는 자신의 본성을 선택할 수 없다. 왜냐하면 그 본성은 **이루어질 어떤 실제적인 선택에 앞서** 존재해야만 하기 때문이다."[33] 그러나 하나님에 관한 어떤 담론도 언어를 왜곡할 뿐 아니라 그 언어를 이상한 방식으로 사용한다. 문제는 어느 언어가 가장 적절하거나 혹은 가장 덜 부적절한가다. 하나님이 "필요 가운데 있기로 선택한다"(choosing to be in need)라고 말하는 것은 확실히 이상하다. 그러나 그것은 우리로 하여금 세계 내의 다른 대상들처럼, 하나님을 심지어 정신

---

[32] Ward, *Religion and Creation*, 171.
[33] Ward, *Religion and Creation*, 163. 강조는 내 것임.

안에 있는 인식의 대상으로서 "관찰될"³⁴ 수 있는 어떤 종류의 실체로 간주하려는 견해로부터 방향을 돌리게 하려는 일종의 언어적 시도다. 또한 이것은 의심의 여지없이 위에서 간략히 서술된 두 번째 접근법을 받아들이는 사람들이 가진 목적이다. 그러나 하나님의 "의지"나 "선택"이라는 역동적 개념으로부터 시작하는 이 관점은, 하나님을 행동이나 사건으로서 직접 언급한다는 장점이 있다. 그러므로 그것은 우리로 하여금 더 "참여적인" 방식으로 생각하도록 촉구하고, 사랑의 사건으로서 하나님 안에 우리가 참여하는 양상의 실재를 반영하는 언어를 사용하도록 촉구한다.

다시 말해 마치 사람들 사이의 관계성처럼 우리가 사랑과 정의의 운동을 공유하도록 부름 받았듯이, 우리는 의지의 운동과 마찬가지로 신적 존재의 운동에 참여하도록 부름 받았음을 안다. 삼위일체 개념으로 나타나는 하나님 모델은 관찰의 언어가 아니라("그렇다면, 그것은 하나님처럼 보이는 것이다") 참여의 언어다. 예를 들어 성부 하나님께 기도할 때, 우리는 성부를 향한 성자의 움직임처럼 우리 자신이 응답과 순종이라는 운동에 관계되어 있음을 알게 된다. 이것은 성부가 성자를 보내듯이 사명을 위한 운동과 얽혀 있다. 이런 움직임 그 자체는 발견의 움직임과 섞여 있으며, (성령에 대한 세 가지 성서 이미지를 사용해서 말하면) 불어오는 신선한 바람이나 흐르는 물 혹은 이글거리며 타는 불의 운동력과 더불어 관계라는 새로운 깊이를 활짝 열어준다. 우리는 성자를 통해 성령 안에서 성부께 기도한다. 따라서 선택을 **수행하기** 위해서는 그와 관련된 본성이 있어야만 한다고 주장하는 이들을 반박하는 것은, "관계를 맺기" 위해서는 인격을 가진 개별자들이 있어야 한다고 반박하는 사람들, 즉 사회적 삼위일체 교리

---

34) Nicholas Lash는 이 상황에서 "관객 경험주의"(spectatorial empiricism)라는 용어를 사용한다. Lash, *The Beginning and the End of Religion* (Cambridge: Cambridge University Press, 1996), 79을 보라.

를 주창하는 이들의 반박과 유사하다. 만일 우리가 하나님에 관해 참여의 방식으로 생각한다면, 우리는 관계적 사랑과 선택과 갈망의 운동과 관련된 것만 언급할 수 있다. 아우구스티누스가 제안하듯이 인격은 관계성 그 이상도 이하도 아니다.[35] 이것은 "사랑 안에 거하는 자는 하나님 안에 거하고 하나님도 그의 안에 거하시느니라"(요일 4:16)라는 사도 요한의 통찰을 진지하게 받아들인다. 앞으로 보겠지만, 그런 내주하심은 우리가 사랑의 하나님이 세계에서 활동하시는 방식을 이해하는 데 중요한 의미를 지닌다.

그러나 하나님이 "필요 가운데 있기로 선택한다"라는 말을 설명할 가능성이 있는 다른 특징이 있다. 만일 하나님의 뜻이 임의적이지 않다면, 하나님의 신실함은 변화하지 않아야 한다. 이것은 절대적 충실함(absolute fidelity)이라는 자질을 소유하는 본성을 요구하는데, 이 충실함은 하나님이 선택하시는 **기초**로 존재한다. 그러나 하나님의 의지라는 관점으로부터 이런 "언약적 신실함"(구약 신앙에서는 헤세드)을 떠올리는 것은 가능하다. 다시 말해 하나님은 우리와 관계 맺기를 원하시는 상황에 스스로 처하시기 위해, 그래서 창조 세계 안에서 하나님 자신을 제한하시기 위해 최초 결정의 때로 되돌아가시지 않는다. 하나님은 자신이 존재하기로 선택하신 방식을 지키시는 데 신실하시기로 약속하신다. 그리고 우리는 약속 가운데 드러나는 하나님의 뜻이 일관성을 지닌다는 사실을 믿는 위험을 무릅쓴다. 아마도 우리가 이미 탐구했던 "갈망"이라는 개념은 의지를

---

35) Augustine, *De Trinitate*, 5.6. Augustinus는 다소 재미있는 방식으로 아리우스주의자들이 제기한 대안, 즉 하나님 안에 있는 "위격들"은 실체나 속성에 의해 구분되어야 한다는 주장을 맞닥뜨리려 했다. 전자(실체)는 세 하나님이 계셨다는 것을 의미하며 후자(속성)는 위격들이 영원하지 않다는 것을 의미했다. Augustinus는 위격들이 어느 범주에 속한 것이 아니라 관계들이라고 대답했다. 이 생각은 후에 Aquinas에 의해 "자존하는 관계들"(subsistent relations)이란 말로 정교하게 표현되었다.

대신하는 일종의 대안이 아닌, 의지의 차원을 나타낸다는 점에서 도움이 될 텐데, 이 개념은 하나님의 뜻이 "안정된 특성"을 보인다는 점을 드러낸다. 갈망은 변덕스럽고 불안정하며 이것과 저것 사이에서 고민하는 우리의 선택과는 무한히 다른 하나님의 선택에 관한 무엇을 암시한다. 만일 하나님이 언약의 동반자로 우리를 선택할 때 하나님 자신의 존재를 선택한다면, 바르트가 말하듯 "사랑하기로 자유롭게 결정한다는 측면에서, 하나님은 타자와 맺는 관계 가운데 **참으로** 계신다는 사실만으로도 하나님 이시다." 따라서 "만일 우리가 하나님을 알고 그분에 대해 말하고자 한다면, 이 결정으로 되돌아갈 수 없다."[36] 하나님의 영원한 갈망에 대해 말할 때, 나는 창조 세계가 필요한 상태에 계시기로 하시는 하나님의 선택이 그분을 아는 지식의 최고 한계점임을 우리가 인식하게 된다고 제안하고 싶다. 우리는 "갈망 뒤에 숨을 수" 없다. 그래서 "만일 하나님이 창조하시지 않았더라면, **이 일이** 대신 일어났을 텐데"라고 말하거나 "그렇지 않았더라면 하나님이 아마도 **이러셨을** 텐데"라고 말할 수 없다.

따라서 나는, 비록 우리가 **이** 하나님을 우리가 경배하는 하나님과 동일시할 수 있다는 의미에서 의지와 갈망의 결과를 그분의 "본성"으로서 언급하는 것이 당연할지라도, 하나님의 어떤 "필수적 본성"보다도 갈망이라 할 수 있는 그분의 의지에 우선순위를 두려 한다. 우선순위를 하나님의 의지에 둔다는 것은, 하나님이 계몽주의가 말하는 인간의 더 큰 버전으로서 즉 개별 지성을 통해 세계를 지배하는 절대 주체로서 투영된다는 비판을 때때로 불러일으켰다.[37] 그러나 나는 하나님의 의지를 관계에 대한 3중 관계의 움직임이라는 상황에 두었다. 따라서 우리는 자기를 내어

---

36) Barth, *Church Dogmatics*, II/2, 6.
37) *Trinity and the Kingdom of God*, trans. M. Kohl (London: SCM, 1981): 139에 제기된 Jürgen Moltmann의 비판을 보라.

주는 사랑의 흐름, 즉 의지가 보여주는 복합적 움직임에 참여한다. "하나님"은 삼위일체가 맺는 이런 교제를 의미한다.

## 4. 사랑이 가져오는 위험성

우리는 사랑에 관한 유비를 다루면서, 하나의 제안과 함께 시작했다. 그것은 "사랑으로부터" 나타나는 하나님의 창조가 하나님의 필요를 충족시키기를 수반한다는 점이었다. 다음으로 나는, 하나님의 창조가 그분의 사랑에서 나타난다는 점이 그분의 자유에 대해 제기하는 문제는 하나님이 필요의 상황에 놓이기로 자유롭게 선택하신다는 점을 확증함으로써 해결될 수 있다고 제안했다. 그리고 이것은 삼위일체 하나님이라는 상황, 즉 "위격들"이 상호 얽힌 사랑의 운동 가운데 있다는 점을 통해 가장 잘 이해될 수 있음을 제시했다. 하나님이라는 존재 자체는 선택하고, 바라며, 갈망하고, 사랑하는 활동 같은 관계 지향적인 활동으로 이루어져 있다. 이런 의미에서, 비록 하나님에게는 실현되어야 할 어떤 가능태도 없다는 의미에서는 아닐지라도, 우리는 하나님이 "순수 현실태"임을 주장하는 스콜라주의 신학자들에게 동의할 수 있다. 그렇다면 어떻게 이 모델이 세상에서 행하시는 하나님의 활동, 즉 계속되는 창조성을 이해하도록 우리를 도울지는 살펴봐야 할 문제로 남아 있다.

만일 "하나님이 사랑으로부터 창조하신다"면, 하나님이 세계에서 활동하는 태도는 사랑이라는 특징을 띤다. 다시 말해 하나님의 태도는 강제성을 띠거나 작위적일 수 없고 다만 설득을 통해 응답을 창조해내려고 애쓴다. 설득을 통한 행동은 드러나기보다는 반드시 숨어 있으며, 창조 세계가 소유하는 상당한 양의 자기 창조성을 존중한다. 이것은 우주의 본성을 위해 설득을 통한 행동의 의미가 완전히 작용하는 지점이 아니다. 내가 제안하는 것은, 만일 우리가 모든 단계에서 하나님의 갈망에 각기 자신의 방식으로 반응할 수 있는 자연 **전체**에 대한 비전을 가진다 해도, 우리는 진화와 자기 발달을 위한 능력을 그들 자체 내부에 담고 있는 유기체 과정들을 단지 신학적으로 이해할 수 있을 뿐이라는 사실이다. 생명의 표층 아래서 우주의 모든 단계는 공동체를 위한 하나님의 목적에 반응하거나 아니면 멀어져감으로써 사물을 혼란에 빠트린다. 이런 관계를 묘사하려는 시도는 어떤 실재를 묘사하기 위한 신화를 필요로 한다. 그것은 주님 앞에서 손뼉을 치는 들판의 나무들과, 주님을 찬양하기 위해 노호(怒號)하는 홍수와, 해산의 고통 가운데 신음하는 우주에 관한 성서의 시들일 수도 있고,[38] 또는 만족을 향해 나아가는 아원자 입자(subatomic particles, 원자를 구성하는 입자—편집자 주) 안에 있는 정신에 관한 극성(pole)을 탐구하는 과정 철학일 수도 있다.

그러나 어떻게 그리고 어디에서, 창조된 실재들이 이런 하나님의 영향과 마주하는가? 나는 그 대답이 우리가 참여하는, 서로 얽혀 있는 사랑의 운동인 삼위일체라는 그림에 있다고 제안한다. 창조 시에 하나님은 창조 세계가 신적 삶에 내주하도록 "공간을 만들면서" 자신의 자아를 제한하신다. 구속 시에 하나님은 창조 세계를 하나님의 존재를 구성하는 관계의 교제 속으로 더 깊이 끌어들인다. 그렇다면 삼위일체 하나님은 세계가 발전하는 환경 또는 "역장"(field of force)[39]으로 인식될 수 있다. 즉 존재하는 모든 것은 자기를 내어주는 사랑과 자기를 실현하는 사랑이라는 관계적

---

38) 시 96:12-13, 98:7-9; 롬 8:19-22.
39) 이것은 Wolfhart Pannenberg가 하나님의 영을 인식하는 방법이다. 그의 책 *Systematic Theology*, vol. 1, trans. G. Bromiley (Grand Rapids: Eerdmans, 1991), 382쪽 이하를 보라.

운동 안에 포함된다. 우리는 하나님이 사물들을 기계적으로 움직이게 하기 위해 (A가 B를 "밀치거나" 또는 "잡아당겨서" 피할 수 없는 결과를 가져오는 방식으로) 사물들에 힘을 가하시기보다는, 모든 유한한 운동과 행동을 둘러싼 하나님의 운동과 행동이 미치는 영향으로 행동하시며, 그들이 사랑이라는 목적에 순응하도록 유도하신다고 말할 수 있다. 이 모델은 설득과 매력이라는 두 개념을 결합한다. "존재 너머의 일자"(One beyond Being)라는 신 플라톤 사상의 비전은, 비록 스스로 움직이지는 않을지라도, 신의 아름다움이 지닌 **매력**을 통해 모든 것을 움직이는 하나님을 포함한다. 즉 창조라는 춤은 고요한 중심 주위를 움직였으며 "태양과 다른 별들을 움직이는 사랑"(단테)[40]이었다. 내가 여기서 설명하는 내용은 사랑이 지닌 **매력**과 설득이라는 **운동**을 결합한다. 삼위일체 하나님은 운동하시는 상태에 있음으로써 모든 사물을 정확하게 움직이시며, 그것들을 신적 춤(창조를 의미함—편집자 주)이라는 운동 속으로 끌어들인다. 인간 사회와 자연계 내에서 행동과 행위의 패턴은 하나님 자신의 존재 패턴에 의해 영향 받는다.[41] 그리고 우리가 보았듯이, 삼위일체의 "춤" 가운데 중요한 패턴은 필

---

40) Dante, *The Divine Comedy; Paradiso*, 33.145: 『신곡』(민음사 역간).
41) Peacocke은, 신적 원인은 전체로서의 세계를 나타내는 패턴과 하나님의 상호 작용이며, 전체에서 부분에 미치는(또는 "하향식") 영향을 야기하므로, 하나님의 이 상호 작용은 정보 입력과 유사하다는 점을 이해해야 한다고 제안했다. Peacocke, "God's Interaction with the World," in R. J. Russell, N. Murphy, and A. R. Peacocke, eds., *Chaos and Complexity: Scientific Perspectives on Divine Action* (Berkeley: Vatican Observatory Publications, Vatican City State/Center for Theology and the Natural Sciences, 1995), 263-64, 272-75, 285-87을 보라. 비슷하게 Polkinghorne은 *Belief in God in an Age of Science* (New Haven: Yale University Press, 1998), 62-64에서 하나님은 **오직** "하향식" 정보 입력을 통해서만 자연 세계에서 패턴을 형성하고 이에 따라 행동하시는 반면에, 피조물의 행동은 에너지 원인과 정보 원인을 혼합한다고 제안한다. 하지만 이 책에 실린 그의 글에서 Polkinghorne은 에너지의 인과관계를 인정하면서 하나님에 의해 일어나는 이 견해를 수정한다. 내 논의는 이렇다. 패턴을 형성하는 하나님의 행동은 설득을 통한 행동으로 간주해야 한다. 만일 사건들이 하나님이란 존재의 운동 안에 포함된다면, 이것은 순수한 정보의 입력

요를 건강하게 충족시키는 것이다. 따라서 창조주가 원하듯이 창조 세계도 "원하는" 법을 배운다.

그런 몇몇 설명은 하나님의 행동을 세계의 인과 관계망이라는 상황 속에 위치하도록 도울 수 있다. 거기서 인과 관계(폴킹혼이 지적하듯이)[42]는 "총체적"이고, 인과 관계의 예들은 서로에게서 분리될 수 없다. 하나님이 세계와 맺으시는 상호 작용 또한 분리될 수 없다. 왜냐하면 하나님의 상호 작용은 지속해서 숨겨진 패턴을 유도하는 영향력에 있기 때문이다. 때때로 이 모델에는 "일반" 섭리뿐만 아니라 "특별" 섭리라 불리는 무언가를 위한 공간이 있다. 왜냐하면 하나님은 특별한 설득의 목적을 제공할 수 있기 때문이며, 구체적으로는 분명한 역사적 상황 속에서 하나의 목적을 성취하시기 때문이다. 모든 설득이 창조된 존재들에 의해 거절되거나 수정될 수 있기 때문에, 특별한 목적이나 패턴을 제공하더라도 창조 세계의 통합을 침범하지 않는다. 그러나 만일 설득이 받아들여진다면, 새로운 어떤 일이나 심지어 전례 없는 어떤 일이 발생할 가능성이 있다. 삼위일체 하나님과 창조 세계 사이의 관계를 설명하는 그림으로 인해 또한 우리가 깊고도 항상 큰 비용을 치르는 하나님의 비움에 대해 말할 수 있는 것은, 하나님이 세계 안에 있는 경험 속으로 공감을 통해 들어가실 때 삼위일체 하나님의 마음 깊이 세계의 패턴이 깨어짐으로 인한 고통과 소외를 느끼시기 때문이다. 우리가 말할 수 있는 것은, 그리스도 안에서 이 동일시 현상이 가장 먼 지점까지 도달하고 따라서 새로운 무언가가 발생한다는 사실이다. 왜냐하면 이 아들과 성부 하나님의 관계가 하나님 자신의 존재 안에서 성자와 성부의 관계성과 완전히 일치하기 때문이다.

그러나 만일 하나님 안에 있는 "사랑의 필요"에 대한 우리의 확언 때

---

보다 패턴들에 대한 일종의 영향력을 활짝 연다.
42) Polkinghorne, *Belief in God in an Age of Science*, 65-67.

문에 우리가 하나님의 행동을 설득으로 이해하게 되었다면, 하나님이 사랑의 필요와 목적을 충족시키는 데 실패할 수 있는지에 관한 질문이 긴급히 제기된다. 설득만을 통해 하나님은 창조 세계에서 신으로서의 과업을 수행할 수 있는가, 아니면 악이 승리하는 일이 일어날 수 있는가? 그렇다면 사랑은 얼마나 많은 위험을 감수하는가? 에로스와 아가페, 즉 필요의 사랑과 선물의 사랑이라는 두 차원에서 볼 때, 우리는 사랑이 사랑하는 자에게서 무언가를 얻는 것을 계산하지 않고 거절에 대해 열려 있음을 확인했다. 그렇다면 우리는 하나님의 사랑이 모든 것을 감수하고, **완전한 상실**은 가능한 한 결과이며, 사랑은 "모든 것이 헛되이 주어졌다"라는 가능성에 직면해야 한다고 결론 내려야 하는가?[43]

첫째, 하나님의 사랑은 **실제로 위험을** 감수한다고 말해야 한다. 고난이 하나님에게도 "일어날" **수 있다**는 점에서 하나님의 사랑은 실재이며, 고난이 **일어난다**는 점에서 신의 사랑은 실재다. 나는 "일어나다"(befall)라는 단어를, 하나님이 전적으로 자신의 통제 아래 있는 것이 아닌 방식으로 세상과 맺는 관계 속에서 고통을 경험하신다는 점을 나타내는 방식으로서 조심스럽게 사용한다. 그것은 하나님에게 "발생한다." 하나님의 고통 가능성에 대해 몇몇 저자는 참으로 하나님의 고난을 다루는 데 적합한 견해를 취하는데, 그들은 하나님이 타자가 그분 자신의 자아에 가하는 상처의 정도를 항상 통제할 수 있다는 견해를 제안한다. 이 견해를 취하는 마르셀 사로트(Marcel Sarot)는 따라서 하나님의 비움에 관해 "자기 제한"(self-limitation)보다는 "자기 자제"(self-restraint)라는 용어를 선호한다. 그리고 사로트는, 하나님이 "자기 감수성의 주인"이며 자기 감수성을 "계속 통제하기" 때문에, 그분은 "자기가 원하는 때는 언제든지 자기 자제

---

43) 이것은 Vanstone이 그의 사상을 형성한 책에서 서술한 견해다. W. H. Vanstone, *Love's Endeavour, Love's Expense* (London: Darton, Longman and Todd, 1977), 77을 보라.

를 끝낼 수 있으며, 또한 원하는 때는 언제든지 개입할 수 있음을 의미한다"라고 주장한다.[44] 그러나 왜 하나님이 아우슈비츠나 르완다에서 일어난 상황에 직면해서 자기 자제를 줄이지 않기로 선택해야 하는지를 다루는 도덕적 문제뿐 아니라, 만약 하나님이 다른 사람이 그분의 자아에 가할 수 있는 상처를 완전히 통제할 수 있다면, 하나님의 고난은 고난 받는 사랑에 대한 우리의 경험과는 너무나 멀게 될 것이다. 우리에게는 그런 안정성이 전혀 없다. 사로트 및 그와 비슷한 관점을 지닌 자들의 관심은 올바르다. 그들의 관심은, 고난 받는 하나님이 우주의 영원한 희생자로서 우리에게 연민의 대상이 되지 않아야 한다는 점과, 하나님은 "그분이 그의 목표에 도달할 것을 아는" 기쁨이 있어야 한다는 점에 있다.[45] 그러나 내가 제안하겠지만, 이런 관심사들은 하나님이 상처 입을 가능성을 줄이기보다는 다른 수단에 의해 보존될 수 있다.

고난이 하나님에게 "일어나기" 위한 이 신적 능력은 그 기원이 창조 자체의 특성에 있다. 하나님의 목적에서 벗어날 수 있는 자유로운 세계를 만들 때, 하나님은 자신이 직접 창조하지 않으며, 신학자들이 종종 "비존재"(non-being)라 불렀던 무언가에서 오는 위험에 노출된다. 다시 말해 하나님은 창조된 존재들의 측면에서 봤을 때 낯선 어떤 것의 등장, 즉 악과 이유 없는 고난에 노출된다. 여기서 우리는 유기체로서 삶의 발달에 깊이 엮여 있는 두 종류의 고통을 구별할 수 있다. 첫째, 제한된 양의 고난이 있

---

44) Marcel Sarot, *God, Passibility and Corporeality* (Kampen: Pharos, 1992), 55, 41. Sarot의 논의는 "인과 관계"에 대한 극단적인 이해처럼 보이는 것에 의존한다. 왜냐하면 하나의 존재 안에 있는 수난의 원인이 존재 밖에 있는 어떤 것에 의해 "존재의 의지를 압도하기" 때문이다(34쪽). 그렇다면 하나님은 세계로부터 주어지는 원인에 종속될 수 없다. 그러나 자신의 통제 밖에 있는 어떤 변화에 종속된다는 사실이 "수동적 희생자에 **지나지 않는다**"는 점을 의미하는 것은 아니다.

45) Sarot, *God, Passibility and Corporeality*, 64.

다. 그것은 진화론에 따른 어떤 창발 이야기에 내재하는 부분이 될 것이며, 타자의 미래를 위한 과정에 참여하는 어떤 참여자들에 의해 심지어 일종의 "희생"으로 간주할 수 있다.[46] 만일 하나님 역시 피조물과의 공감 속에서 이런 고난을 공유하신다는 사실을 우리가 기억한다면, 우리는 진화가 선하신 하나님이 인도하시는 영향 아래 일어난다고 여전히 확언할 수 있다. 하지만 둘째, 지각을 가진 존재의 발전 과정에 아주 어울리지 않는 고통이 자연 속에 있다. 고통에 대한 어떤 변명도 교육이나 양육의 관점에서 이루어질 수 없다. 우리는 이 고통과 낭비를, 하나님의 설득을 거부하고 그의 목적에서 멀어지는 창조 세계의 표류로 간주할 수 있다. 만일 우리가 하나님의 영향에 반응할 수 있기 때문에 모든 생물학적 단계상에서 자연 전체를 바라보는 비전이 있다면, 마찬가지로 우리는 그것에 반응하는 데 비극적으로 실패하는 것도 상상할 수 있을 것이다. 사실 우리는, 두 가지 종류의 고난이 뒤섞여 있어서 그것이 때로는 적절하기도 하고 부적절하기도 하며, 때로는 균형 잡혀 있기도 하며 때로는 그렇지 않기도 하다는 점을 알고 있다. 세상에서 고통이 생겼을 때 우리는 그것들을 분리해낼 수 없다. 사랑하시는 하나님에게 일어나는 일은 어두운 중심과 혼합된 고통이다.

사랑이 상처 입을 가능성은, 악과 그것이 일으키는 지나친 고통을 창조의 논리적 결과이거나 필수적인 교육 프로그램이라고 주장하는 어떤 사상과도 모순된다. 신의 본질적 본성보다 갈망으로서의 하나님의 의지에 우선권을 주는 것은, 따라서 고통이 하나님 자신의 자아에 일어날 수 있음을 하나님이 스스로 선택한다고 말하는 것이다. 즉 하나님은 최종 예측이 불가능함으로 인해 고난에 대해 열려 있기를 선택하신다. 사로트가

---

[46] A. R. Peacocke, *Creation and the World of Science* (Oxford: Clarendon Press, 1979), 164-69과 이 책에 실린 Peacocke과 Rolston의 글들을 보라.

주장하듯이, 이것은 세계가 하나님에게 끼치는 영향이 확실히 "하나님의 의지를 따르는" 것이지만,[47] 단번에 이루어진 의지의 행동을 따르는 것이며 하나님은 결코 원상태로 돌아가지 않을 것임을 의미한다.

또한 이 비움을 우주에서 현실화되는 가능태의 관점에서 이해할 수 있다. 만일 우리가 하나님의 **본성**을 궁극적 실재로 생각하면, 우리는 하나님 안에 있는 모든 가능태를 담지한 본질적이면서도 영원한 저장소를 상상할 수 있다. 비록 하나님이 그 저수지를 새로이 상상된 가능태들로 계속 채우더라도 말이다. 따라서 세계의 자유는 가능태 중에 **어느 것이** 현실화될 것인지를 결정하는 데 한정된다. 만일 우리가 하나님의 최종 의지나 갈망의 행동에 대해 더욱 역동적인 견해를 보인다면, 하나님이 피조물로 하여금 가능태들을 **이루는 데** 기여하게 하는 여지가 남아 있다. 새로운 가능태는 참된 공동 창조성 속에서 하나님과 세계의 상호 작용으로부터 나올 것이다. 찰스 하트숀이 사용한 이미지를 수용하기 위해 우리는, 한 화가가 캔버스 위에 그린 파란색 유령이 단지 실제로 나타나기를 기다리면서 우주를 배회하는 것은 아니라고 말할지도 모른다.[48] 그리고 그것은 전적으로 하나님의 상상력을 통해 창조되는 것은 아니라고 말할지도 모른다. 파란색으로 나타난 이 부분이 지닌 가능태는 신과 인간의 상상력이 협력할 때 창발한다.

사랑이 가져오는 위험은 실제적이며 실제 사랑의 획득과 상응한다. 그러나 예수의 이야기, 특별히 그의 죽음과 부활은 공감하는 사랑보다 우주 안에 더 위대한 능력이 없음을 우리에게 확신시켜준다.[49] 다른 이의 경험

---

47) Sarot, *God, Passibility and Corporeality*, 66.
48) Charles Hartshorne, *Creative Synthesis and Philosophic Method* (London: SCM, 1970), 59.
49) 공감의 효과를 서술하려는 시도는 Edward Farley, *Divine Empathy* (Philadelphia: Fortress Press, 1966), 303-15을 보라.

과 동일시하는 것은 반응을 이끌어내는 능력이 있으며, 스스로 닫아 놓은 자아 중심성에서 자기를 내어주는 사랑의 공동체에 참여하는 존재로 사람들을 변화시키는 능력이 있다. 하나님은 보편적 동일시의 능력이 있다. 따라서 우리는 하나님이 상처 입을 수 있으며, **그리고** 악과 고난에 대하여 최종 승리를 확신한다고 계속해서 말할 수 있다. 만일 우리가 앞에서 제시된 하나님의 전지하심에 관한 견해를 따른다면, 하나님보다 앞에 놓여 있는 알려지지 않은 어떤 것이 확실히 있다고 말할 수 있다. 그러나 그것은 우리보다 앞에 있어서 알려지지 않은 것은 아니다. 아무리 이런 것들이 존재한다 할지라도, 우리와 달리 하나님은 어떤 한 시점에서 모든 가능태를 아신다. 동시에 하나님은 창조 세계를 설득하고 그것에 영향을 미치는 사랑의 능력을 아신다. 삼위일체 하나님의 삶에는 만물이 화해하리라는 이런 안전한 희망 때문에 기쁨이 있다. 이 기쁨은 고난을 무효화하지 않으며 고난의 상처를 흡수한다.

하나님은 사랑의 고난**에도 불구하고** 자신의 목적을 성취하는 것이 아니라, 사랑의 고난을 **통해서** 자신의 목적을 성취할 것이다. 사랑의 상호성은 단순히 낭만적으로 감정을 상호 작용하는 것이 아니다. 다른 어떤 것도 만물의 화해를 일으킬 힘이 없다. 노리치의 줄리안은 하나님의 갈망에 관해 받은 계시에 대해 글을 쓰면서 이 진리를 발견했다. 그것은 하나님의 열망이 가진 "힘"이며, 그리스도의 "영적 갈증"으로 구체화된다. 그것은 하나님을 향한 우리 열망의 원인이다. 그녀가 인식한 바에 따르면, 이 갈증은 "우리가 필요로 하는 한 그의 안에서 지속되며 우리를 그의 지복으로 이끈다."[50]

따라서 하나님의 사랑이 취하는 위험은 실제적이지만 전체는 아니다.

---

50) Julian of Norwich, *Revelations of Divine Love*, 84.

설득하는 사랑의 능력으로 인해, 신앙은 창조 세계에서 하나님의 모험이 실패할 가능성은 존재하지 않음을 보증한다. 그러나 하나님의 목적의 성취에 관해 열려 있고 알려지지 않은 무언가가 여전히 있음에 틀림없다. 왜냐하면 그 목적의 **내용**은 세계의 응답에 의존하기 때문이다. 이것은 인간을 만드신 하나님의 과업에서 볼 때 가장 분명한 사실이다. 하나님이 공장에서 가공품처럼 만드시는 어떤 표준적인 인격 모델은 존재하지 않는다. 즉 우리의 결정과 경험은 우리가 무엇인가라는 문제의 답을 형성한다. 따라서 하나님의 목적으로 나아가는 **길**뿐만 아니라, 그 **내용**까지도 하나님이 피조물의 손에 맡겨두셨던 어떤 것이다. 고난을 넘어서는 하나님의 승리에는 승리감뿐 아니라 비극을 위한 공간도 있다. 하나님은 그 길을 따라 고통받게 될 상황에 부닥치게 될 뿐 아니라 이 세계가 끝날 때 "잃어버릴" 무언가가 있을 가능성이 실존하는 데까지 참으로 위험을 무릅쓰신다. 피조물들은 그들의 창조주를 관상하면서 지복을 알겠지만, 하나님은 그들이 존재할 수 있었던 모든 것은 아니라는 사실을 아실 것이다. 피조물의 행복에 관한 비전에는 어떤 결핍도 없을 것이다. 왜냐하면 그들은 완전히 하나님께 연결될 것이며, 하나님은 그들의 과거를 완전히 치유하실 것이기 때문이다. 그러나 우리는 마지막 때에 대한 하나님 자신의 경험 안에 녹아 있는 승리와 비극의 혼합을 인식할 수 있다. 즉 우리는 세상이 야기했을 수도 있는 어떤 선의 부재를 하나님이 겸손하게 수용하신다는 사실을 인식한다. 이 말은 우리가 악이 영원함을 인식하는 것이 아니라, 선을 이루는 모든 가능태가 실현되는 것은 아니라는 점을 인식하는 것을 가리킨다. 왜냐하면 피조물들은 하나님이 갈망했던 만큼 완전히 응답하는 데 실패했기 때문이다.

그래서 우리는 결국 우리가 시작했던 사랑의 필요로 되돌아간다. 참된 사랑은 타자에게 필요를 충족해달라고 **요구하지** 않기 때문에, 또는 그 필요를 충족하기 위해 타자를 조작하지 않기 때문에, 필요한 어떤 요소는 충족되지 않을 위험성이 항상 존재할 것이다. 유비를 사용해서 말하면, "사랑으로부터" 창조할 때 하나님은 만족되지 않은 어떤 갈망이라는 위험성에 노출되어 있다고 감히 말할 수 있다. 비록 긍정의 방식을 사용하는 두 신비주의자인 트러헌과 줄리안의 견해에 동의하여 그들을 인용했을지라도, 이 부분에서 그들은 나와 다소 다른 견해를 가진 듯하다. 트러헌의 관점에서 하나님의 모든 "원함"은 필요와 만족이 동시에 일어남으로써 영원히 만족된다. 줄리안의 관점에서 하나님은 만족되지 않은 "갈증과 열망"의 상태로 남아 있는데 이는 그 효과를 "우리가 원하는 상태에 있는 한"에서만 그러하며, 그녀가 보기에 이것은 심판의 날을 의미한다.[51] 그러나 사랑하는 까닭에 결핍의 상태에 머물기로 선택하는 창조주는 영원히 고통 받을 준비가 되어 있을 것이다. 그 고통은 마치, 화해된 창조 세계에서 불릴 노래에서 어떤 음조는 잃어버렸으며, 대위법상의 어떤 곡조는 부족하고, 어떤 화성은 아주 완전하지는 않다는 사실을 알려주는 무언가와 같다. 이것은 사랑으로부터 이루어지는 창조이고 사랑 안으로 이루어지는 창조다.

---

51) 반대로, 만일 우리가 영원을 인격의 발전을 위한 기회로 생각함과 동시에 어떤 역동적인 방식으로 생각한다면, 하나님의 "열망"에 대한 우리의 필요 또한 계속될 것이다.

# 11장

## 비움: 신학적 의미와 젠더적 함의

_새라 코클리

> 기독교는 그리스도 안에서 인식되는 사랑의 진정성을 주저하지 않고 하나님에게 돌려야 한다. 『사랑의 노력, 사랑의 비용』, 59쪽

이 책의 기고자들은 비움(하나님의 자기 비움)에 대한 전문적인 신학적 질문과, 비움이 하나님의 사랑의 본질과 맺는 관련성에 관심을 둔다. 그러나 기고자들은 비움이라는 용어를 여러 다른 방식으로(논쟁의 여지가 있겠지만, 당황스럽게도 심지어 일련의 다른 방식으로) 사용했다. 따라서 이 글의 첫 번째 주된 과제는 기고자들이 사용한 용어를 보여주는 일종의 "지도"를 제공하는 것으로서, 말하자면 비트겐슈타인(Wittgenstein)이 "가족 유사성"이라 불렀던 것을 도식화하는 데 있다. 왜냐하면 우리는 이 부분에 조직신학의 주변부에서 이루어지는 약간의 변형을 가함으로써 기독론에서부터 삼위일체론, 섭리론, 창조론까지 이르는 다양한 논의를 다룰 것이기 때문이다. 그리고 이 문제는 거기서 멈추지 않는다. 왜냐하면 비움이라는 단어에 담긴 일련의 의미들을 해독함으로써 우리는 인간을 인식하는 방식, 즉 우리가 인간이 가진 자유의 본질에 대해 생각하는 방식 및 인간이 의지를 갖고(은혜를 통해) 하나님에게 반응하는 방식을 생각하는 데 이 비움이라는 주제가 매우 중요하다는 사실을 확인하기 때문이다. 따라서 이 글은 우리의 **신학적** 출발점에 관한 결정들이 어떻게 비움이 가진 여러 의미가 서로 얽혀 있는 방식에 중대한 영향을 미치는지를 보일 것이다. 아울러 어떻게 다양한 기고자들이 이런 출발점들로 인해 영향을 받으며, 과학과 신학의 문제에서 권위와 진리에 관한 그들의 가정들에 의해 서로 다르게 영향을 받는지를 보여주려 한다.

이 글의 두 번째이자 더 간략한(그러나 첫 번째 목적과 마찬가지로 힘든) 과제는, 기고자들이 선택한 체계에 분명히 그리고 은밀히 나타나는 젠더(gender)와 관련된 의미를 얼마간 끄집어내는 것이다. 당연히 비움이라는 주제는 최근 수십 년간 페미니스트 신학의 논쟁거리였다.[1] "자기를 소멸"하거나 "자기를 희생"하라는 요청에는—하나님 안에서든 인간 안에서든—"여성"의 자기 비하라는 불가피한 고리가 존재하며, 그것은 페미니스트 신학이 처음부터 드러내놓고 비판해왔던 관심사였다. 그렇다면 "비움"이라는 가치를 유지하려는 현재의 과제는 그것이 "잘못된 의식"이라는 페미니스트들의 비판을 면할 수 있는가? 이 글의 후반부에서 나는 이 힘든 문제를 다룰 것이다.

## I. 비움: 신학적 의미들

먼저 우리는 분석을 요하는 과제를 시작하고자 한다. 이 과제는 이 책에서 논의되는 비움이라는 개념의 다양한 의미를 도식화하는 것이다. 여기서 우리는 **기독론적** 의미들과 더불어 시작할 것이며(왜냐하면 이 개념에 관한 전문 용어의 기원이 이 영역에 놓여 있기 때문이다), **삼위일체론적** 의미들을 거쳐서 **창조론**과 관계된 더 일반화된 의미들로 나아갈 것이다. 앞으로 살펴보겠지만, 대부분의 기고자가 비움을 이 세 번째, 즉 일반화된—하나님과 세계의 관련성을 언급하는—의미로 이해하고 있으며 기독론적이거나 삼위일체적인 의미는 단지 뒤따르는—일종의 전형이나 묘사로만—의미로만 해석한다는 사실이야말로 이 책이 가진 놀라운 한 특징이다. 우리는 어느 요소들이 이 우선순위의 순서를 결정하는지를 강조할 것이며, 가능

---

1) 페미니스트 시각에서 본 문제처럼 이 쟁점에 대한 상세한 조사는 내가 일찍이 쓴 "*Kenosis and Subversion: On the Repression of 'Vulnerability' in Christian Feminist Writing*," in Daphne Hampson, ed., *Swallowing a Fishbone? Feminist Theologians Debate Christianity* (London: S.P.C.K., 1996), 82-111을 보라.

한 대안들을 제시할 것이다.

### 1) 비움, 그 기독론적 의미들

**a. 신약성서: 빌립보서 2:5-11.** 이 책의 저자 중 한 명 이상이 우리에게 상기하듯이(몰트만, 워드, 폴킹혼의 글을 보라)[2] 비움이라는 용어는 궁극적으로 빌립보서 2:7("그는 자신을 비우시고")에서 사용된 동사 케누(kenoo)에서 파생한다. 그러나 여기서 주목해야 할 첫 번째이자 가장 중요한 주석상의 쟁점은, "비움"(emptying)이 가리키는 대상이 분명하지 않다는 사실이다. 이 찬송에서 "비어 **있는** 대상은 무엇인가? 더욱 명확한 독법의 하나인 어떤 해석에 따라, 만약 이 찬송시가 인격을 가진 그리스도가 선재(6절 "근본 하나님의 본체시나"를 보라)하심을 노래한다고 가정한다면, 그때의 "비움" 행위는 그리스도가 성육신하신 순간과 인간이 되실 때 하신 하나님의 행동이 겸손임을 가리킨다. 그러나 또 하나의 독법(이 찬송시가 작성되었을 때에 "성육신"이라는 발전된 개념이 있었으리라는 데 회의적인 독법)은 비움을 8절의 "자기를 낮추시고"와 **비슷한 방식**으로 해석하며, 따라서 그것이 성육신을 나타낸다기보다는 십자가를 나타낸다고 주장한다.[3] 후자의 관점에서 이 찬송은 그리스도가 아담의 역할을 총괄갱신(recapitulation) 하셨음을 다루는 주제에 기초를 둔다(그밖에도 바울은 롬 5장과 고전 15장에서 이 개념을 확장한다). 또한 6절의 "하나님과 본체시나"는 창세기 1:26-27 및 하나님의 형상으로 "사람"을 창조하신 사실에 대한 암시다.

신약성서에 관한 이런 해석 논쟁은 여기서 해결될 수 없지만, 조직신학과 관련된 선택으로서 이런 다양한 견해차가 의미하는 바에 주목하는

---

2) 이 책 8장 Moltmann, 9장 Ward, 5장 Polkinghorne의 글을 보라.
3) 이 해석에 대해서는 특별히 J. D. G. Dunn, *Christology in the Making* (London: S.C.M. Press, 1980), 4장을 보라.

것은 가치 있는 일이다. 만일 빌립보서 2장이 하나님이신 그리스도의 선재에 관해 말하는 본문이 **아니라면**, 비움의 전체 문제는 처음부터 그리스도의 신성과 그것이 성육신에 미친 영향에 관한 사변적인 문제가 아니라, 오히려 십자가 **도상에서**(en route) 예수가 하신 "자기희생"에 관한 **도덕적** 문제다(내가 비움에 대한 "일반화된" 해석이라고 부르는 독법이 이 책의 기고자들 사이에서 나타난다는 점을 볼 때, 비록 그들이 빌 2장을 명시적으로 언급하지 않을지라도, 우리는 이 관점이 그들 중 많은 이의 관심을 끈다는 사실을 알게 될 것이다). 다른 한편으로—초기 교회의 주해에서 온 더욱 일반적인 독법이 그랬듯이—만일 그리스도의 선재하심과 성육신이 빌립보서 2장에서 위기에 처해 있다고 가정한다면, 곧바로 다음과 같은 형이상학적 질문이 반드시 제기된다. 그리스도가 성육신하실 때 정확히 무엇이 "비워져" 있었는가? 이것은 단순히 비유적 표현인가, 아니면 신적 힘을 실제로 상실했었음을—일시적이든 그렇지 않든—의미하는가? 잠시 후에 우리는 이 지점으로 되돌아올 것이다.

**b. 빌립보서 2장에 대한 현대 이전의 주해.** 초기 교회에서, 그 마지막 질문에는 하나의 대답만이 가능했다. 교부 신학자들에게(플라톤의 영향 아래 있든지 아니면 아리스토텔레스 형이상학의 영향 아래 있든지 간에 이 문제만 놓고 볼 때에는 차이가 없다) 하나님은 당연히 불변하시고 전능하시며 전지하시다.[4] 따라서 위대한 알렉산드리아의 기독론자인 키릴로스(Cyril, 444년에 죽음)의 영향 아래 발전했던 비움에 대한 이해의 가장 두드러진 특징은, 비움이 우리 가운데 오시는 선재하신 말씀에 대한 내러티브와 그가 "육체를 취하시는" 내러티브를 수반한다는 점이었다. 따라서 대단히 역설적이게도, 비움으로 인해 그는 육신의 삶이 가진 모든 한계를 스스로 입으셨지

---

4) 교부 시대에 제기된 이런 "고전적인" 신의 속성들에 대한 최근의 역사 탐구와 변호에 대해서는 T. G. Weinandy, *Does God Suffer?* (Edinburgh: T. & T. Clark, 2000), 특별히 5장을 보라.

만, 그러나 어떤 신성도 상실하지 **않으셨다**. 사실 이 관점에서는 비움이 상실보다는 얻음과 관련된다고 말하는 것이 더 참될 것이다. 이 관점에서 비움은 신성의 어떤 측면을 버린다기보다 육체를 입으신다는 특징이 있다. 그러나 키릴로스가 이 방식에 대해 쓸 때에 그는—R. A. 노리스(R. A. Norris)가 예리하게 설명하듯[5]—그리스도의 인격을 구성하는 요소에 관한 **이론**을 전달하는 데는 사실 관심이 없다. 노리스가 "두 바구니"에 관한 쟁점이라 부르는 것(인성과 신성의 특징들이 서로 조화를 이루는 방식)은 어떤 때에는 자연스럽게 키릴로스의 관심사였지만, 그에게 이것은 비움에 관한 이야기의 핵심은 아니었으며, 형이상학적 설명이라기보다는 역설적이게도 영광스러운 내러티브의 특징을 더 지닌다. 그래서 사실 빌립보서 2장에 관한 교부들의 주해를, 선재하시는 로고스가 **어떻게** 죽을 수밖에 없는 연약한 인간이 될 수 있었는지 꼼꼼하게 설명하는 서신으로 간주하려는 우리의 연구는 헛될 수밖에 없다.

더욱이 451년에 있었던 칼케돈 회의의 "정의"(definition)에서 나온 소위 "해법"이라는 것은 기독론에 관해 논쟁을 벌인 알렉산드리아 학파와 안디옥 학파 간의 **화해**를 시도했지만, 이 "해법"은 "두 본성을 통해" 알려진 "한 인격과 한 위격"(one *prosopon* and one *hypostasis*)에 관해 기술하는 전문적인 진술을 승인하는 문제에서, 실제로 두 본성이 어떻게 한 인격과 한 위격에서 성취될 수 있었는지 또는 어떻게 신성과 인성이 상호 작용 가운데 인식될 수 있었는지를 설명하지 못했다.[6] 신성과 인성의 관계 방

---

5) R. A. Norris, "Christological Models in Cyril of Alexandria," *Studia Patristica* XIII, Part 2, in *Texte und Untersuchungen* 116 (1971): 255-68은 이에 관해 중요한 문헌이다. 기독론에 관한 "두 바구니" 관점에 대한 언급은 268쪽을 보라.

6) 나는 곧 나올 "What Does Chalcedon Solve and What Does It Not? Some Reflections on the Status and Meaning of the Chalcedonian 'Definition'," in S. T. Davis, G. O'Collins, S.J., and D. Kendall, S.J., eds., *The Incarnation* (Oxford: Oxford University Press,

식(소위 "속성 간 교통"에 관한 문제)에 대한 이 질문은 칼케돈 이전과 칼케돈 이후 시대 모두에서 다양한 방식으로 추론되었다. 아마도 분명한 것은, 하나님의 "자기 비움"을 논리적으로 **설명**한다고 알려진 관점은 이를 매우 중요하게 취급한다는 점일 것이다. 근대 이전에는 신의 불변성이 논의 가능하다고 생각하지 않았기 때문에, 속성 간 교통을 해석하는 가능한 방식은 주로 세 가지로 나타났다. 첫째는 (존재론적으로 정의하기보다) 두 본성이 서로에 대해 갖는 특징을 단지 언어 즉 "언급 방식"으로 간주한다. 둘째는 신성이 인성과 맺는 실제 교통을 주장한다(그 반대 상황은 발생하지 않는다). 셋째는 본성의 상호 침해 없이 두 본성이 갖는 속성이 그 "인격"에서 교류한다는 견해다. 츠빙글리(Zwingli)는 첫째를 선호했으나, 고전적인 토마스주의와 칼뱅주의는 셋째 견해를 선호했다. 한편 루터는 "실제 현존"이라는 그의 고(high) 성찬 신학을 옹호하기 위해 둘째 견해를 선호하면서, 두 본성의 직접 상호 교류라는 판도라의 상자를 열었다. 이후에 그의 견해는 토마시우스(Thomasius)에 의해 반대 방향, 즉 인성에서 신성의 교류로 나아갔다.[7]

이것이 근대에 들어와서 제기된 "주체의 전환"이 일련의 새로운 관심을 불러일으키는 이유다. 그 관심의 대상은 기독론이다(특별히 "자기 비움"의 정확한 의미에 대한 설명이 논의된다).[8] "인간의 개별 특질"을 점차 주관적 의식으로 간주하면서, 한 "위격"(*hypostasis*) 안에 있는 두 "본성들"을 다루

---

forthcoming)에서 칼케돈 회의에서 정의된 내용이 가진 설명상의 한계를 다룬다.
7) W. Pannenberg. *Jesus-God and Man* (London: S.C.M. Press, 1968), 8장은 간단하지만 명확하게 속성 간 교류(*communicatio idiomatum*)에 관한 해석 역사를 다룬다.
8) Graham Ward는 최근의 글을 통해 통찰력 있게 이 요지를 다룬다. 그의 "Kenosis: Death, Discourse and Resurrection," in Lucy Gardner, David Moss, Ben Quash, and Graham Ward, eds., *Balthasar at the End of Modernity* (Edinburgh: T. & T. Clark, 1999), 15-68을 보라.

는 칼케돈의 표현은 심리학적 주관성과 명확하게 표현된 형이상학적 설명에 대한 기대와 관련해서 함축된 의미들을 한데 모으게 된다. 비움에 관해 종교개혁과 후기종교개혁의 루터파 신학에서(몰트만과 워드가 이 책에서 간단히 다루었던 문제[9]) 우리가 이처럼 한데 모으는 논쟁의 맥락을 읽어야 하는 것은 이런 근대적 "전환"의 관점에서라고 나는 믿는다. 루터에게는 성육신의 순간에서 십자가 신학으로 관심의 초점을 대체함으로써 비움이라는 개념에 대한 키릴로스 전통 특유의 역설을 고조하는 것만으로도 충분했다. 즉 하나님이 골고다에서 "부재"하시면서 동시에 자신을 계시하시려고 현존하셨다는 사실은 "고난 받지 않으시면서 고난 받으셨던"(suffered unsufferingly)[10] 영원한 말씀에 대해 키릴로스가 주장한 비움 내러티브의 새로운 버전으로—비록 더 복잡한 표현이지만—간주할 수 있다.

**c. 현대적 전환: 토마시우스와 다른 "참된" 비움의 신학자들.** 계몽주의 시대부터 계속된 다른 압박은 신약성서 비평학의 출현이었다. 신약성서 비평학은 이제 예수의 특성으로 간주했던 전지와 자기의식(예를 들면 신으로서의 지위 또는 재림 시기에 관한)에 관한 질문들을 경건하게 보류하기를 거절했다. 이런 압박과 결부되어, 이전에는 생각조차 할 수 없었던 것들을 이제는 생각하게 되는 경향을 부득이 피할 수 없었다. 즉 신적 속성은 **실제로** 그리고 존재론적으로 수정될 수 있고 성육신 사건을 통해 어느 정도 "비워질" 수 있다.

(몰트만이 이 책에서 서술하듯[11]) 이런 방향으로 진행되는 고트프리트 토마시우스의 시도와 약간 이후에 등장한 고어(Gore), 웨스턴(Weston), 그

---

9) 이 책 8장 Moltmann의 글과 9장 Ward의 글을 보라.
10) Luther의 관점에 대한 발전된 분석에 대해서는 Graham Ward, "Kenosis," 25-28을 보라.
11) 이 책 8장 Moltmann의 글을 보라.

리고 포사이스(Forsyth) 같은 후기 영국의 비움의 신학자들의 저술이 가진 문제점은,[12] 예수가 성육신하실 때 신성의 **몇몇** 특징이 포기되거나 혹은 "취소되었는가"를 설명하려는 그들의 시도가 자기들이 부인했던 비움에 관한 고전적 관점과는 논리적으로 상당히 이질적이며 모순에 직면한다는 점이었다. 사실 이 저자 중 몇 명(특히 고어)은 결국 성육신 가운데서 신적 특성들을 **참으로** "버리기"를 실제로 원한 것이 아니었다. 오히려 그들은 신성을 나타내는 몇몇 특징을, 말하자면 배경으로 후퇴시키면서 그리스도 안에 있는 "의식의 두 층위"라는 모델을 주장하고자 했다.[13] 의식적 주관성의 측면에서 그리스도가 가진 두 "본성"의 관계를 설명하려는 이 뚜렷한 **현대적** 과제를 맡았던 현대의 종교 분석철학자들이 종종 "비움"에 관한 설명을 거부했지만, 그 설명을 하기 위해 고어의 "분리된 정신"(divided mind)이란 유비를 계속 추구했다는 점은 훌륭한 아이러니다.[14] 비움이라는 형태의 정합성을 **옹호했던** 다른 분석철학자들은 그리스도가 신적 능력의 몇몇 특징을 (한손을 등 뒤에 묶은 채로 있는 테니스 선수처럼) 완전히 포기했다기보다는 일시적으로 실행하지 않았다고 생각하는 경향이 있다.[15]

지금까지 우리가 살펴본 내용은 이렇다. 기독교 전통에서 비움의 언어에 대한 기독론적 사용이, 겸손을 통해 이뤄진 그리스도의 승귀(그리스도의 선재 개념에 반드시 의존하지 않고도 적어도 해석될 수 있는 내용)에 대한 최초

---

12) 내 글 "*Kenosis and Subversion*"(각주 1을 보라), 특별히 96-99은 영국의 비움의 신학자들의 관점을 더 상세하게 다룬다.
13) C. Gore, *Dissertations on Subjects Connected with the Incarnation* (New York: Scribner's 1985)과 "Kenosis and Subversion" 97 및 각주 33번에 있는 내 분석을 보라.
14) T. V. Morris, *The Logic of God Incarnate* (Ithaca, N. Y.: Cornell University Press, 1986); D. Brown, *The Divine Trinity* (London: Duckworth, 1985); R. Swinburne, *The Christian God* (Oxford: Clarendon Press, 1994)에서 이 언급이 유효함을 볼 수 있다.
15) S. T. Davis, *Logic and the Nature of God* (Grand Rapids: Eerdmans, 1983), 125을 보라.

의 기념 찬송으로부터 초자연적으로 "육체를 입으신" 선재하신 말씀에 내러티브적으로 적용되는 단계를 거쳐, 그 "본성들" 간의 관계라는 형이상학적 주제들을 다루는 점차 복잡한 논의로 나아갔다. 그런 형이상학적 주제들은 그 주제에 관한 "현대" 개념들을 고전적인 범주인 "위격"에 부과함으로써 더 큰 문제를 일으켰다. 그것은 복잡한 이야기지만, 여기서는 단지 간단하게만 언급되었다.

그러나 앞에서 언급했듯이, 대부분의 기고자가(몰트만과 워드는 예외지만) 우리가 지금까지 논의했던 기독론적 비움에 관한 전문 자료를 오늘날의 과학 및 신학과 비교해볼 때 그들의 주요하고 중심이 되는 관심사로 간주하는 데 무관심하다는 점이 이 책에 실린 기고문들의 주목할 만한 특징이다. 이에 대한 이유를 더 심도 깊게 연구하기 전에, 우리는 몰트만(분명하게)[16]과 피디스(더 함축해서)[17] 역시 반영했던 비움에 대한 **삼위일체적 대안**을 언급할 필요가 있다.

### 2) 비움의 삼위일체적 의미들

우리가 보았듯이 비움을 기독론적으로 읽는 시도는 철저하게 성자, 특별히 성자의 신성과 인성의 관계에 초점을 맞춘다. 그러나 비움에 대한 언급을 다른 두 "위격들", 즉 발타자르가 말하듯이 신성 가운데 상호 자기 내어줌의 성향에 대한 언급으로 확장하는 방법도 있다.

> 성부여, 당신은 하나님으로서 당신의 전 존재를 성자에게 주십니다. 당신은 자신을 내어주는 한에서만 성부이십니다. 성자여, 당신은 성부로부터 모든 것을 받으십니다. 성부 앞에서 당신은 받기도 하고 되돌려주기도 하는 행동, 즉

---

16) 이 책 8장 Moltmann의 글을 보라.
17) 이 책 10장 Fiddes의 글을 보라.

사랑의 순종 가운데 성부를 나타내고 성부께 영광 돌리는 것 이외에는 아무 것도 원치 않으십니다. 성령이여, 당신은 성부와 성자가 서로 만나고 서로 자신을 내어주는 성부와 성자의 통일체입니다….[18]

다시 말해 발타자르가 보기에 비움을 통한 자기 복종이란 개념은 그 중요성을 기독론으로 제한하기에는 너무나 광범위하게 퍼져 있으며 또한 하나님의 사랑이 보이는 중요한 특징이다. 즉 비움을 통한 자기 복종은 성육신 사건에 의해 신에게 새로이 각인된 어떤 것이 아니라, 삼위일체의 각 위격이 상호 침투하며 서로 상관관계를 가지므로 영원히 참되다고 할 수 있다. 따라서 비움을 통해 일어나는 자기 복종은 신의 모든 행위를 외부로 향하게(ad extra) 한다. 즉 "신의 '능력'이 질서 정연하므로, 그것은 심지어 가장 정점에 이르기까지 가능한 일종의 자기 객관화를 위한 자리를 마련할 수 있다."[19] 비록 발타자르가 성부 안에 이 삼위일체적 접근 방식을 암시하는 요소가 있다는 점을 보여주는 데 관심이 있긴 하지만, 헤겔 변증법이라는 그림자가 너무나 커서 그가 제시하는 논증을 가로질러 더 분명하게 드리워져 있다. 헤겔에 대한 그의 모든 비판에도 불구하고, 발타자르는 "단절의 신학"(theology of hiatus)이라 불린 헤겔의 신학을 중심 논리로 수용하며 거기에 동화된다. 즉 십자가에서 성부로부터 분리되신 성자 안에 있는 절망과 희망 사이에 놓인 "상상할 수 없는 간극"을 메우는 것은 성령에게 남겨진 과제다.[20] 이 점이야말로 그리스도의 죽음을 초점으로 비움을 이해하는 발타자르에게는 왜 비움이 반드시 삼위일체를

---

18) *The Von Balthasar Reader* (Edinburgh: T. & T. Clark) 428-29에서 인용함.
19) 이 주제에 대해서는 Graham Ward, "Kenosis," 44-46에 있는 유용한 논의를 보라.
20) H. U. von Balthasar, *Mysterium Paschale* (Edinburgh, T. & T. Clark, 1990), 1-2장에서 Balthasar는 이 특징 있는 주제에 대해 언급한다. 비움에 대해서는 23-36쪽을 보라.

기반으로 인식되어야 하는지를 보여주는 이유다. 또한 그것은 비움에 대한 이 "삼위일체적" 인식이 신비스럽게—몰트만이 말하듯—하나님의 자아와 변증법적 관계에 있거나 심지어 "부재" 중에도 발견되는 하나님의 능력에 관한 다양한 현대, 현대 말기, 그리고 포스트모던 유대교의 사변으로 수렴하는 이유다. 레비나스(Lévinas)가 서술하듯이, "하나님이 모든 것을 요구하셔서, 사람 중에 초인(superhuman)을 찾으셔서 그의 얼굴을 숨기실 때…하나님은 자신을 **성육신을 통해서가 아니라** 부재를 통해 드러내신다."[21] 발타자르가 추구한 기독교적 전망과는 명백한(사실은 심대한) 거리가 있지만, 이들은 하나님의 삶에 있는 변증법적 단절이라는 주제를 공유하고 있다. 따라서 만일 기독론을 기반으로 표현된 비움에 관한 언급이 주관적 의식에 대한 현대적 설명에서 중대한 국면을 맞이한다면, 이때 삼위일체에 기반을 둔 설명은 대신에 "차이", 즉 하나님 안에서조차 근원적인 타자성을 인식하는 그런 차이에 대한 포스트모던 사고의 집착에 초점을 맞춘다. 이쯤에서 우리는 비움에 담긴 젠더적 함축을 다루기 위해 되돌아와야 할 듯하다.

그러나 몰트만은 비움을 삼위일체의 양상으로 접근하는 발타자르에 대해, 그가 "삼위일체 하나님 바깥에서" 창조 세계가 위치하기 위한 충분한 여지를 남기지 않는다고 평가한다.[22] 삼위일체에 기반을 둔 발타자르의 해석은 고전적인 신비주의 신학으로부터 강한 영향을 받은 형태로서 사실상 참여의 형이상학이다. 그러나 왜 창조 세계를 위한 "여지"를 남기는 것이 중요한가? 이 책의 대부분의 기고자가 관심을 기울이는 비움 개념에 대한 세 번째 범주로 이제 나아가고자 한다.

---

21) Emmanuel Lévinas, "Loving the Torah More Than God," in Zvi Kolitz, *Yosl Rakover Talks to God* (New York: Pantheon, 1999), 85.
22) 이 책 8장 Moltmann의 글을 보라.

### 3) 비움 개념에 대한 "일반화된" 접근들: 창조론과 섭리론

기고자들의 관점에는 창조 세계에 대한 창조주의 관련성을 비움 개념으로 설명하는 방식을 따르도록 그들을 압박하는 요인이 다양한 범위에서 중첩하고 점증하면서 존재한다. 모든 기고자가 같은 형이상학에 충실한 것은 아니다(특히 바버는 "과정" 신학 관점을 분명히 받아들이는 반면에 다른 이들은 그것을 피한다). 모두가 비움을 이해하기 위해 정확히 동일한 일련의 이미지를 떠올리는 것은 아니다. 여기서는 저자들의 논의를 상세히 반복하지 않은 채, 그들이 비움에 관한 용어를 다르게 사용한다는 점뿐 아니라 저자들을 이 방향으로 몰아가는 주요 요인에 대해 간단히 분석하는 데 집중할 것이다. 이 분석을 통해 기대하는 바는 이렇다. 저자들이 생각하는 가장 중요한 요소는 인간의 자유를 보호하고, 우주에 관한 "과학적" 설명과 신학적 설명을 나란히 두며, 신정론이 제기하는 문제에 적절히 응답하고, "사랑"의 신학을 전개하는 것이다. "희생"의 신학이 잠재적으로 남용되는 데 관한 페미니스트 신학의 질문(바버의 글을 보라)이나 신을 일종의 "어머니"로 이해할 가능성(피콕의 글을 보라)도 언급되기는 하지만, 이런 견해는 이 논의의 중심 주제를 차지하지는 못한다.

따라서 폴킹혼의 글은 다른 많은 기고문의 방향을 설정하는 데 상당히 중요하다. 폴킹혼이 보기에 비움은, 하나님이 "하나님의 능력을 비움이라는 방식으로 한정"하는(173쪽) 창조 세계에서 일어나는 "자유로운 과정"에 자신을 종속시킬 때 창조주가 스스로 취하는 위험을 주로 의미한다. 과학 이야기와 신학 이야기가 적절하게 협력하도록 이끄는 것은 중요할 뿐만 아니라 신정론이 제기하는 긴급한 문제들을 해결하는 데 도움이 된다. 하나님은 "간섭하시는" 하나님이 아니라 피조물의 인과관계가 종잡을 수 없다는 사실에 종속되시는 분이다. 사실 폴킹혼은 하나님이 "여러 원인 가운데 **한** 가지 원인이 되시기 위해⋯복종"(186쪽, 강조는 내 것임)하셨다는 데까지 기꺼이 나아가려 한다. 폴킹혼에게 이것은 성육신 안에서 비움의 전형적인 표현을 발견하는 문제다. 한편 워드의 글은 "원인들의 원인"이라는 주장까지는 가지 않는다. 그러나 그는 **자유의지를 가진** 자유로운 인간에게 주어진 선물로서의 하나님이란 개념이 가진 의미에 폴킹혼보다 더 많은 여지를 부여한다. 즉 "하나님 편에서는 단지 성육신뿐 아니라 의식과 이성을 가진 존재를 창조했다는 사실 자체가 비움의 행동이라고 말할 수 있을 것이다"(265쪽). 비움은 "고통과 고난을 많이 경험하는 것을 받아들이고", "완전한 통제를 포기하며", "완전한 지식"을 포기하는 일을 수반한다. 그러나 비움은 또한 "관계성과 친교 속으로 들어가는" 기회를 얻게 한다(265-67쪽). 워드가 생각하기에 이런 기회는 위험을 무릅쓰는 "비움"의 행동 없이는 하나님 안에서 어쨌든 억제되는 양상이다.

피콕과 바버는 많은 부분에서 같은 이해를 반복하며, 신에 대한 "비움"의 견해를 향해 나아간다. 그러나 바버는, 비움[즉 "신적 지식과 능력의 한계들"]이 "…자발적인 자기 제한에서 기인하기보다 형이상학적 필연"(43쪽)임을 주장하면서, 자신의 "과정" 형이상학을 분명히 드러낸다. 따라서 "하나님의 전능은 원칙적으로 불가능하다"(44쪽). 바버에게 하나님의 전능은 초기에 소유했다가 포기한 어떤 것이 아니다. 피콕의 "범재신론"은 이런 만개한 과정 신학의 견해에까지는 약간 미치지 못하지만, 과정 신학과 더불어 "세계의 창조와 진화라는 바로 그 과정에서…피조물의 고난을 공유하시는 하나님"을 언급함으로써 비움에 대한 정의를 공유한다(84쪽). 폴킹혼과 마찬가지로 피콕은, 예수가 "자신을 제한하시고, 연약한 상태에 처하시며, 자기를 비우시고, 자기를 내어주시는"(89쪽) 활동을 통해 하나님의 창조성에 관한 이 관점을 확증하는 예시라고 간주한다.

지브스, 엘리스, 롤스턴은 모두 미묘하게 서로 다른 강조점을 다시 제시한다. 지브스는 사실 **하나님** 안에 있는 비움에 관해 추론하지 않는다.

대신에 그는 "비움의 공동체" 안에서 나타나는 "비움의 행위"에 관해 성찰한다. 즉 비움 행위는 "유전적·신경적 기질"(160쪽)을 가질 수 있는 "자기 내어줌"과 "자기 제한"을 향하는 경향이 있다. 다시 말해서, 그는 논의의 끝 무렵에서만 이 능력의 독특한 "예증"이 되는 그리스도를 소개한다. 또한 엘리스는 비움에 관해 주로 윤리적 관점을 다룬다. 즉 더 큰 선과 타자를 위해 자기 자신의 욕망을 저버리거나 포기하는 것이다(192쪽을 보라). 그럼에도 그것은 "우주론에 대한 형이상학"(193쪽)에 이차적으로 적용될 수 있는 것이다. 바버와 달리, 엘리스는 그런 "저버림"은 항상 "자발적"이어야 한다고 주장한다. ("자기희생"에 호소하는 페미니스트의 복잡성을 인식하는) 피콕과 바버와는 달리, 엘리스는 명백하게 "희생"을 그가 말하는 "비움의 사랑"이라는 개념의 중심으로 삼는다. 그러나 그러한 "비움의 사랑"을 전쟁을 정당화하려는 어떤 시도와도 분명하게 모순인 범주에 둠으로써(213-14쪽), 엘리스는 "희생"에 대한 윤리적 호소가 얼마나 복잡할 수 있는지를 드러낸다. 왜냐하면 전통적으로 전쟁에서의 죽음은 자신의 나라를 위한 "최고의" 희생으로 이해되지 않는가? 또다시 기독론은 여기서 "자기희생" 개념을 보여주는 일종의 모범으로 사용된다. 이때 그는 그리스도가 승리주의를 따라 메시아주의를 해석하기를 포기했다고 강조한다(195-97쪽). 롤스턴은 약간 다른 접근법을 취하면서 비움과 "자연"에 관한 질문에 정면으로 맞선다. 먼저 비움을 "고난 받는 사랑"으로 규정하면서, 그는 "자연에는 어떤 이타주의도 없으며, 비움은 더더욱 없다"라고 주장한다(93쪽). 하지만 "이기적 유전자"에 관한 담론이 "범주 오류"이듯(120쪽), 그의 언급도 일종의 범주 오류다. 그래서 롤스턴은 지구를 위해 "인간의…확장을 제한하는" **인간**의 윤리적 능력에 대해—그는 이것을 "다음 천년"을 위해 가장 중요한 기독교의 과업 중 하나라고 말한다—비움이라는 용어를 계속 사용하기를 선호한다(126쪽).

마지막으로, 우리는 비움이라는 주제에 관해 자의식과 관련된 **신학적** 출발점을 보기 위해 피디스, 벨커, 몰트만의 글을 살펴야 한다. (과학자나 철학자라기보다) 조직신학자로서 그들은 기독교 전통 안에 나타나는 하나님의 사랑의 본성에 대한 분석으로부터 시작하며 계속해서 창조와 우주론을 다루는 질문으로 나아간다. 피디스는 이런 기초 위에 ("비움"이라는 용어를 314쪽에서 단지 간략하게 사용하면서) "사랑의 고난에도 **불구하고** 자신의 목적을 성취하는 것이 아니라, 사랑의 고난을 **통해서**"(315쪽) 그 목적이 성취될 것이라고 주장하는 "범재신론적인" 하나님의 사랑 개념을 논하는데, 이 개념은 상당한 "위험"을 수반하는 방법이다. (발타자르를 따르기보다는) 바르트를 따르는 피디스는—비록 누군가는 피디스의 글에 헤겔의 그림자가 배경으로 드리워져 있다고 의심하겠지만—처음부터 명시적인 삼위일체 용어로 이 "위험한" 사랑의 형태를 주제화한다(308-9쪽을 보라). 벨커는 약간 다른 강조점을 지니는데, 그는 비움을 "하나님에게서 가장 멀리 떨어져 있는 피조물과 만나시려는 하나님의 의지"로 규정한다. 다시 말해 이것은 "타자의 타자성"(231쪽)을 존중하는 것이다.

유대교 전통과 기독교 전통에서 비움의 서로 다른 의미에 대해 가장 미묘한 차이점을 설명하는 몰트만은 "자기 내어줌", "자기 제한" 그리고 "하나님이 자신의 전능, 편재, 전지하심을 제약"(249쪽)하는 행위 등의 방식으로 비움을 다양한 측면에서 정의하기를 선호한다. 따라서 우리는 하나님의 "자기 비하"에 대해서도 적절하게 말할 수 있다. 즉 하나님은 피조물들이 그분께 "회개하고 돌아오기를 기다리신다"(251쪽). "전멸"(annihilation)이 실제로 일어날 가능태라 하더라도, 어떻게 최종적인 종말론적 성취에 대한 희망이 확실한 희망일 수 있는지는 이 글에서 전적으로 분명하지는 않다.

이 책에서 "일반적으로" 사용되는 비움이라는 단어에 대한 이 간략한 분석에서조차, "위험"에서부터 "자기 제한", "희생", "자기 내어줌", "자기 비움"을 거쳐 심지어 "전멸"에 이르기까지 다양한 의미의 차이를 보여주는 (비트겐슈타인이 언급한) "가족 유사성"이 나타난다. 이렇게 다양하게 모든 글에서 내려진 비움에 관한 정의가 수행하는 형이상학적·도덕적 무게는 각각의 경우에 결코 똑같지 않으며, 각각의 경우가 세워진 **기초**도 같지 않다. 이 책에 기고한 조직신학자들은 기독론이나 삼위일체라는 해석학적 렌즈를 우선시하여 거기에 전념하는 것 같다. 반대로 과학자나 철학자들은 인간이 가진 자유에 관한 각각의 해석(흥미롭게도 모든 이가 "양립 불가능성"에 관한 몇몇 형태를 선호한다)이나 (말하자면) 혼돈 이론이나 유전학에 대한 현대 과학의 이해 상태에서 출발하여 논의를 전개하려는 경향이 있다. 중세 스콜라주의로 돌아가서 한 하나님(de deo uno)과 세 하나님(de deo trino) 견해 사이에 일어났던 유감스러운 분열에 관한 오래된 논쟁이 여기서 다시금 고개를 들고 있다. (이 책에 나타나는 많은 글처럼) 기독교의 창조론은 삼위일체에 관한 각각의 견해를 다루는 논의에서 **미리** 논의될 수 있는가? 또는 이것은 개혁주의와는 거리가 먼 이신론의 조짐이란 의혹을 남기는가? 아니면 다시 말해, 앞서 말한 분석에서 이미 언급했듯이, 만일 그것이 다른 곳에서 얻은 신학적 결론들과 전형적인 일치를 보인다면, 기독론을 기반으로 비움을 논의한 신약성서 원전과 교부들의 토론은 다시 소환해야 할 선택적인 자료로만 간주해야 하는가? 아니면, 이 자료는 어떤 의미에서 우리의 체계적 성찰에 관해 규범적으로 결속되어 있는가? 이 책의 여러 저자에게서 드러난 서로 다른 대답은 "전통"의 권위에 대한 우리의 암묵적 태도가 얼마나 복잡하고 다양한지를 보여준다.

다른 중요한 체계적 차이는 한편으로는 "신비"의 정도에 따라서 일어나거나, 다른 한편으로는 신인동형론적 상징화에 따라서 일어나는데, 그것은 신론에서는 허용될 수 있다고 여겨진다. 이 책의 기고자 중 상당수는 이른바 하나님의 속성과 섭리(특별히 아우구스티누스와 후기 고전적인 토마스주의와 연관된 견해)에 대한 "고전적" 설명을 비판하는 데 상당한 에너지를 소모한다. 이런 비판은 실로 이 뛰어난 글들에서 나타나는 주목할 만한 **중심사상**이다. 왜냐하면 모두가 전능, 전지, 불변이라는 고전적인 신의 속성들이 도전받아야 한다는 데 동의하기 때문이다. 우리가 신학적 질문으로 구성된 이 거대한 연결체를 여기서 다시 논할 수는 없겠지만, 아퀴나스 자신이 하나님은 우주의 "절대 통치자"(바버의 글 27쪽을 보라)라는 제안에 내재된 신인동형론을 강하게 거절했을지도 모른다는 점, 또는 그가 지지했던 인간의 자유에 대한 이해가 "통제"를 억제하기를 제안하곤 한다는 점을 우리 스스로 상기하는 것은 가치 있는 일이다.[23] 우리는 여기서 우리의 체계 안에 있는 신비와 경이로움을 기꺼이 인정하면서, 점증하는 비판의 영향으로 그 체계가 무너질 것처럼 보이는 미묘한 문제들을 다루고 있다. 토마스주의가 "비움"과 관련된 질문들에 지적으로 대답하지 않고서는, 속성 간 교류를 수단으로 하는 기독론의 영역에서 신정론, 우주론, 인간의 자유, 그리고 인간이신 예수의 연약함과 고난의 수용에 관해 이 책에서 강조되지 않는다고 말하는 것으로 충분하다. 그러나 그런 대안이 되는 "고전적인" 관점들을 깊이 있게 탐구하는 것이 이 책의 과제는 아니다.[24] 그러려면 매우 다르면서도 훨씬 더 긴 책을 내놓아야 할지도 모른다. 나는 이미 위에서, 이 책이 **자유 의지**에 기반을 둔 자유를 다루는 견해에 놀랍도록 집중하는 것은 여러 개의 다른 체계적 선택들(비움, 신정론, 우주론, 그리고 하나님의 특징에 관한)을 함께 묶어주는 핵심일 수 있음을 제안

---

23) Aquinas의 이 주제에 대해서는 Herbert McCabe, *God Matters* (London: Mowbray, 1987), 2장("Freedom") 그리고 Brian Davies, *The Thought of Thomas Aquinas* (Oxford: Clarendon Press, 1992), 9장 ("Providence and Freedom")을 보라.

24) 예를 들어 God Matters, 4장 (*"The Involvement of God"*)에서 McCabe가 이 주제들에 대한 "고전적인" 대안을 옹호한다는 점을 비교하라.

했다. 그렇게 될 때, 그것은 이 책과 다른 책들에 나타나는 비움의 의미, 즉 젠더적 함의를 다루는 이 글의 마지막 단락과 곧바로 연결되는 가교 역할을 감당한다.

## 2. 비움: 젠더적 함의

우리가 이미 논의 도중에 곳곳에서 암시했듯이, 젠더와 관련된 주제는 매우 흥미로운—그러나 항상 명백한 것은 아닌—수많은 방식으로 비움이라는 신학적 문제와 얽혀 있다. 이 마지막 단락에서 우리는 젠더와 관련된 쟁점들이 이 영역에서 우리가 가진 신학적 선택들과 교차하는 세 가지 방식을 열거하고, 약간의 평가를 시도할 것이다.

### 1) 비움과 자유 의지를 가진 자유

이 책의 대부분의 저자는, 인간이 하나님의 능력과 선(先)지식에 제한을 두는 형태의 자유를 누리는 것을 자명한 선(善)으로 받아들인다. 이 가정은 많은 이를 다음과 같은 신정론 문제로 이끈다. 즉 만일 하나님이 악과 고난을 제거할 만큼 강력하시다면, 왜 하나님은 그렇게 하시지 않는가? 하나님은 이 영역에서 하나님 자신의 능력에 제한을 두었음이 틀림없다는 논의가 계속된다. 자유를 실행하기 위해 하나님이 인간에게 주신 "공간"은—좋든 나쁘든—우리가 지적했듯이, 이 책을 아우르는 "일반화된" 표현인 하나님의 비움이라는 개념을 구성하는 중요한 요소다. 그러나 이 견해를 제안하는 저자들은, 인간이 실행하는 "자유"가 일종의 "양립 불가능주의" 즉 아마도 다른 이에 의한 통제 조건에서 자유로운 그런 유형이어야 함을 가정한다는 점은 여기서 특히 강조할 만하다. 달리 말하면 여기서 제시된 그림은, 다른 (작은) 인물들이 완전히 독립적인 생각과 행동을 실행할 수 있게 하기 위해, 전경에서 물러나거나 그의 영향력을 제한하는 (매우 큰) 인물인 신의 모습을 보여준다.

그러나 왜 그리고 어떻게 자유에 관한 이 그림이 "젠더"를 부여받았는가? 자유에 관한 이 특별한 "그림" 안에서 그 대답은 제한, 조절, 또는 의존을 허용하는 것과는 관계없는 행동에 부여된 의미에 있다. 아울러 정신분석 이론으로 교육받은 이들이 보기에 이것은, 엄마의 힘을 거부하는 남자 아이를 깊이 생각나게 하는 그림이다. 따라서 프랑스 페미니스트들이 보기에, 특별히 이런 종류의 "성인"으로 독립하는 그림은 실제로 "남성"에게 내재하는 환상, 즉 엄마에 대한 거부와 억제를 나타낸다. 즉 그것은 인간인 우리가 인간으로서 서로에게 의존한다는 점뿐만 아니라 우리가 신의 보존을 계속 필요로 한다는 점 모두를 적극적으로 인식하려는 태도와는 대조적이다.[25] 이 논의가 계속됨에 따라, 그 기저에 있는 상징은 그에게 생명을 주고 참으로 그를 지속되게 하는 존재로부터 자신을 분리함으로써 독립을 얻는 일종의 규범적인 "남성성을 가진" 자아로부터 나온다.

그렇다면 대안은 무엇인가? 자유에 관한 "양립 불가능주의"의 견해는 철학적으로 제시하는 유일한 견해들이 아니다(흥미롭게도, 사실 이 견해들은 세속 철학자들에 의해 점차 비판받고 있다). 다양한 형태의 "양립 가능주의" 또한 가능하다. 양립 가능주의는 자유에 관한 견해들로서, 심지어 "자유로운" 행동이 취해질 때조차 그것은 계속해서 유효한 요소들, 즉 조건화하며 심지어 "결정짓는" 요소들로부터 분리해서 추상화하려고 시도하지 않는다. 세속 철학자들은 실제로 "자유로운" 행동과 함께 공존할 수 있

---

25) 나는 "Feminism," in C. Taliaferro and P. Quinn, eds., *A Companion to Philosophy of Religion* (Oxford: Blackwell, 1997), 601-6에서 프랑스 페미니즘 사상과 연관해서 양립 불가능한 자유에 대한 이런 비판을 다뤘다.

는 생리적·사회적 결정론의 범위에 논쟁의 초점을 맞춘다. 그러나 양립 가능주의자 중에서도 **유신론**을 기반으로 하는 이들에게 하나의 그림이 상기시키는 바는 다음과 같다. 나를 위해 섭리를 베풀고 결정하시는 하나님의 의지와 협력할 때, 나는 가장 **참으로** "자유롭다"(크랜머의 기도문[the Cranmerian collect]이 말하듯이, 하나님은 "완전히 자유롭게 섬기신다"). 그러나 우리가 앞에서 언급했듯이, 이런 접근법은 소위 "고전적인" 비전으로서 세계와 상호 작용하시는 하나님을 보여주는 그림의 일부이며, 이 책의 기고자 대부분은 이를 비판하는 데 관심을 둔다. 이것은, 만약 그들이 독재자 같은 어떤 신이 개별 인간에게 부적절하고 제한적인 통제를 일삼는 모습으로 결정론을 "그리는 일"을 계속한다면, 특별히 그렇다.

그러나 신-인 양성의 교류라는 경쟁하는 다른 한 편의 "그림"이 이 책에 나타난다는 점은 흥미로운 아이러니다. 이 경쟁하는 그림은 신에게 계속 의존하는 모습이 가져오는, 소위 목매는 효과에 관한 이 가정을 원상태로 돌린다. 따라서 이미 언급했듯이, 이언 바버는 하나님의 힘이 "압도하는 힘이 아니라 힘을 부여하는 능력"(48쪽)이며 그분은 인간의 자유와 주도권을 억누르기보다는 계속해서 사랑하는 우리를 존재하게 하신다고 인식하기 때문에, 하나님의 "모성적" 상징에 관해 긍정적으로 쓸 수 있었다. "과정" 사상에 기반을 둔 바버의 분석에서 이것은 "고전 유신론"에 대해 이미 가정된 거부와 연계된 견해다. 그러나 노리치의 줄리안이 다루는 평행적인 주제(폴 피디스가 이를 넌지시 언급한다. 293, 316-17쪽을 보라)는 "고전적인" 관점에서 본 하나님을 수용하지만, 그녀가 자신이 다루는 주제를 고전적인 하나님에 대한 관점과 경쟁 관계에 두기보다는 인간의 응답 안에서 그것의 완성을 추구하는 신의 갈망이라는 개념을 그 안에 녹여낸다는 점이 특히 강조할 만하다.

요약하면, 우리가 하나님의(또는 인간의) 비움에 관해 신학적으로 내리는 결정은, 우리가 그것을 인식하든 그렇지 않든 상관없이, 젠더의 측면과 관련되거나 그것을 함축하는 의미들로 가득 차 있다. 만일 우리가 하나님의 비움을 "자유"가 발생하게끔 하기 위해 **방해하시지 않는** 하나님이시기 위해 필요한 요소라고 간주한다면, 한 가지 종류의 젠더적 표현만이 작용할 것이다. 이에 반해 만일 우리가 하나님이 우리를 자유(이때의 자유는 다른 의미로서 일종의 "양립 가능주의" 종류에 속하는 것이다) **안에 속하도록** 양육하고 지탱하는 분으로 생각한다면, 그 배경에는 또 다른 일련의 연관성이 나타날 것이다. 후자의 관점에서 우리가 주목해야 할 것은, 제한이나 "비움"이 필요한 이는 **하나님**이 아니라 오히려 잘못된 형태의 오만한 **인간**의 힘, 즉 많은 페미니스트들이 "남성우월주의"(masculinist)라고 이름 붙이는 형태다. 롤스턴과 지브스는 이런 젠더적 연관성을 탐구하지는 않는다. 그러나 그들이 진정으로 강조하는 것은, 비움이 인간의 과업이라고 할 때 우리는 하나님에 대해, 이 땅에 대해, 그리고 서로에 대해 가지는 심오한 의존성을 인식해야 한다는 사실이다.

### 2) 페미니즘과 비움의 "자기희생"

그러나 여기까지만 읽은 채, 젠더 분석을 시도하는 이 글이 성적 고정관념을 가정해서 그것을 전복하려 애써야 한다고 말한다고 생각한다면, 그것은 반론에 부딪힐 수도 있다. 모든 양육은 "모성적"이고, 모든 잘못된 권력 다툼은 "남성적"인가? 확실히 아니다. 즉 이런 언급들은 생리적인 "본질주의"를 의미하거나 이를 눈감아주는 일을 전혀 할 수 없다. 그러나 그런 젠더적 **연관성**이 우리 문화에는 부인할 수 없을 정도로 여전히 널리 퍼져 있으므로, 그것들이 신학적으로 내려야 할 여러 선택에 나쁜 영향을 미칠 때, 우리는 그것들을 의식해야만 한다. 우리가 비움과 "자기희생"에 관련된 질문을 시작할 때에도 같은 문제가 발생한다. 왜냐하면 여기에 페미니스트 신학자들이 오랫동안 계속해온 "비움"의 기독론에 대한 비판이 있기 때문이다. 비판의 근거는, 비움의 기독론이 여성에게 "자기희생"과 "자기비하"라는 규범 형태를 강요하여 그들로 하여금 종속되는 역할에 머무르게 하고, 심지어 학대를 용서하도록 이끌게 한다는 데 있다. 남성은 권력을 남용하려는 그들의 경향을 보상하기 위해 도덕적 비움의 형태를 배울 필요가 있을지도 모르지만(이 논의는 여전히 진행 중이다), 여성은 이미 그들의 정체성을 인식하는 그들의 의식에 해를 입었음에도 "자기 비움"을 강조함으로써 위험에 처할 수 있다. 대프니 햄프슨(Daphne Hampson)은 이렇게 말한다.

> 그것[비움]이 기독교 사상에서 탁월하게 나타났어야 했던 특징은, 위계질서와 지배와 관련지어 사고할 때, 남성의 문제가 무엇이었는지를 남자들이 이해해왔다는 사실에 대한 어쩌면 하나의 징후다. 그것은 아마도 남성이 전유할 필요가 있으며, 하나님에 대한 남성의 이해 안에 세워지는 데 도움이 될 어떤 모델로서는 적합할지도 모른다. 그러나…여성에게 자기 비움과 자기 부정이라는 주제는, 하나의 패러다임으로서는 결코 도움이 되지 않는다.[26]

이 논의는, 처음에는 특히 19세기 후반과 20세기 초 기독론을 기반으로 하는 영국의 비움의 신학자들(고어, 웨스턴, 포사이스)을 의도했을 때는 잘 수용되었다. 내가 다른 글에서 보여주었듯이,[27] 비움에 관해 이들이 사용하는 이미지와 예증으로 제시하는 내러티브들은 실제로 성 차별주의자

---

26) Daphne Hampson, *Theology and Feminism* (Oxford: Blackwell, 1990), 155. 나는 "Kenosis and Subversion"(각주 1번을 보라)과 여러 곳에서 다른 페미니스트들의 관점들과 연관해서 상세히 논의했다.
27) 내 글 "Kenosis and Subversion," 96-99에 제시된 상세한 분석을 보라.

(sexist)와 계급 차별주의자들의 가설들로 가득하다. 그러나 우리는 이 명확한 형태의 비판이 의문을 제기하려 하는 젠더에 관한 고정관념을 강화하는 데 다시금 주의해야 한다. 비움과 자유에 대한 우리의 토론도 그렇듯이, 이 부분도 그렇다. 즉 "비움"을 통한 자기희생에 호소하는 것을 어떤 대상을 종속시키기 위한 수단 혹은 학대의 수단으로 사용하려는 태도가 가진 위험성을 부인할 수 없다는 점과 함께, 여성 기독교 신자는 (이 책에서 여러 기고자가 수행한 과제의 하나인) 비움의 상태를 남자와 여자를 위한 적법한 영적 목표로서 다시 고려하려는 시도와 혼동하지 말아야 한다. 위험은 "의심의 해석학"(hermeneutics of suspicion)이 우리 앞에 둔 고려해야 할 것들과 직면하기를 거부하는 태도에 있다. 햄프슨의 비판이 제안하듯, 그러므로 그것은 도덕적 비움의 가치나 "희생적" 사랑의 가치를 재고하려는 **모든** 시도들이 성 본질주의라는 함정으로 인해 실패하는 것은 아님을 의미한다. 다른 글에서도 다뤘지만, 사실 현재까지 많은 페미니스트 신학에서 비움이 가진 "상처 입을 가능성"에 관한 질문을 **억제**하는 이유가, 만일 남자뿐 아니라 여자에게서도 피조물이 가진 의존성을 받아들이기를 금하려는 것이라면 이는 우려해야 할 방향이다.[28] 마지막 단락이 보여주겠지만, 그럼에도 이를 인정하는 것이 젠더 차이를 **거부하는** 신학적 접근의 "안전"을 향해 새로운 요동을 일으키지는 않아야 한다.

### 3) 젠더와 "타자성"

젠더에 관한 질문들이 비움에 관한 신학적 토론에 영향을 미치는 마지막 방식은 우리를 신성 안에 있는 균열이나 "단절"에 대한 쟁점으로 돌아가게 한다. 비록 서로 다른 형이상학적 해결책을 제시하지만, 우리는 이 세

---

28) "Kenosis and Subversion"의 여러 부분과 특별히 106-11쪽을 보라.

대에서 어떻게 이 주제가 기독교 신학자인 폰 발타자르 만큼이나 유대인 철학자 레비나스를 움직이게 했는지를 살펴보았다. 논쟁의 여지가 있지만, "비움"의 공간이 "타자"를 타자로서 인식하는 데 도움이 된다는 것은 "하나님"과 "하나님" 사이의, 즉 신의 부재와 신의 현존 사이에서 일어나는 변증법적 단절에 있다.[29] 그러나 정확히 누가 이 "타자"인가? 프랑스 페미니스트인 뤼스 이리가레(Luce Irigaray)와 줄리아 크리스테바(Julia Kristeva)가 다른 방법들로 설명했듯이, "타자"에 대한 질문은 젠더에 대한 질문과 분리될 수 없다. 즉 아이의 젠더 정체성은 처음에는 엄마와 자신의 차이점을 인식하는 위기를 넘어서는 데서 형성되며, 그리고 언어의 세계 속으로 들어옴에 따라 정확히 형성된다. 크리스테바에게 그러한 문구는 특별한 의미에서 "비움"과 관련된다. 그것은 사회적 소통의 세계로 들어가는 전제 조건인 엄마로부터 "버려짐"을 수반한다. 크리스테바는 (자크 라캉[Jacques Lacan]을 따라서) 이를 아버지의 "상징적" 법이라고 명명했다. 이 위기 자체를 극복하는 것은 깊은 상실을 수반하고, 따라서 암묵적으로 미래를 보상받으려는 희망이나 심지어 "부활"에 대한 소망을 불러낸다.[30]

비록 우리가 여기서 암호화된 라캉주의자의 가설들을 완전히 받아들이지는 않는다 해도, 이 관점으로부터 비움은 타자를 선인식된 범주나 개인적으로 필요한 항목 속으로 삼켜버리지 않으면서도 "타자성"을 인식하는 행위가 가진 중대한 어려움에 대한 논의를 수반할지도 모른다. "타자"를 도덕적으로 통합하는 것은 공간을 만들거나 아마도 이리가레가 추구하는 상호 "황홀감"—자기중심적인 통제를 위해 뭔가를 요구하지 않고 타

---

29) Graham Ward는 "Kenosis" 40-68에서 Balthasar와 Julia Kristeva에 관한 흥미로운 비교를 통해 이 주제를 상세히 연구한다.
30) 이 주제를 정신분석의 범주로 바꿔놓은 Kristeva의 논의에 대해서는 Graham Ward, "Kenosis," 62을 보라.

자와의 차이점을 받드는 태도—을 추구하는 **신중한** 행동에 의해서만 유지된다. 따라서 존경할 만한 태도 즉 공간을 만드는 행동은 신성 안에 있는 변증법적인 간격을 반영하는데, 이는 발타자르가 언급한 성령에 의해서만 메꿔질 수 있는 간격과 일치한다. 따라서 이리가레의 비슷한 논의에서도 나타나듯이, 성적(sexual) 사랑은 아무리 좋더라도 불가피하게 삼중 구조로 드러난다. 그 안에서 두 연인은 "제3자"에 의해 구분되기도 하고 연결되기도 하는데, 이 "제3자"는 그들이 서로 "그들 자신을 두드러지게 하는 행동"(황홀감)을 나타낸다.[31]

마지막으로, 만일 우리가 젠더적 "타자성"에 대해 관심을 보이는 것이 이 책에서 다루는 비움이라는 주제와 관련되는지를 묻는다면, 우리는 먼저 "타자성"에 대한 하나님의 존중을 다룬 벨커의 글과 발타자르의 "비움적" 삼위일체론에 관한 몰트만의 간단한 논의로 돌아가야 할 것이다. 즉 헤겔주의에 그 뿌리를 둔, 이런 관심에 관한 "계보"는 젠더적 "타자성"에 관한 현대 프랑스 페미니스트 논쟁과 긴밀히 연결되어 있음이 이제 분명히 드러난 듯하다. 만일 프랑스 페미니스트들이 우리에게 "타자성"을 존중하는 이 능력을 발전시키기 위해서는 초기 아동 발달 시기가 중요하다는 점을 조금이라도 확신시킬 수 있다면, 도덕적 비움에 관한 롤스턴, 지브스, 그리고 엘리스의 관심은 확실히 이런 젠더적 맥락을 따라 보충하고 재고할 만하다 하겠다.

---

31) 성적 사랑에 대한 "삼위일체적" 본성에 관해 가장 잘 설명한 논의로는 Luce Irigaray, "Questions to Emmanuel Lévinas," in Margaret Whitford, ed., *The Irigaray Reader* (Oxford: Blackwell, 1991), 180을 보라.

## 3. 결론

우리는 이 책에서 나타나는 비움이라는 용어의 용법에 대한 필수적이지만 간략한 분석을 통해, 용어의 의미와 관련되는 범위를 구별하고 범주화하려 했으며, 그들 사이의 "가족 유사성"을 체계화하려 했다. 우리는 그 방식을 따라서, 저자들이 행한 어떤 체계적인 선택과, 신학적 주제들이 근거하는 권위에 대해 그들이 당연하게 받아들이는 자료들과 각자의 출발점 및 주된 관심사를 살폈다. 소위 "고전 유신론"에 대해 어떤 확장된 방어도 하지 않은 채, 우리는 고전 유신론이 하나님의 능력과 통제를 인식하는 방식을 희화화할 위험성에 관심을 기울였다. 그러나 또한 우리는, 왜 이 책의 대부분의 기고자들이 내가 하나님의 비움에 관해 "일반화된" 개념이라 이름 붙인 것을 선호하면서도 신의 전능에 관한 "고전적" 관점을 피하는지를 다루는 중첩되면서도 중요한 몇 가지 이유를 간략히 요약했다. 마지막으로 이 책에서 논의된 비움 관점을 이해하기 위해 명시적으로든 암묵적으로든 많은 젠더적 관련성을 추론함으로써, 우리는 겉보기에는 거침없는 방식으로 주의를 끌려고 애썼다. 그 방식 안에서 젠더적 관련성 자체가 그 주제와 연결되어 있다. 그리고 과학과 창조를 다루는 현대 신학에서 젠데의 주제들이 갖는 신학적 중요성에 대해 더 깊이 고려하기를 추구했다.

**역자 후기**
왜 세상에는 "무"가 아닌 "어떤 것"이 존재하는가?




## 1. 던져야 할 질문: 존재

하나의 질문은 세계를 바라보는 하나의 관점을 형성한다. 다시 말하면, 하나의 세계관은 어떤 질문을 제기하느냐로부터 결정된다고 할 수 있다. 우리는 살아가면서 수많은 질문을 던지곤 한다. 개인적인 질문에서 시작해서 더불어 살아가는 사람에 대한 질문, 사회에 대한 질문, 국가에 대한 질문, 세계에 대한 질문, 우주에 대한 질문, 그리고 궁극적으로는 절대자에 대한 질문에 이르기까지 수많은 질문을 던지고 그에 대한 나름의 답을 찾으려 한다. 그런데 삶에서 제기되는 이런 수많은 질문 중 어떤 질문이 가장 시급하며 중요한 질문일까?

누군가는 이 땅에서의 불평등에 관한 질문이 가장 긴급하고 심각한 질문이며 따라서 그 질문에 반드시 답을 해야 한다고 생각할 것이다. 예를 들면, 누군가는 어마어마한 부를 가지고 이 땅에서 부러울 것 없이 살아가고, 또 다른 누군가는 같은 하늘 아래에 살지만 매달 치러야 하는 월

세 걱정과 심지어는 당장 먹을 끼니에 대한 걱정을 하고 살아가는 사람들도 있다. 이것은 경제적 불평등을 의미할 것이다. 또 누군가는 어려운 일이 있을 때 정치적 힘을 행사하여 그 위기를 극복할 수 있지만, 아무 힘도 없이 살아가는, 그래서 정치적 희생양이 되어버리는 사회적 약자들이 존재하는 정치적·사회적 불평등 또한 나타난다. 그리고 피부 색깔이 다르다는 이유만으로 당하는 인종 차별이라는 불평등이 있을 것이다. 여기서 이 불평등의 예를 더 나열한다면, 아마도 이 땅에 존재하는 사람 숫자 이상만큼의 종류가 나올 것이다.

또 누군가는 다른 문제(환경이나 생명 등등)가 가장 중요하다고 주장할 수 있겠지만, 우리는 이 불평등과 연관해서 좀 더 생각해보자. 그렇다면 이런 불평등과는 반대로 "이 세상에 살아가는 모든 사람에게 가장 공평한 것은 무엇일까" 하는 궁금증이 생긴다. 이 세상에서 경험하는 모든 불평등이 견줄 수 없는 그런 평등은 없을까? 다른 사람과 비교함에도 불구하고, 또 이 불평등으로 만연한 세상을 바라봄에도 불구하고, 우리로 하여금 모든 불평과 한탄을 멈추게 만드는 그런 평등은 없을까? 그렇게 모든 사람에게 똑같이 주어진 평등이 정말 없을까?

다른 건 차치하더라도 최소한 우리가 존재한다는 사실만큼은 평등한 것 아닐까? 부자도 존재하고 가난한 자도 존재하고 권력을 가진 자도 존재하고 가지지 못한 자도 존재하고 피부색이 흰 사람도 존재하고 검은 사람도 존재한다. 그러니까 존재자들이 존재함에 대해, 그를 꾸미는 형용사들의 종류에는 불평등의 색깔이 다양하다 할지라도 존재자들이 존재한다는 사실만큼은 가장 공평한 것 같다.

이 글은 그런 가장 근본적인 평등을 우리에게 안겨다 주는 "존재"라는 화두에 대해 질문하며 답하고자 한다. "왜 세상에는 '무'가 아닌 '어떤' 것이 존재하는가?"

## 2. 존재론적 평등과 존재론적 불평등

우리가 어떤 형태로든 존재한다는 사실 자체가 평등이라면, 그 반대편에 있는 것, 즉 우리의 존재가 사라지는 죽음 또한 평등이 가진 또 하나의 모습이라고 한다면 지나칠까? 물론 태어날 때 어떤 환경에서 태어나는지 그리고 죽을 때 어떤 모습으로 죽는지에 대한 물음은 부차적으로 하고, 그리고 거기에는 분명히 불평등이 존재하지만, 태어난 모든 자는 반드시 죽기 때문에 "태어남"과 "죽음" 그 자체는 가장 공평한 것이 아닐까 생각한다. 이것을 받아들인다면 이를 "존재론적 평등"이라 불러보자. 그러니까 태어남과 죽음이 존재론적 평등을 구성한다.

그런데 이런 존재론적 평등이 있다면 다른 한편으로 그 반대의 관점은 없을까? 앞에서 예를 든 경제적·정치적 삶의 불평등조차도 감히 비교할 수 없는 그런 근원적 불평등은 없는가? 그것은 존재 대 비존재의 구도에서 발견될 수 있는 어떤 것, 즉 이 땅에 태어난 자들과 태어나지 못한 자들 사이에 존재하는 어떤 불평등이다. 그것은 태어나지 못한 자들이 갖는 비존재의 불평등일 것이며 또한 정치적·경제적·사회적 불평등이 존재하기 이전의 불평등일 것이다. 이런 인간 세상의 불평등이 있기 이전부터 존재하는 불평등을 "존재론적 불평등"이라 불러보자.

존재론적 불평등은 존재론적 평등의 한 축인 "태어남"을 경험하지 못하는 불행한 불평등이기도 하고, 또 다른 한 축인 "죽음" 자체 역시 경험하지 못하는 불평등이기도 하다. 역으로 말하면, 죽음은 존재하지(태어나지) 못한 자가 결코 경험할 수 없는 존재론적 평등의 한 축임을 의미한다. 존재하지 않은 자가 죽었다면 이것보다 더 큰 화젯거리가 어디 있겠는가? 이것보다 더 심각한 형용 모순이 어디 있겠는가? 존재하지 않은 자가 죽을 수는 없지 않은가? 우리는 누군가의 죽음을 통해 죽음을 간접적으로 경험하기도 하고, 미래의 어느 순간에 우리 자신의 죽음을 직접 경험하기도 한다. 다시 말해 죽음은 비존재가 간접적으로든 직접적으로든 결코 경험할 수 없는, 존재하는 자만이 경험할 수 있는 존재론적 평등의 한 축이다. 그러나 이 죽음 또한 태어남이 그러하듯이 존재론적 불평등 위에 기반을 둔 불완전한 평등이다. 그럼에도 이 죽음은 태어난 자만이 가질 수 있는 경험이기에 이 또한 값진 것 아닌가? 존재하지 못한 자는, 비록 그것이 비극적 경험일지라도, 경험하지도 못하는 의미 있는 것 아닌가? 죽음은 우리가 세상에서 영원히 살 수 없음을 직접적으로 인식하는 가장 거룩한 깨달음의 순간이 아닌가?

여기서 존재론적 불평등은 "어떤 것"(something)과 "무"(nothing) 사이의 불평등이다. 다시 말하면 "존재"와 "비존재" 사이의 불평등이다. 우리는 존재하지만 비존재는 존재하지 않는다. 그러니까 비존재의 관점에서 존재를 보면 그것은 불평등이다. 물론 비존재는 어떤 관점을 가질 수 없다. 그러나 상상력을 가지고 비존재의 자리에서 보면 존재는 불평등이라는 말이다. 따라서 이 세상에 태어남 자체는 존재론적 평등과 존재론적 불평등이 구분되는 지점이다. 왜냐하면 태어난 사람에게 태어남 자체는 존재론적 평등의 의미를 가지고 있지만, 태어나지 못한 자에게 그것은 존재론적 불평등의 의미를 부여하기 때문이다. 이런 논리에서 본다면 존재론적 평등은 존재론적 불평등 위에 기반을 둔 그런 불완전한 평등을 의미한다. 이것은 존재와 비존재 사이의 논쟁에서 수반되는 "존재론적 악"(ontological evil)의 문제를 제기할 수 있으며, 이것을 신과 관련지어 다룬다면 "존재론적 신정론"(ontological theodicy)이라 부를 수도 있을 것 같다.

## 3. 비존재자의 질문과 존재의 신비

이런 관점으로부터 이 땅에서 우리가 겪는 불평등을 다시 생각해보자. 이 땅에서 겪는 정치적·경제적·사회적 불평등은 비존재가 결코 경험할 수 없는 그런 불평등이다. 이 땅에서 살아가는 많은 사람들이 하는 불평, 곧 "왜 나는 이 땅에 존재하는가" 또는 "왜 이 땅에는 부조리가 있는가"라는 질문은 비존재가 물을 수도 없는 질문이며, "왜 나는 이 땅에 존재하지 않는가"에 비해서는 어쩌면 행복한 질문이자 불평인지도 모른다. 이것은 지금의 고통을 무시하거나 그 고통에 관심이 없거나 이 땅에 고통당하는 사람들의 눈물을 외면한다는 말이 결코 아니다. 그것은 이 땅에 눈 한번 떠보지 못하는 자들에 대한 안타까운 마음의 표현임과 동시에 지금 나에게 주어진 삶이 힘들고 어렵다 할지라도 희망을 가지고 최선을 다해 살아야겠다는 역설적 의지의 표현이기도 하다. 그러니까 존재하지 못한 자는 질문조차 할 수 없는 존재의 근원에 대한 질문, 오직 태어나고 존재하는 자만이 할 수 있는 비존재에 대한 질문, 비존재를 잠시만이라도 갈망하는 그런 질문은 비존재자의 질문에 비해서는 어쩌면 배부른 자의 행복한 질문일 수 있다. 왜냐하면 존재자는 비존재에 대해 질문할 수 있지만 비존재자는 존재에 대해 질문조차 할 수 없기 때문이다.

그런 점에서 한 인간이 이 우주 역사 내에 존재한다는 사실 자체는 너무나 많은 의미, 특별히 존재의 신비를 담고 있다. 우주의 기나긴 역사에 비해 너무나도 짧은 역사를 가진 우리 인류, 그리고 그 어디 즈음에 "나"라는 자기의식을 가진 한 생명이 이 땅에 태어나서 살아간다는 것, 이것을 어떻게 해석해야 할까? 또 이런 질문들도 던질 수 있다. 왜 나는 "지금" 그리고 "여기" 존재하는가? 왜 나는 1000년 전이나 1000년 후가 아닌 지금 그리고 다른 나라가 아닌 이 나라 사람으로 존재하는가? 혹 "나"라는 존재가 1000년 전에 그리고 다른 나라에 존재했을 수도 있었을까? 더욱이 왜 나는 비존재하지 않고 존재하는가? 왜 내 아이들(딸, 아들)은 다른 아이들이 아닌 지금의 그 아이들인가? 왜 다른 이의 아이들이 내 아이들이 아닌가? 그리고 내 아이들 중에 왜 첫째는 둘째가 아니고 둘째는 첫째가 아닌가? 그리고 만약에 먼 훗날 셋째가 태어난다면 그 셋째는 지금 태어날 수도 있는 그 셋째일까?

이런 의미에서 나는 나 이전의 존재자 없이 존재할 수 없다. 나는 아버지, 어머니 없이 존재할 수 없다. 더 소급해 들어간다면, 내 계보에서 적어도 한 세대라도 단절이 있었다면, 내가 존재할 가능성이 있었을까? 나는 다른 가정에 태어날 수 있는 또 다른 기회를 가졌을까? 아마 아닐 것이다. 인간 역사는 몸에서 몸으로 전이해온 역사다. 나의 99번째 할아버지가 존재하지 않았다면, 또는 나의 68번째 할머니가 존재하지 않았다면 나는 존재할 수 없었을 것이다. 이 세상에서 "나"로서 또는 "너"로서 존재하는 것은 놀라운 사건이다. 세계 역사 한가운데에 던져진 존재이기에 더욱 흥미롭다. 우리가 우리 역사를 추적해서 조상들의 이야기를 만든다면 흥미진진한, 긴 드라마가 될 것이다. 그러니까 개체는 우주의 거대한 역사를 자신의 몸 안에 품고 있는 우주의 역사이기도 하다.

그 과정 속에 이 땅에 태어난 "나"라는 존재자가 존재한다는 사실은 그 자체로 놀랍다. 그런데 나는 내가 존재한다는 것을 어떻게 알까? 나는 "자의식" 없이 내가 존재한다는 것을 확신할 수 있는가? 이 세상에 태어난 모든 사람이 가질 수 있는 "나"라는 의식, 생물학적으로 왜 "나"는 "너"가 아닌 "나"인가? 그리고 왜 "너"는 "나"가 아닌 "너"인가? 아니 더 정직하게 물으면 왜 "나"는 "너"가 될 수 없고 "너"는 "나"가 될 수 없는가? 왜 "나"는 "너"를 "나"로 인식하지 않고 "나"를 "나"로 인식하는 걸까? 나는 비록 다른 사람의 책이나 그들과의 대화를 통해서 그들의 지식을 알 수 있을지는 몰라도 타자의 의식을 내 의식으로 가질 수는 없다. 이것은 나라는 존재가 타자의 의식이 아닌 나의 의식을 가지고 있다는 의미다. 자기의식은 그런 의미에서 나를 나 되게 만드는 마지막 증거임에 틀림없다.

## 4. 주어짐으로서의 존재

그러면 자기의식을 가진 주체는 정말로 자기 삶의 주인일까? 개별 주체가 자기 삶의 진정한 주인이라면 자신의 태어남도 죽음도 자신의 의지대로 선택할 수 있어야 한다. 몇 가지 질문을 제기해보자.

질문 하나. 우리는 왜 존재하는 것일까? 개별 주체는 자신의 태어남을 바랄 수 있는가? 그 주체가 자신의 부모를 선택할 수 있는가? 자신의 나라를 선택할 수 있는가? 태어날 때부터 자신의 종교를 선택할 수 있는가? 자신의 피부색을 선택할 수 있는가? 개별 주체는 각각 기독교, 불교, 이슬람교 등등 종교를 가진 가정 또는 무신론을 신봉하는 가정에 태어난다. 살아가는 모든 개체는 자신의 삶을 선택하지 않는다. 그렇다면 주체는 주어지는 것이다. 존재하기에 사는 것이다. 삶은 주어지는 것이다. 수동적이다. 삶이 은혜라면 은혜는 주어지는 것이며, 수동적이다.

질문 둘. 사람이 잠을 자는 이유는 무엇일까? 잠은 우리 스스로 능동적으로 행하는 것이 아니라 잠이 오니까 자는 것이다. 내 의지로 잘 수도 있지만 그건 쉽지 않다. 그러니 수면제의 도움을 받지 않는가? 보통은 내 의지와 상관없이 잠은 수동적으로 임한다. 잠을 통해 우리는 또 다른 세계로 들어간다. 이 땅 거의 모든 사람이 이 세계로 들어가기를 거부하지 않는다. 그것은 아마도 24시간 동안 눈 뜨고 이 세상을 바라보면 이해할 수 없고 감당할 수 없는 일들로 인해 삶을 제대로 살 수 없을 것 같기에 절대자가 우리에게 하루 중 어느 정도의 시간을 다른 세계에서 눈 감고 현실을 바라보지 않고 잊고 살게 하시는 것일 수도 있다. 그러니 잠을 잘 자는 것도 엄청 큰 은혜다. 이것도 수동적이다.

질문 셋. 사람은 왜 먹을까? 배가 고프니까 먹는다. 배는 고파진다. 수동적이다. 배고프지 않은 이상 무조건 먹을 수는 없다. 배고픈 것도 은혜다. 배고프지 않는 이상 먹지 못하니 삶이 지속될 리 없다. 이 또한 수동적으로 임하는 은혜다.

질문 넷. 인간은 왜 먹은 것의 일부를 밖으로 밀어낼까? 굳이 몸에 좋은 음식들을 먹었으면 그것을 고이 간직해야지 왜 그 일부를 내어놓는 것일까? 아마도 우리 몸이 내어놓지 않고는 못 견디기 때문일 것이다. 다 간직하고 싶지만 다 간직할 수 없게 만드는 힘이 작용하기에 반응한다. 이는 어쩌면 우리가 모두 소유했다고 자만할 수 있는 것을 모두 소유하지는 못한다는 하나의 본능적 겸손의 가르침 아닐까? 자신의 것이 전부 자신의 것이 아니라는 것을 본능을 통해 가르쳐주는 것이다. 그러니 이것도 수동적이다.

질문 다섯. 사람은 왜 죽을까? 주체는 자신의 죽음을 거부할 수 있는가? 비록 의학 기술의 발달로 생명을 연장할 수 있을지 몰라도 죽음 그 자체는 거부하거나 극복할 수 없다. 나는 내가 의지하는 대로 살 수 있는가? 왜 죽음 없는 영원한 삶이 아닌 죽음이 있는 유한한 삶이 존재하는가? 태어남이 주어지듯 죽음 또한 주어진다. 죽음이 임하니까 죽는다. 죽음은 온다. 물론 죽음을 스스로 선택해서 찾아가는 이도 있지만 대부분의 삶에 죽음은 그저 온다. 그러니 죽음도 수동적이다. 비록 인간이 이 세상에서 자유의지를 가질지라도, 그것은 태어남과 아무런 관계가 없고 다만 죽음과 부분적으로만 관련된다. 다시 말해 인간은 태어나거나 태어나지 않거나 하는 자유의지를 갖고 있지는 않다. 물론 죽으려는 자유의지는 있을지

몰라도 죽지 않으려는 자유의지는 아무런 의미가 없다. 이런 점에서 자유의지는 죽음 자체를 극복할 수 없기 때문에 죽으려는 자유의지는 수동적이요 제한적이다. 그러므로 죽음 앞에서 자유의지는 겸손해진다.

어쩌면 인생은 철저히 수동적이다. 태어났으니 살아가고 잠이 오니 자며 배고프니 먹고 더 이상 몸속에 간직할 수 없으니 밖으로 내보내며 더 이상 살 수 없으니 죽는다. 인생은 처음부터 끝까지 수동성의 띠로 이어져 있는지도 모른다. 이렇게 본능을 따라 살아가는 삶에 주어지는 수동성의 은혜가 있으니 너무 인생의 주체성만을 주장하지 마라. 그 주체성도 얼마 가지 못한다. 모두 그저 역사에 말 한마디 없이 남게 된다.

삶의 시작과 끝은 기본적으로 이렇게 주체에게 "주어진다". 주어짐 없이는 주체를 설명할 수 없다. 이런 의미에서 주체는 유한한 주체다. 다시 말하면, 스스로 존재할 수 없는 그런 주체다. 그러기에 유한적으로 주어지기 위해서는 무한적인 누군가에 의해 주어져야 한다. 하나님은 스스로 무한한 주체로서 존재할 수 있지만 유한한 주체는 무한한 주체에 의해 주어진다. 비록 각 개별 존재가 자기 삶의 주체로서 이 세상에서 살아간다 할지라도, 그 주체는 역설적이게도 자신의 삶의 시작과 끝은 통제할 수 없다. 삶의 시작과 끝에 대해 주체가 할 수 있는 일은 아무것도 없다. 주체는 주어지는 것이다. 주체는 사태의 한가운데로 들어오는 것이다. 장-뤽 마리옹(Jean-Luc Marion)의 도움을 빌린다면, 삶과 죽음은 "주어짐-주체-주어짐"으로 도식화할 수 있다. 우리는 역사의 한복판과 세계의 진행 과정에 던져졌다. 그러므로 우리가 마치 이 세상에 존재하는 첫 남자와 첫 여자로서, 그리고 이 세상에 존재하는 마지막 존재인 것처럼 살지 말아야 한다. 우리는 우리 이전 역사를 바꿀 어떤 권위도 가지지 못하며, 다음 세대의 삶을 마음대로 결정지을 수 있는 어떤 권리도 능력도 갖고 있지 않다. 그러하기에 인간이 유한한 존재임을 인식하면서 세계 존재 앞에서 겸손해야 한다.

## 5. 선물, 과제, 그리고 헌신

우리 개체는 존재할 어떤 필연도 없이 다만 존재한다. 기대하지 않은 삶을 받았기에 존재는 선물(Gabe)이다. 이렇게 태어난 자들이 매 순간 "자기의식"을 가지고 살아간다는 사실 자체는 은혜이자 선물이다. 이것은 물론 철저히 태어난 자, 즉 자기의식을 가진 자만이 가질 수 있는 태도다. 그렇다면 이것은 라이프니츠(Leibniz) 이후 많은 철학자들이 묻곤 했던 "왜 이 땅에는 '무'가 아닌 '어떤 것'이 존재하는가"에 대한 답변 또한 될 수 있지 않을까? "어떤 것이 존재한다"는 사실 자체는 분명히 선물이다. 은혜다. 그것은 이 땅에 수없이 많은 불평등(우리가 궁극적으로 극복해야 할 불평등)을 인내하고 극복할 수 있게 해주는 근원적 선물이다. 그러기에 오늘 하루 이 근원적 선물에 대해 감사해보자.

그리고 태어나지 못한 존재에 대한 연민을 가져보자. 이것이 존재자가 자기 자신뿐만 아니라 비존재자들을 대신해서 지금 여기에서 살아야 할 과제(Aufgabe) 아니겠는가? 여기서 한 걸음 더 나아가면 어떨까? 선물을 가진 자가 미래에 그리고 미래를 위해 무엇을 해야 할까? 이것을 무엇이라 불러야 할까? Gabe, Aufgabe 했으니 앞으로 나아간다는 의미에서 Hingabe가 어울릴 것 같다. 그것은 "헌신"을 의미한다. 우리는 우리 자신과 타자를 넘어 우주의 미래를 위해 살아야 한다. 칸트의 중요한 질문 세 가지를 변형시켜보면 우리는 다음과 같이 우리 삶을 구성하는 세 단계를 만들 수 있다.

1. 나는 왜 존재하는가? 나는 출생의 주어짐 때문에 여기 존재한다(선물).
2. 무엇이 나의 삶을 위한 과제인가? 나의 과제는 나의 삶에서 나에게 주어진 일을 하는 것이다(과제).

3. 미래를 위해 무엇을 해야만 하는가? 나는 인간의 삶을 포함해서 우주의 미래를 위해 살아야만 한다(헌신).

이런 관점에 근거했을 때, 우리가 타자를 도와주고 타자를 위해 살아야 하는 존재론적 이유가 여기 있다. 세상에 태어남은 자신의 선택이 아닌 주어짐의 결과 즉 선물이다. 그런데 그 주어짐은 강제적이거나 필연적 주어짐이 아닌 수많은 가능태 중 하나의 주어짐이다. 어느 한 특정한 가정에, 어느 한 특정한 지역에, 어느 한 특정한 국가에, 어느 한 특정한 종교를 지닌 가정에 태어났다는 것은 수많은 다른 가정에, 수많은 다른 지역에, 수많은 다른 국가에, 수많은 다른 종교를 가진 가정에 태어날 수 있었던 가능태 중 하나가 주어진 것이다. 이 말은 내가 그러한 수많은 가능태 중 하나로 태어날 수 있었다는 말이다. 그렇다면 한 주어짐으로 인해 태어난 우리는 다른 수많은 가능태로 태어난 이들에 대한 존재론적 책임이 있다. 이 세상에 살아가는 자들 중 누구든 가난하게 살아가며 고통 가운데 살아가는 자가 있다면, 그는 바로 존재론적으로 나의 또 다른 자아다. 수많은 "나"가 "나" 밖에서 살아가는 것이다. 그들이 바로 "나"다. 그러니 그들이 아프면 그들을 돌봐주어야 하고 그들이 배고프면 그들에게 먹을 것을 주어야 한다. 이는 아픈 자나 배고픈 자가 울고 있는 또 다른 나이기 때문이다. 그런 면에서 예수님이 말씀하신 "지극히 작은 자 하나에게 한 것이 곧 내게 한 것이라"(마 25:40)는 말씀은 어쩌면 지극히 작은 자와 나 사이에 존재론적 자아 동일성이 형성되어 있는 것으로 이해할 수 있다.

위에서 제기한 세 가지 질문들에 대한 답은 세 단계로 이루어진다. 선물 → 과제 → 헌신. 이 단계들은 화이트헤드의 용어로도 표현될 수 있다. 최초의 지향 → 현실적 존재 → 창조적 전진.

## 6. "비존재의 위협"과 하나님에 대한 요청

선물로서의 삶은 두려움으로서의 죽음과 관련이 있다. 우리는 우리 인생의 끝에 죽음이 있음을 안다. 한 번도 직접 경험해보지 못한 사건이기에 두렵기도 하겠지만, 죽음에 대한 간접 경험을 통한 앎이, 정도의 차이는 물론 있겠지만, 죽음에 대한 불안을 불러일으키기도 한다. 죽음에 대한 두려움은 무엇보다 자기 존재가 사라짐에 대한 두려움과 불안 아닐까? 같이 지내던 사람이 죽고 화장되어 한 줌의 재로 변했을 때, 그리고 그 재조차 땅에 뿌려졌을 때, 더 이상 그 존재 자체를 만지거나 볼 수 없다는 사실이 우리를 아프게 하지 않는가? 그 존재 자체가 사라졌다는 사실이 우리를 슬프게 하지 않는가? 그러기에 우리 자신의 존재가 사라지는 것에 대한 두려움이 우리에게 있다는 말이다. 아무리 신실한 믿음을 가진 자라 하더라도 죽음 그 자체에 대한 불안은 누구나 갖고 있기 마련이다. 그러나 죽음에 대한 두려움을 갖고 있다 해서 그것을 믿음이 약한 것으로 말해서는 곤란하다. 이는 어쩔 수 없이 유한하고 연약한 인간 실존의 상황을 보여주는 단면이기 때문이다.

그렇다면 이 두려움을 어떻게 극복해야 하는가? 이 두려움은, 두려워하는 자 스스로에 의해 극복될 수 없다. 물에 빠진 자가 스스로 머리채를 붙잡아 밖으로 나오는 것이 논리적으로는 가능할지 몰라도 현실에서는 불가능하기에 삶과 죽음은 죽음에 종속되지 않는 누군가에 의해 극복되어야 한다. 우리는 유한한 존재이기 때문에 그리고 삶과 죽음을 통제할 수 없기에 삶과 죽음에 대한 답을 가지지 못한다. 이런 점에서 삶과 죽음에 대해 해답을 줄 수 있는 누군가, 즉 하나님을 생각할 필요가 있다. 그런 하나님을 누가 생각할 수 있는가? 하이데거와 폴 틸리히가 사용하는 개념인 "비존재의 위협"(죽음)을 경험하고 "존재의 의미"를 묻는 자들이 그

해답을 하나님에게서 찾을 수 있다. 존재의 질문은 하나님에게로 인도하는 중요한 질문이다.

### 7. 삶: 허구 또는 실재?

우리 인생을 단순히 정의해보면 인생은 오고 감의 끝없는 과정이다. 좁게는 개별 주체로서 인간은 아버지의 몸에서 엄마의 자궁으로, 그리고 엄마의 자궁에서 세상으로 나아간다. 아버지의 몸 안에 있는 한 주체는 모든 이전 세대의 계보를 포함한다. 우리는 우리가 어디서 왔는지 알 수 있는 영역에 한해서 알 수는 있지만 어디로 가는지는 전혀 모른다. "우리가 어디서 왔는지"는 사실의 영역이지만 "어디로 가는지"는 아마도 신앙 혹은 신념의 영역일 것이다. 아버지의 몸 안에 있던 한 주체는 자신이 어디로 가는지 아는가? 엄마의 자궁 안에 있던 주체는 어디로 나아가는지 아는가? 그때는 모르지만 세상 밖으로 나왔을 때 세계 내에 있는 주체는 아버지의 몸으로부터 엄마의 자궁으로, 그리고 세계로 나아가는 과정을 마침내 안다. 이것은 "사실"의 영역이다.

그런데 이것이 사실임을 어떻게 뒷받침해줄 수 있을까? 우리는 허구를 사실로 착각하고 있지는 않는 걸까? 죽음 이후 우리는 우리의 삶이 실재였다고 말할 수 있는가? "예"라고 말하기 위해서라도 죽음 이후 또 다른 삶, 또 다른 세상은 존재해야만 한다. 그렇지 않으면 우리는 어떻게 우리의 삶이 허구인지 아니면 실재인지를 알 수 있겠는가? 만약 우리의 삶이 실재였고 여전히 자아 정체성이 있다는 것을 증명하지 못한다면 지금 이 삶은 일종의 소설이거나 영화일 수 있지 않겠는가? 우리는 지금 꿈꾸고 있는가?

"나는 죽을 것이다"와 "나는 죽었었다." 이 두 문장 사이에 말하는 화자가 동일자이기 위해서는 "나는 죽었었다"를 말하는 순간에 자아는 존재해야만 한다. 그것은 "나"라는 존재가 죽음 이후에도(그것이 어떠한 형태이든) 존재해야만 함을 의미한다. 그래서 "되살아난 나"가 "죽은 나"를 경험할 수 있어야 한다. 만약 우리가 우리의 죽음을 알지 못한다면 어떻게 우리의 삶이 실재였는지 알 수 있는가? 비록 다른 사람이 나의 죽음을 볼지라도 만약 내가 살아나지 못한다면 어떻게 그들이 "네가 죽었었다"는 것을 나에게 말할 수 있겠는가? 그러기에 죽음 이후 다른 삶이 있을 필요가 있다. 그리고 현재의 삶을 더 잘 살기 위해서라도 죽음 이후를 생각해야만 한다. 왜냐하면 그것이 현재에 대한 더 나은 답을 줄 수 있기 때문이다. 역설적이게도 하나님 또는 궁극적 실재가 우리에게 이 삶을 선물로서 주셨기 때문에, 이 삶은 그만큼 더 가치 있다. 따라서 이 삶을 사랑해야 한다.

## 8. 기억되는 존재

우리 일상에 매일 밤이 찾아오는 것은, 그래서 밤하늘의 별과 달을 볼 수 있는 것은, 이 넓은 우주에 우리만 존재하는 것이 아니라 다른 별들이 존재함을 날마다 우리로 하여금 깨닫게 하기 위해서다. 낮은 거대한 우주를 망각하게 한다. 그리하여 우리만 존재한다는 모나드에 빠지게 만들 수 있다. 더군다나 저 허공에 떠 있는 태양 또한 지구의 천장 어디쯤 걸려 있는 장식품 중의 하나라 생각할 때가 많다. 그러니 밤이 오면 인간이 겸손해지는 이유가 여기 있다. "우주에는 우리 외에 또 다른 무엇인가가 있구나." "우리가 존재하는 전부가 아니구나." 그런 소소한 깨달음 말이다. 하기야 또 다시 이 밤이 지나면 망각의 강을 건너겠지만 말이다.

"밤이 되고 아침이 되니 이는 또 다른 날이라." 어김없이 어둠을 뚫고 새벽이 다가올 때마다 우리 인간이 하는 것이라고는 아무것도 없다. 다시 말하면, 우리는 저녁에서 아침으로 전환하는 과정에 아무것도 기여하지 못한다. 우리가 지구를 회전시킬 만한 힘도 없고 또 그런 생각을 하지도 못함에도, 매일의 일상은 우리에게 주어진다. 아니 매 순간이 주어지는 것이다. 그러므로 매 순간이 선물이다. 시야를 좀 더 넓혀보자. 우리가 전 우주를 바라볼 때 인간만이 주어짐으로 존재하는가? 세상의 모든 창조물이 주어짐으로 존재하지 않는가? 모든 창조물 또한 "주어짐"으로써 존재하기 때문에 그들과 인간 사이에 "주어짐"의 관점에서 본다면 어떤 차이점도 없다. 나는 인간으로서 내 삶을 선택하지 않았다. 개 한 마리도 개로서 자신의 존재를 선택하지 않았다. 한 송이 꽃과 한 마리 새 또한 그러하다. 우리 모든 창조물은 이 세상에 주어졌고 던져졌다. 모든 창조물은 선물이다. 만약 내가 내 삶이 주어졌기 때문에 선물이라고 간주한다면, 내가 존재해야 할 필연성은 없는 것이다. 만약 내가 내 삶을 선물로서 간주한다면, 우주 진화의 전 과정을 돌이켜볼 때 자연 또한 주어졌기에 선물이다.

그럼 이 선물은 누가 주는가? 선물이 있기 위해서는 선물을 주시는 이가 있어야 한다. 그분은 세계 존재에 앞서 계신 분이어야 한다. 그러하기에 그분은 하나님이다. 만약 하나님이 세계에 앞서 존재하신 분이 아니라면 선물은 없었을지도 모른다. 우리 존재는 없을지도 모른다. 그 하나님이 계셨기에 우리가 선물로 존재한다. 하나님과 하나님의 은혜 없이 우리는 "왜 무가 아닌 어떤 것이 존재하는가"라는 질문에 답할 수 없다.

존재의 질문은 세계의 모든 질문과 연관되었다는 점에서 가장 중요한 질문이다. 그런 의미에서 삶을 위협하는 어떤 것이 있다면 그것이 무엇이라 할지라도 가장 큰 악임이 틀림없다. 그러므로 욥의 탄식과 불평은 선물로서의 존재의 관점에서 봤을 때 가장 경계해야 할 질문이자 탄식이다. "주께서 나를 태에서 나오게 하셨음은 어찌함이니이까? 그렇지 아니하셨더라면 내가 기운이 끊어져 아무 눈에도 보이지 아니하였을 것이라. 있어도 없던 것같이 되어서 태에서 바로 무덤으로 옮겨졌으리이다"(욥 10:18-19). 물론 우리 인생이 힘들고 어려울 때 이런 불평을 하기도 하겠지만, 우리 존재가 하나님의 선물임을 생각한다면 욥의 또 다른 아름다운 고백을 묵상해야 할 것이다. "내가 모태에서 알몸으로 나왔사온즉 또한 알몸이 그리로 돌아가올지라. 주신 이도 여호와시요 거두신 이도 여호와시오니 여호와의 이름이 찬송을 받으실지니이다"(욥 1:21).

선물로서 주어진 삶은 망각되지 않고 기억되어야만 한다. 모든 역사, 그것이 개체의 역사이든, 한 국가의 역사이든, 우주 전체의 역사이든, 모든 역사는 온전히 보존되어야만 한다. 그런데 누가 우리의 삶을 기억할 수 있는가? 우리 기억에는 한계가 있다. 오직 하나님만이 하실 수 있지 않은가? 하나님 없이 누가 모든 존재의 역사를 기억할 수 있는가? 비록 미생물일지라도 이 땅에 존재했음에도 불구하고 기억되지 못한다면 얼마나 슬픈가? 그러므로 화이트헤드가 주장하듯, 하나님에게는 "부정적 파악"이 없으시기에 하나님만이 모든 것을 기억하실 수 있다. 그러므로 하나님은 존재해야만 하고 또 존재한다. 하나님의 존재와 무한하신 은혜 그 자체가 "왜 세상에는 무가 아닌 어떤 것이 존재하는가"에 대한 하나의 답이 될 것이다.

## 케노시스 창조이론
### 신은 어떻게 사랑으로 세상을 만드셨는가?

Copyright ⓒ 새물결플러스 2015

1쇄 발행  2015년 9월 15일
2쇄 발행  2020년 9월 10일

**엮은이**  존 폴킹혼
**옮긴이**  박동식
**펴낸이**  김요한
**펴낸곳**  새물결플러스

**편 집**  왕희광 정인철 노재현 한바울 정혜인
　　　　이형일 나유영 노동래 최호연
**디자인**  윤민주 황진주 박인미 이지윤
**마케팅**  박성민 이원혁
**총 무**  김명화 이성순
**영 상**  최정호 곽상원
**아카데미**  차상희

**홈페이지**  www.holywaveplus.com
**이메일**  hwpbooks@hwpbooks.com
**출판등록**  2008년 8월 21일 제2008-24호
**주 소**  (우) 04118 서울시 마포구 마포대로19길 33
**전 화**  02) 2652-3161
**팩 스**  02) 2652-3191

ISBN 979-11-86409-26-8 93230

책값은 뒤표지에 있습니다.

이 도서의 국립중앙도서관 출판예정도서목록(CIP)은 서지정보유통지원시스템 홈페이지(seoji.nl.go.kr)와 국가자료공동목록시스템(nl.go.kr/kolisnet)에서 이용하실 수 있습니다. CIP2015024554